Dalai Lama

Photographs by Manuel Bauer
1990–2024

達賴喇嘛

1990-2024
攝影記事

編輯／達賴喇嘛甘丹頗章基金會
（the Gaden Phodrang Foundation of the Dalai Lama）
攝影／曼努埃爾・鮑爾（Manuel Bauer）
文字／圖登錦巴（Thupten Jinpa）
圖說／克里斯蒂安・施密特（Christian Schmidt）
翻譯／陳玳妮

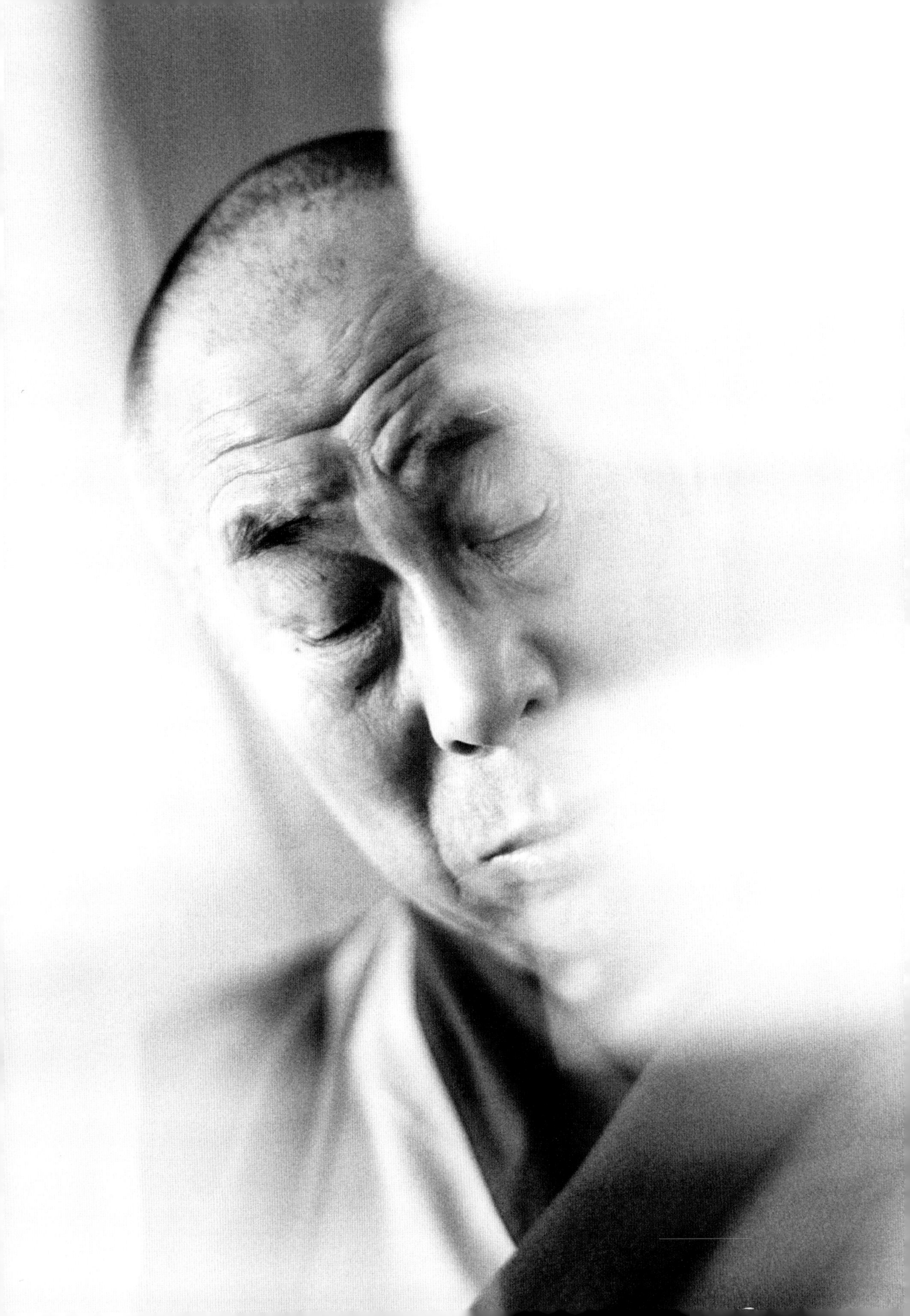

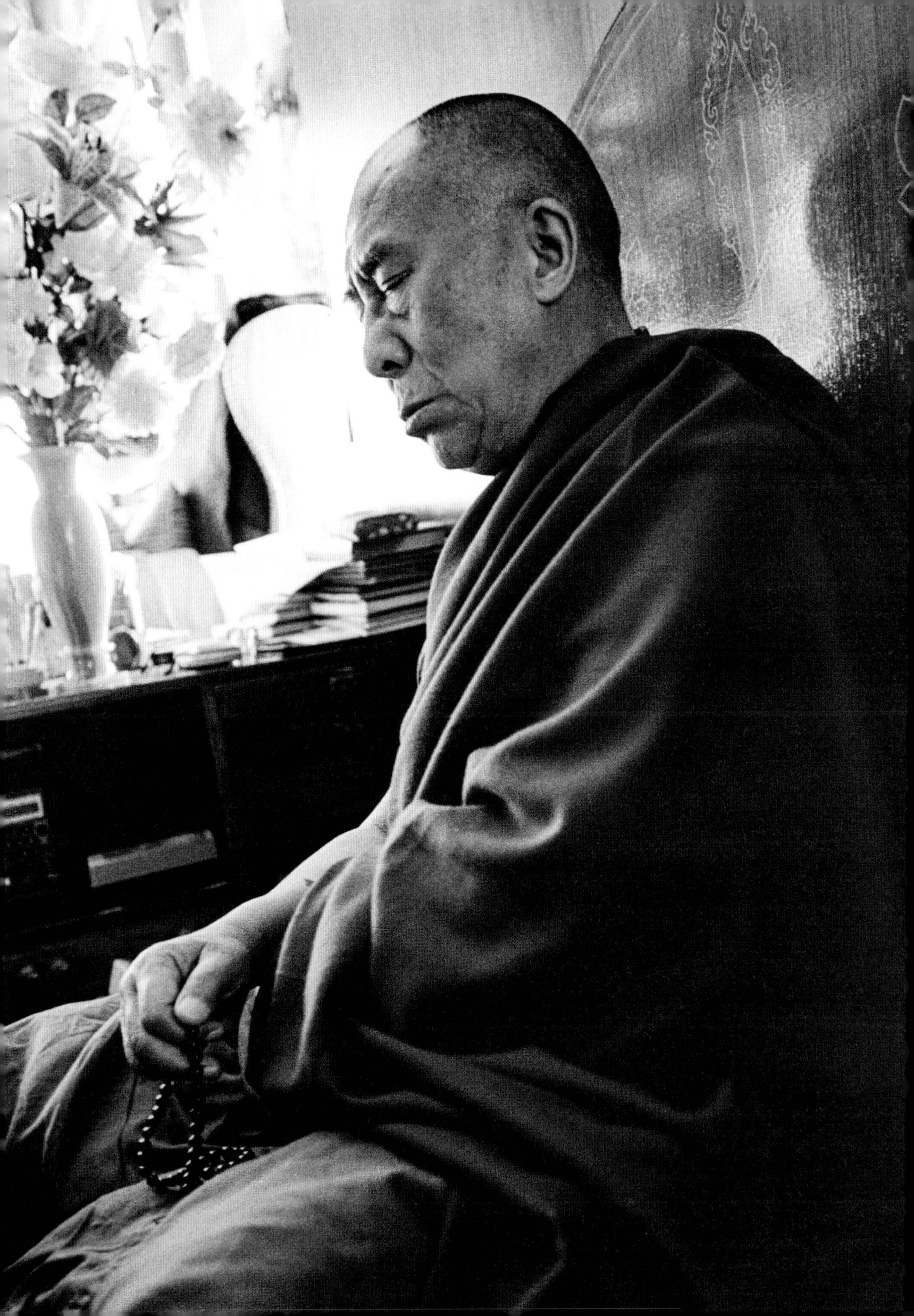

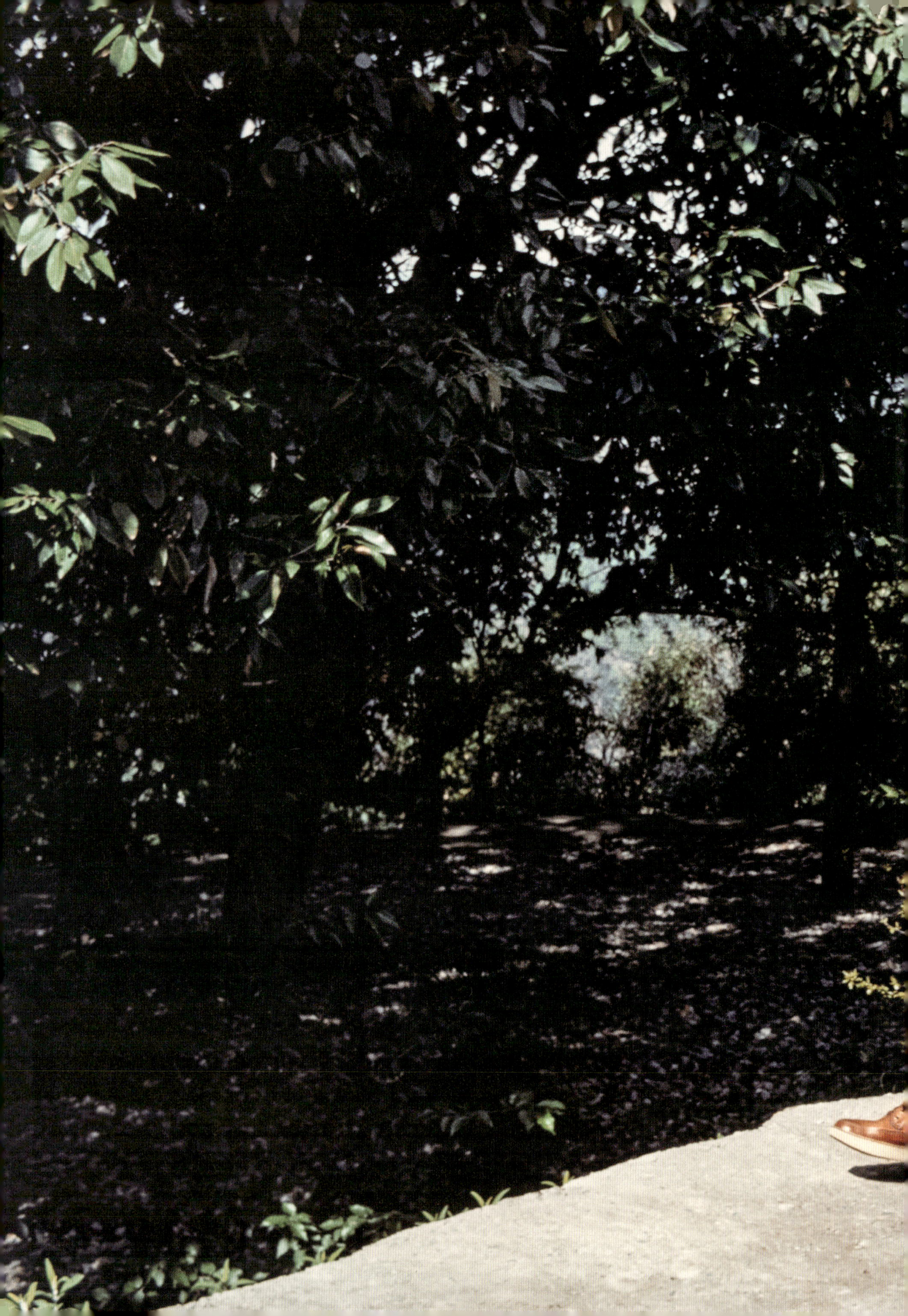

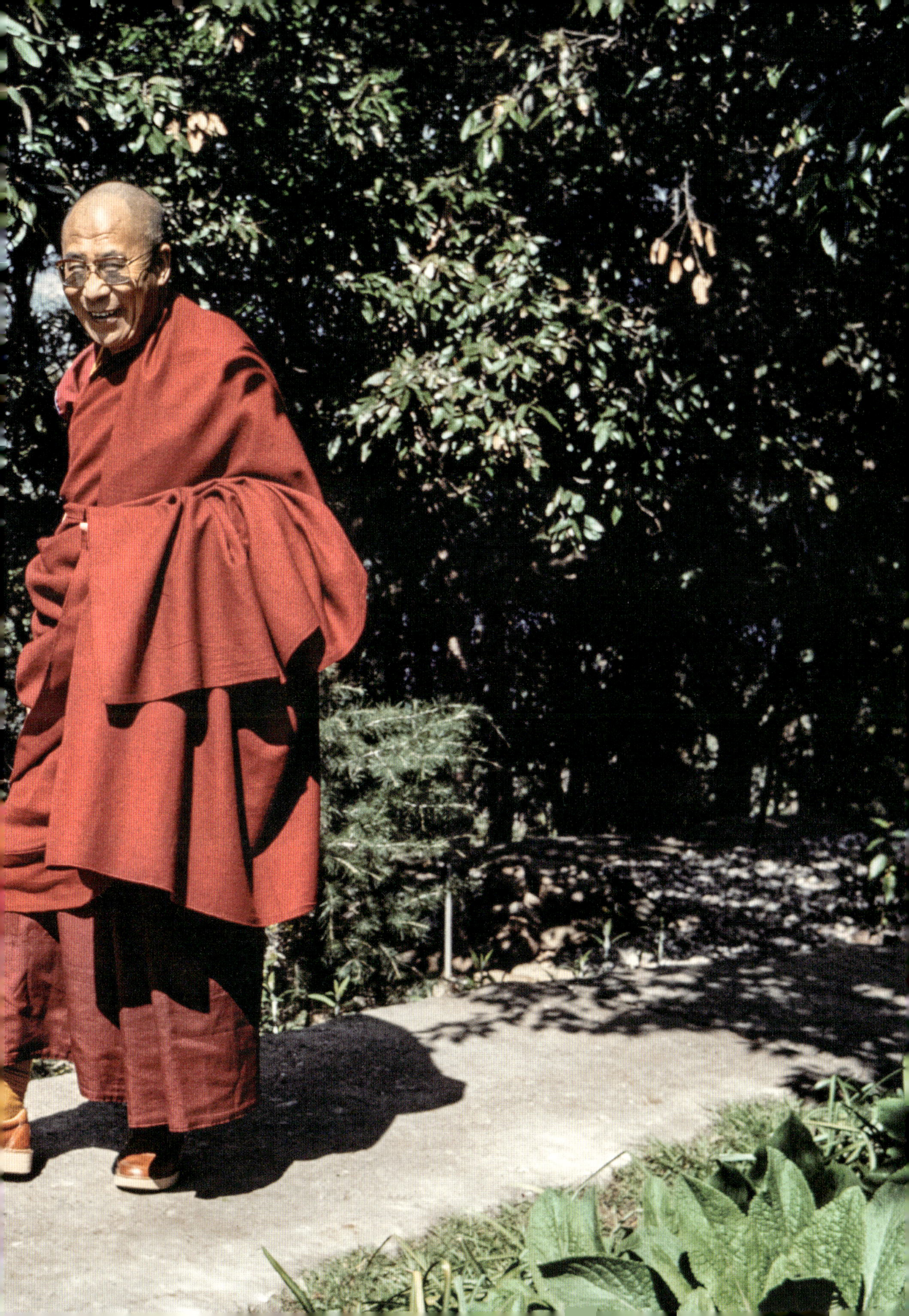

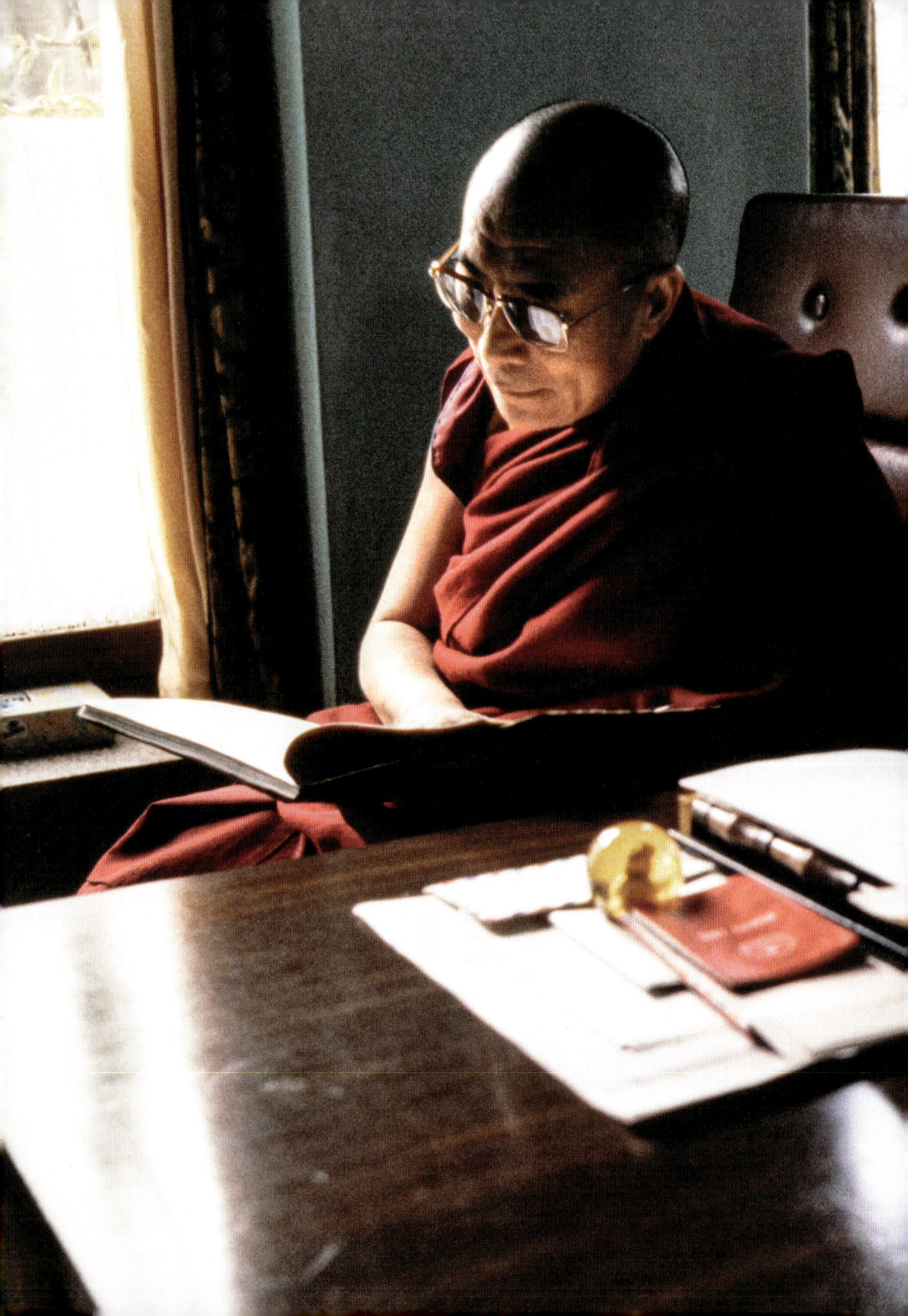

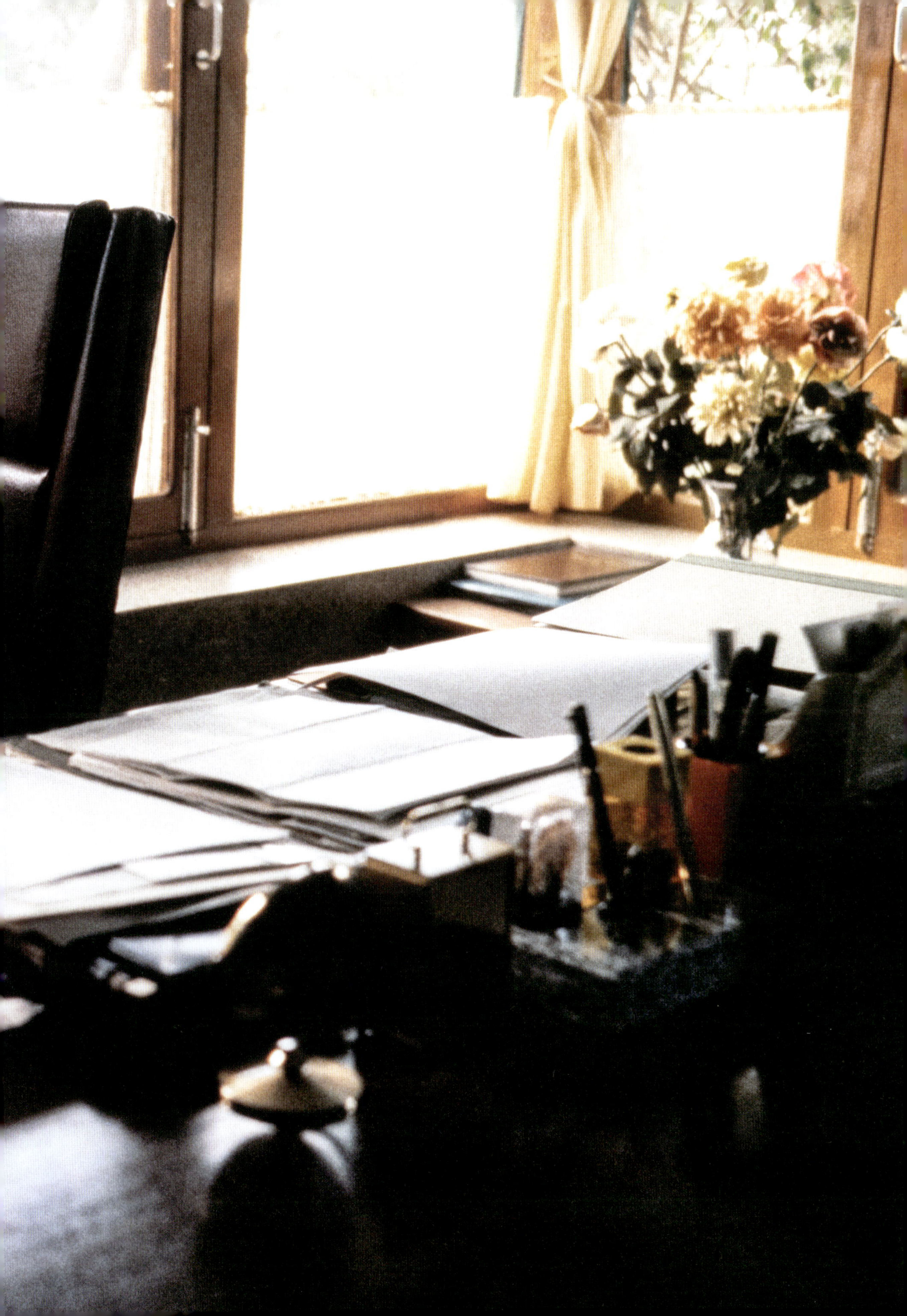

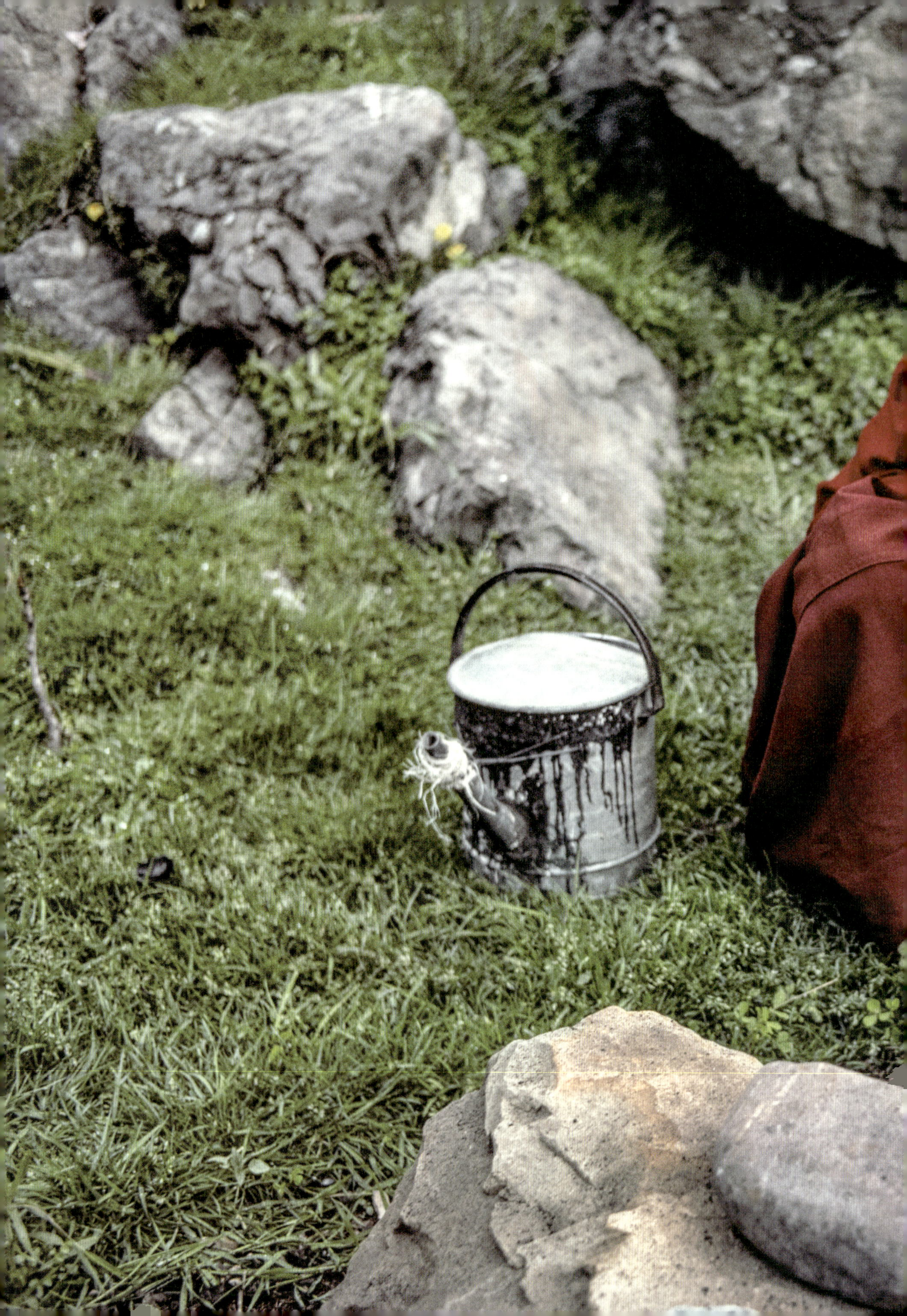

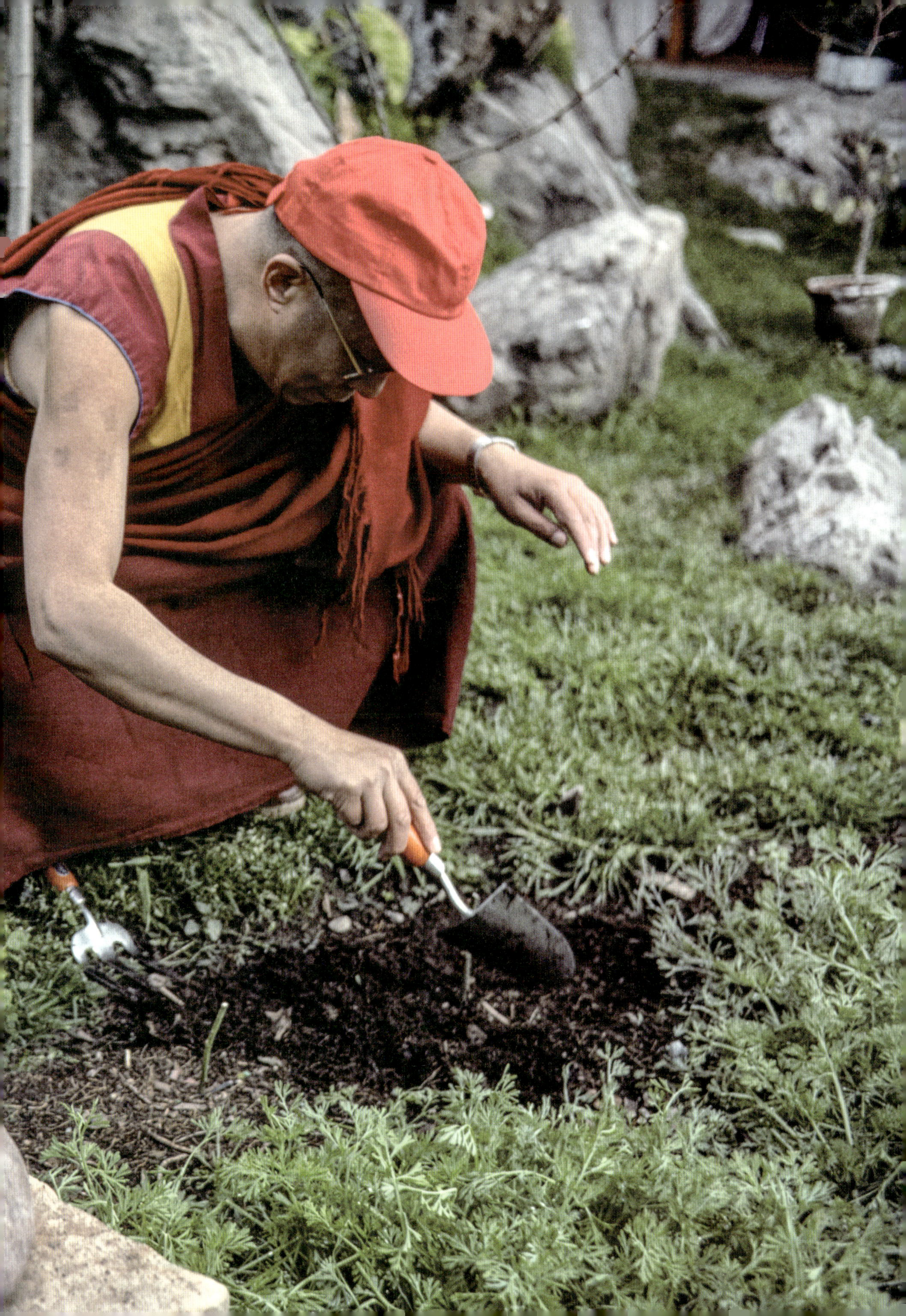

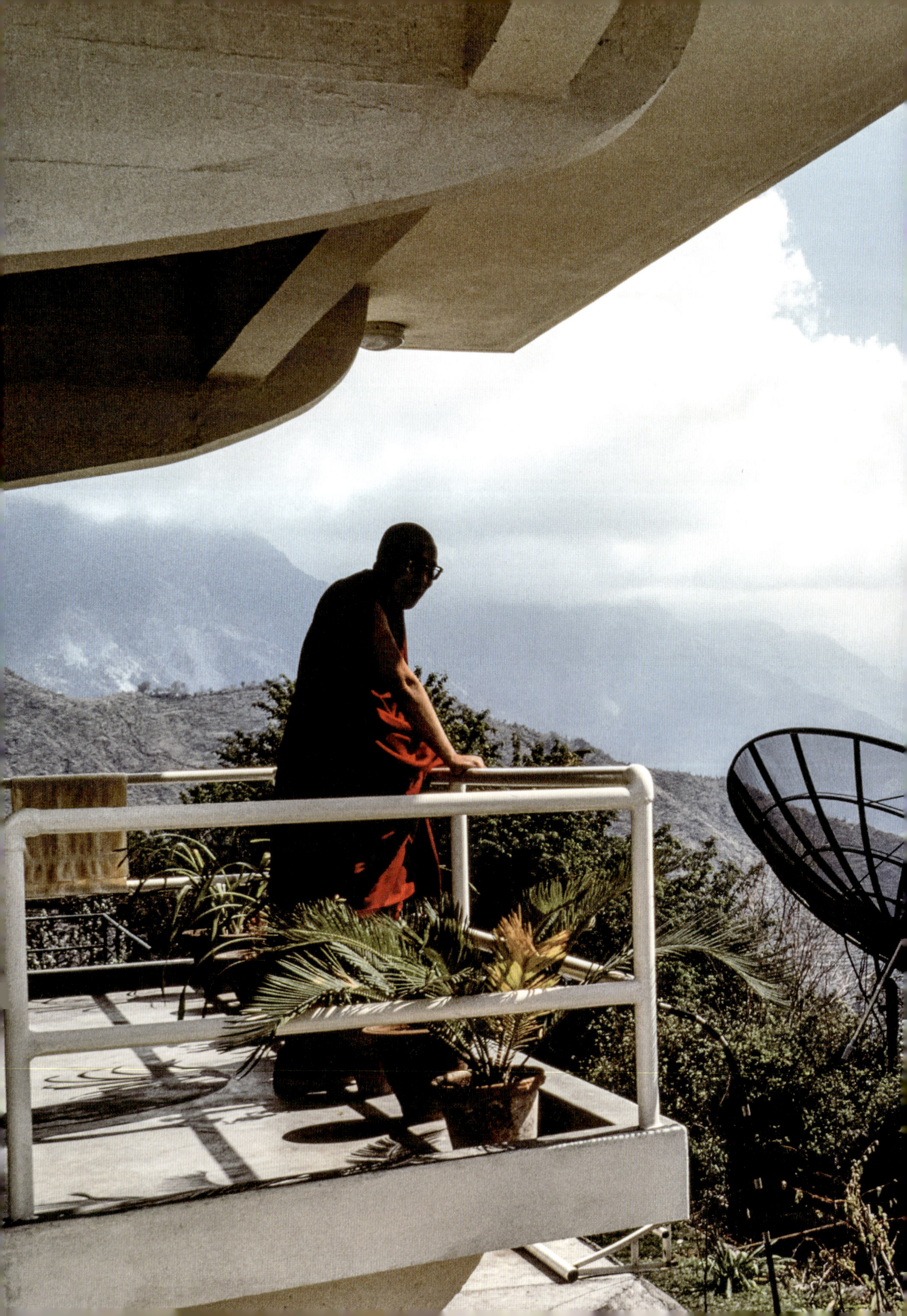

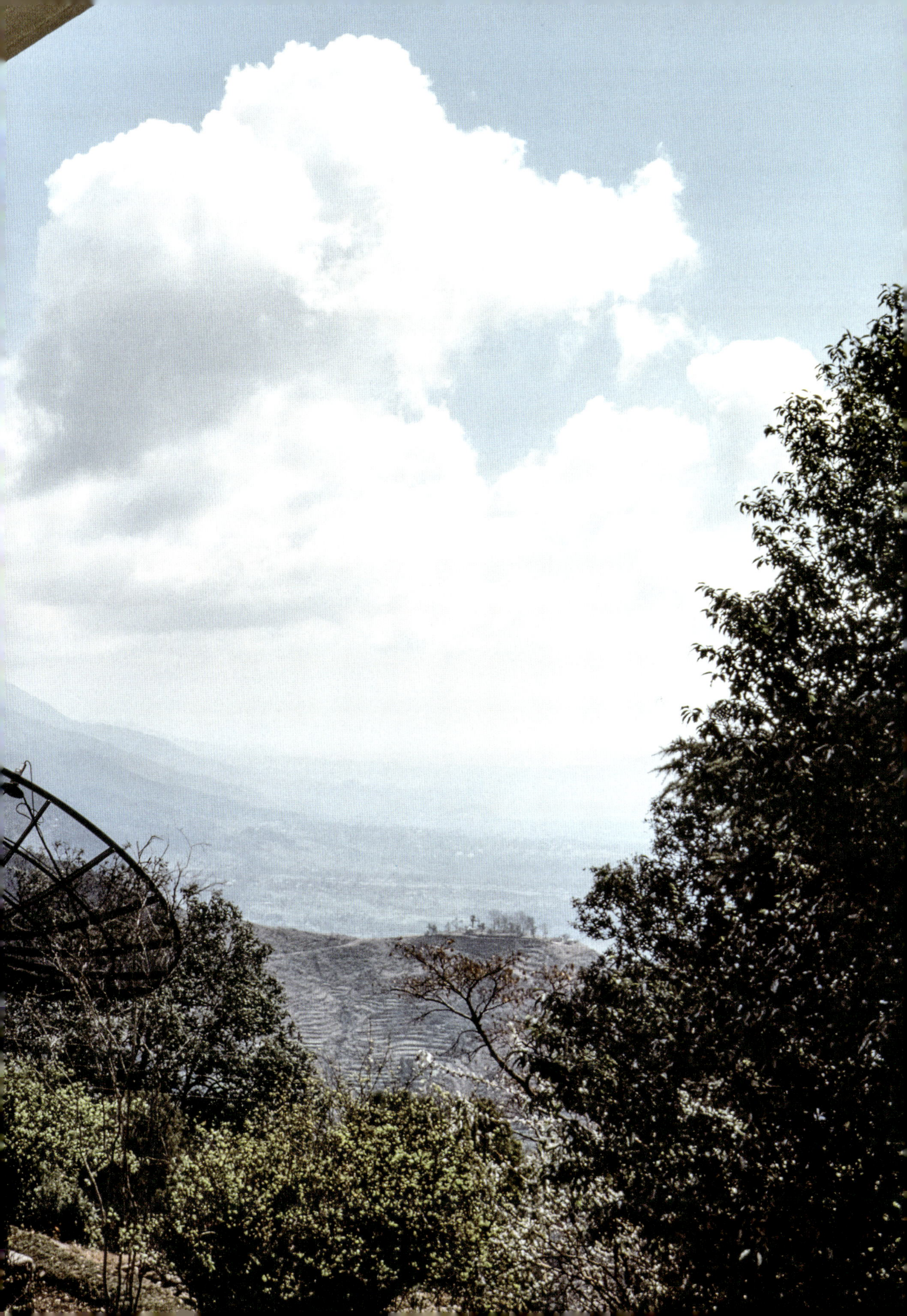

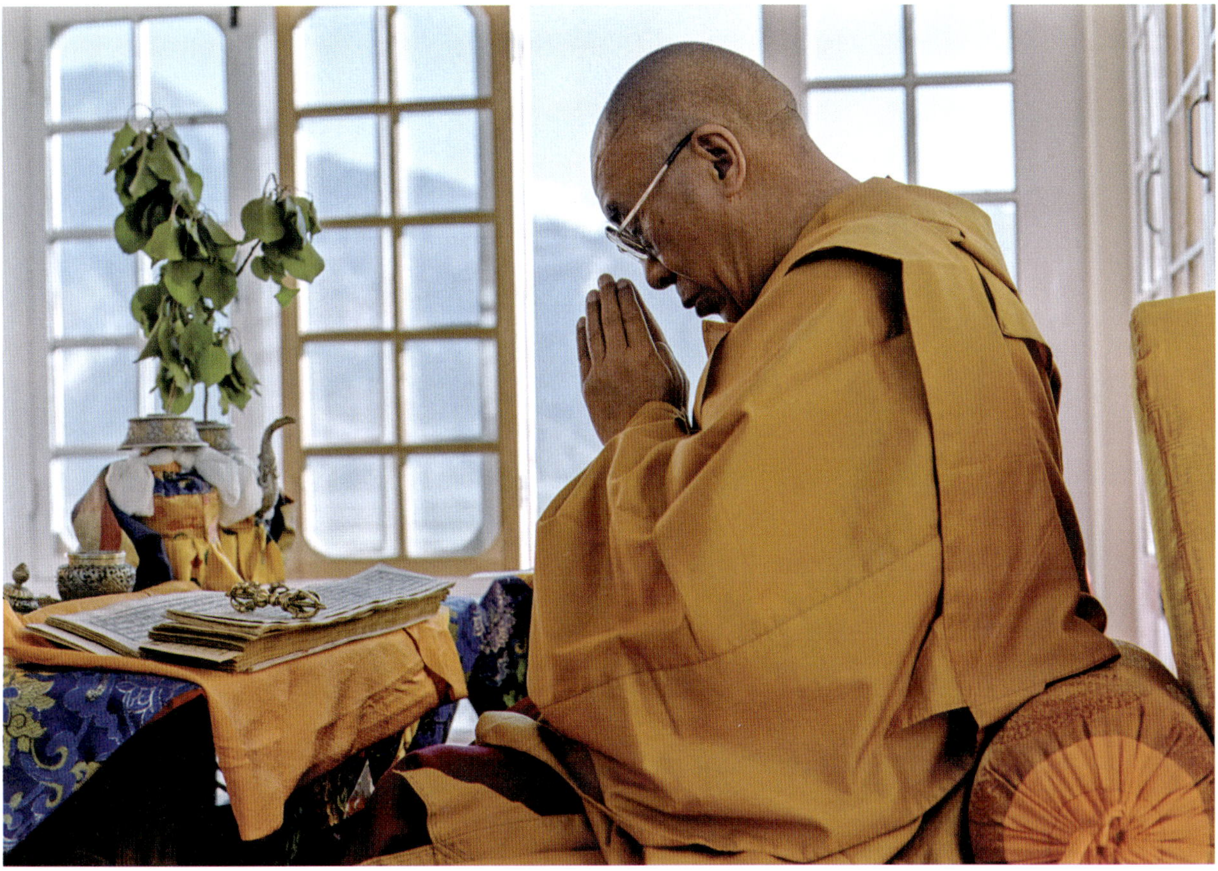

目次

曼努埃爾・鮑爾攝影，
1990-2024

達賴喇嘛尊者   21
His Holiness the Dalai Lama

一位平凡的佛教僧侶   51
A Simple Buddhist Monk

全世界的精神導師   97
Spiritual Teacher to the World

時輪金剛灌頂大法會   133
The Kalachakra Ceremony

西藏人民的領袖   201
Leader of the Tibetan People

與科學對話   237
Dialogue with Science

佛教大使   261
Ambassador for Buddhism

跨宗教理解與相互尊重   277
Interreligious Understanding and Mutual Reverence

生態與人類責任   299
Ecology and Human Responsibility

慈悲之聲與心靈教育   325
The Voice of Compassion and Education of the Heart

後記   351
圖片說明   354

達賴喇嘛尊者

HIS HOLINESS THE DALAI LAMA

　　若要舉出一位從二十世紀下半葉至今，持續影響世界的人物，許多人可能會想到身穿特有的藏紅色袍子袈裟，臉上掛著笑容的西藏精神領袖達賴喇嘛。1935 年出生於西藏東北部安多（Amdo）的一個農民家庭，原名叫作拉莫頓珠（Lhamo Dhondup），在兩歲時被認定是達賴喇嘛十三世的轉世；第十三世達賴喇嘛是藏人精神與世俗的領袖，於 1933 年圓寂。四歲

Dalai Lama
Photographs by Manuel Bauer. 1990-2024

時，這個小男孩被帶往西藏首都拉薩，經舉行坐床典禮，正式成為第十四世達賴喇嘛。對於後來將會以「達賴喇嘛」的身分廣為世人所知的他，那場儀式標誌著一段非凡旅程的開始。

「達賴」（Dalai）一詞源自蒙古語，意為「海洋」，十六世紀時，對後世影響深遠的蒙古首領俺答汗（Altan Khan）首度將這個稱號賜給達賴喇嘛三世，並尊其為上師。藏語中對應的詞是「嘉措」（Gyatso，同為「海洋」之意）；自此以後，這個稱謂成為歷世達賴喇嘛名字的一部分。現任達賴喇嘛的全名是丹增嘉措（Tenzin Gyatso），即延續了此一傳統。

達賴喇嘛首次引起全球關注，是因為他戲劇性的流亡經歷；1959 年，這段故事透過電視畫面傳送到世界各地。1950 年，共產黨領導下的中國入侵西藏，到了 1958 年底，顯然這位西藏的年輕領袖在被占領的故土內，已經不再具有實權。1959 年 3 月，拉薩爆發了藏人反抗中國統治的自發性起義，不久之後，達賴喇嘛就被迫逃往印度。此後，有超過六十年的時間，他在印度北部過著沒有國家的生活，領導他的人民追求自由與尊嚴。在他的流亡生涯中，達賴喇嘛成為世界舞台上最受景仰的重要人士之一——他是希望之燈與良知之聲。他堅定地倡導非暴力與世界和平，於 1989 年榮獲諾貝爾和平獎。他也獲頒「美國國會金質獎章」（U.S. Congressional Gold Medal），以及無數和平、人權與民

主的獎項，同時被授予榮譽公民的殊榮，像是 2006 年加拿大國會頒授榮譽公民的身分給達賴喇嘛。對全球無數人來說，達賴喇嘛是人心慈悲的象徵，提醒我們具有普遍人性，以及創造一個更寬容、更和平的世界的共同責任。

達賴喇嘛不遺餘力於消弭種族、宗教與意識形態之間的隔閡，使他成為這個經常分裂的世界裡一個團結凝聚的角色。他屢屢強調我們必須超越所有表面的差異，進行合作，他也堅信唯有透過集體行動才能解決人類面臨的最大挑戰。他反思二十世紀兩次世界大戰帶來的毀滅性影響，呼籲眾人：二十一世紀必須是對話而非衝突的年代。

當被問及失去故土的個人悲劇時，達賴喇嘛往往以他一貫的謙遜與慈悲回應：「沒錯，我失去了自己的國家，但我找到了世界。雖然我不是任何國家的公民，但我是真真正正的世界公民。」

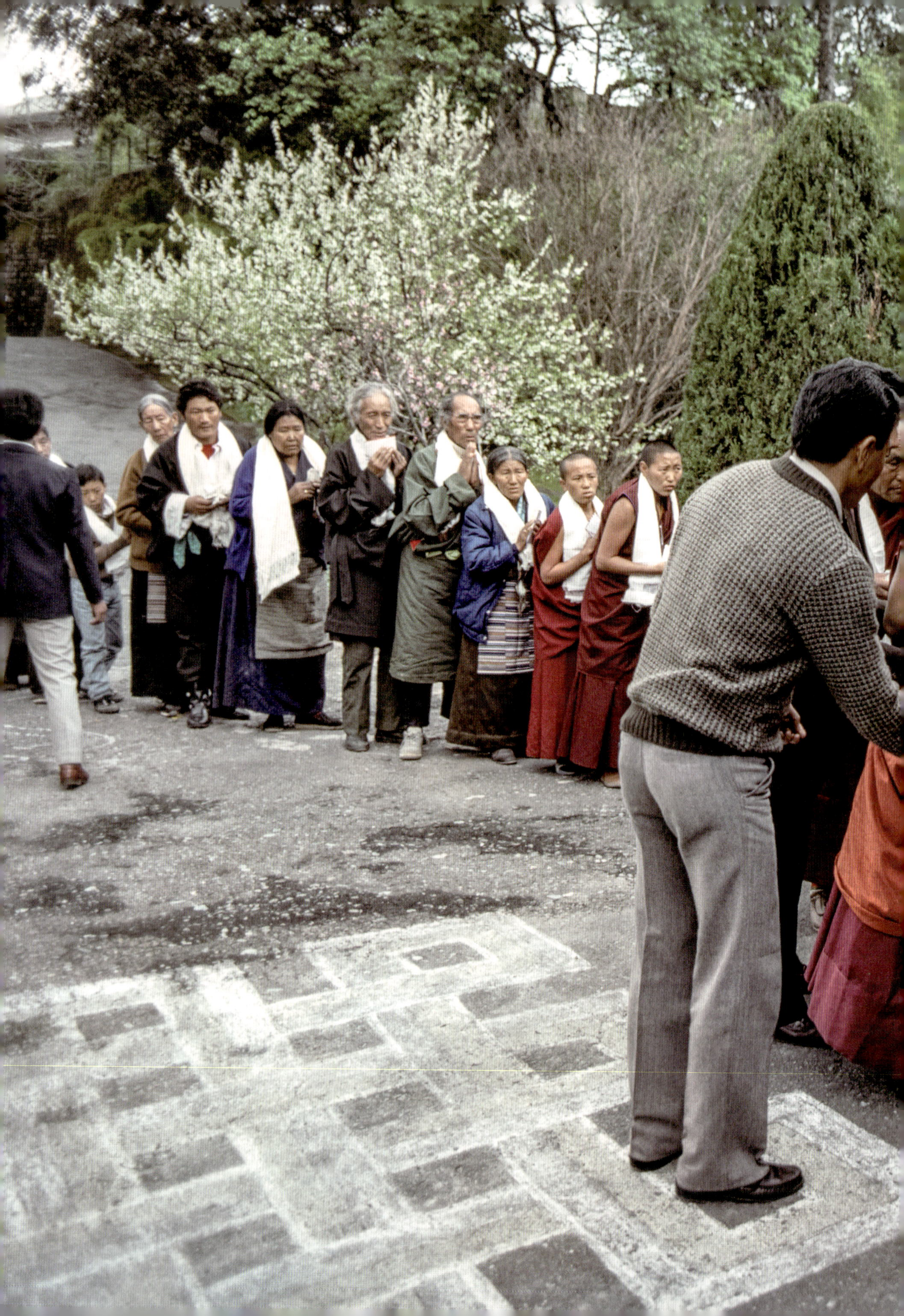

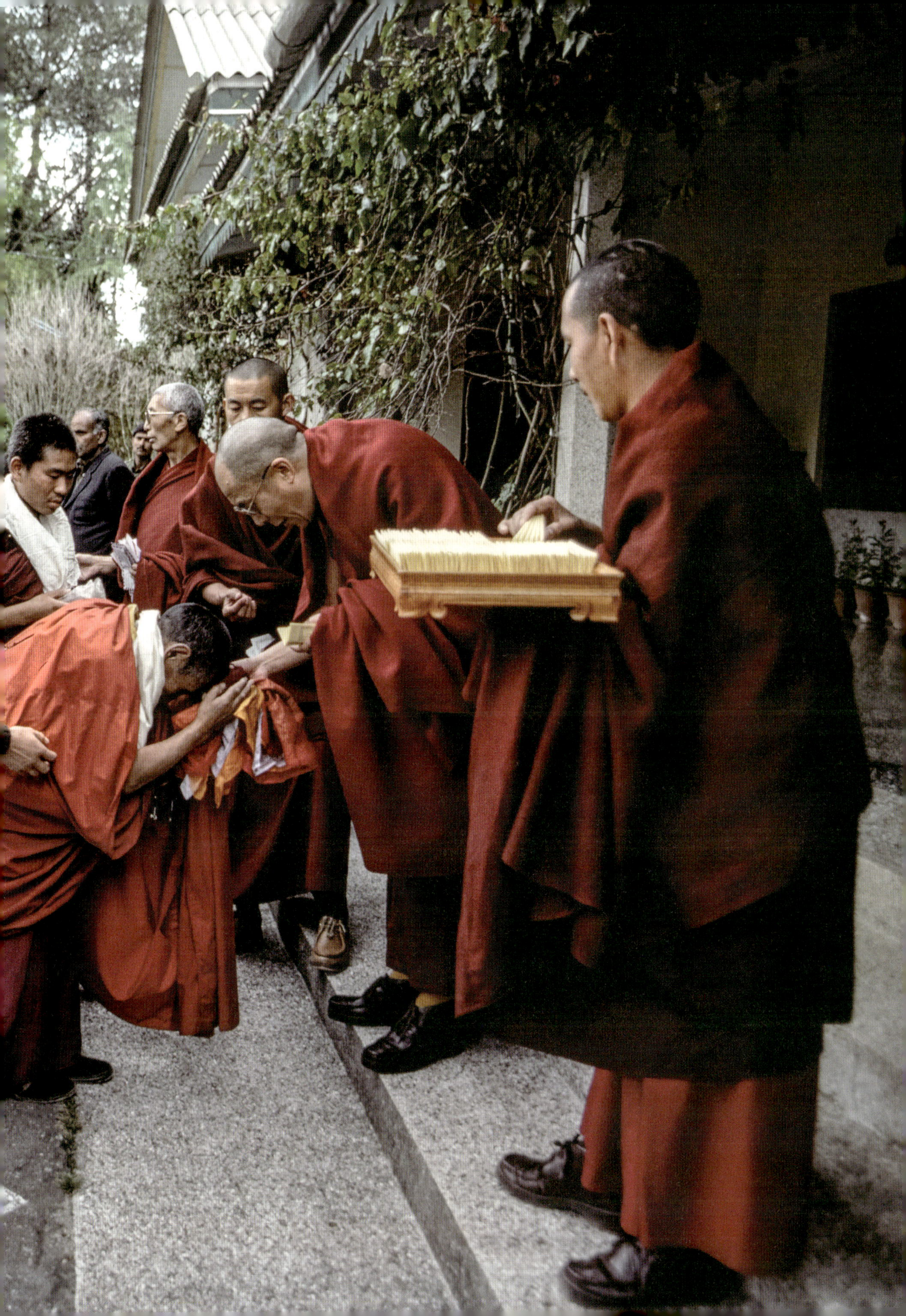

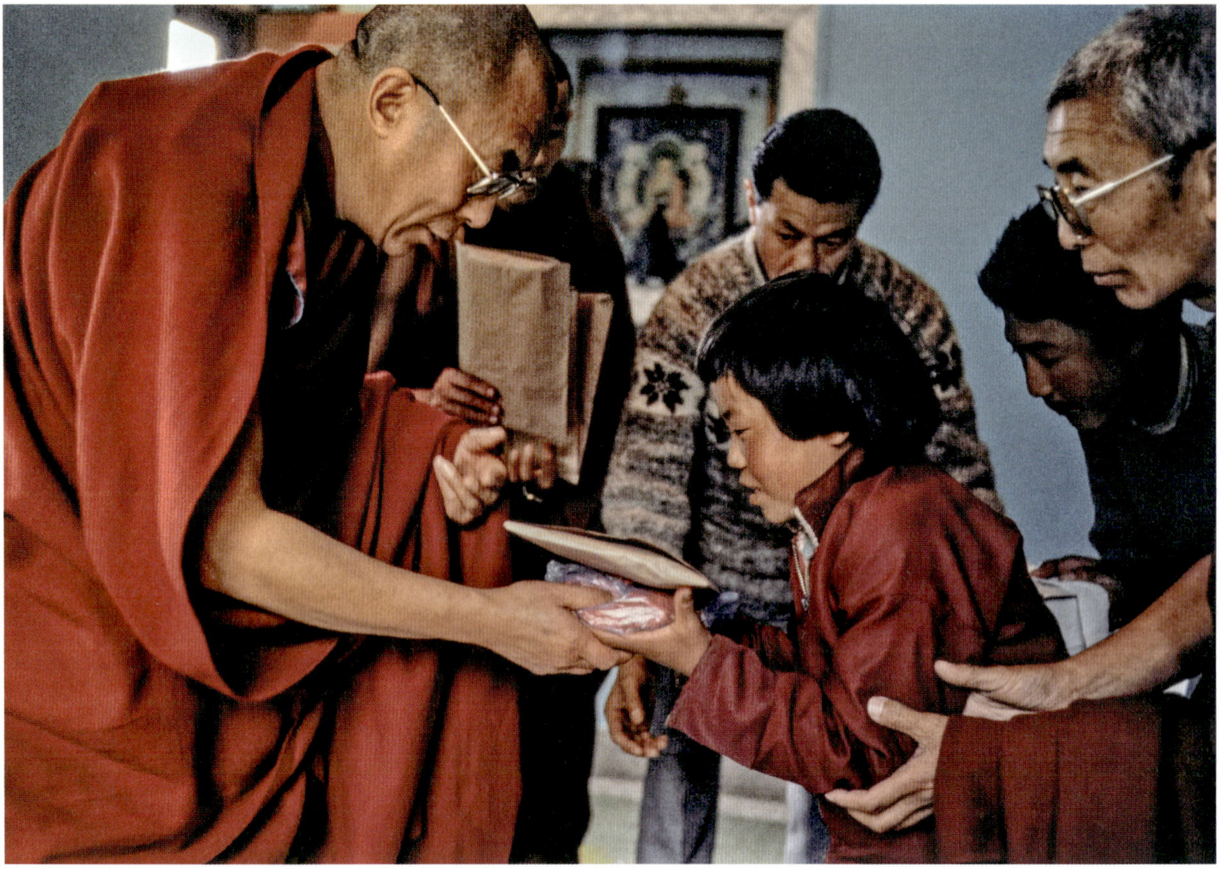

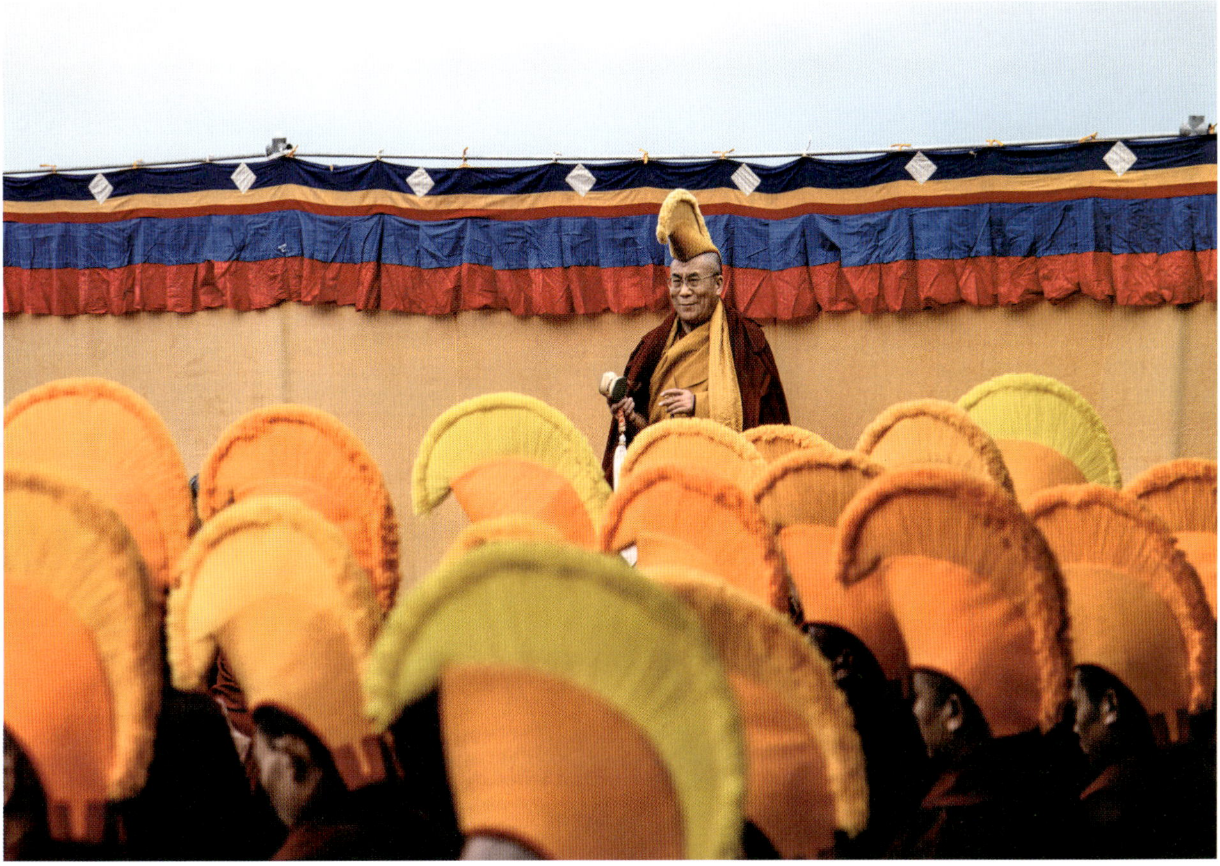

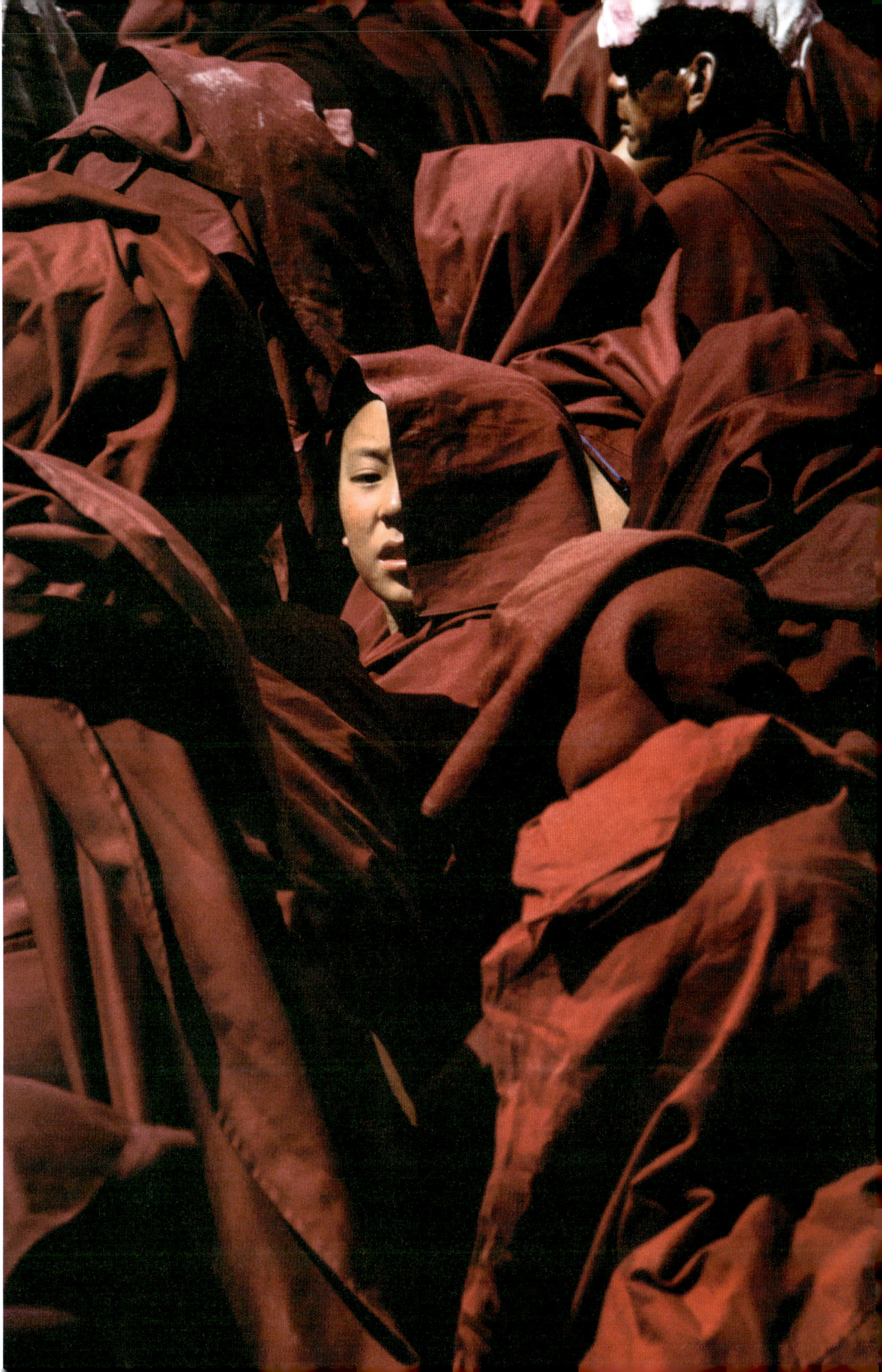

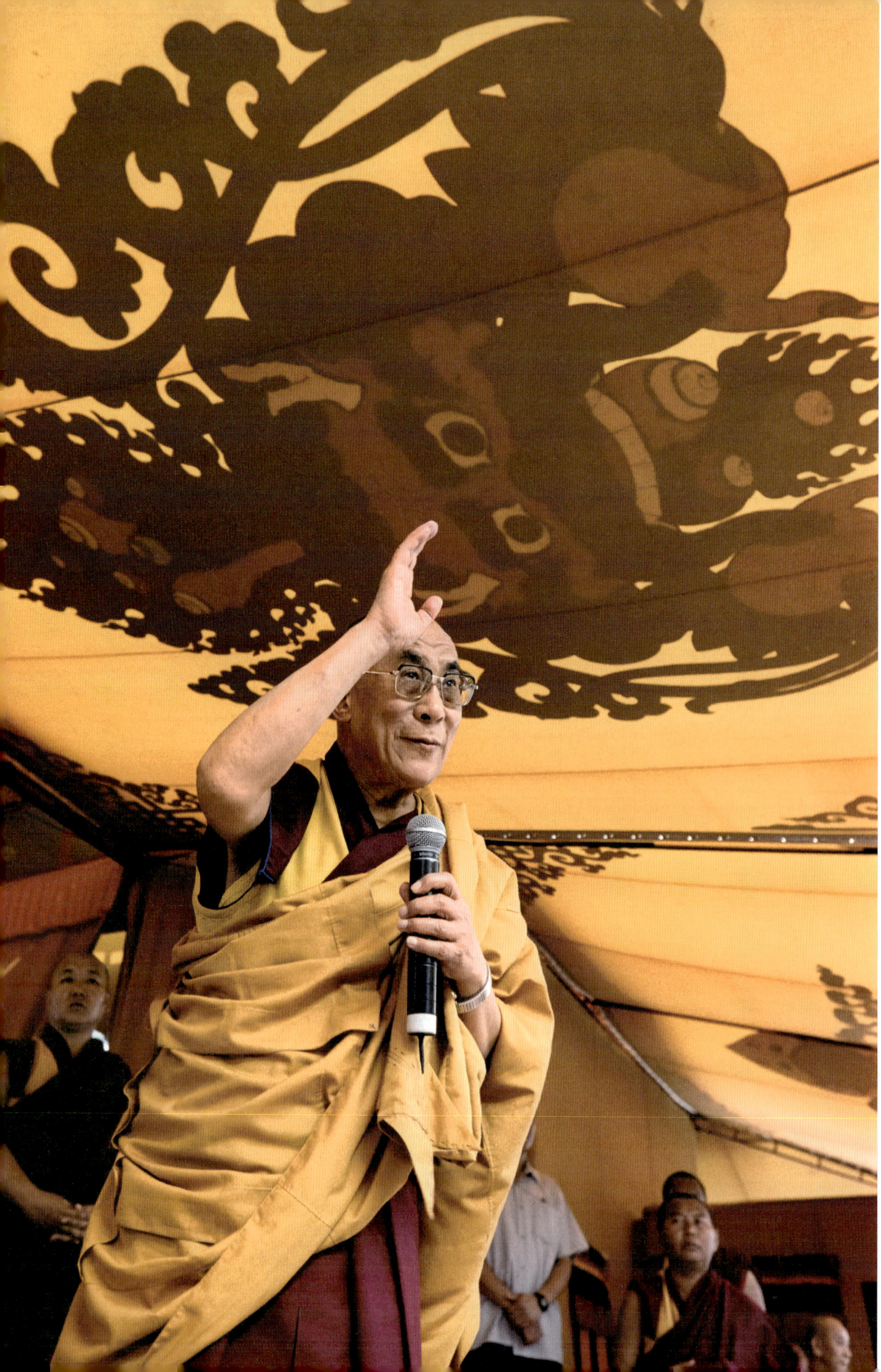

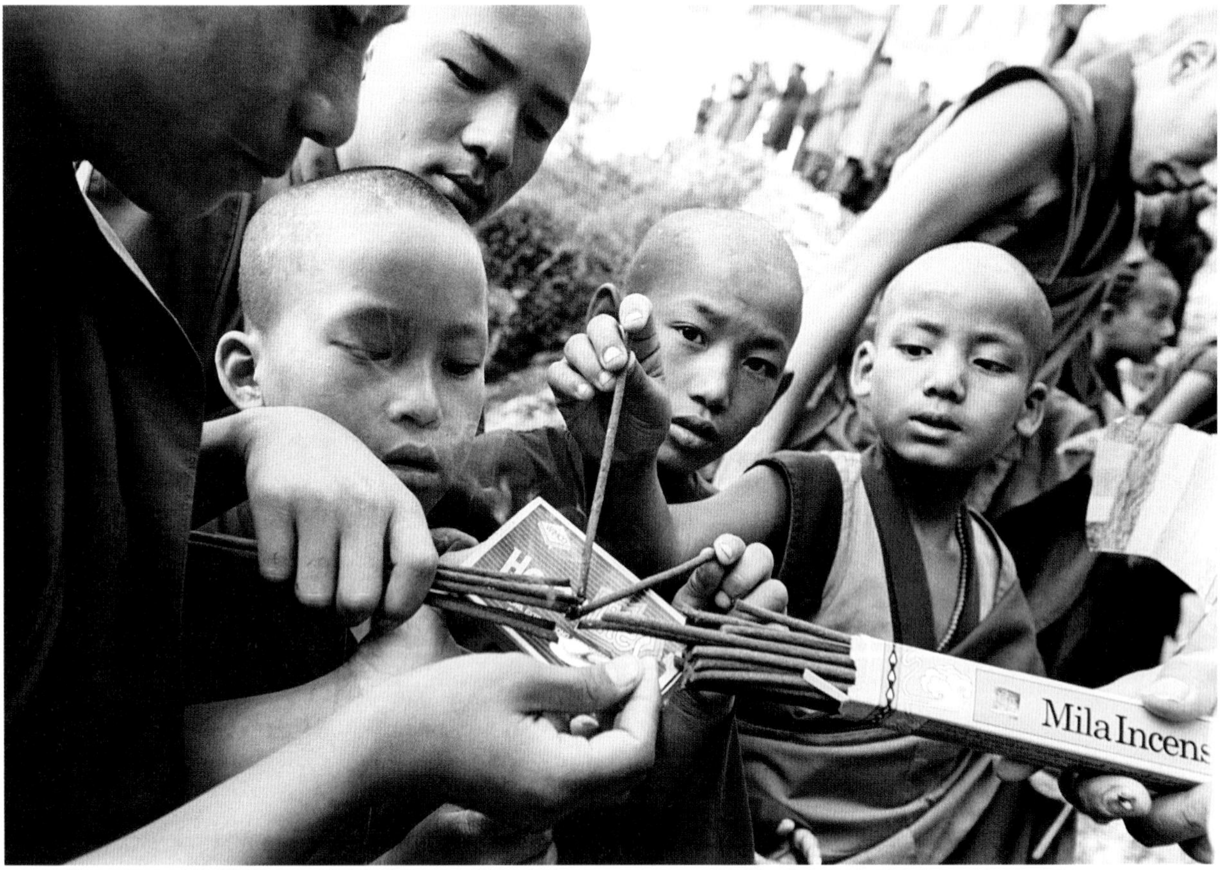
Mila Incens

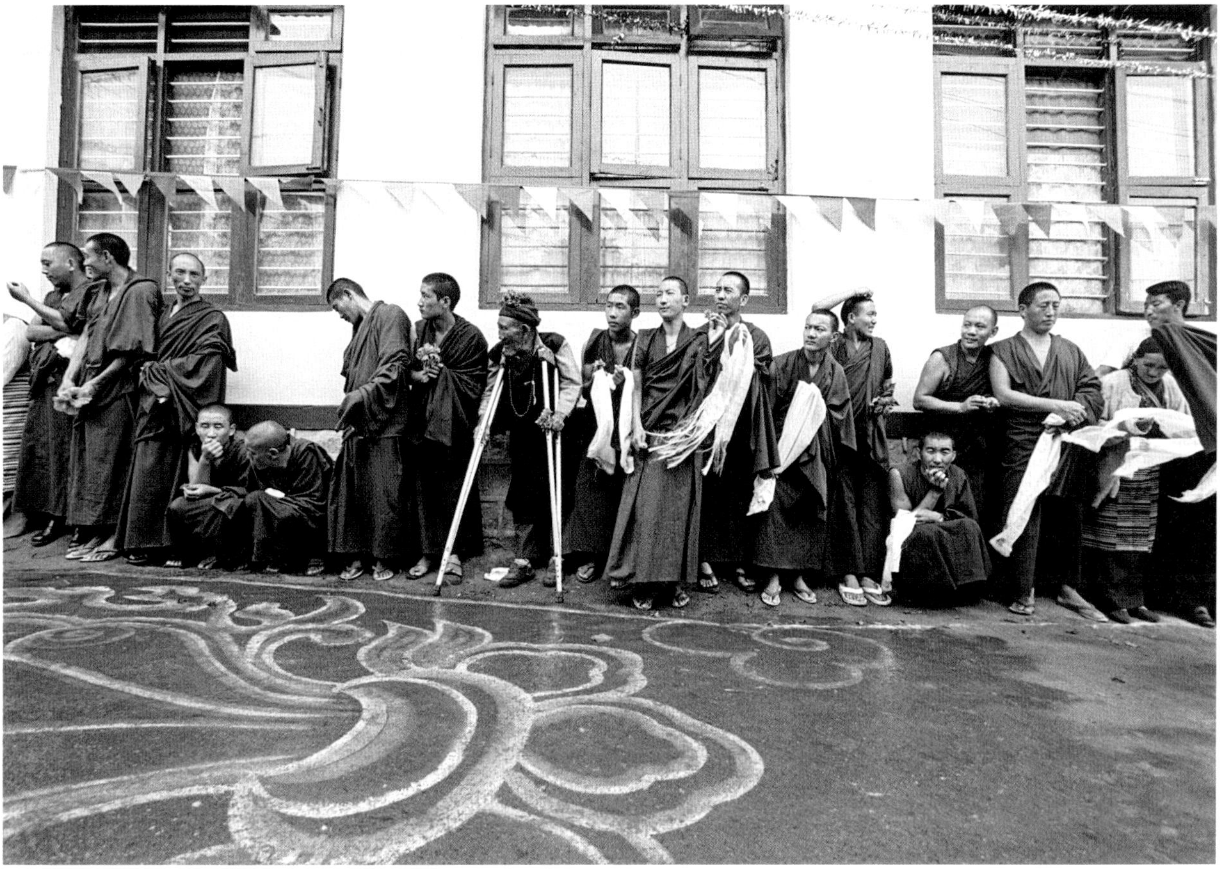

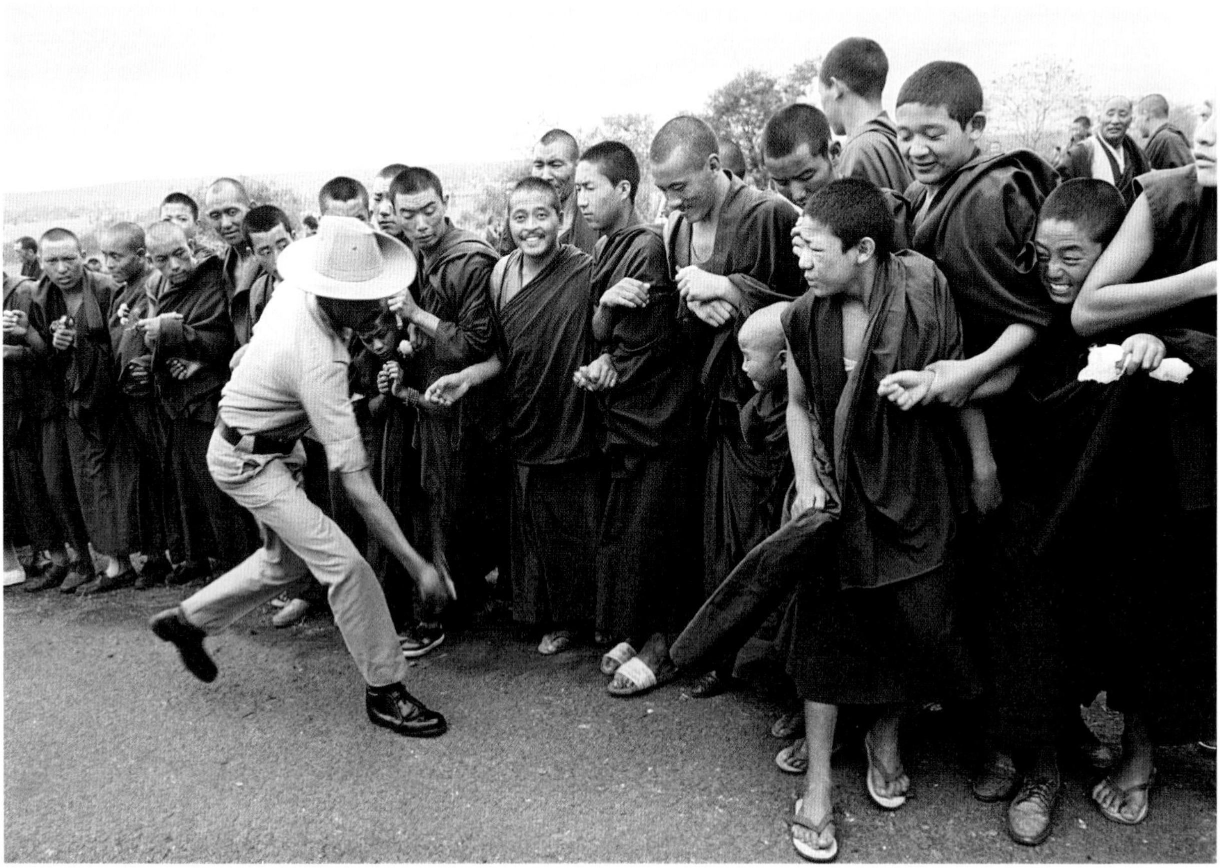

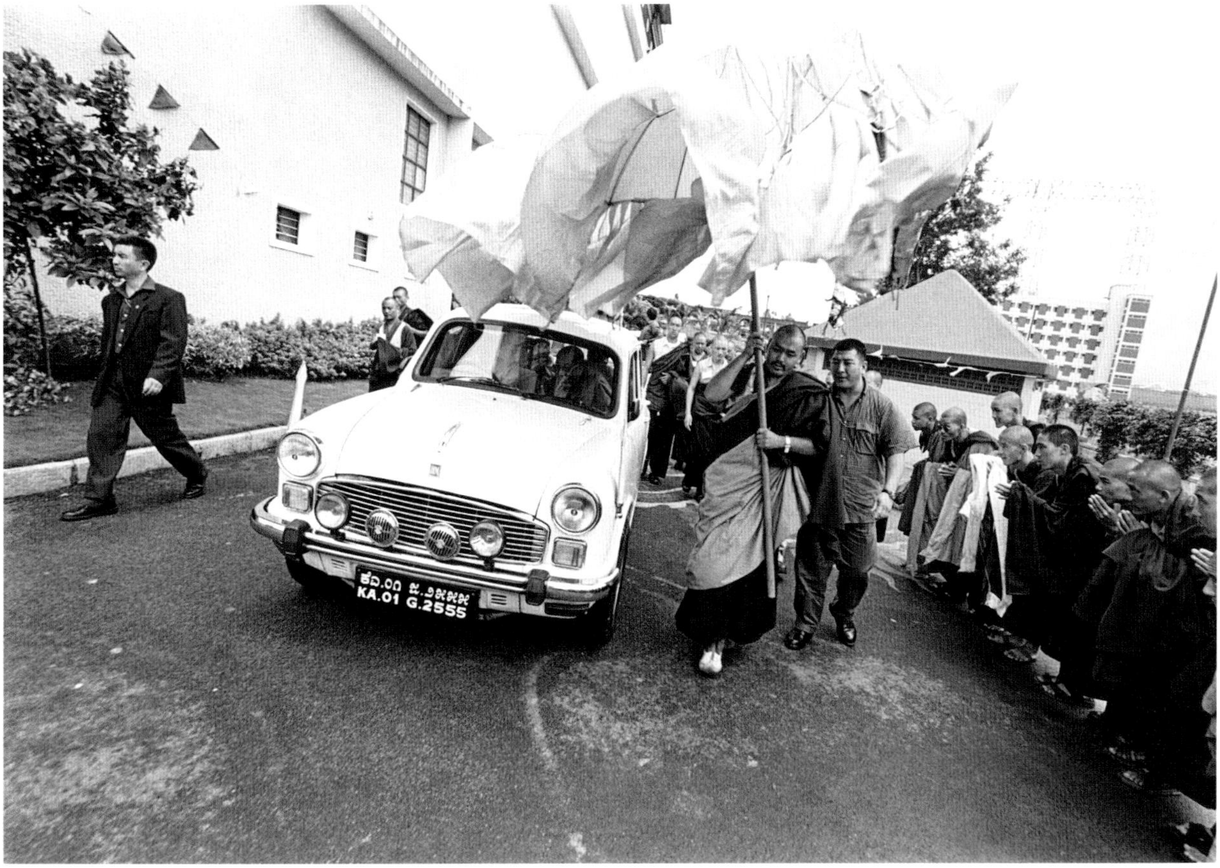
KA.01 G.2555

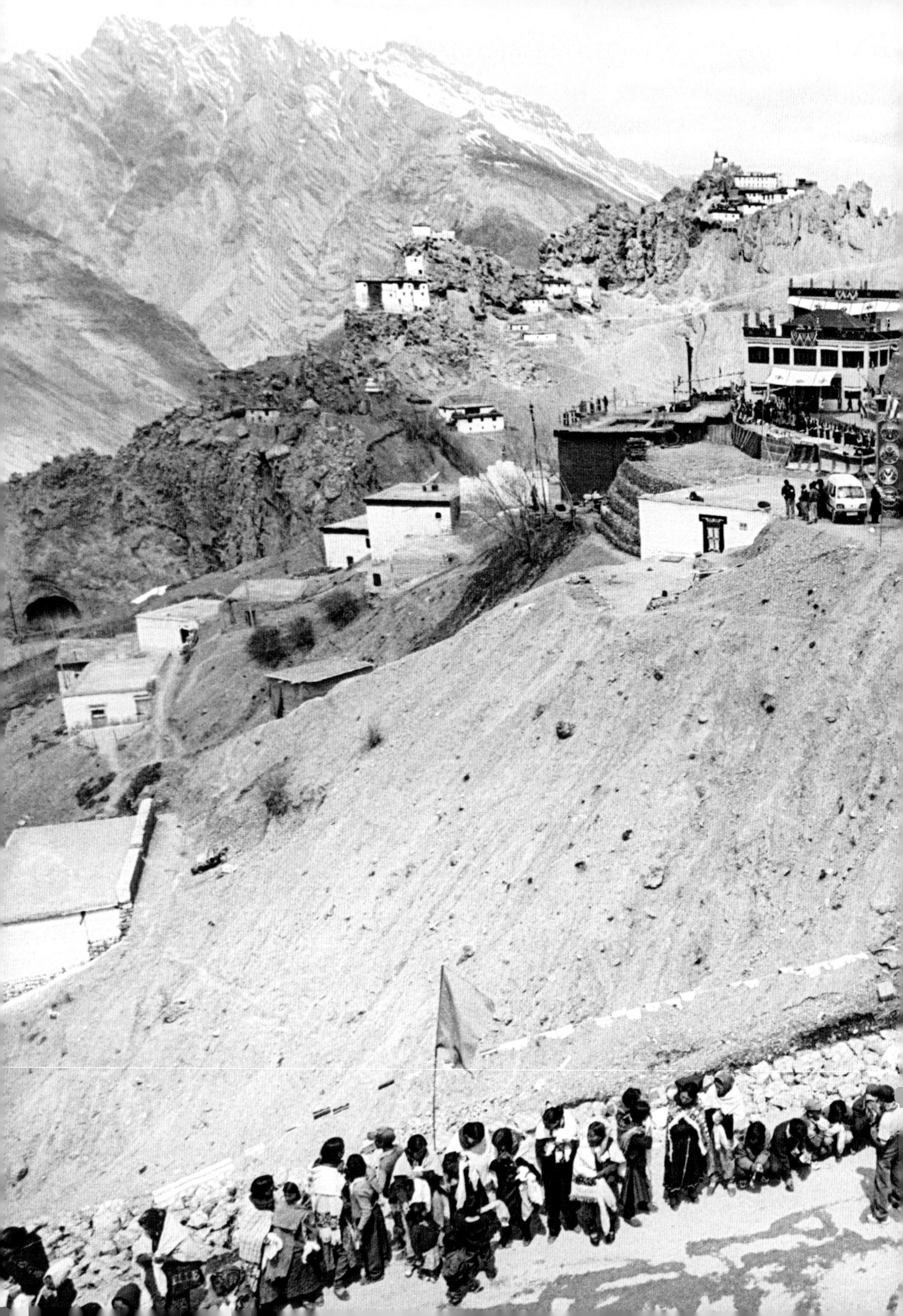

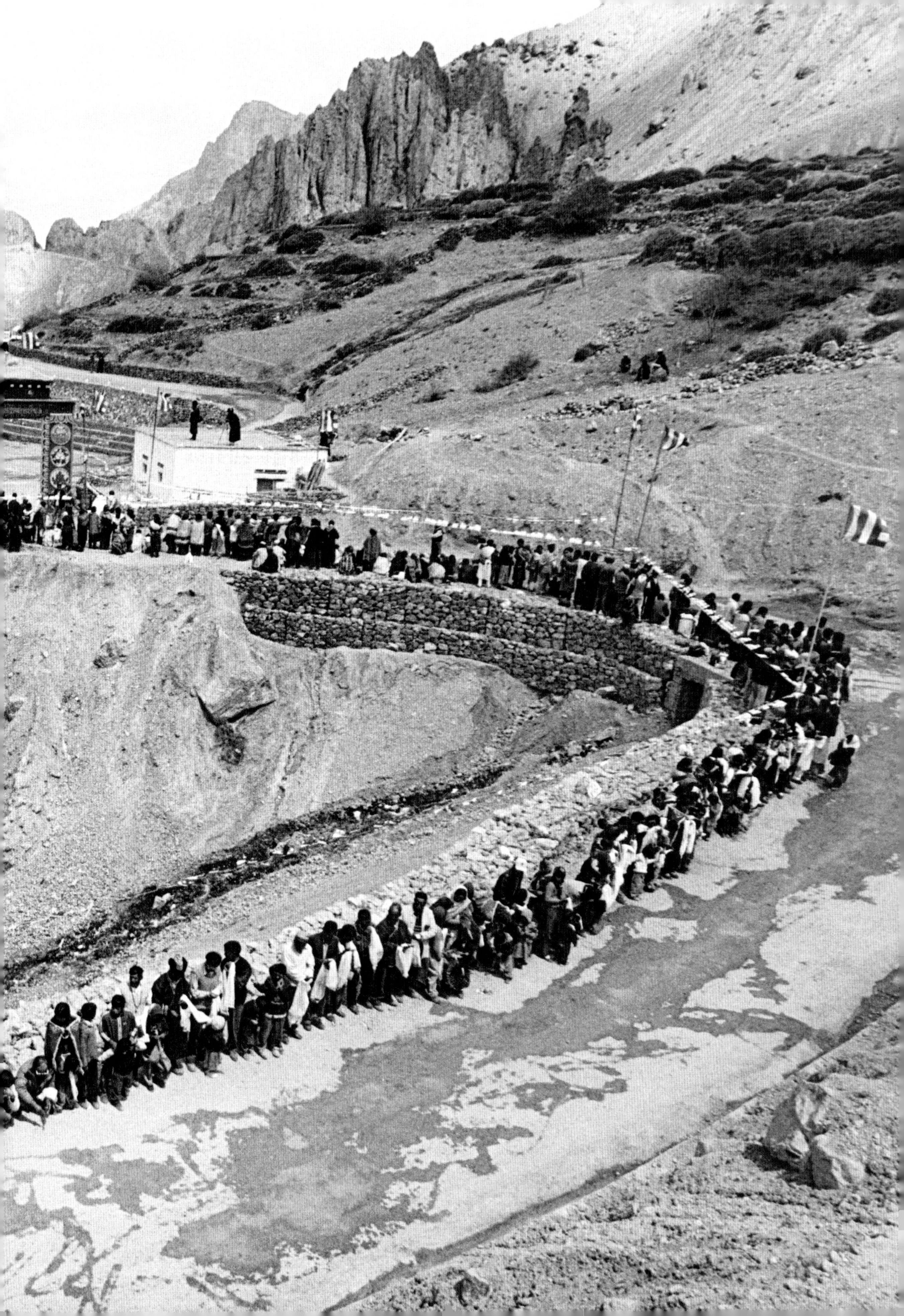

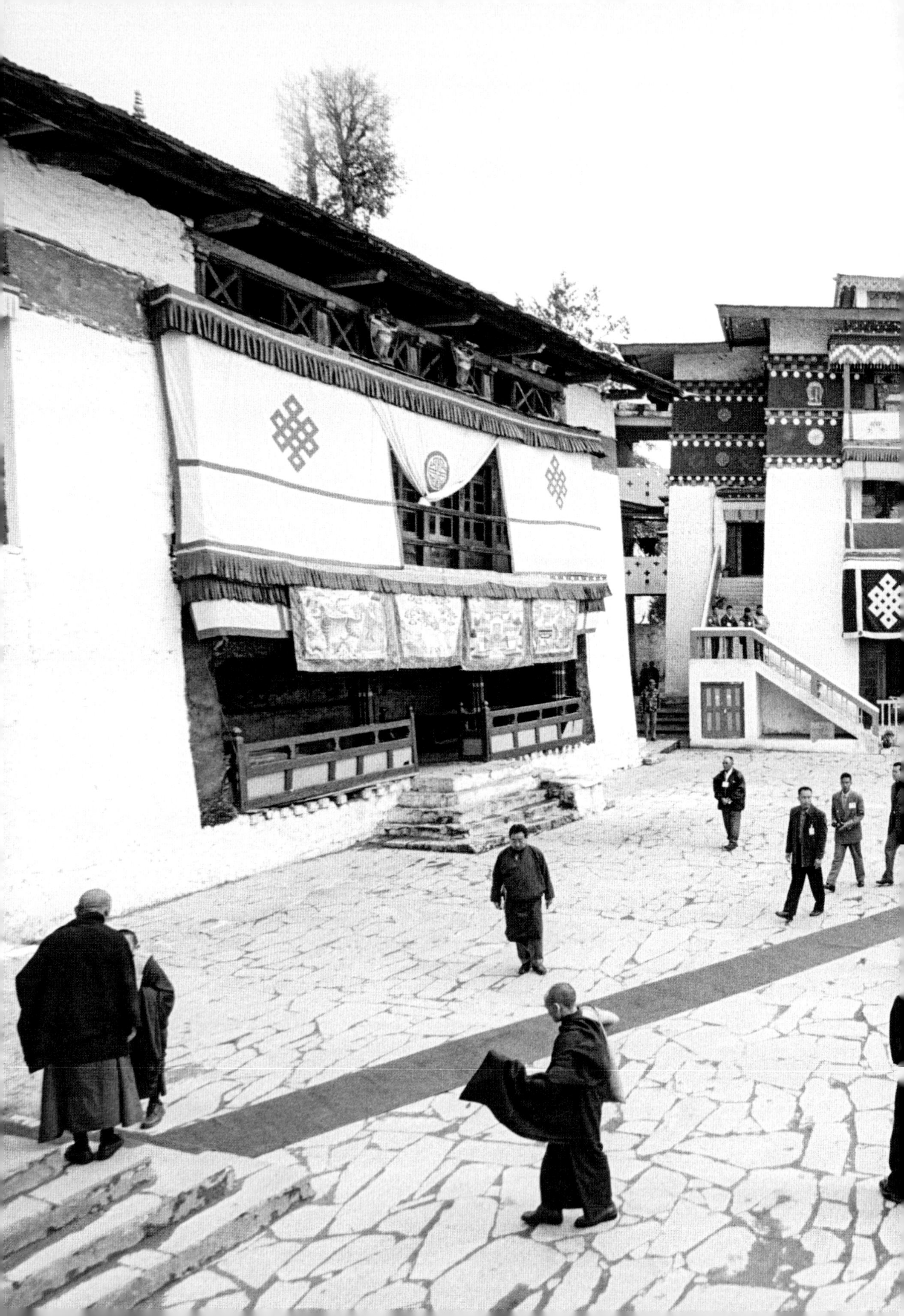

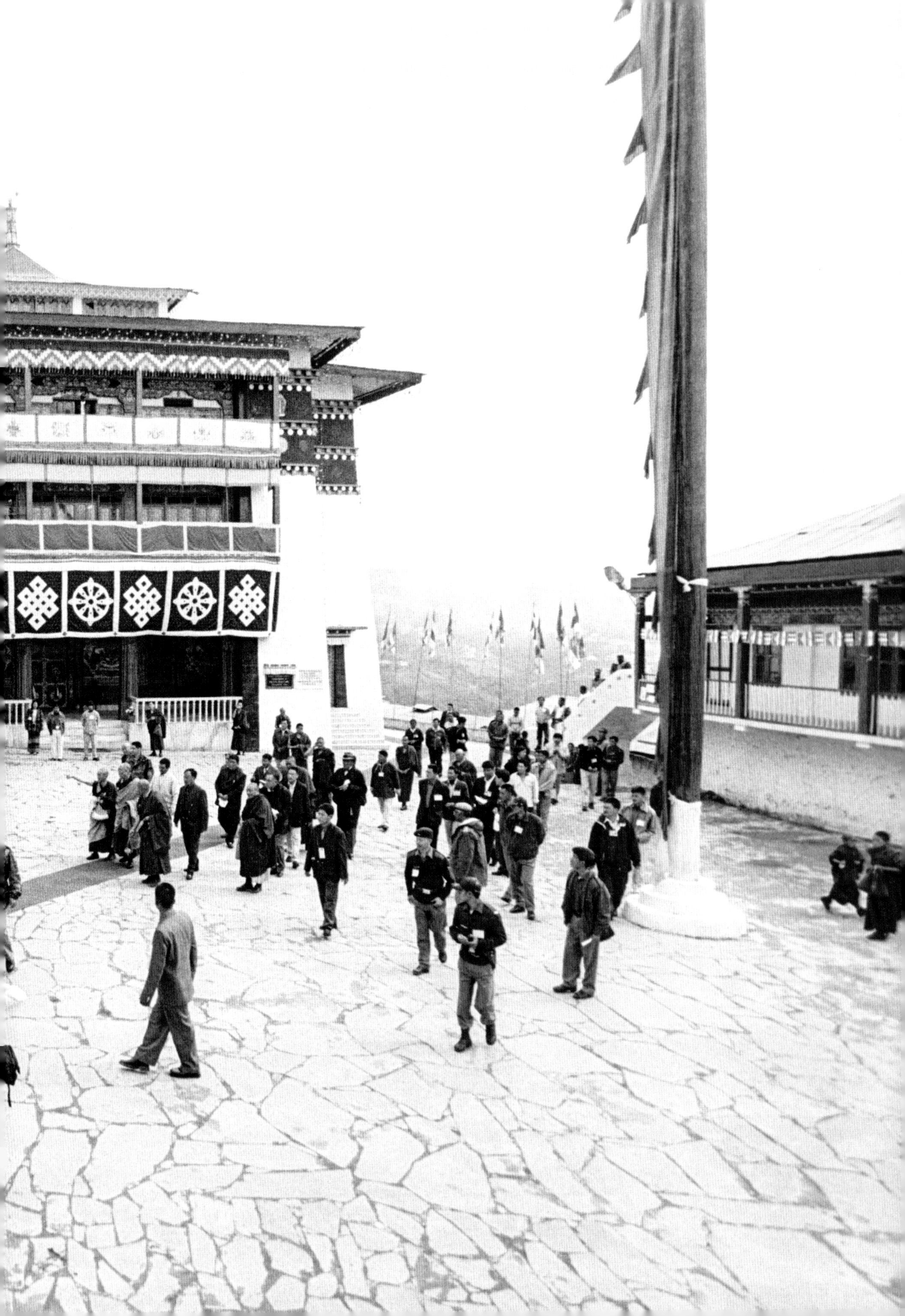

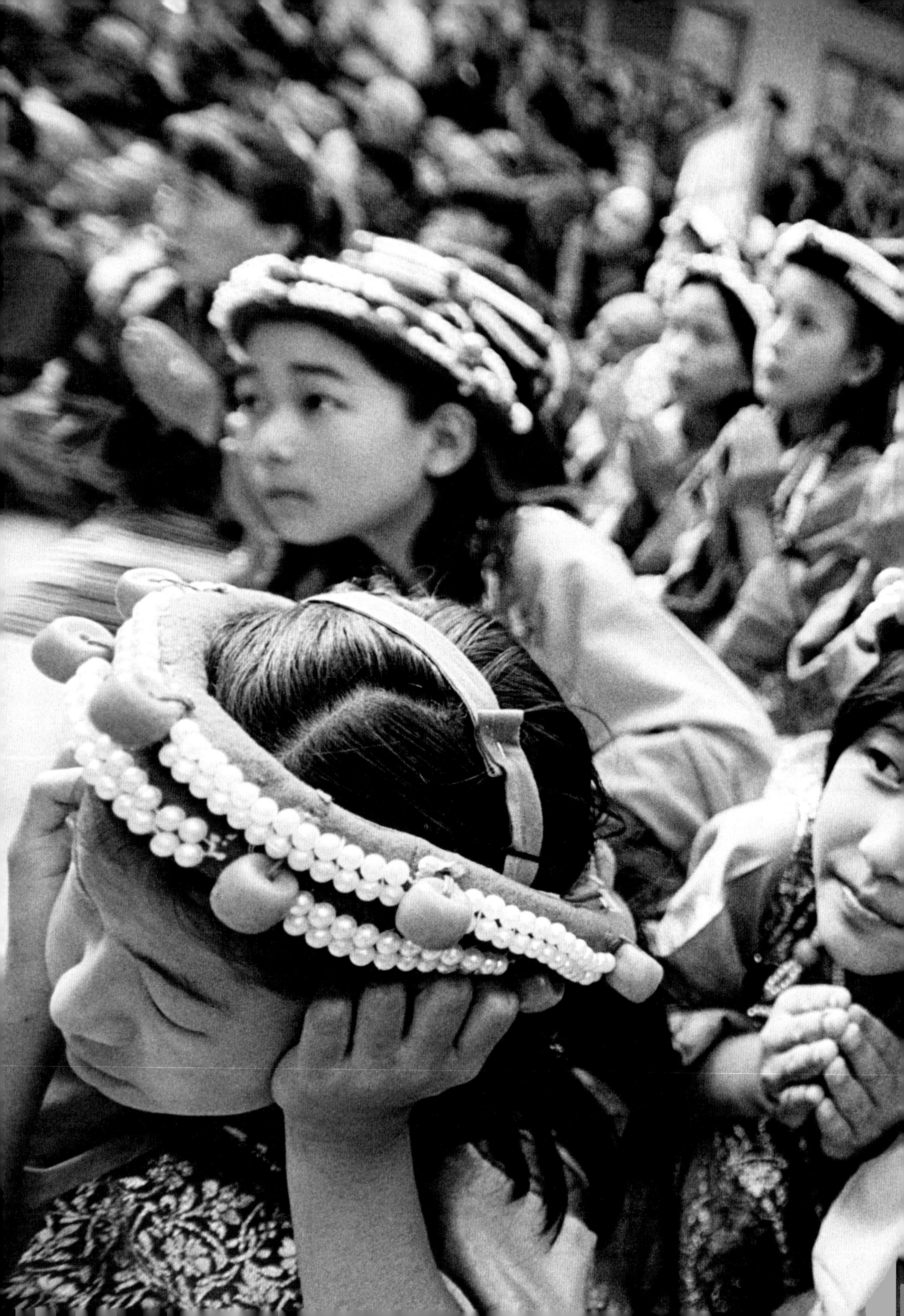

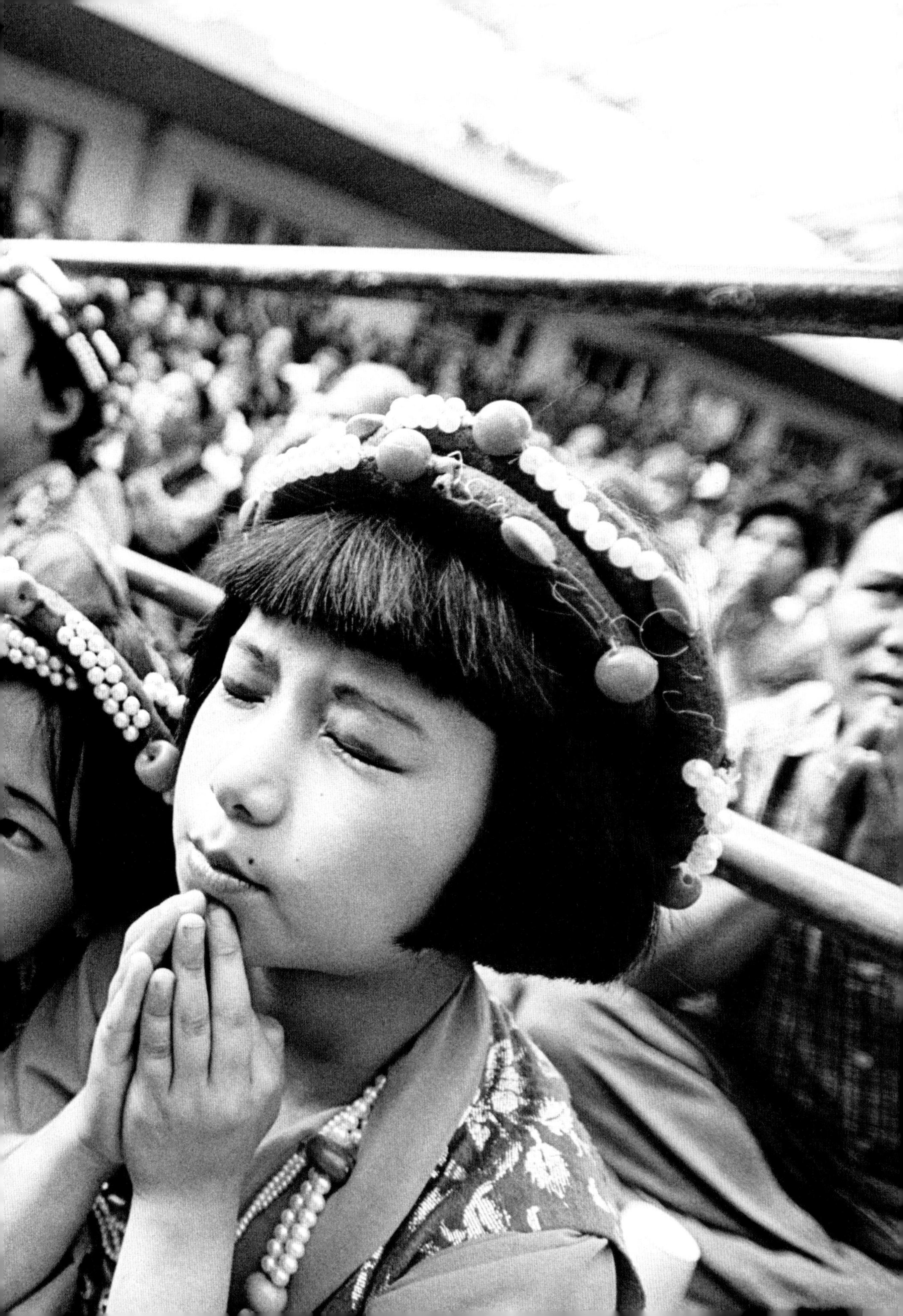

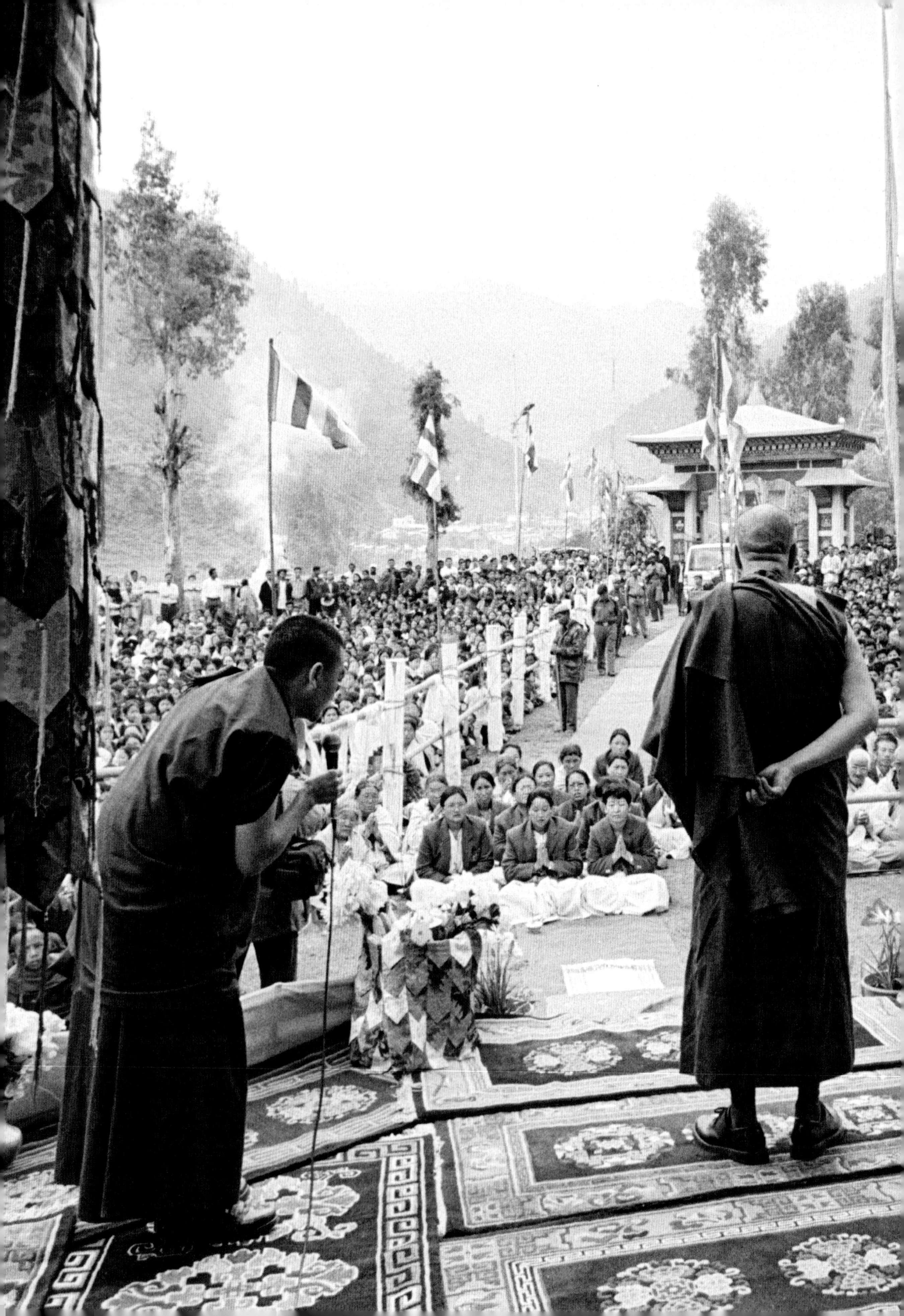

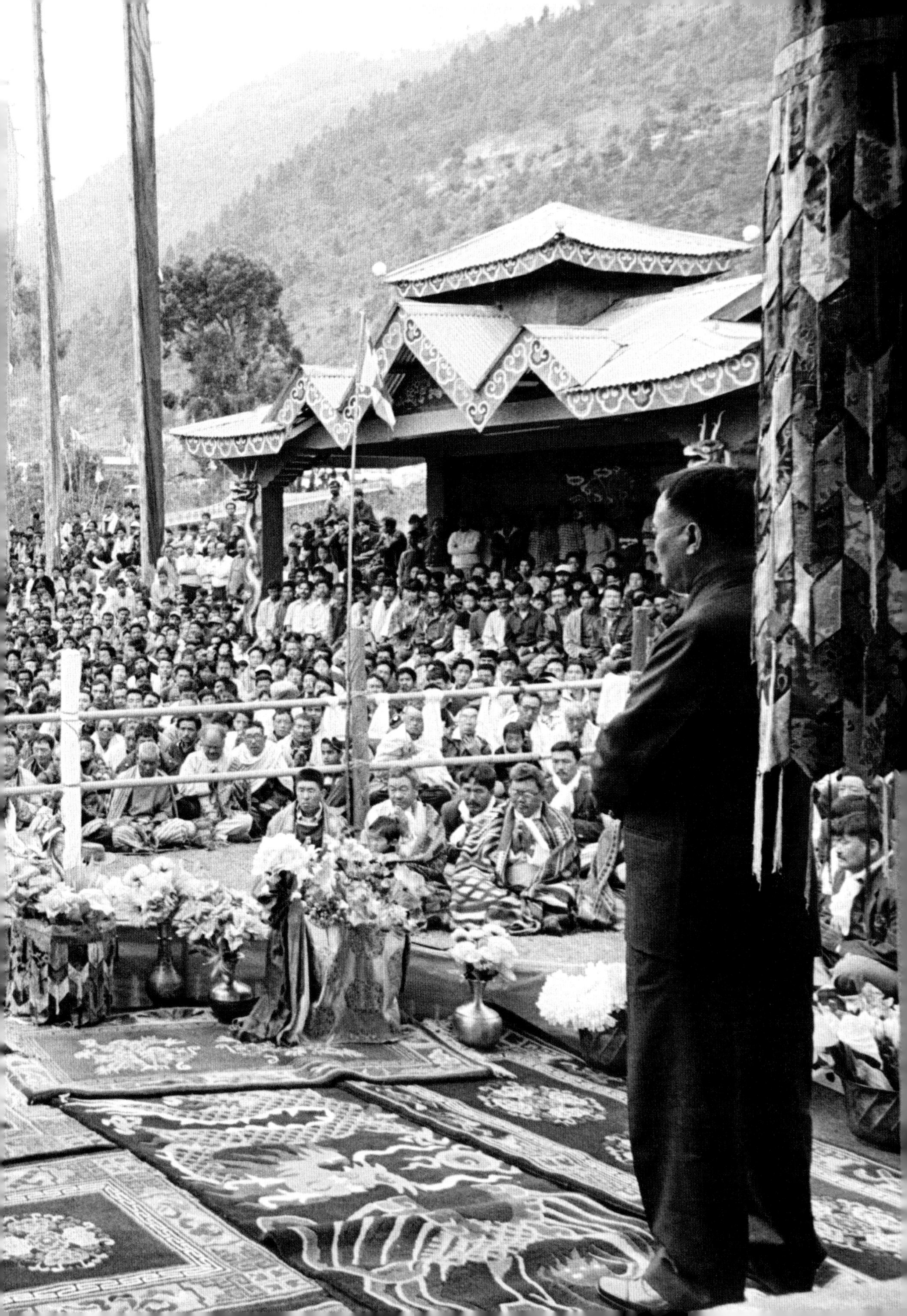

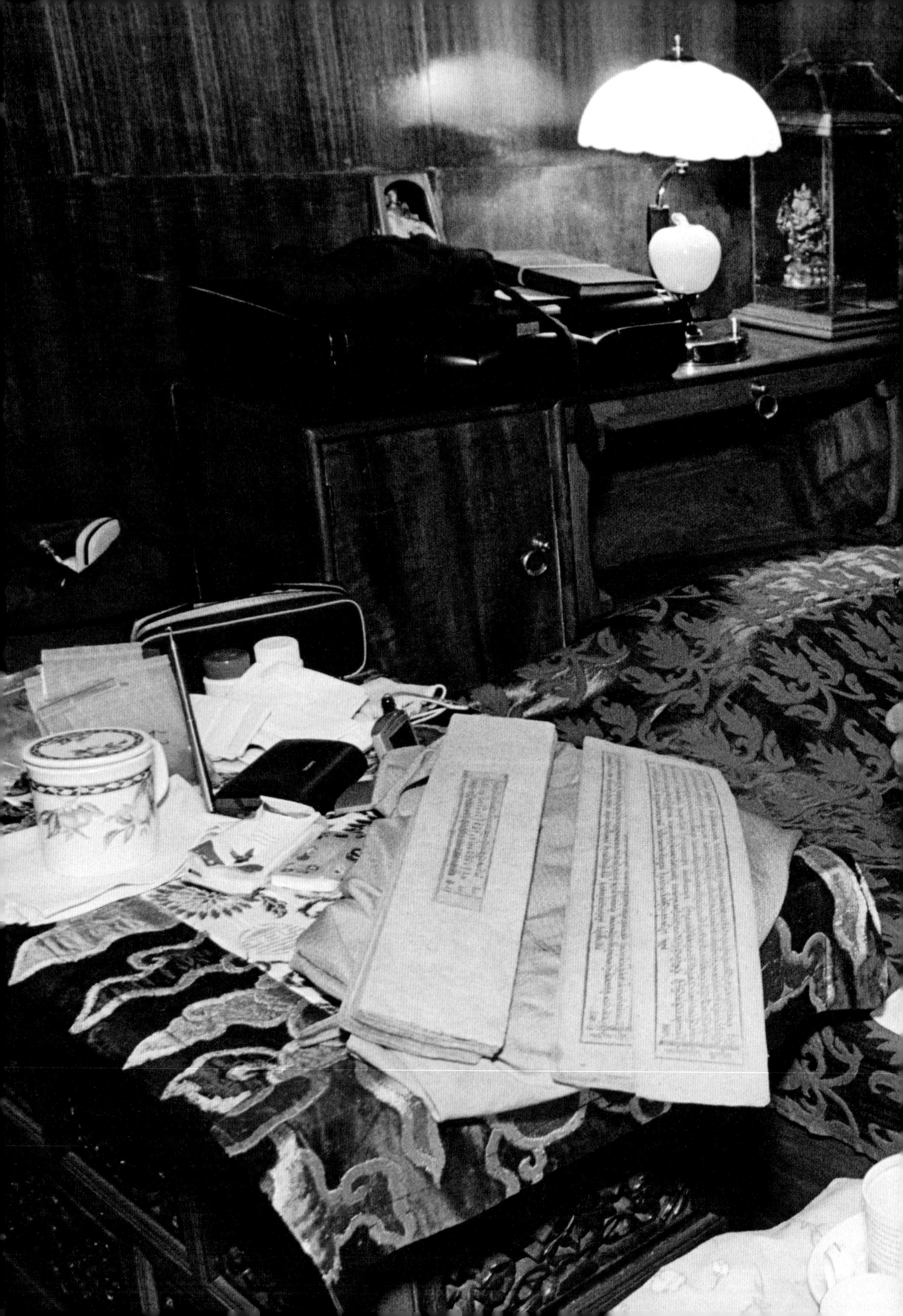

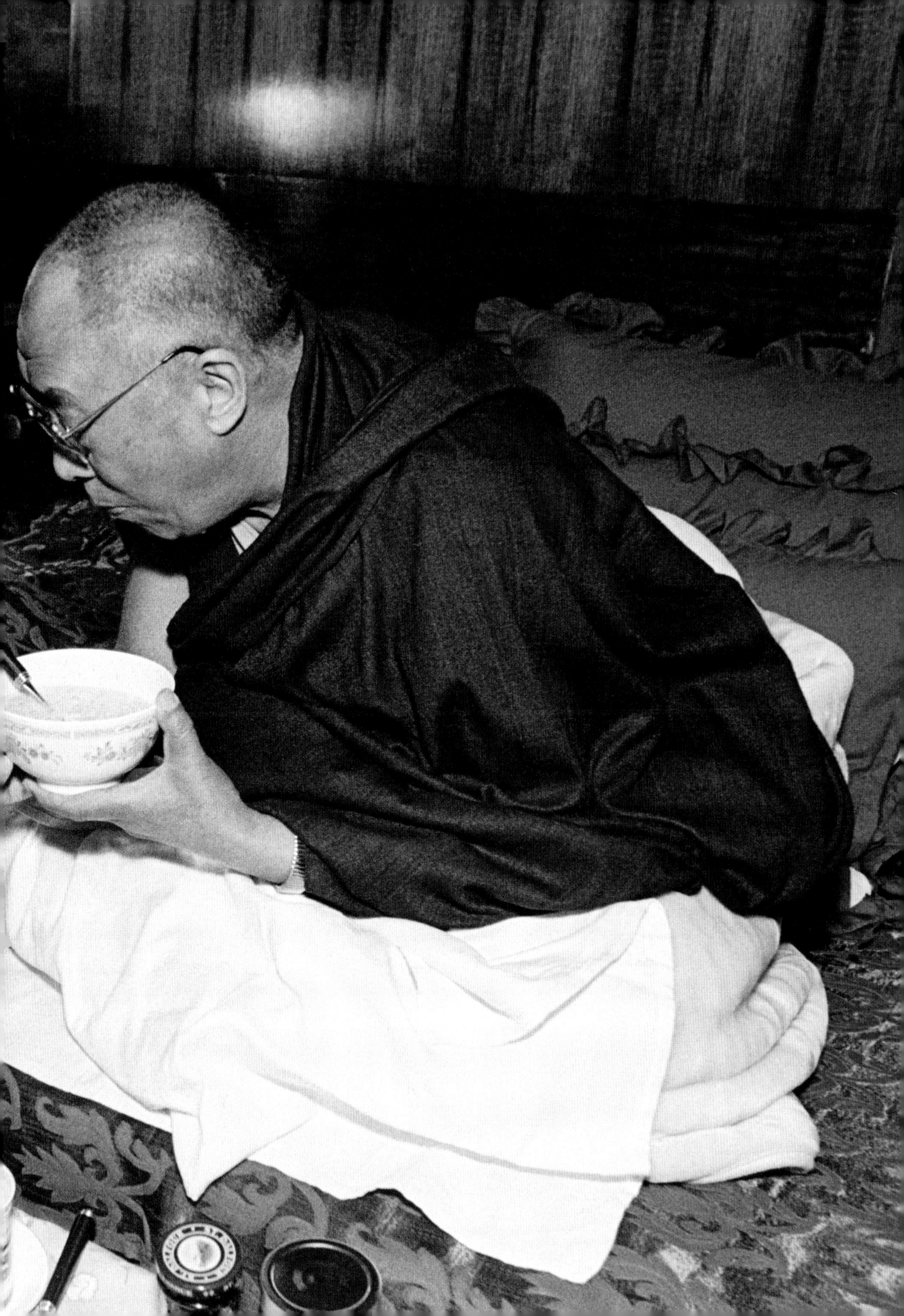

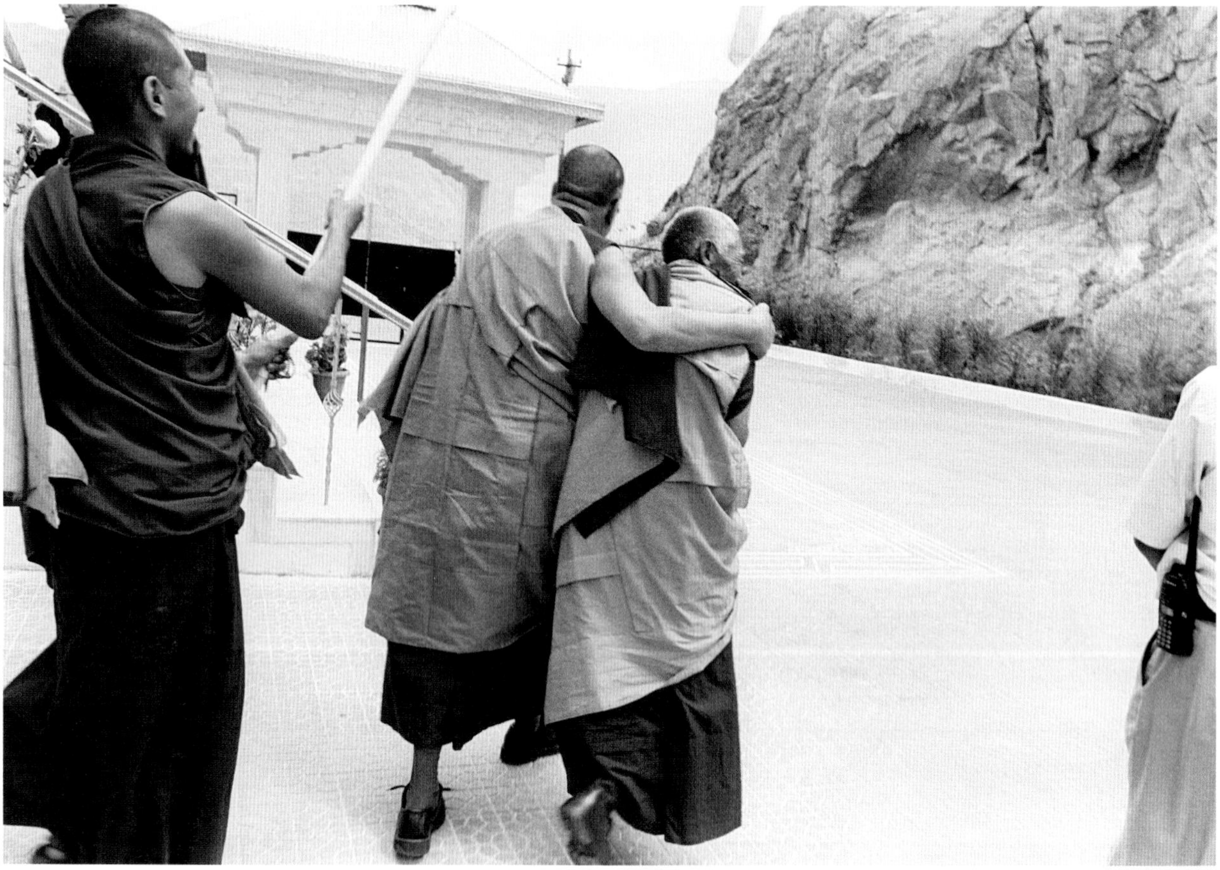

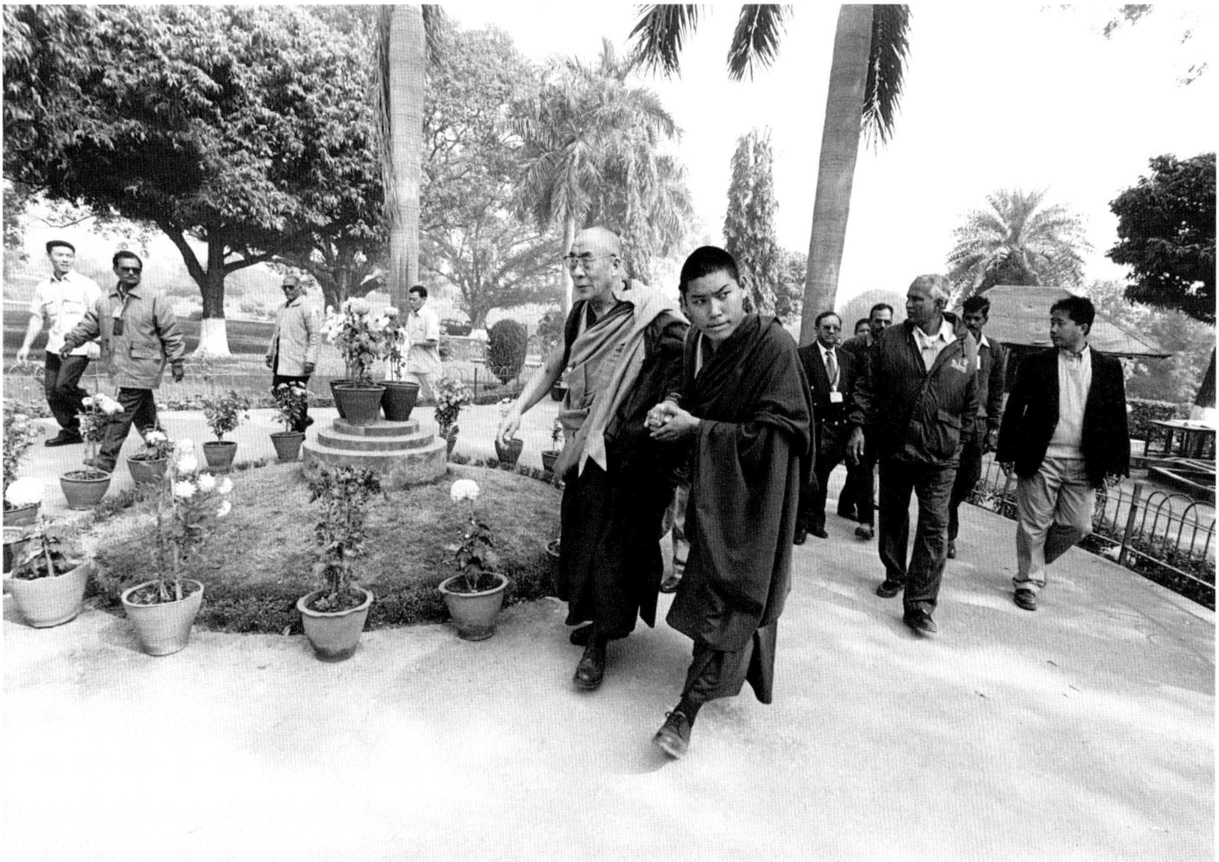

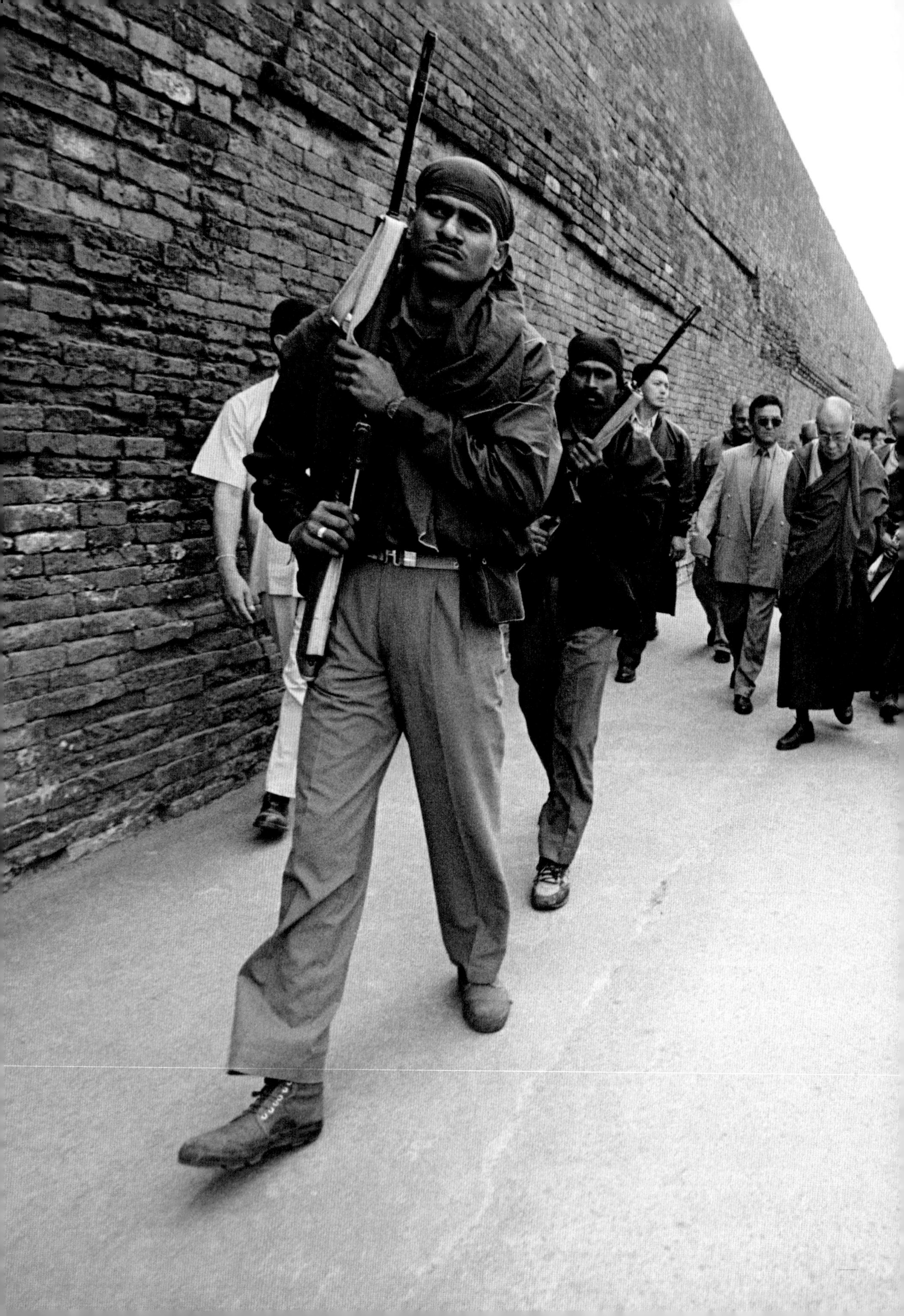

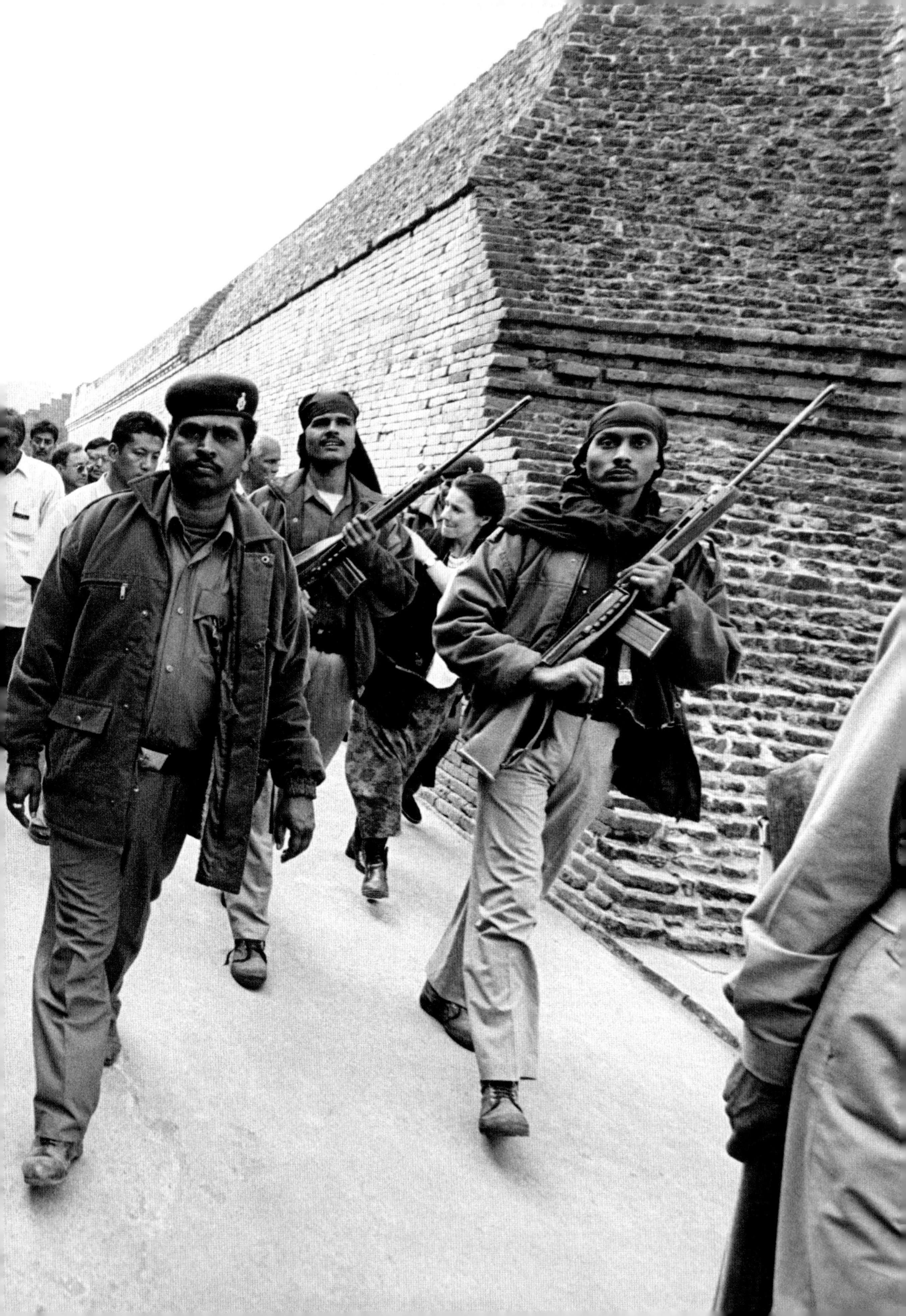

一位平凡的佛教僧侶

A SIMPLE
BUDDHIST MONK

　　達賴喇嘛生活中較少為人知的一面，是他對僧侶的簡單生活抱持深刻認同，儘管他身為藏傳佛教精神領袖的地位崇高。好比說，虔誠的藏人尊他為大悲觀世音菩薩的化身。然而，若談到他對自己的感知，他最珍視的卻是僧侶的身分。他經常說自己是「一位平凡的佛教僧侶」，而當人們請他在書籍或文件上簽名時，他喜歡使用「佛陀僧團的一個僧侶」（*shakyai gelong*）來署

Dalai Lama
Photographs by Manuel Bauer. 1990-2024

名。在幾個不同場合中，我聽過達賴喇嘛分享「我是一個僧侶」的想法如何自然而然就出現，即使是在他的夢中。每當嫉妒或執著等煩惱瞋恨生起時，這個覺知會更容易顯露。他說：「在夢中我很少會想到『我是達賴喇嘛』。」僧侶的紀律也反映在他日常生活的每個層面。他每天清晨三點半起床，晨間至少有三個小時用於靜坐、大禮拜與誦經。他謹守「過午不食」的出家人戒律，身穿與其他藏傳佛教僧侶相同的僧袍。

秉持簡單的原則，達賴喇嘛的個人生活形態體現了佛教經典裡所謂的「知足少欲」。我記得在協助他與霍華德·卡特勒（Howard Cutler）撰寫《快樂：達賴喇嘛的人生智慧》（*The Art of Happiness*）一書時，曾造訪他的私人住所。他的臥室簡單得令人印象深刻。狹小的空間感覺更像是兩個更大的房間中間的過道，房內有一張靠牆的單人床、一個小小的床頭櫃，牆上掛著幾位他的精神導師的照片，其中最引人注目的是林仁波切（Kyabje Ling Rinpoche）與赤絳仁波切（Kyabje Trijang Rinpoche）。簡樸的臥室旁有一個小浴室，裡頭有一間淋浴間，一旁擺著一雙橡膠夾腳拖。臥室通向一間較大的禪房兼書房，有張沙發面向設在房間中央供奉著聖物的聖壇。在這些聖物中，有一尊檀香木復刻的知名犍陀羅佛像，呈現出釋迦牟尼苦行時期的消瘦形象。佛像明顯凸出的肋骨提醒世人常記佛陀修行證道之路的精進安忍。當被

問及為何這個形象對他意義重大時，達賴喇嘛曾經解釋道，它象徵著追求成佛之道所需的精進、忍辱和艱難。

作為達賴喇嘛的英文翻譯超過三十年，我曾陪同他走遍世界各地無數旅程。他喜愛與各行各業的人交流，而我發現他最快樂的時候是與其他僧侶相伴而坐。他們對修道生活的共同願景——透過出家、簡樸與持戒，將一生全心投入修行證悟——始終深深激勵著他，即使他不認為這種方式適合所有人。在藏傳佛教中有一句話，完美表述了達賴喇嘛的個人生活：「對自己，需要的與需要做的要盡可能少；對他人，需要的與需要做的要盡可能多。」

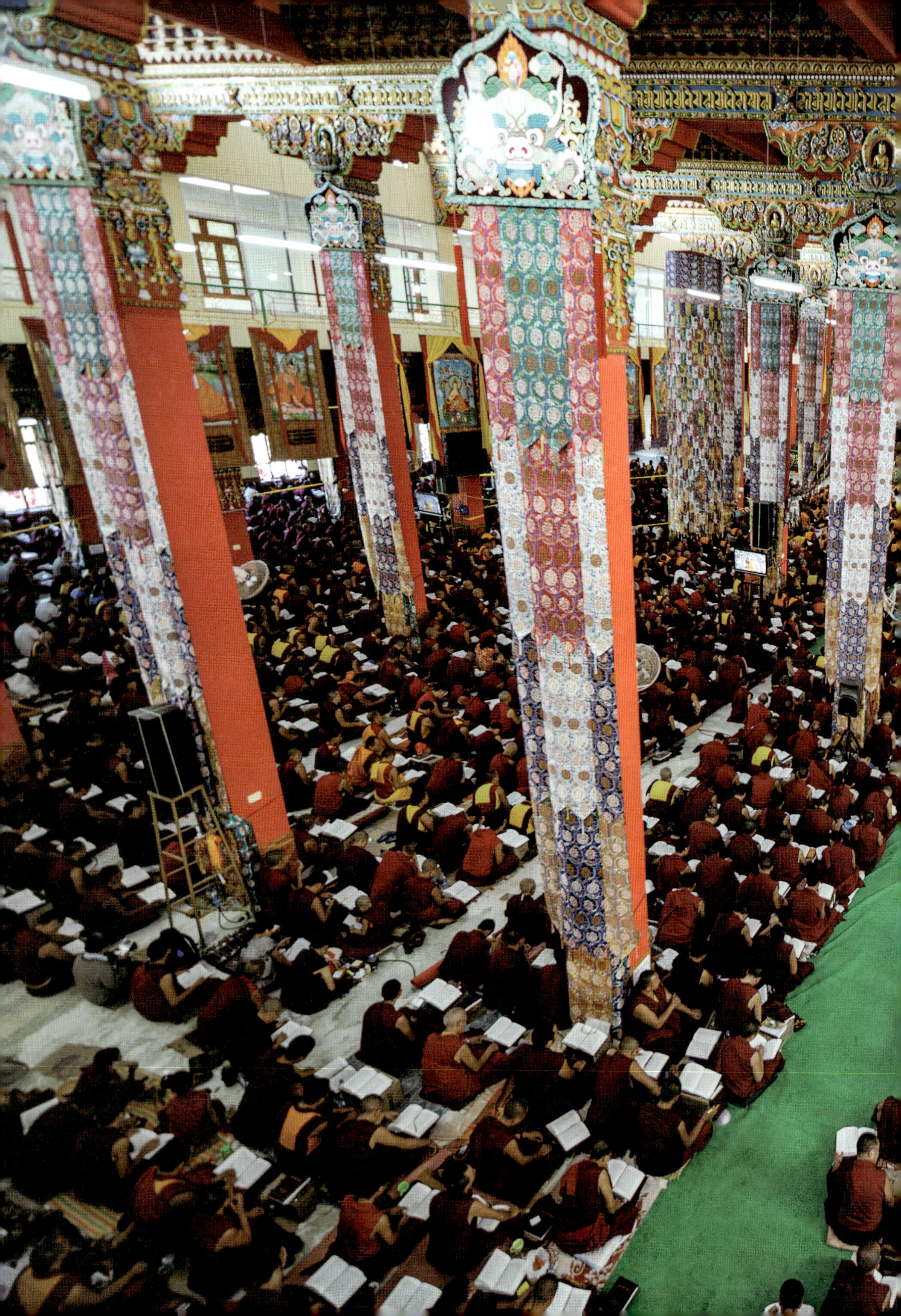

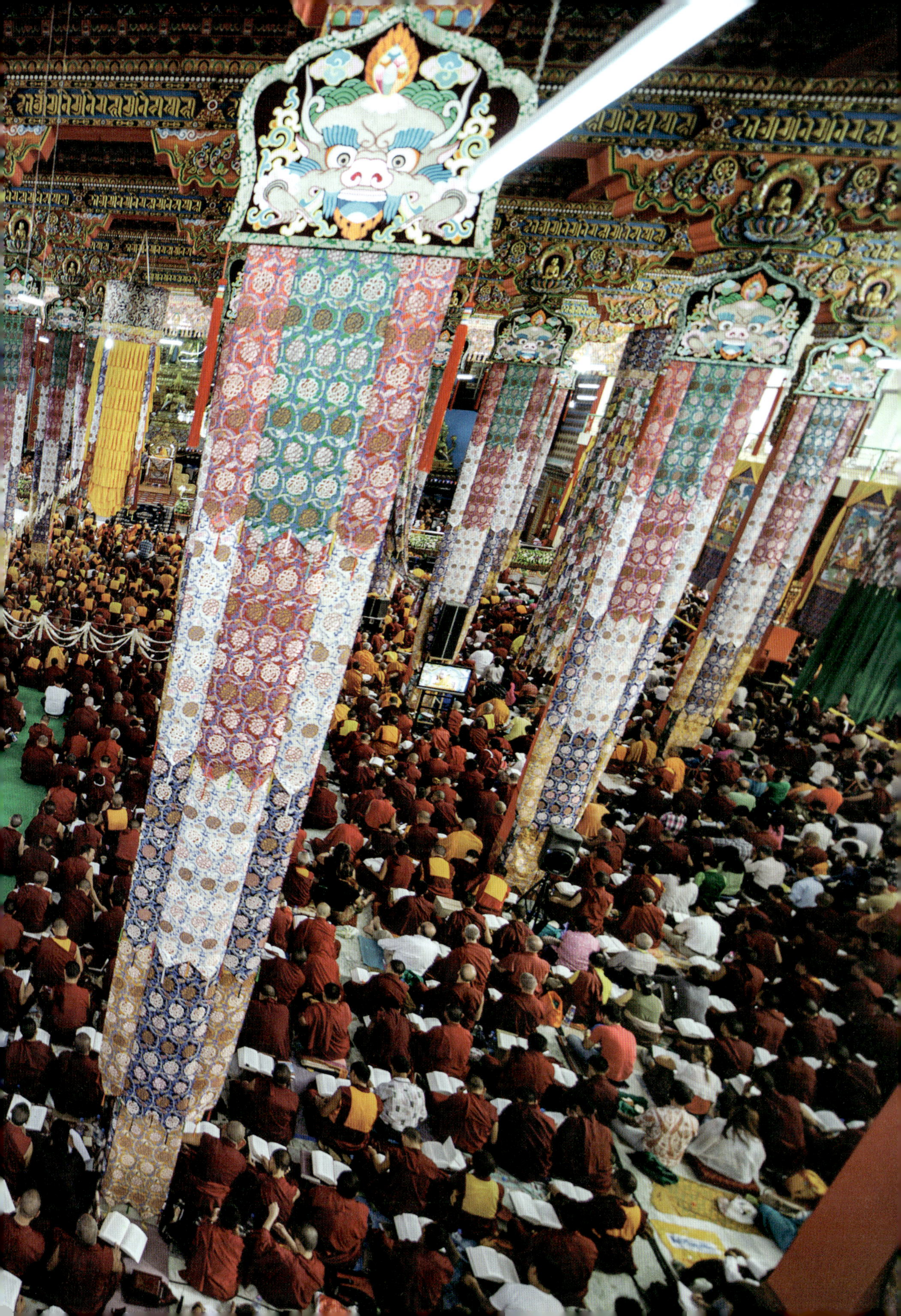

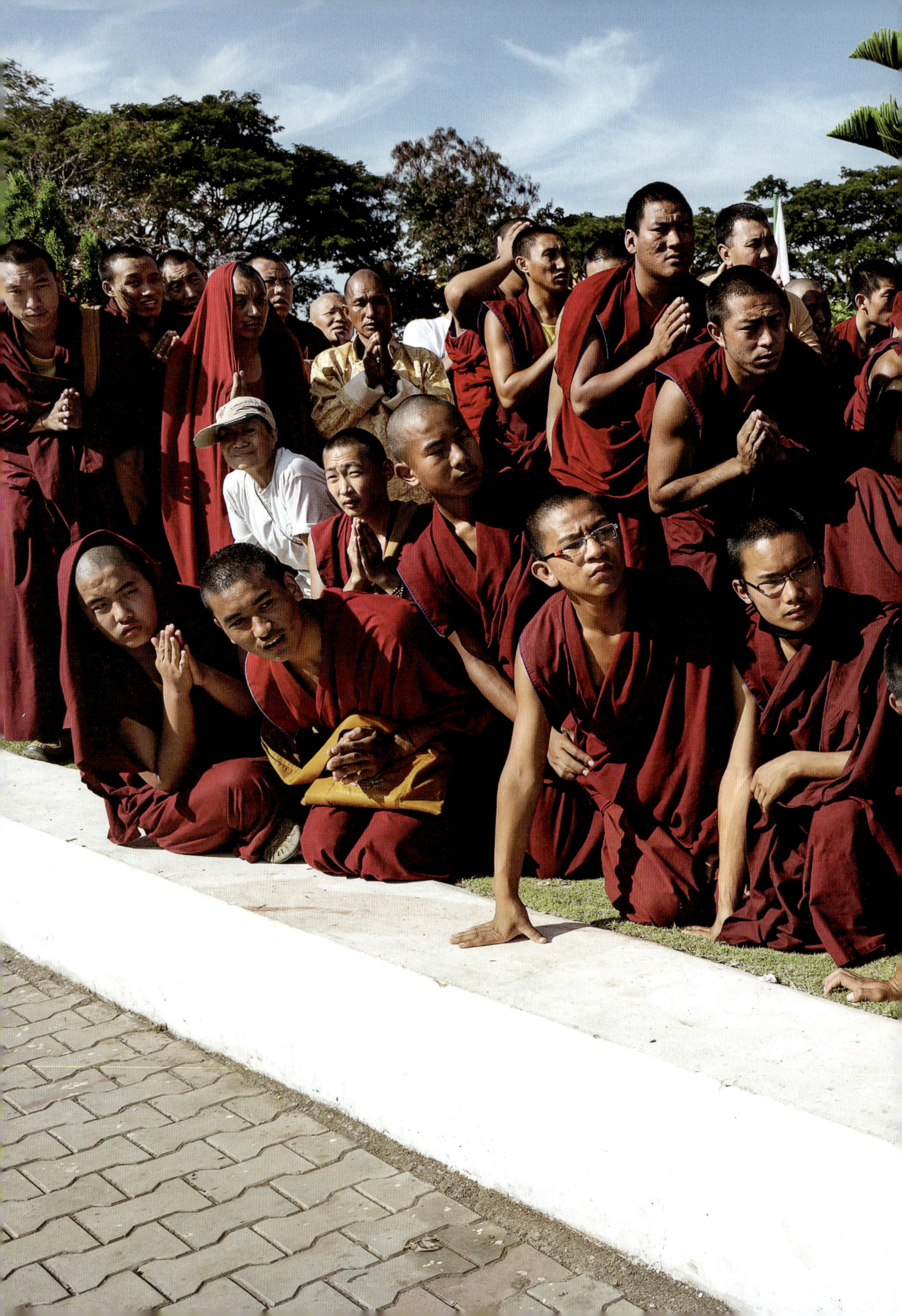

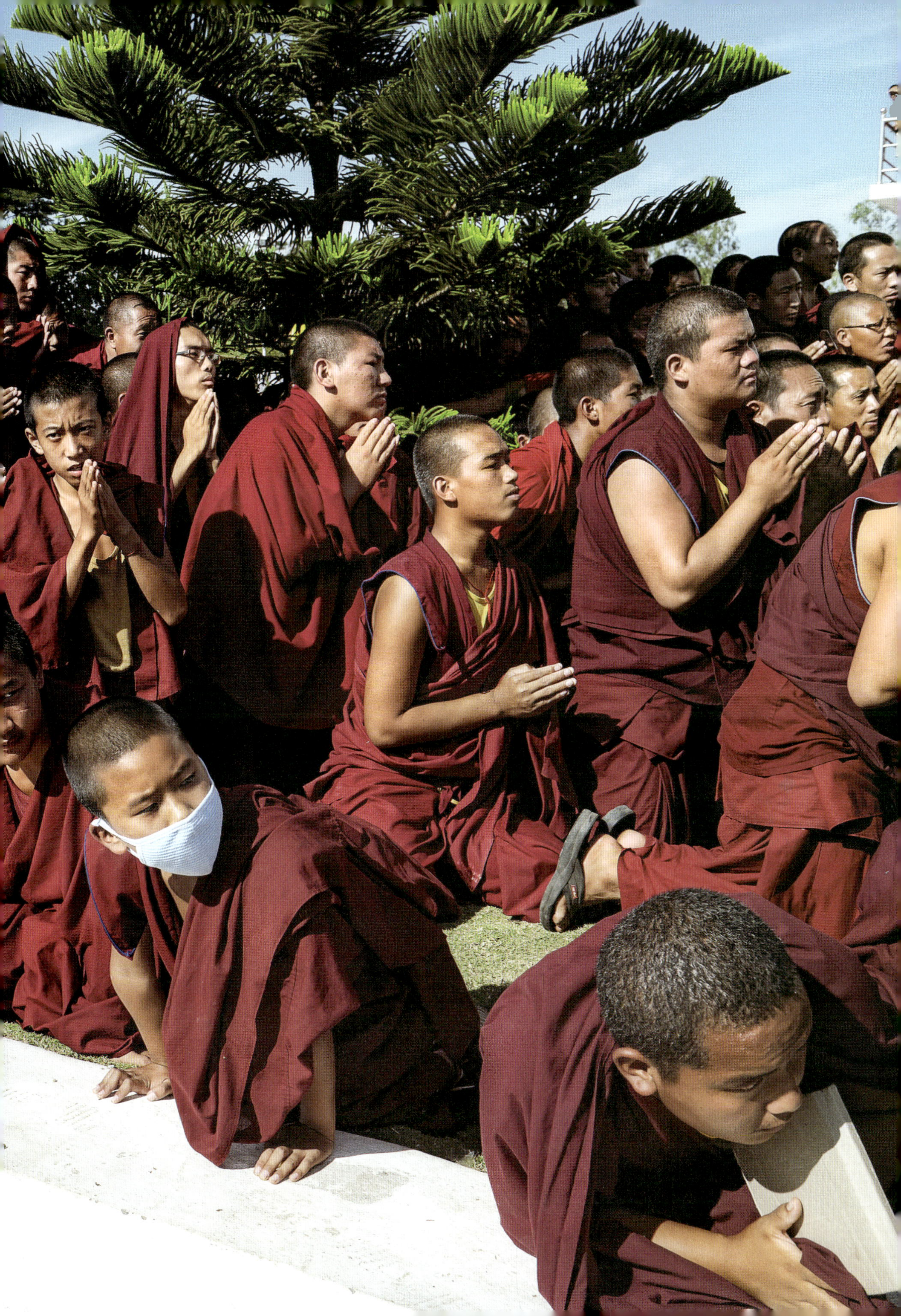

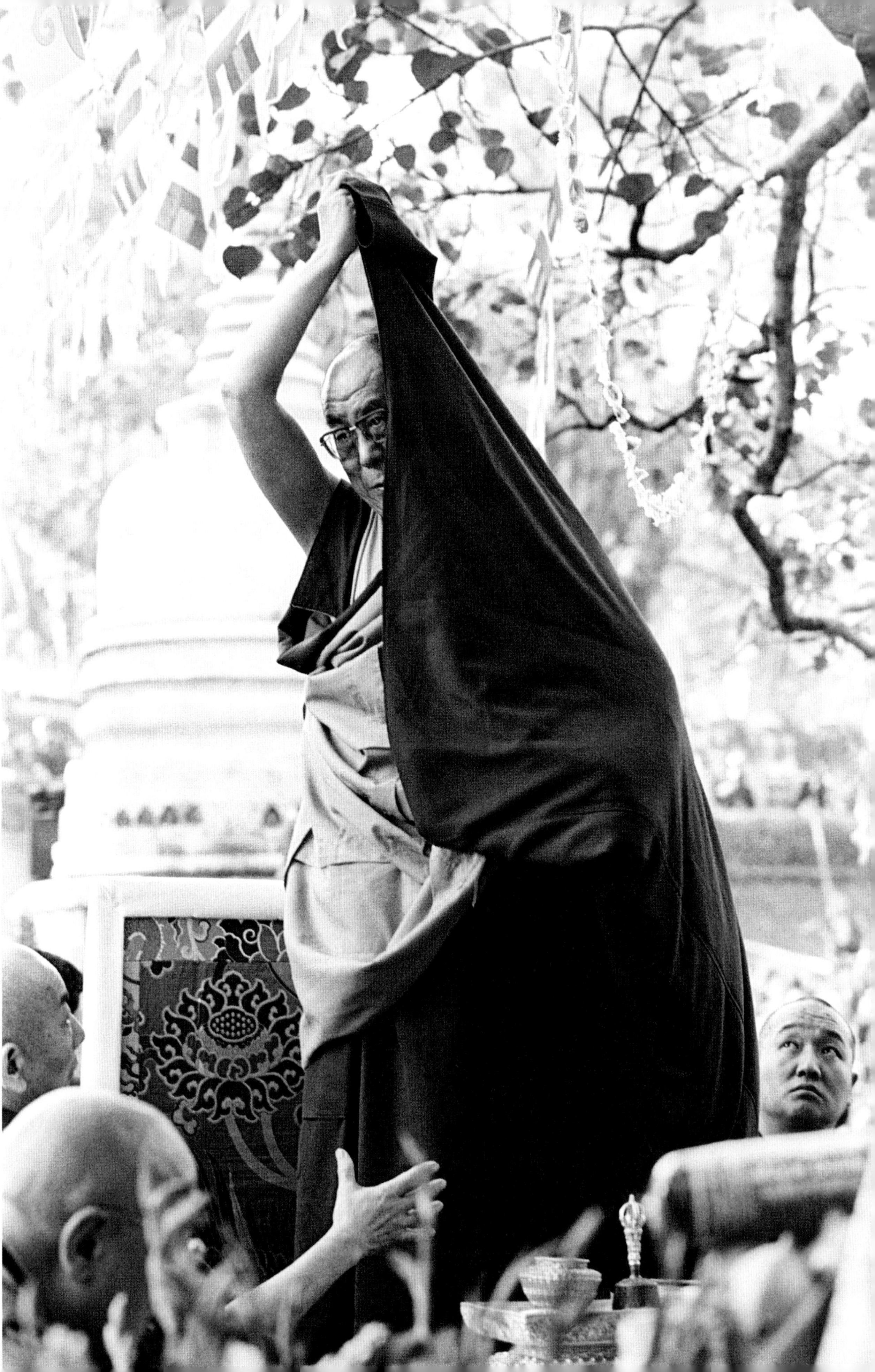

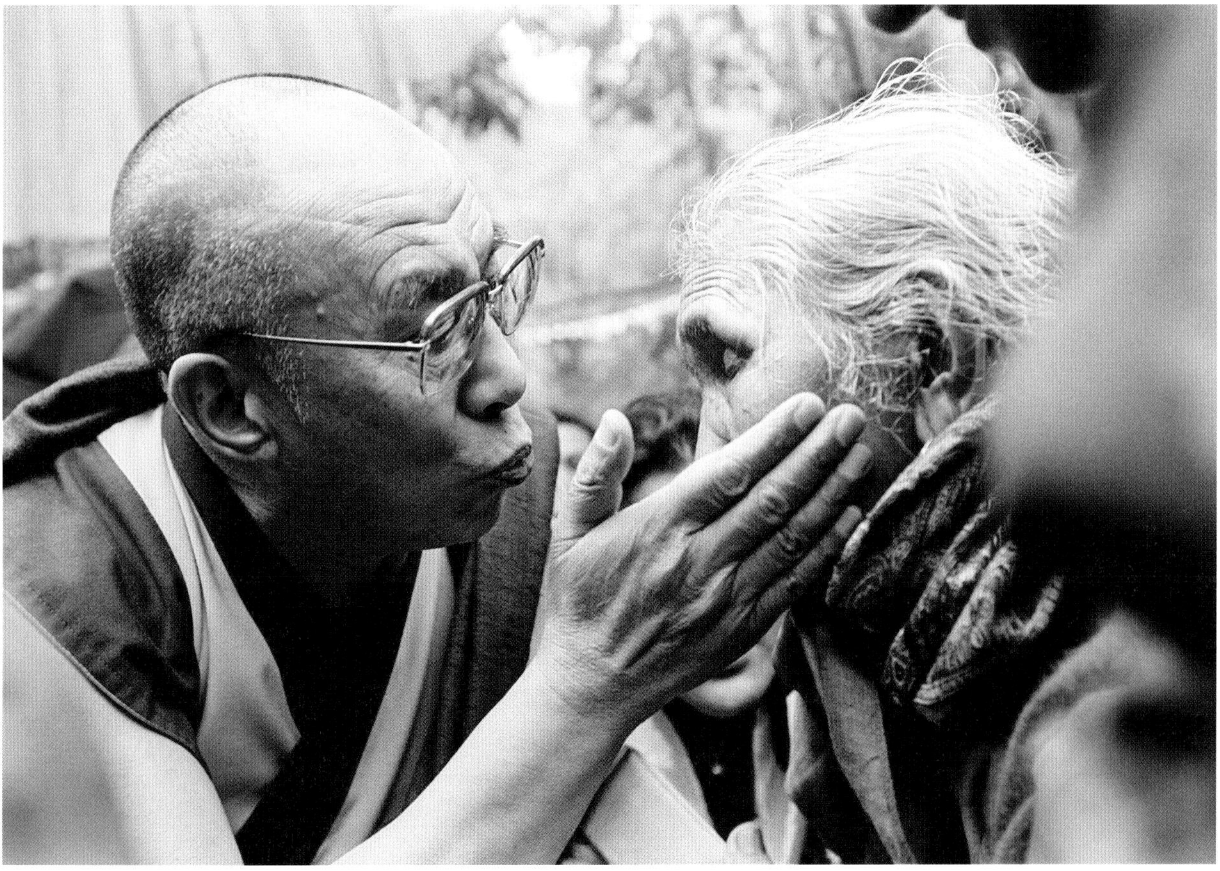

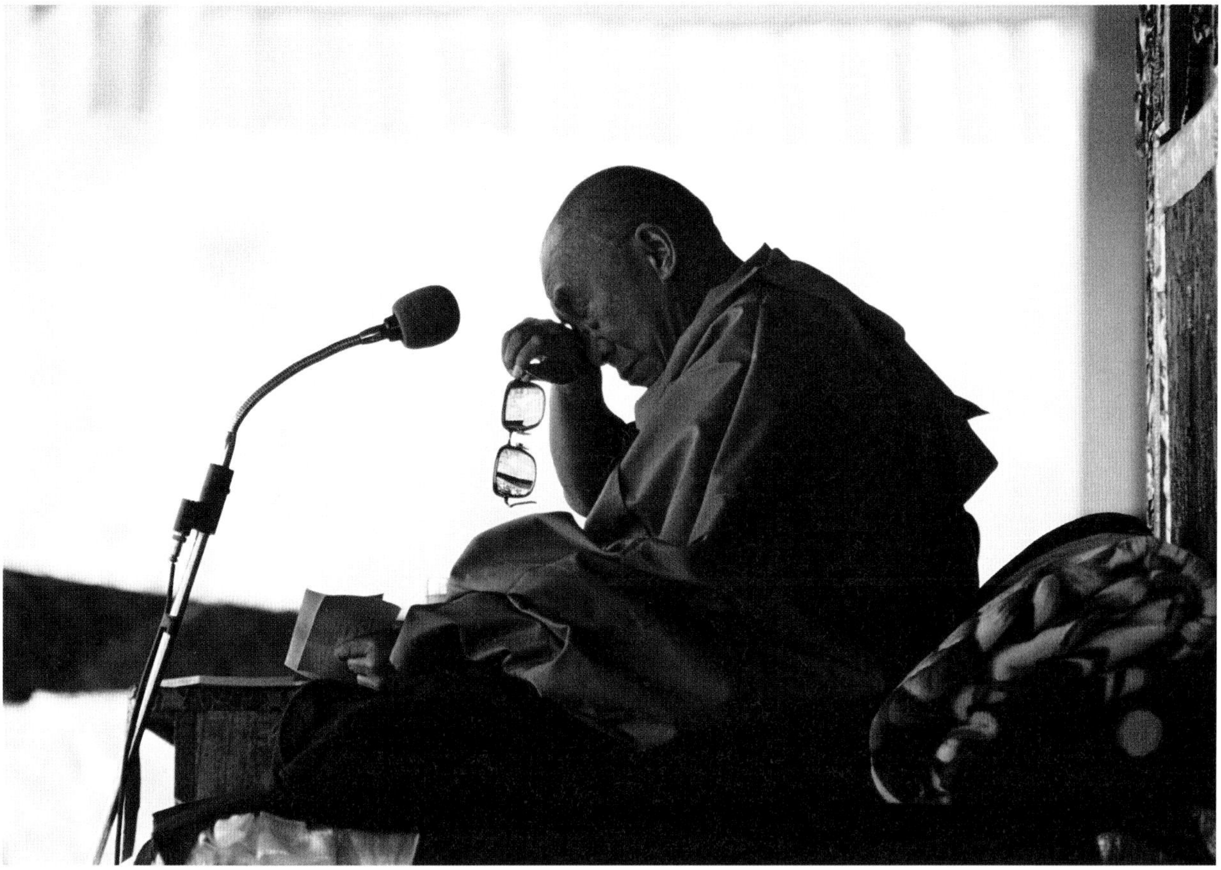

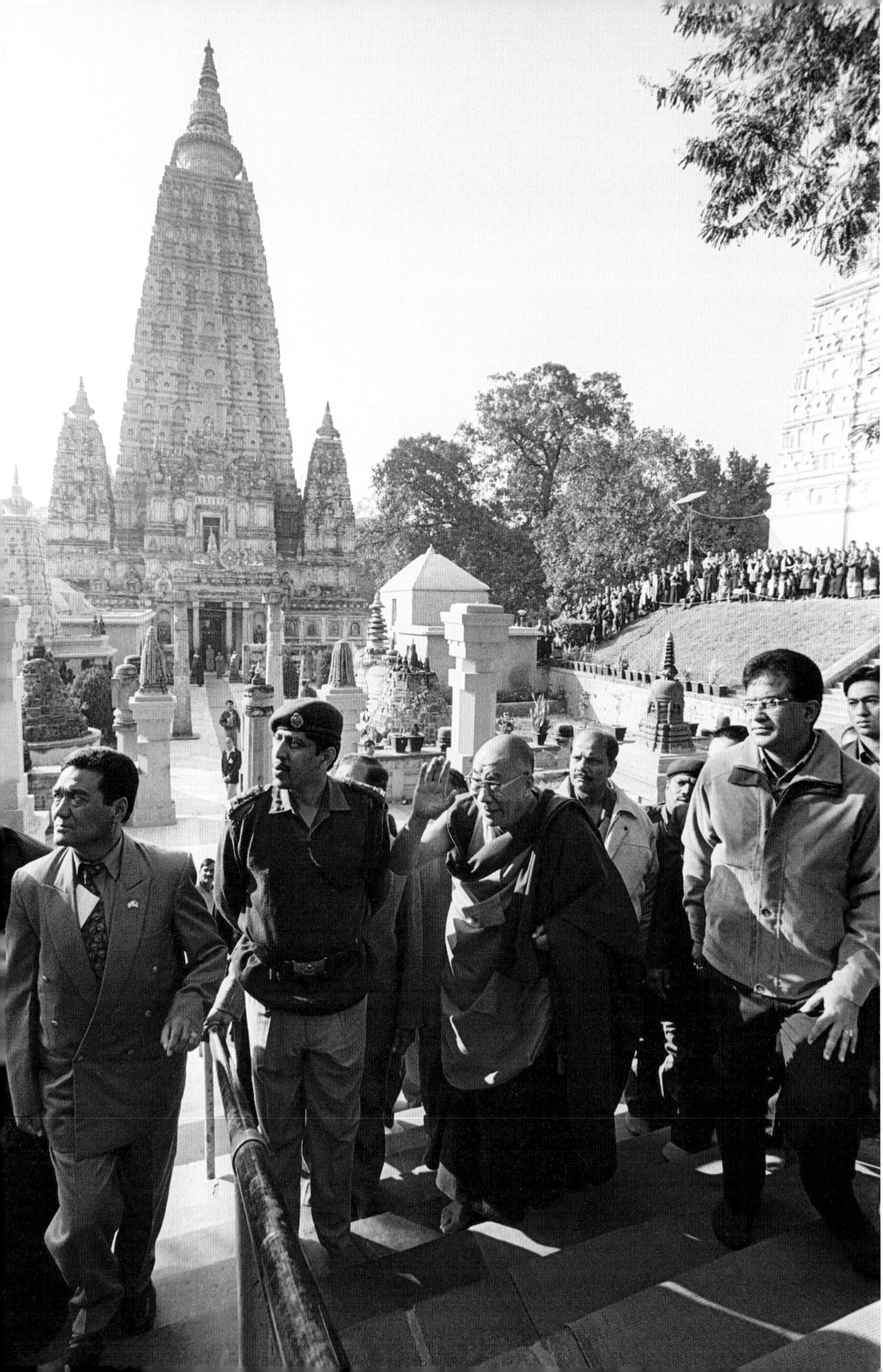

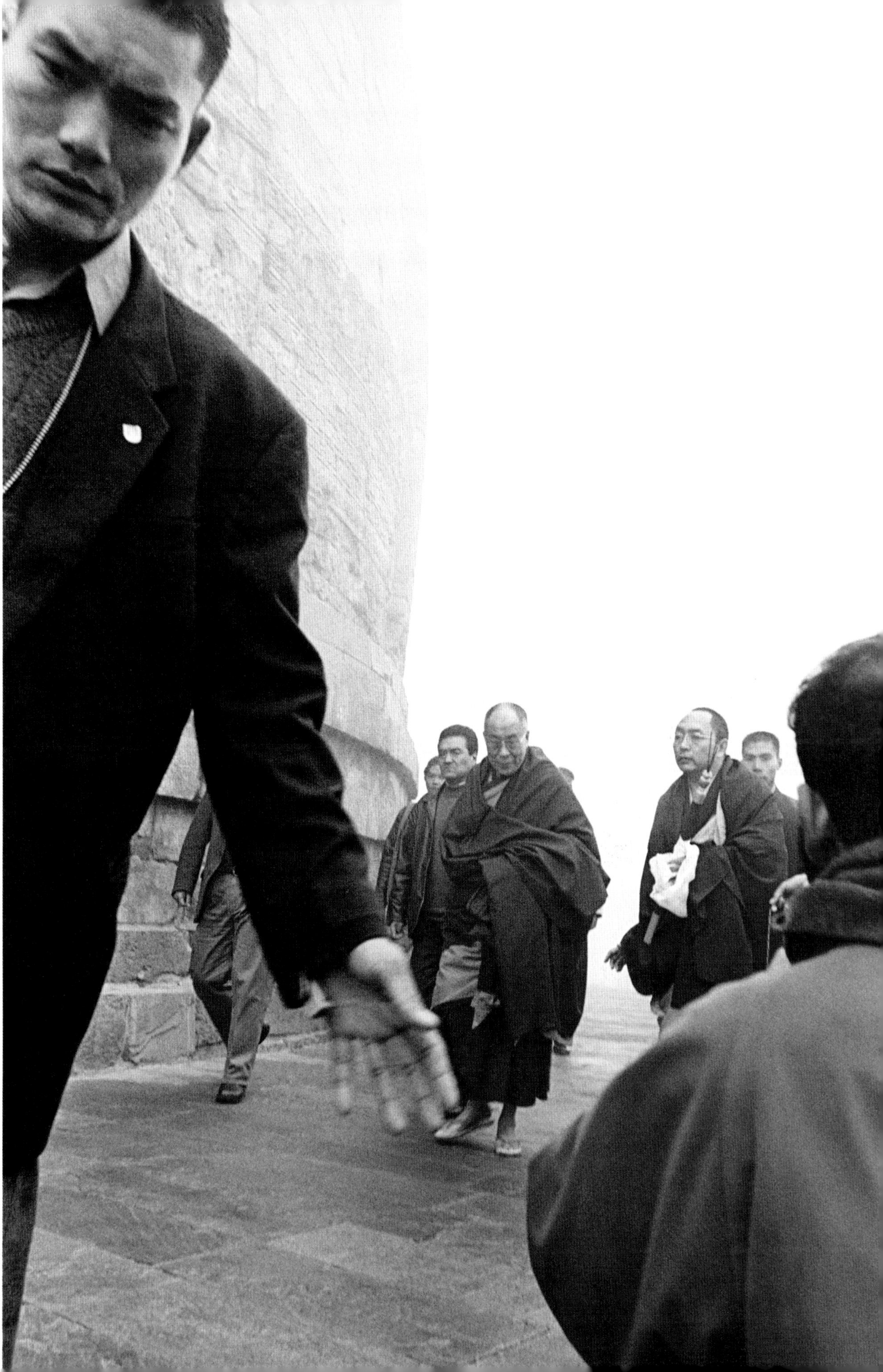

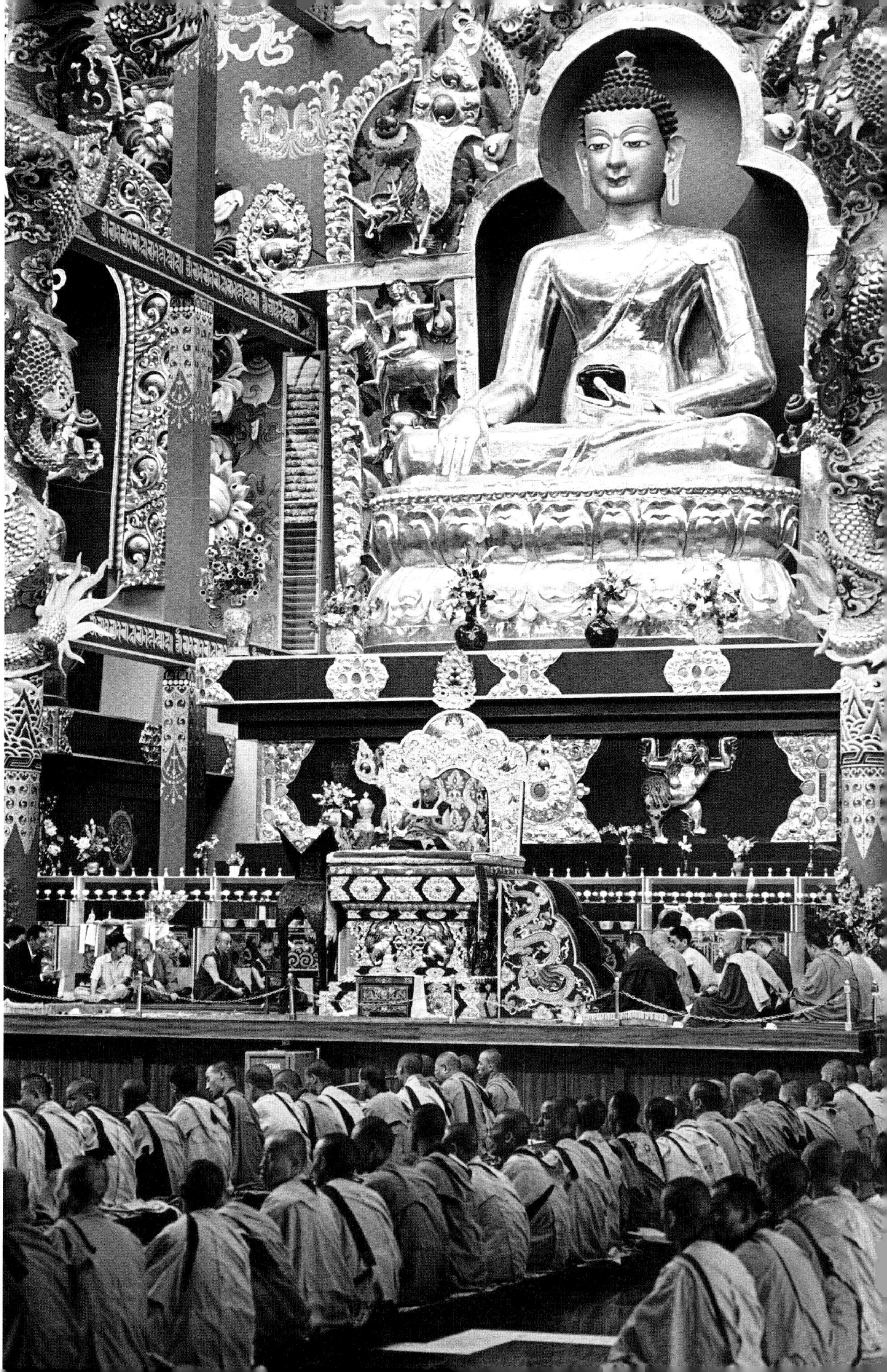

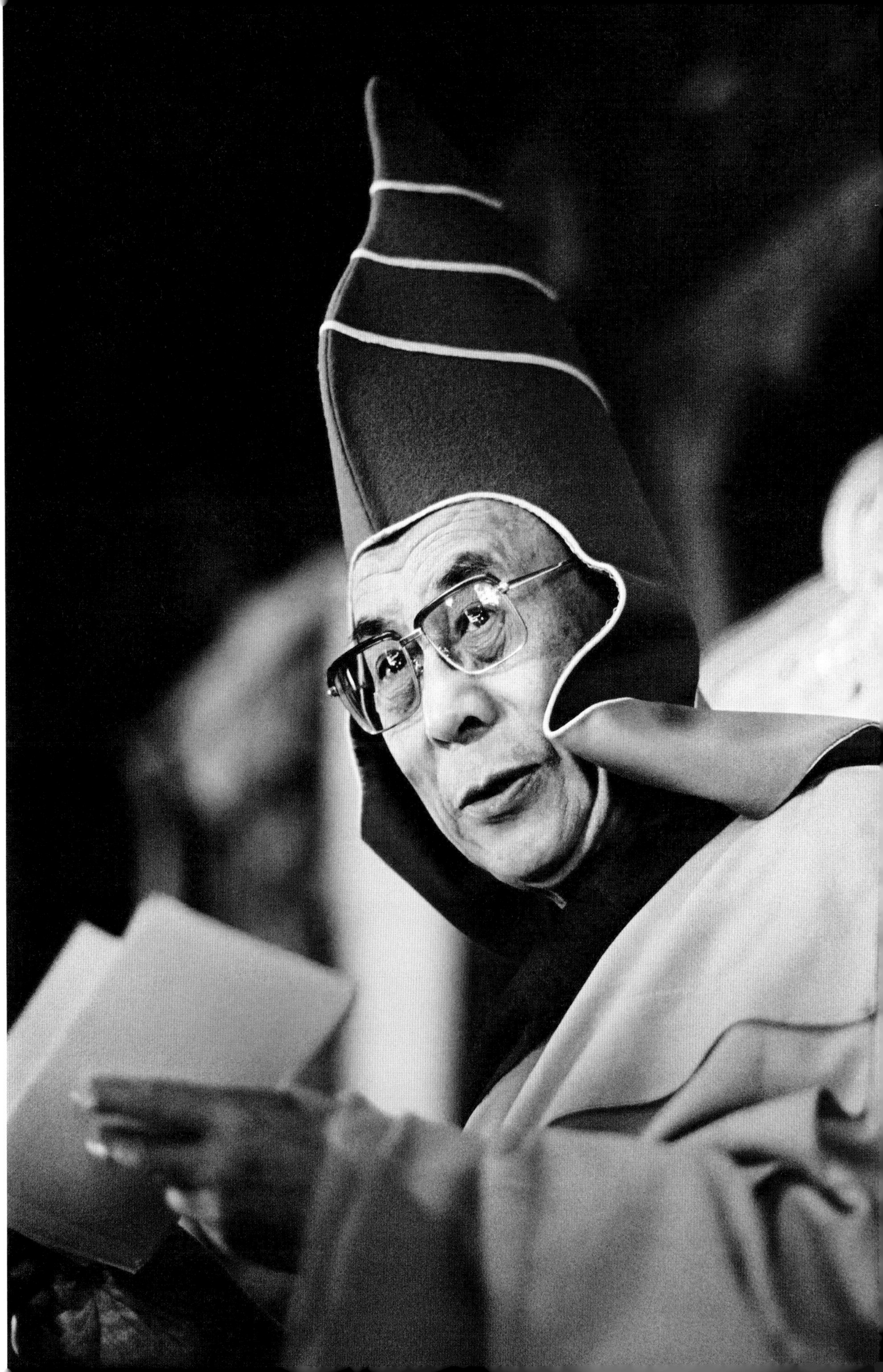

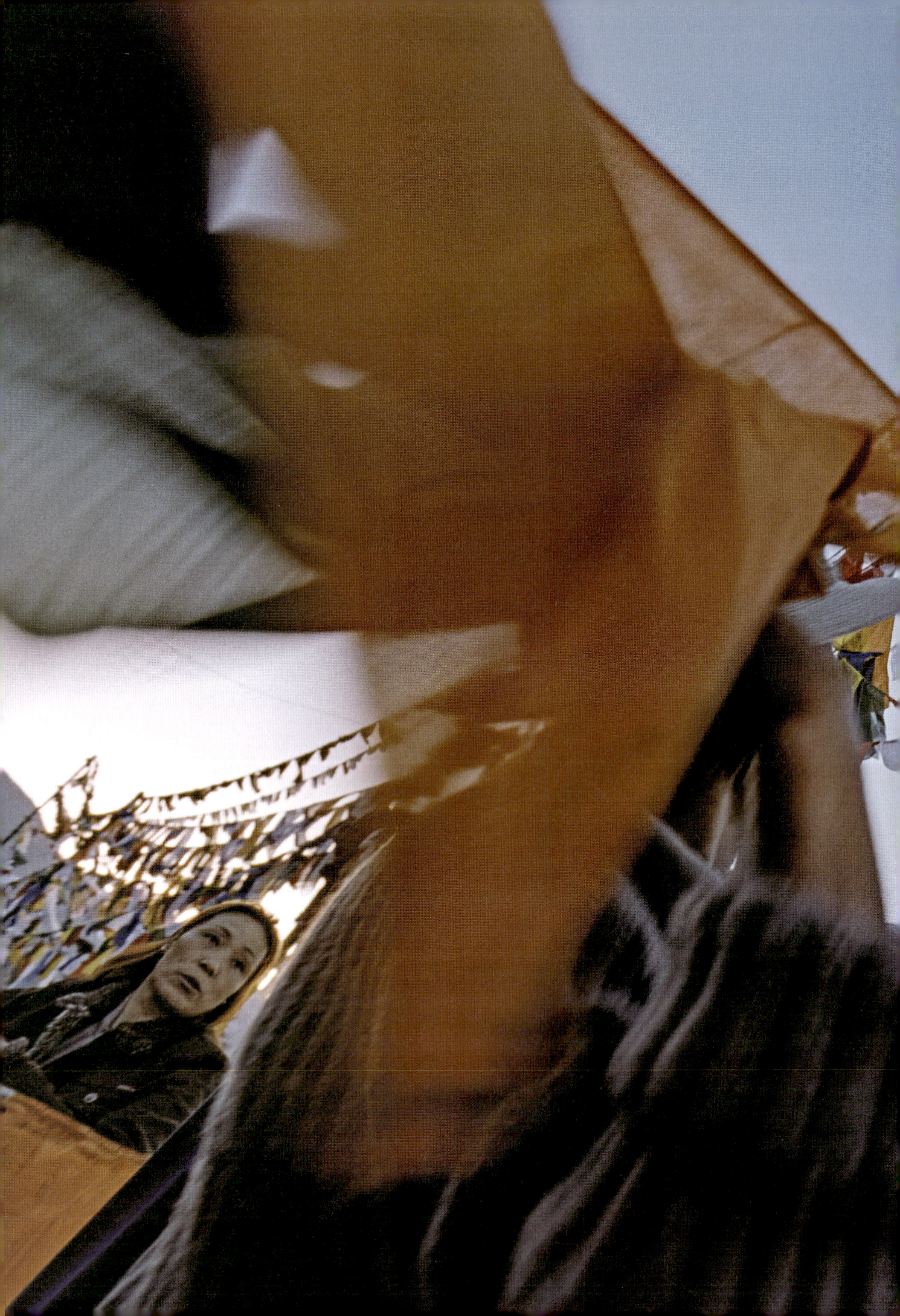

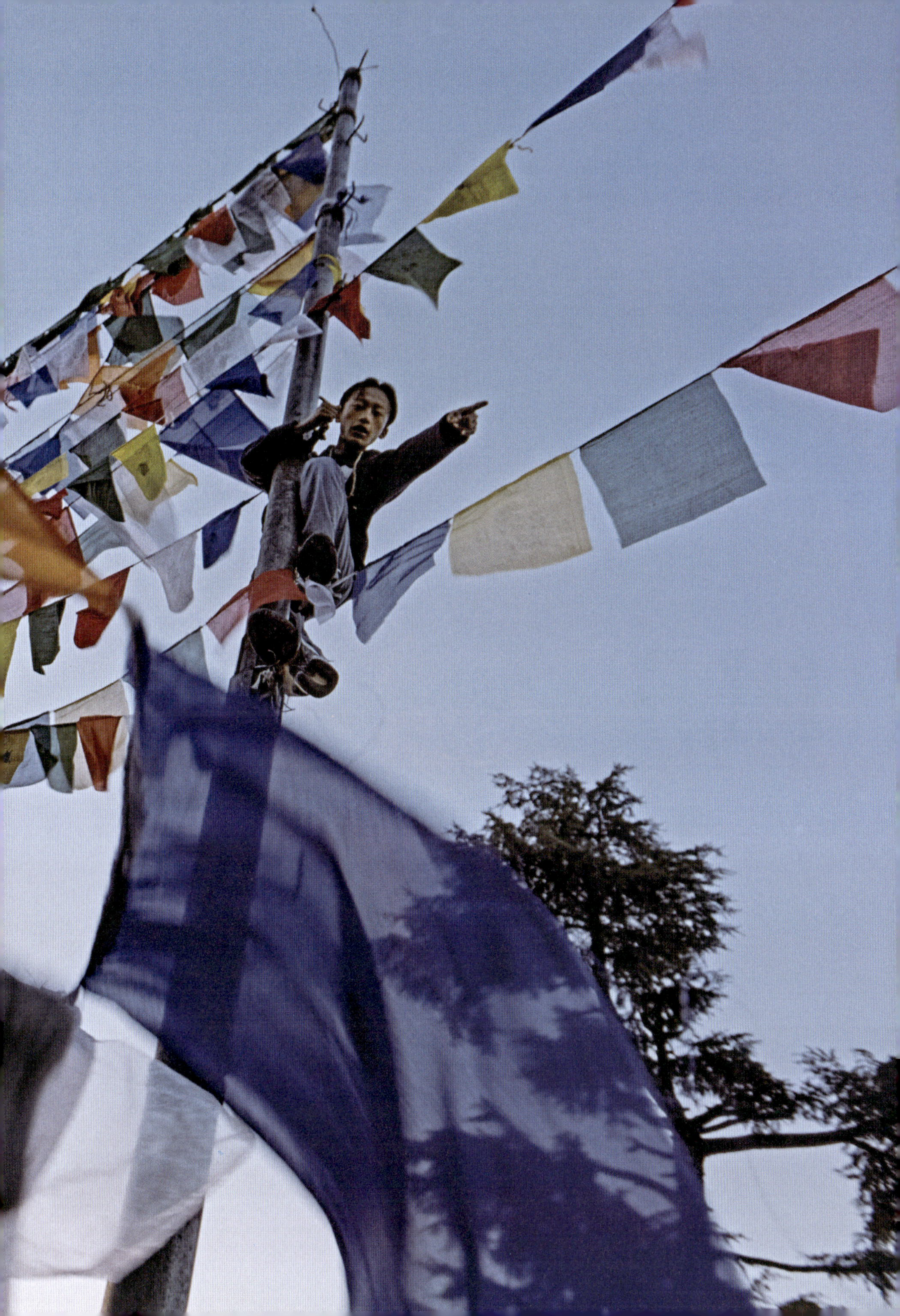

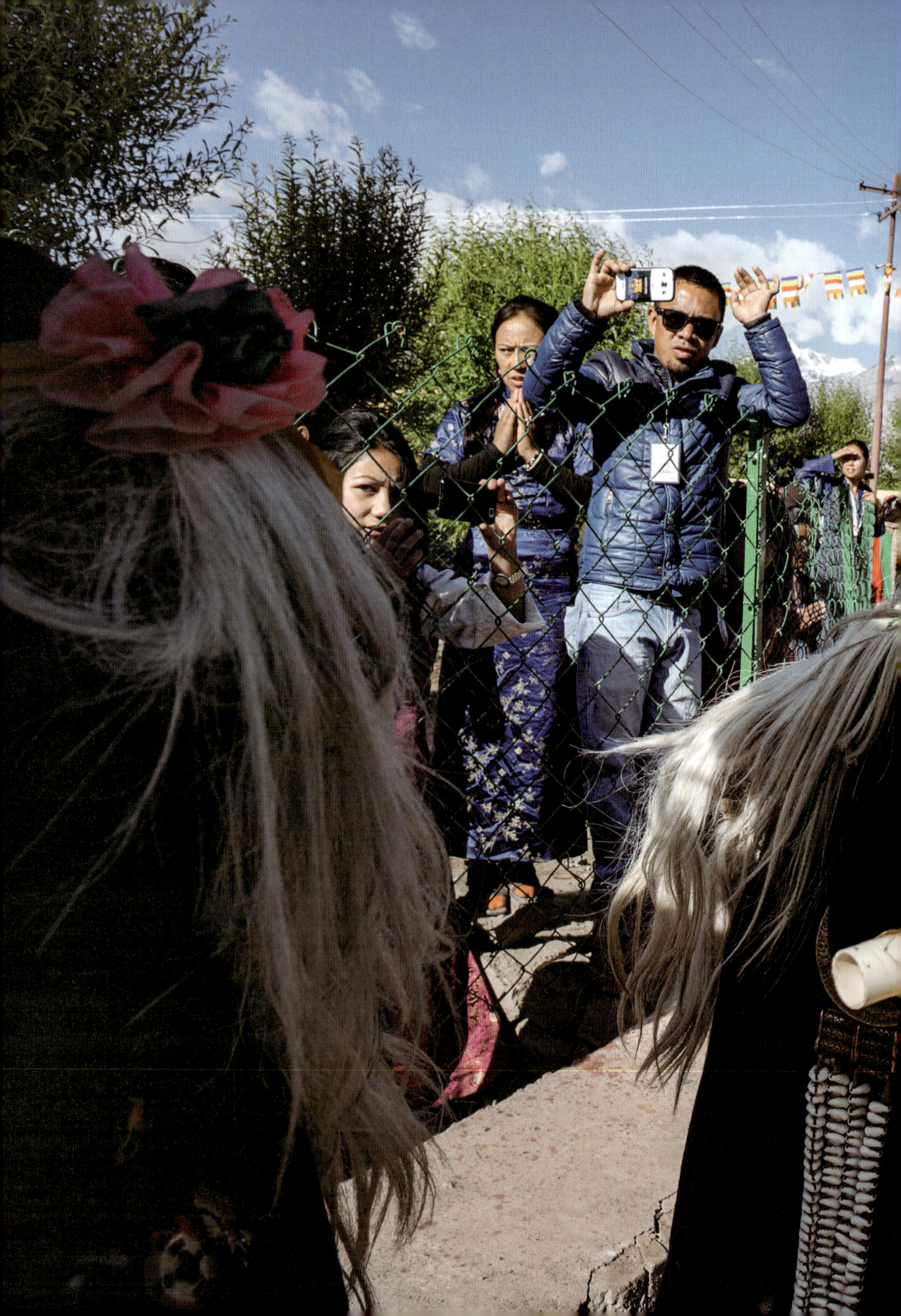

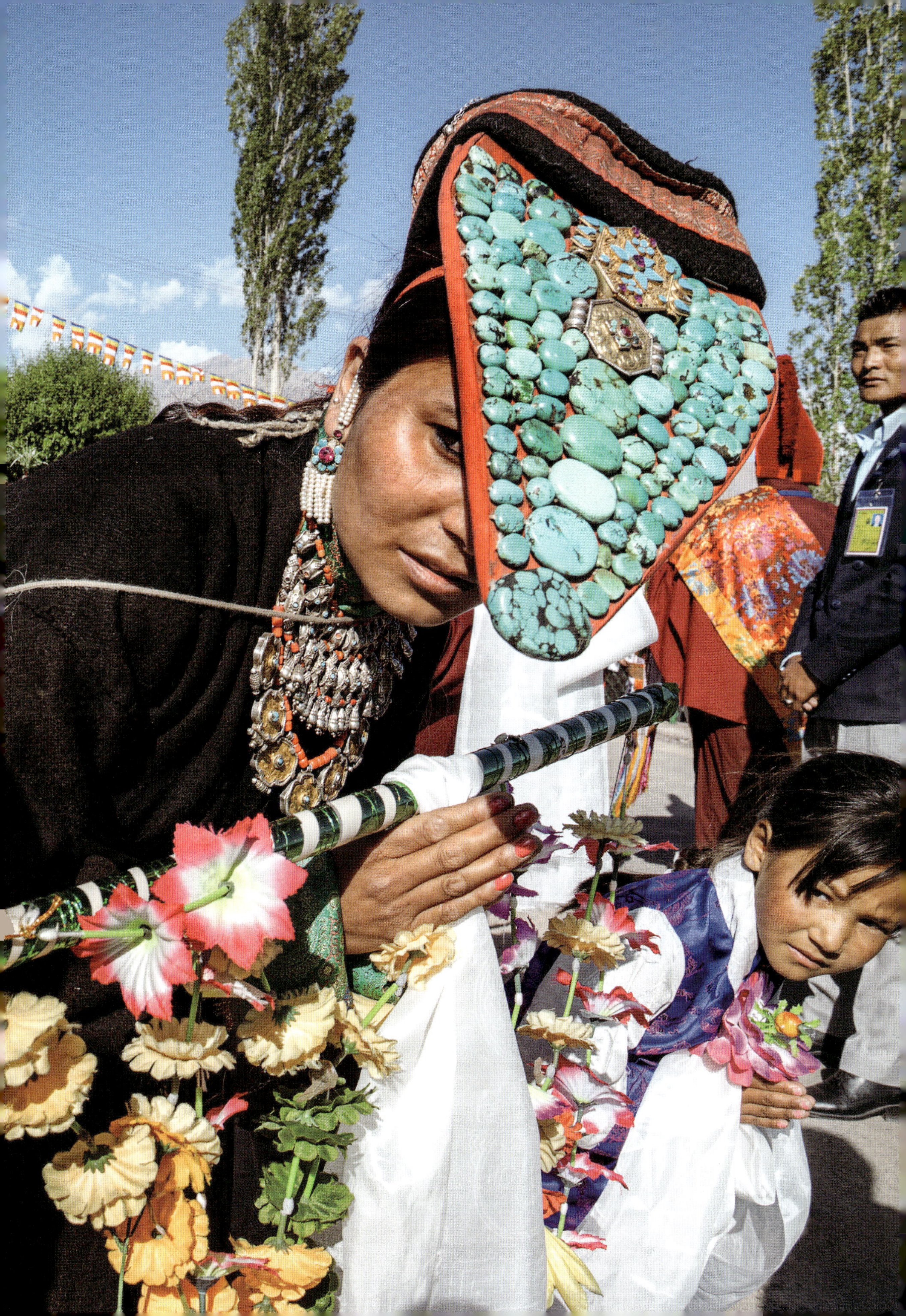

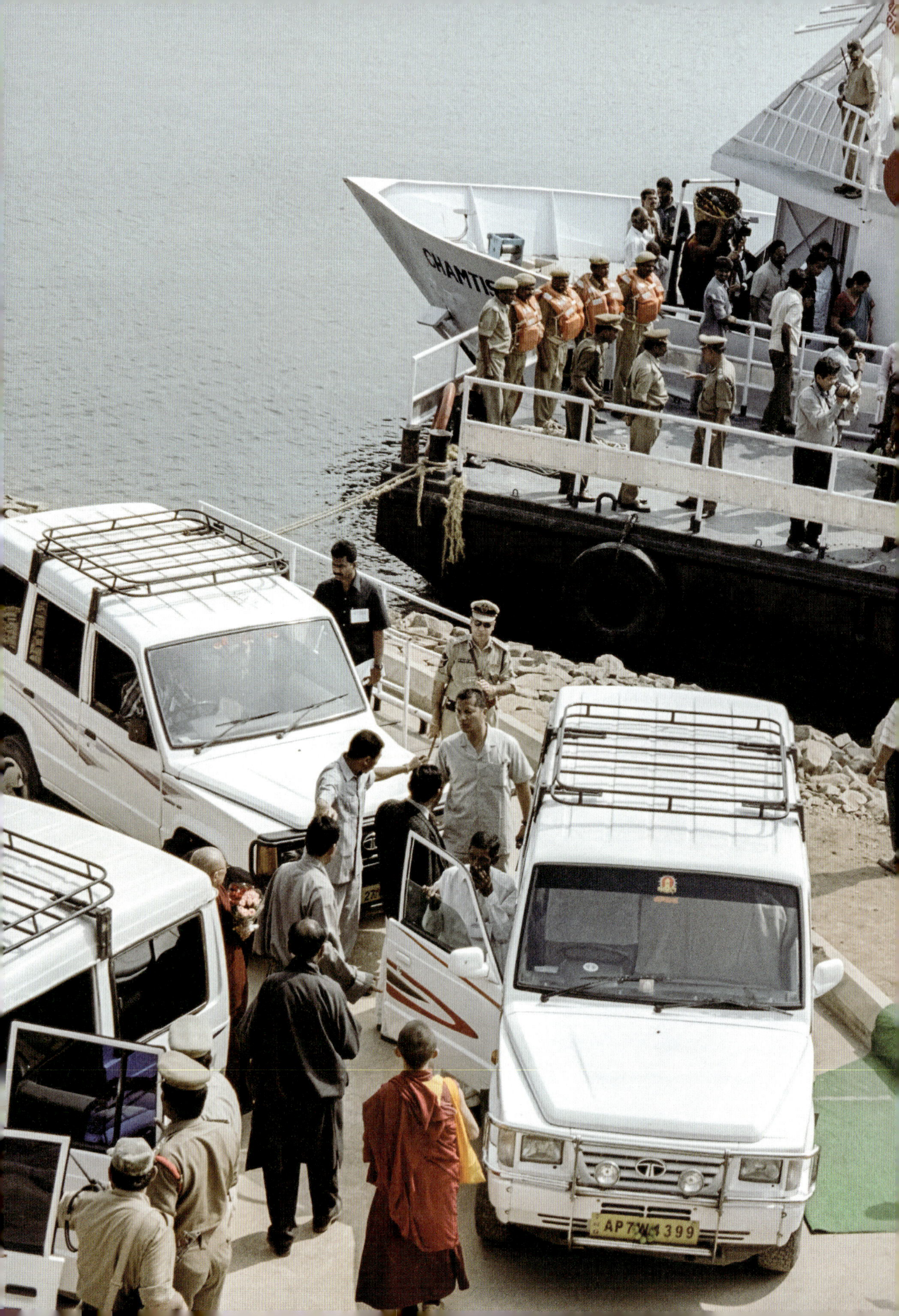

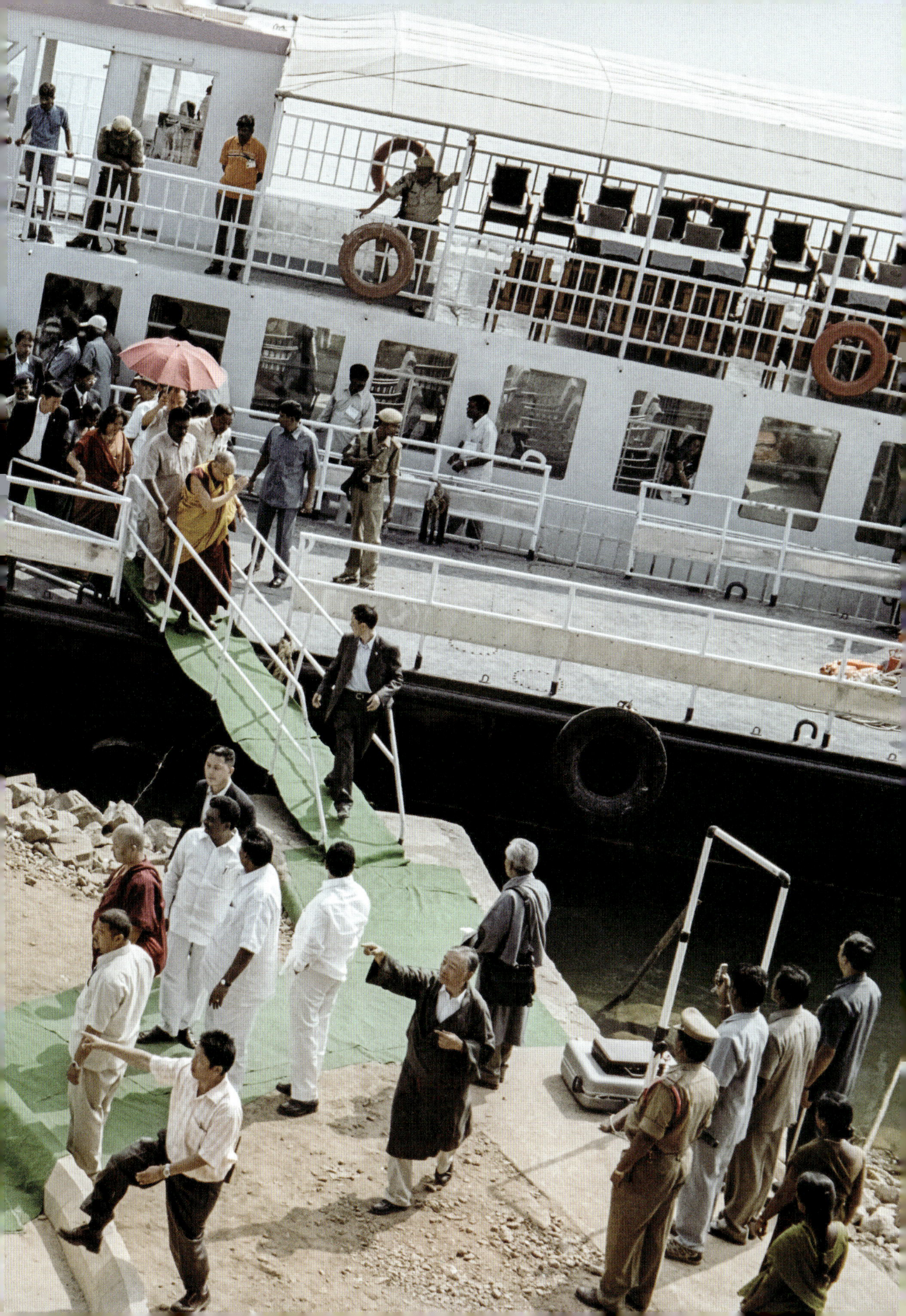

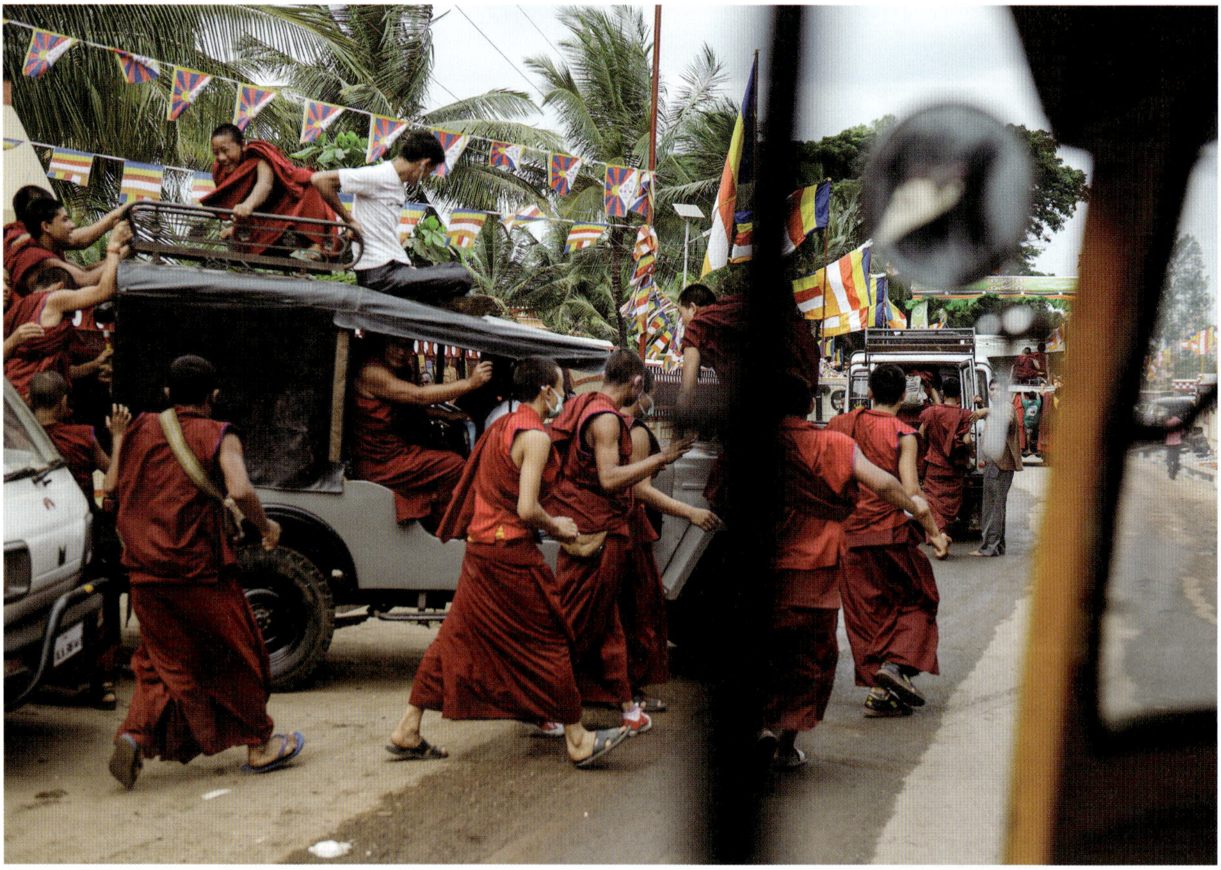

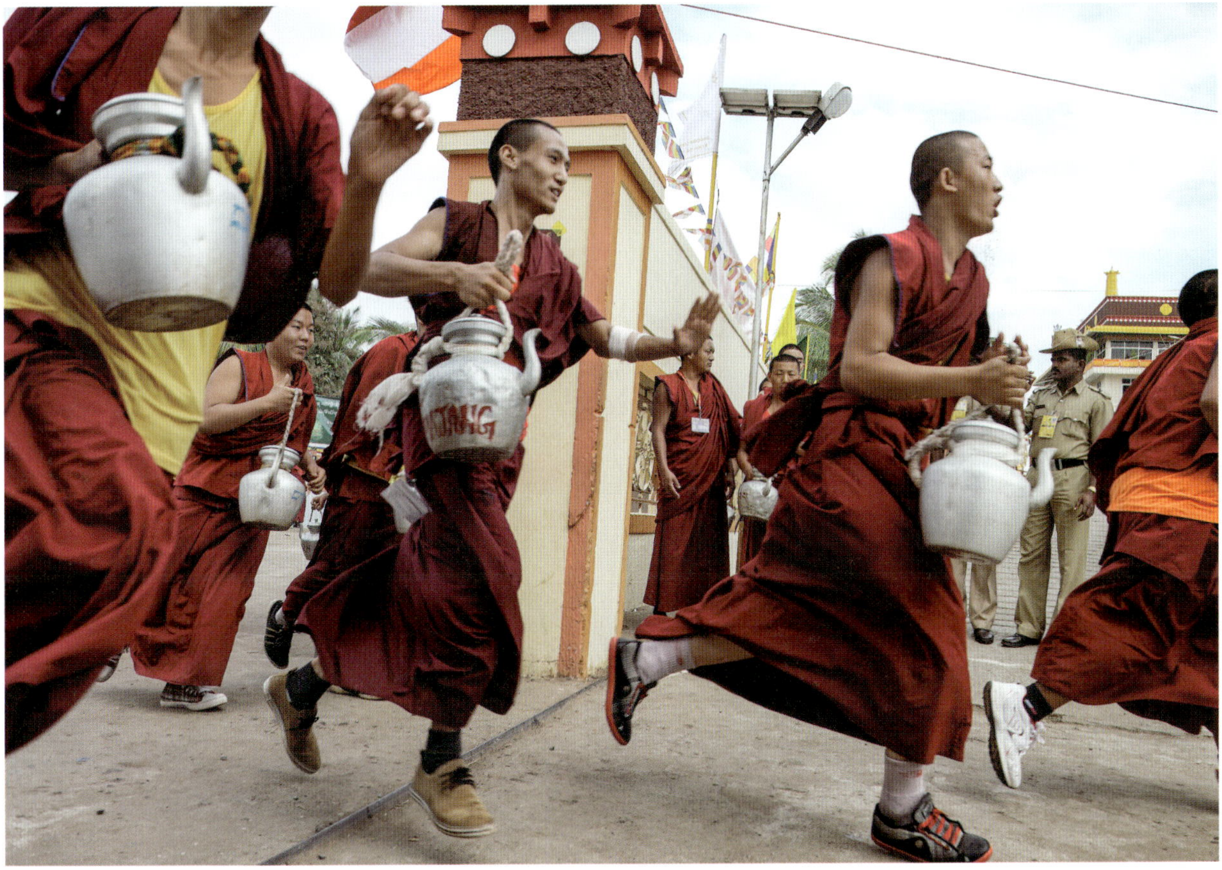

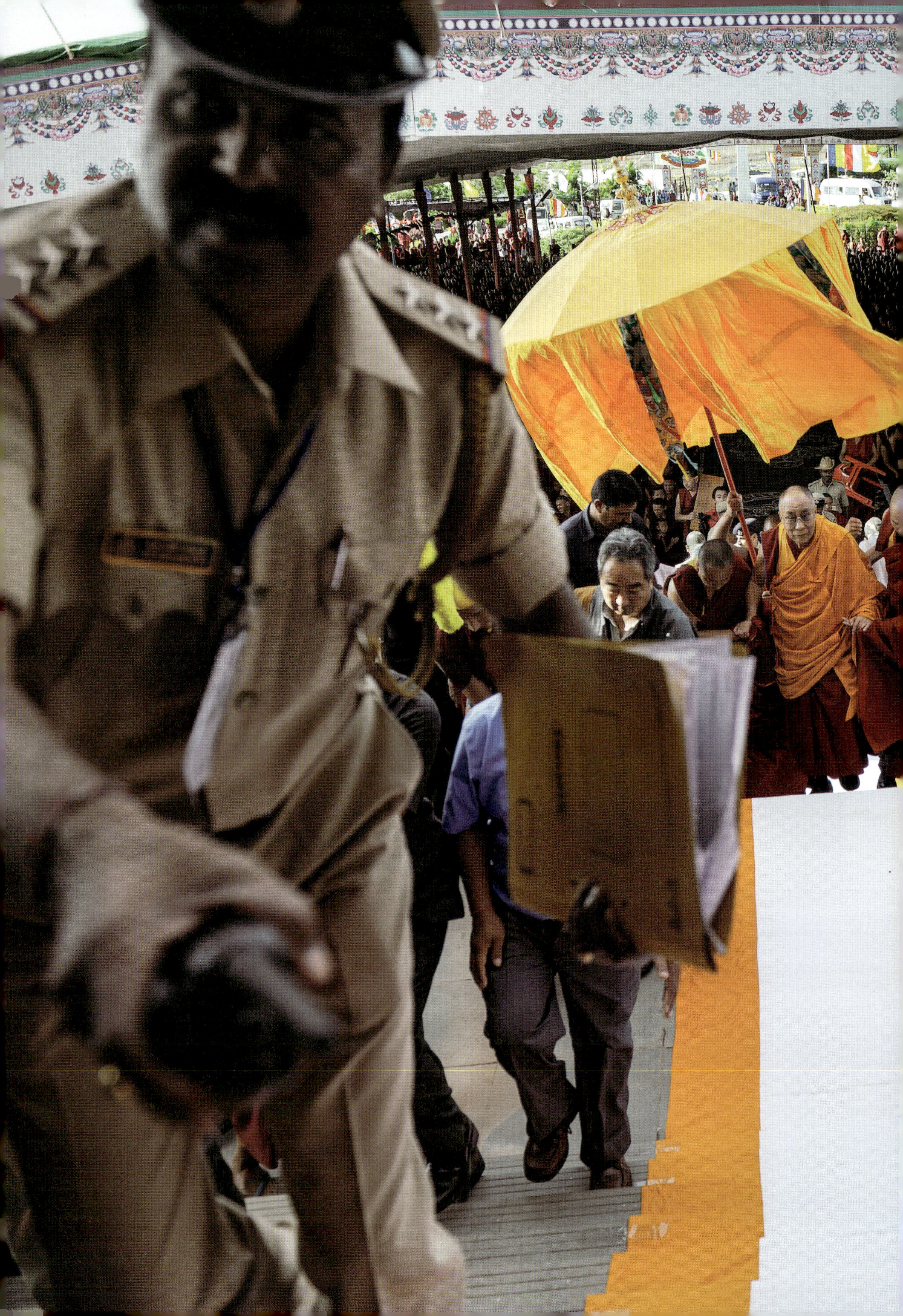

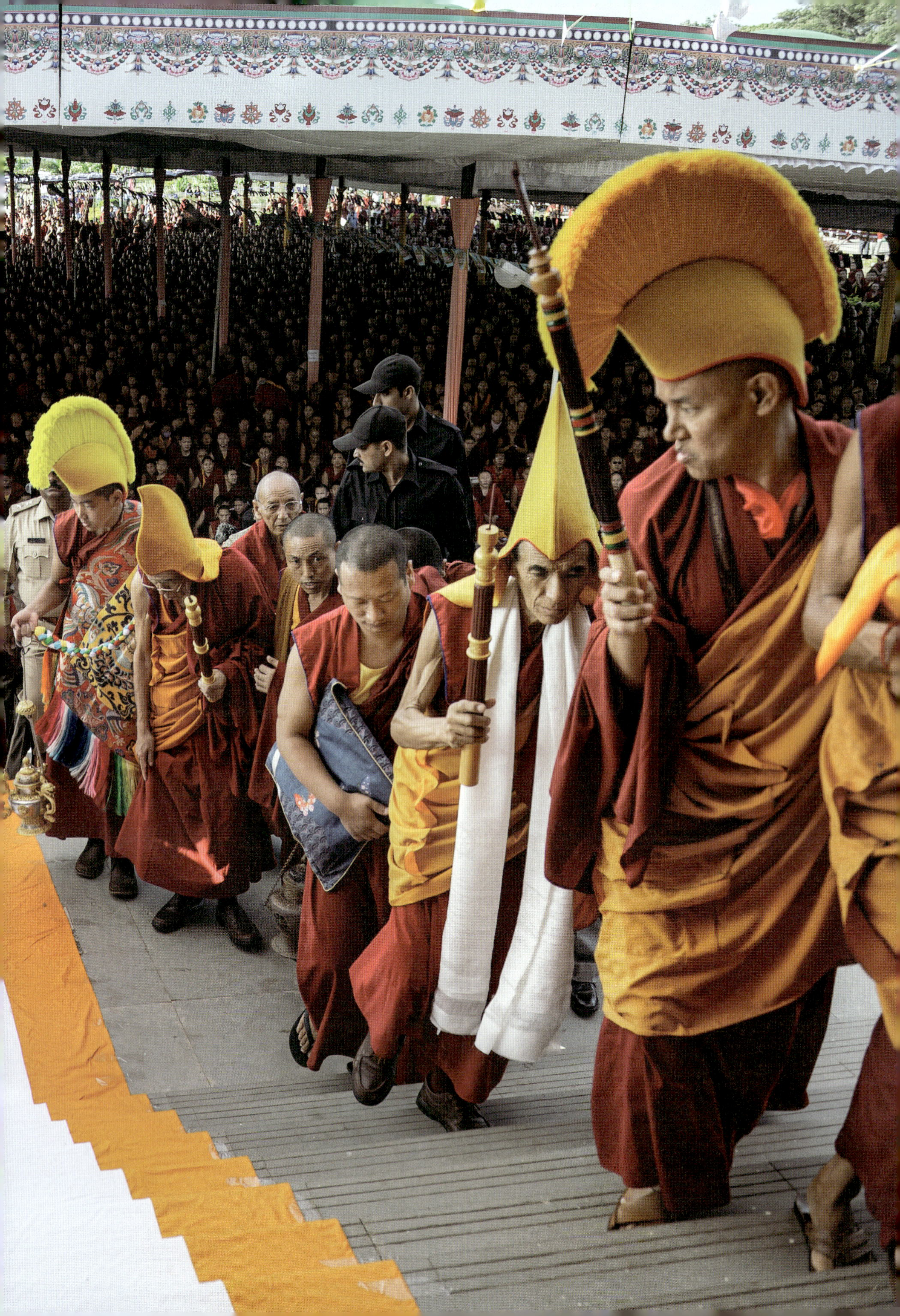

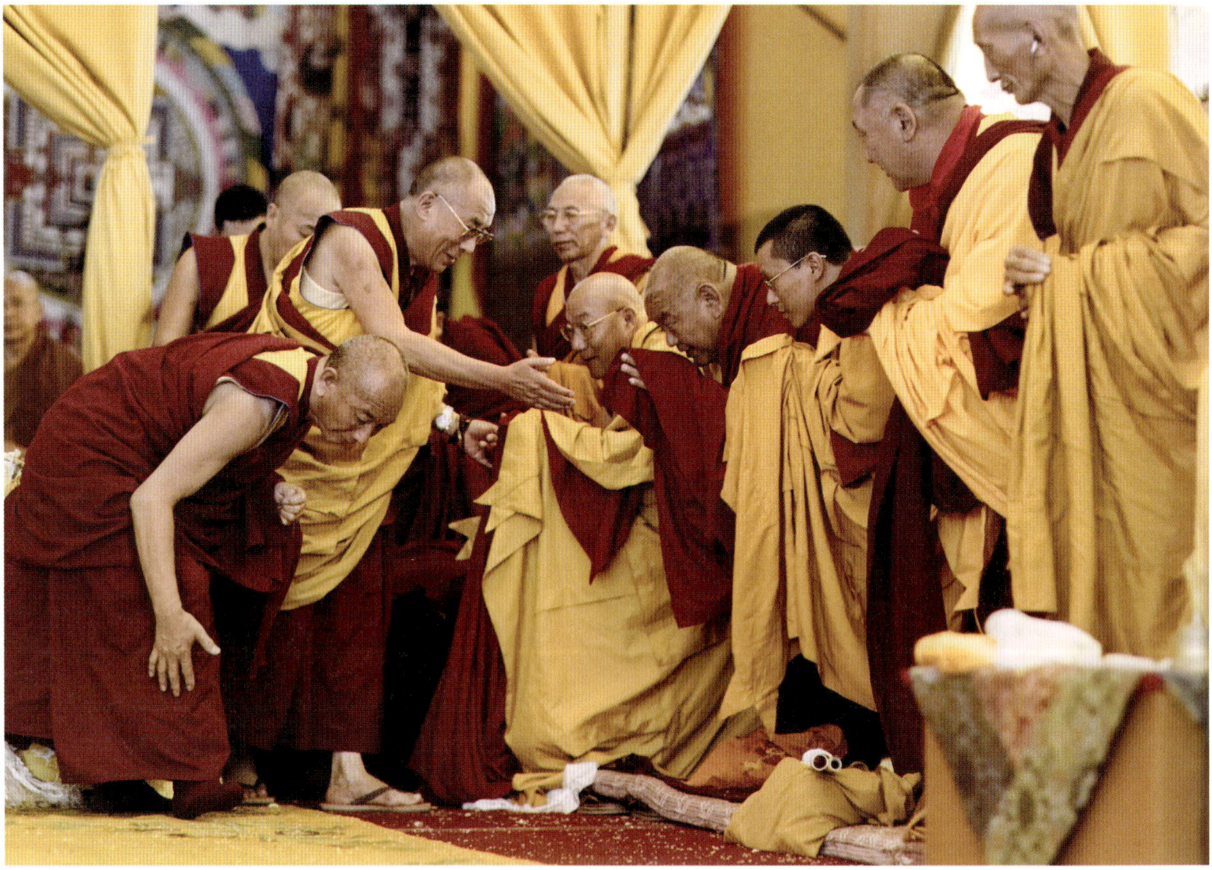

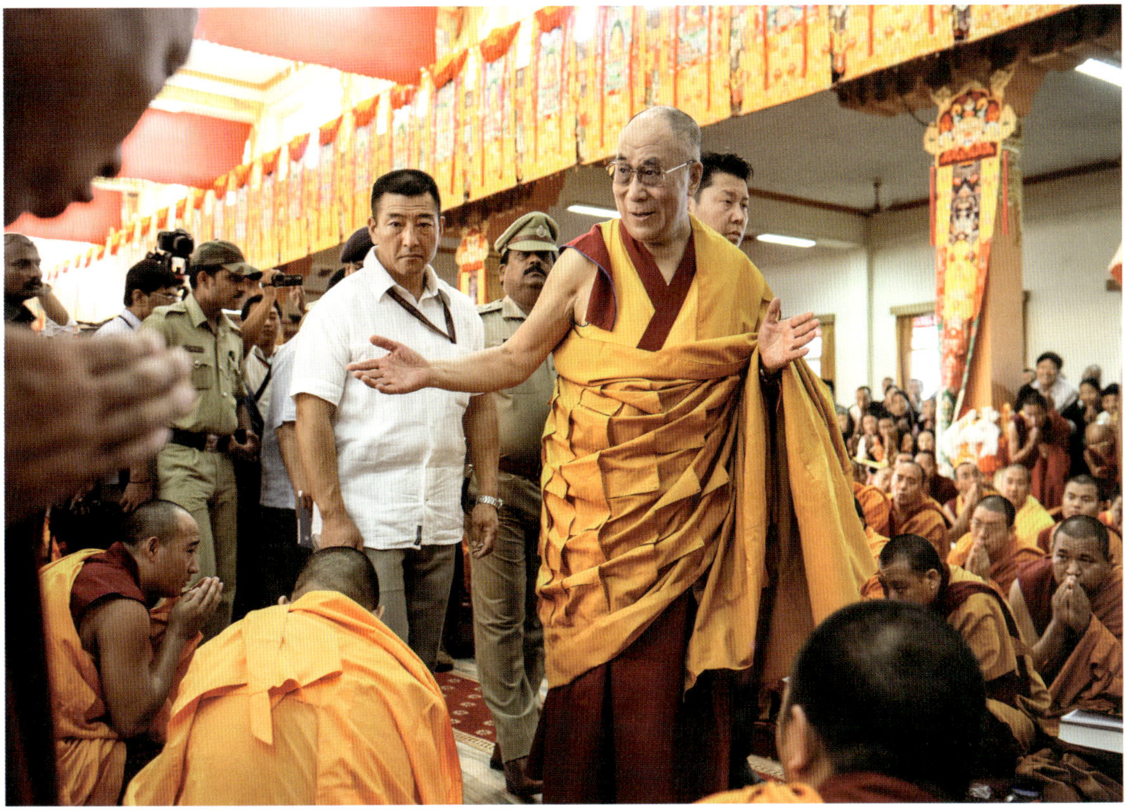

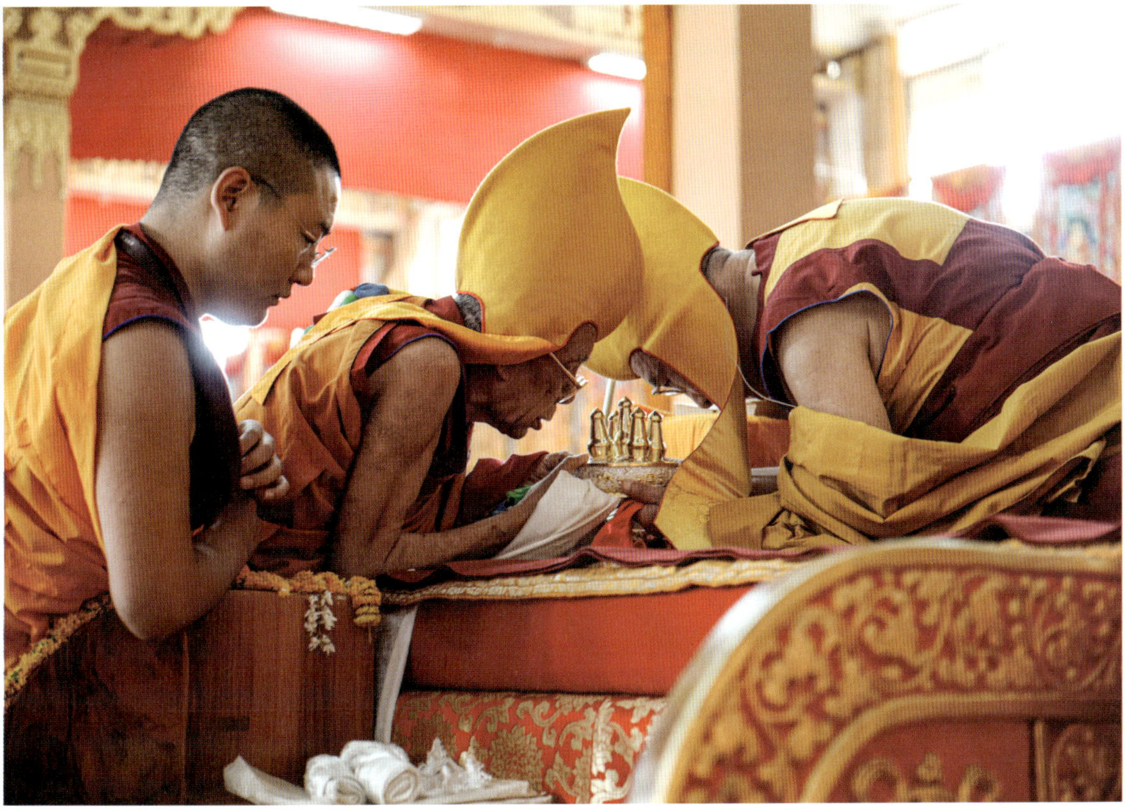

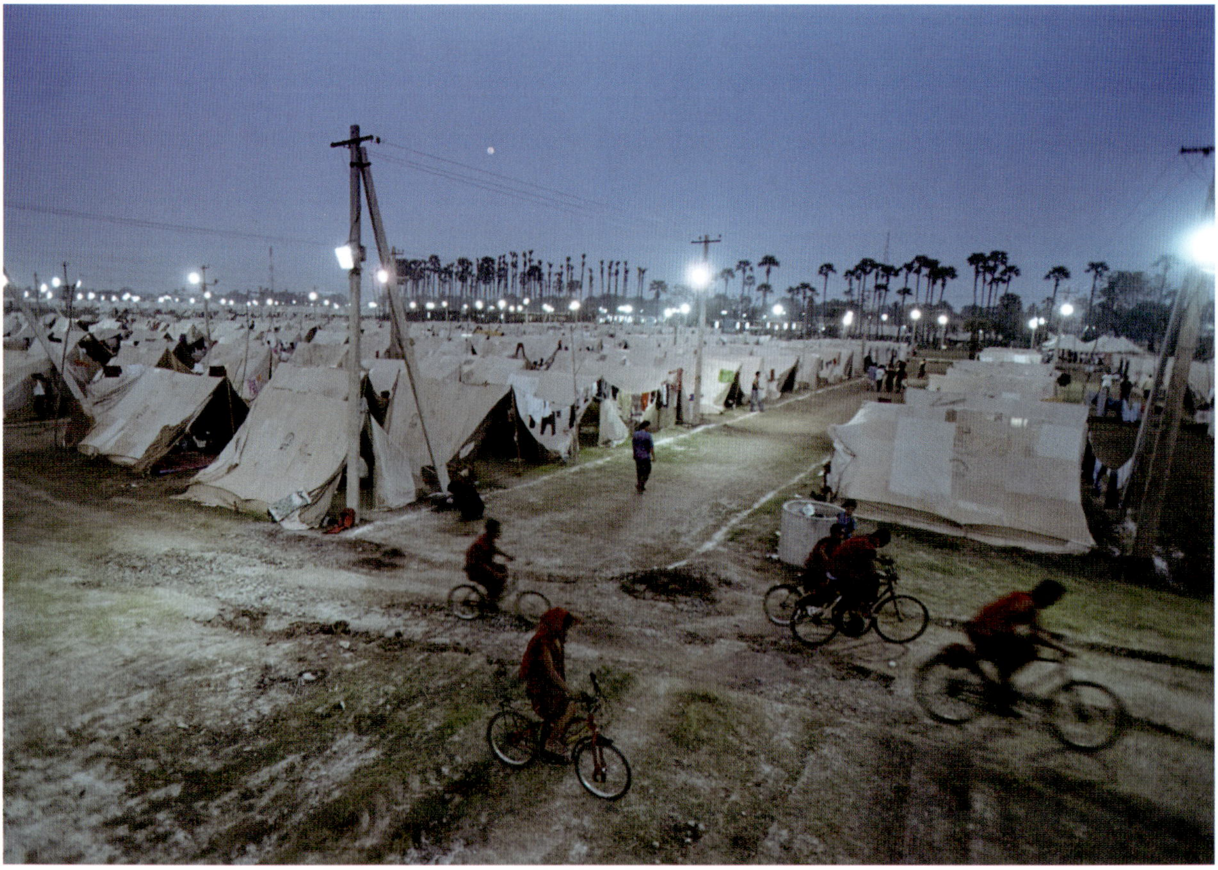

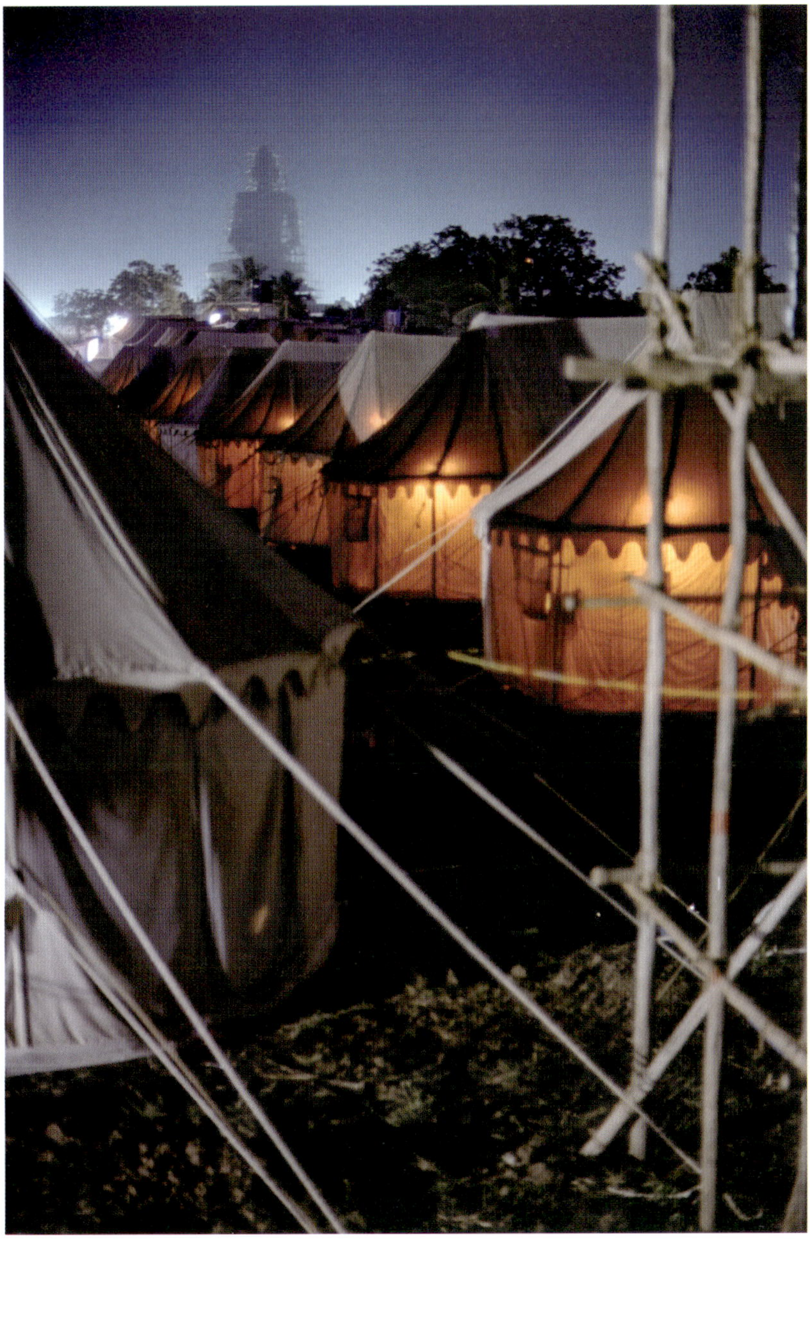

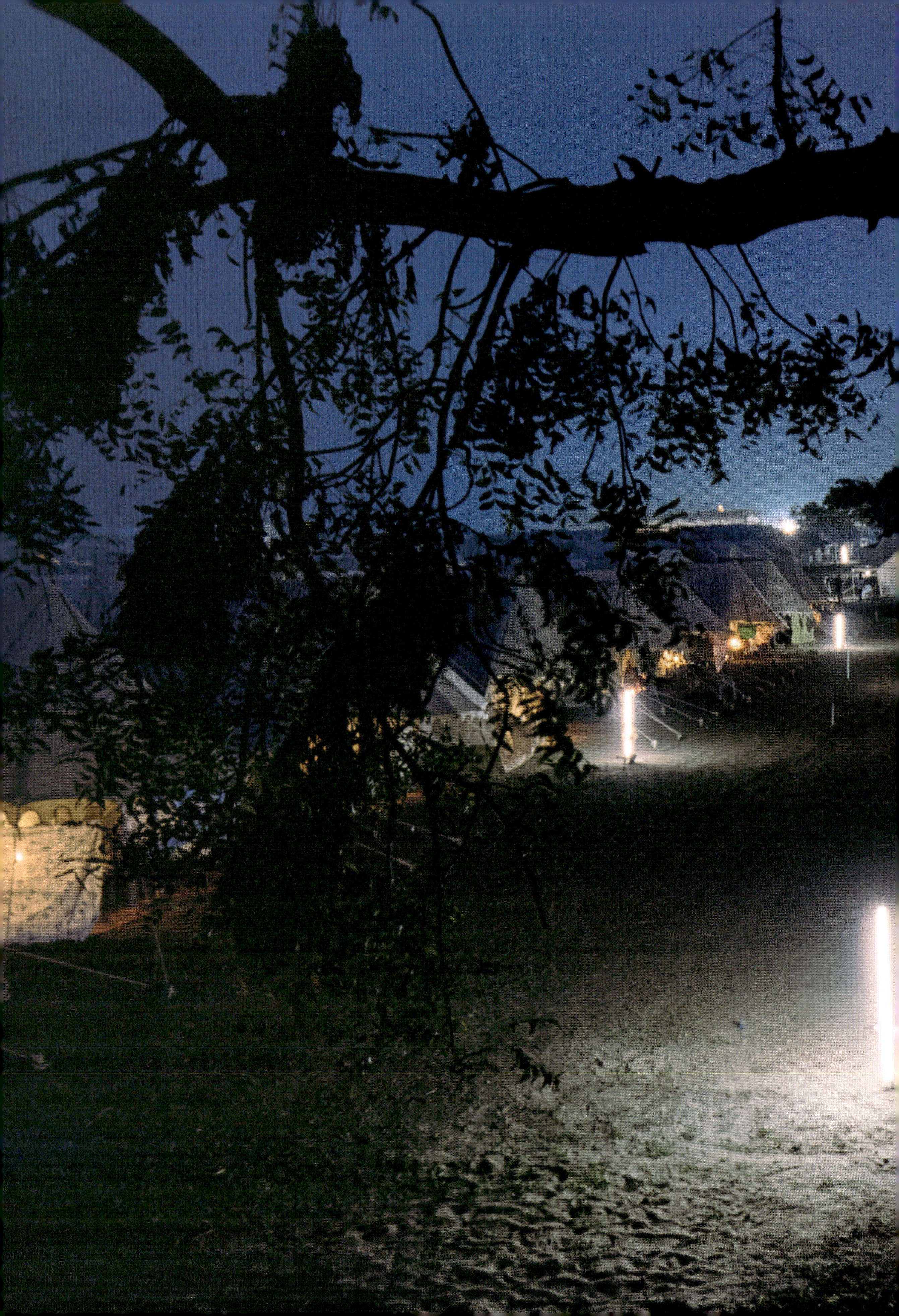

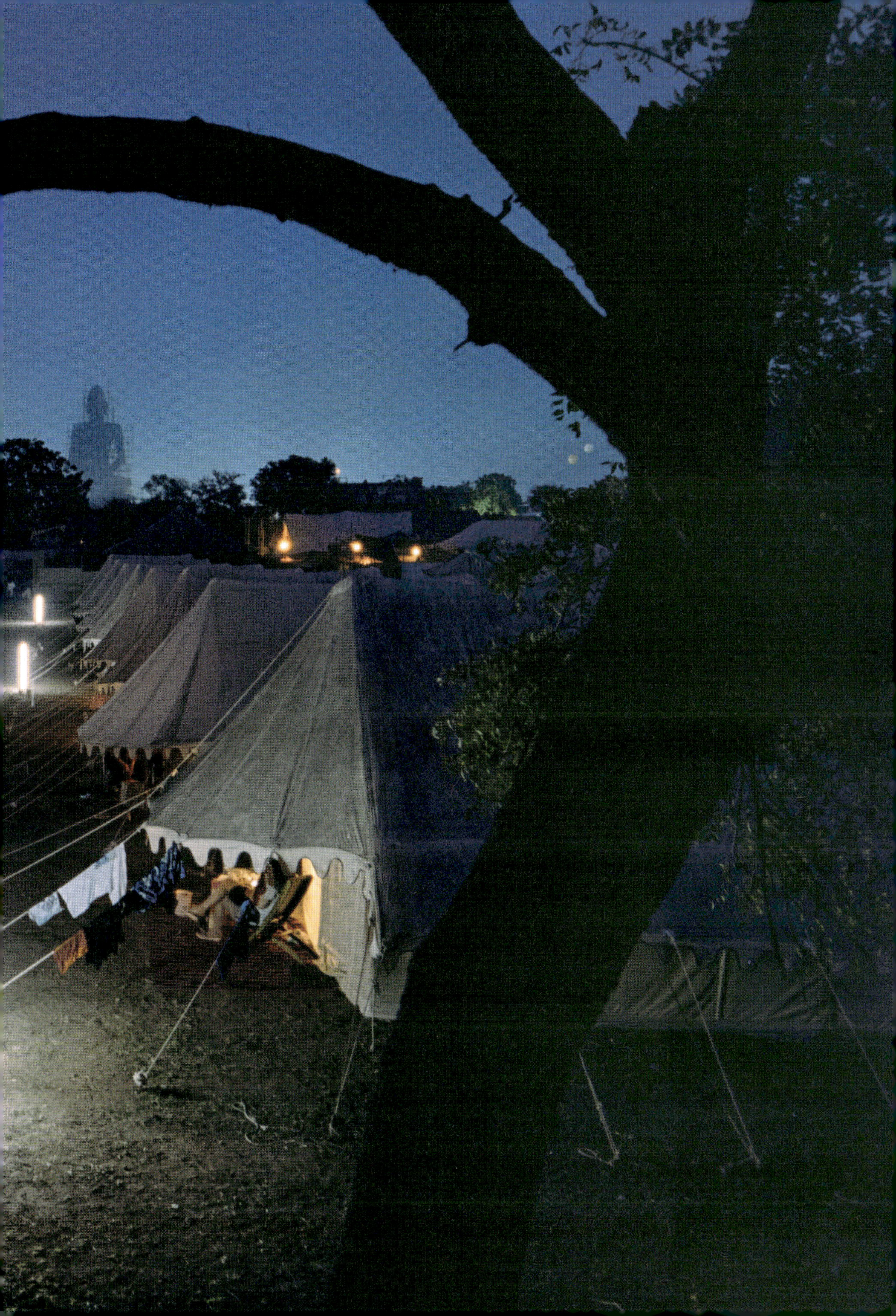

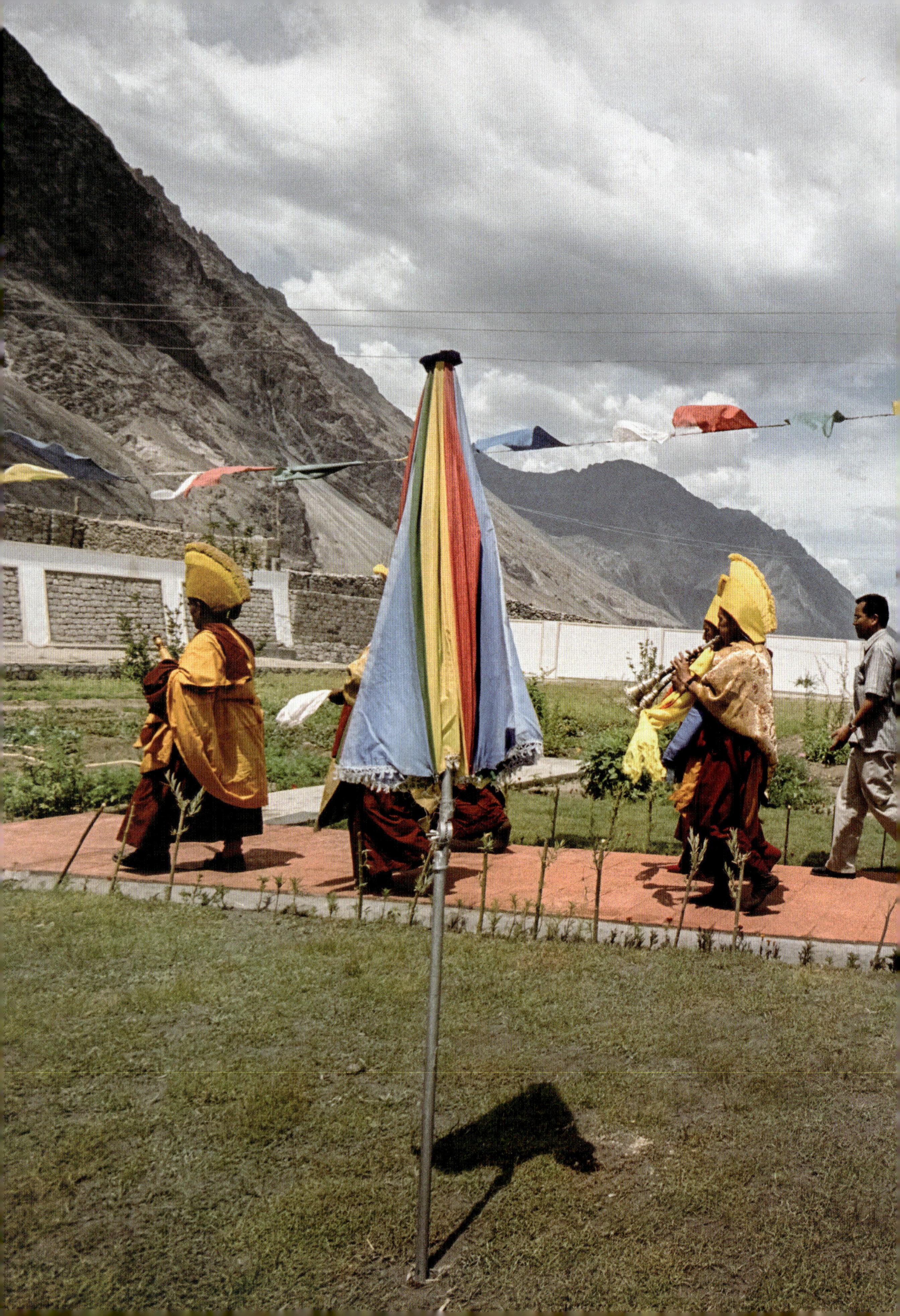

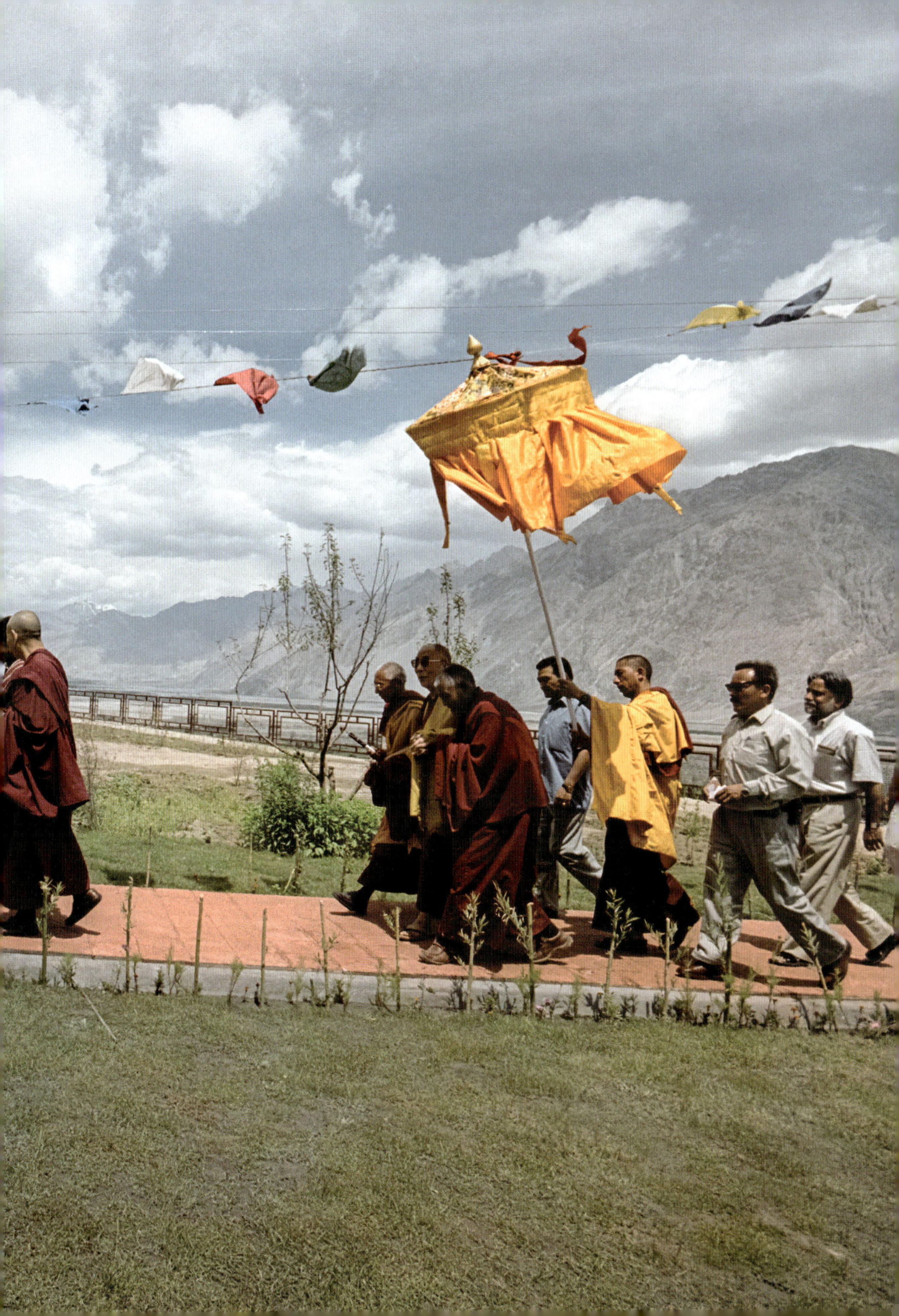

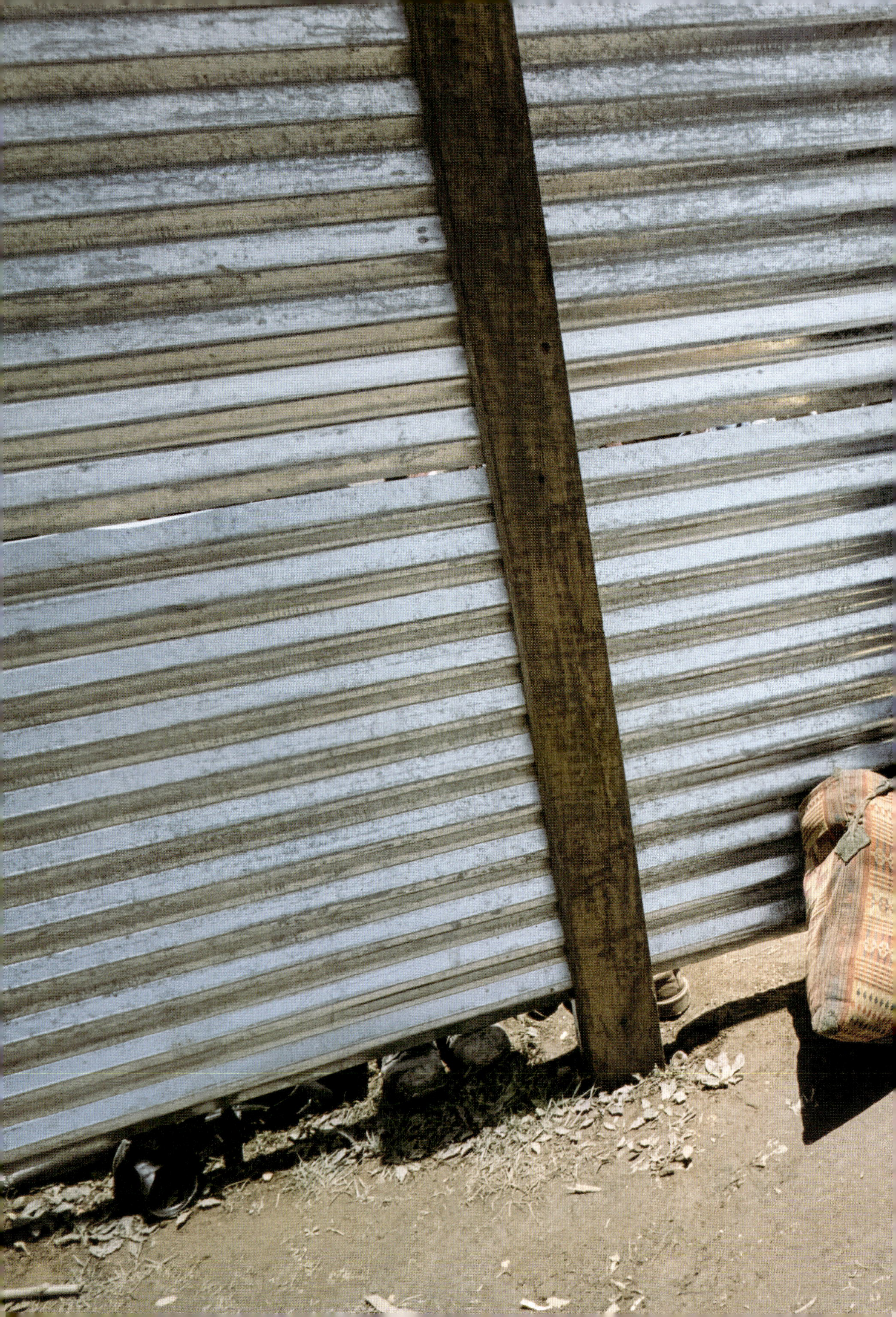

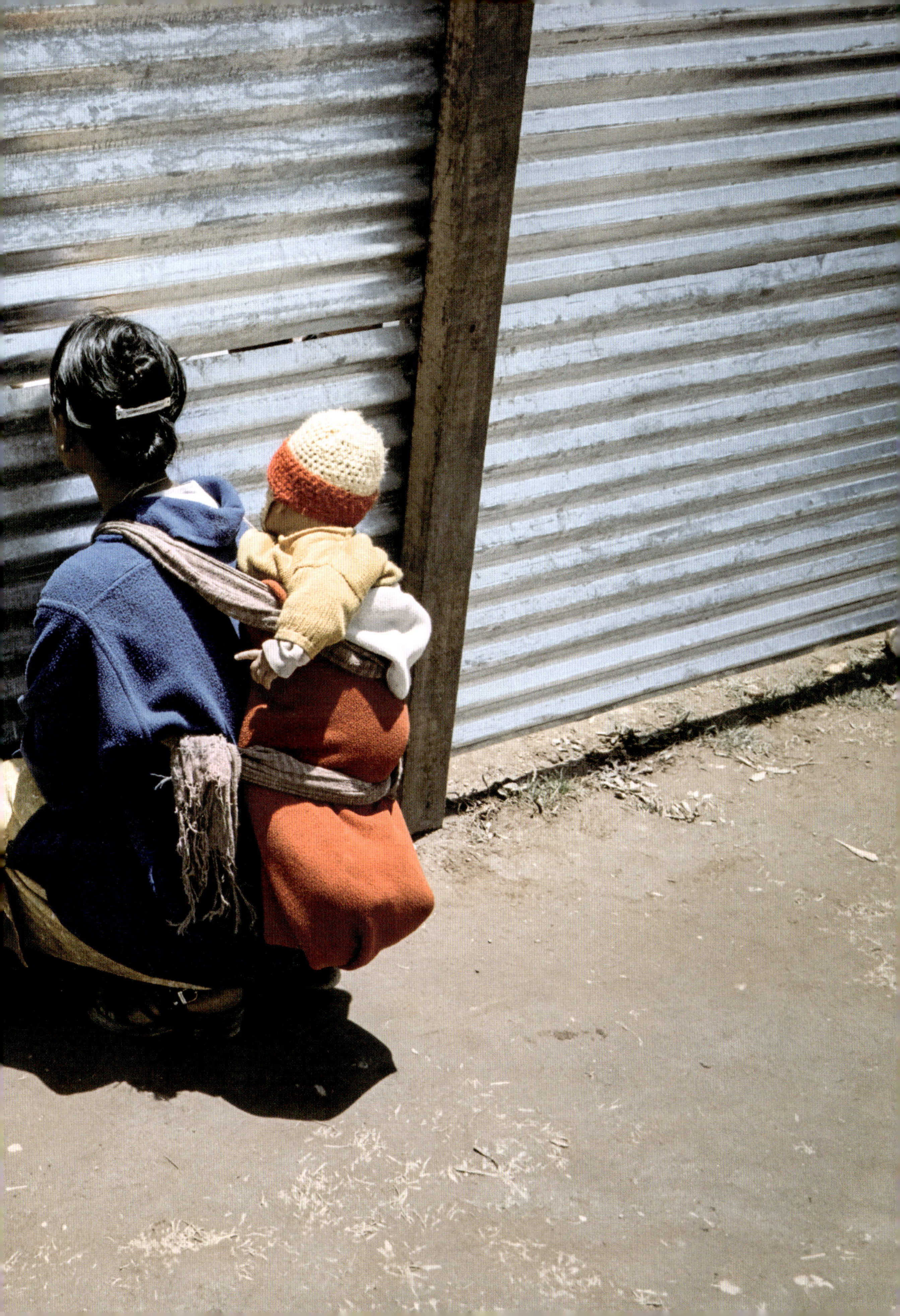

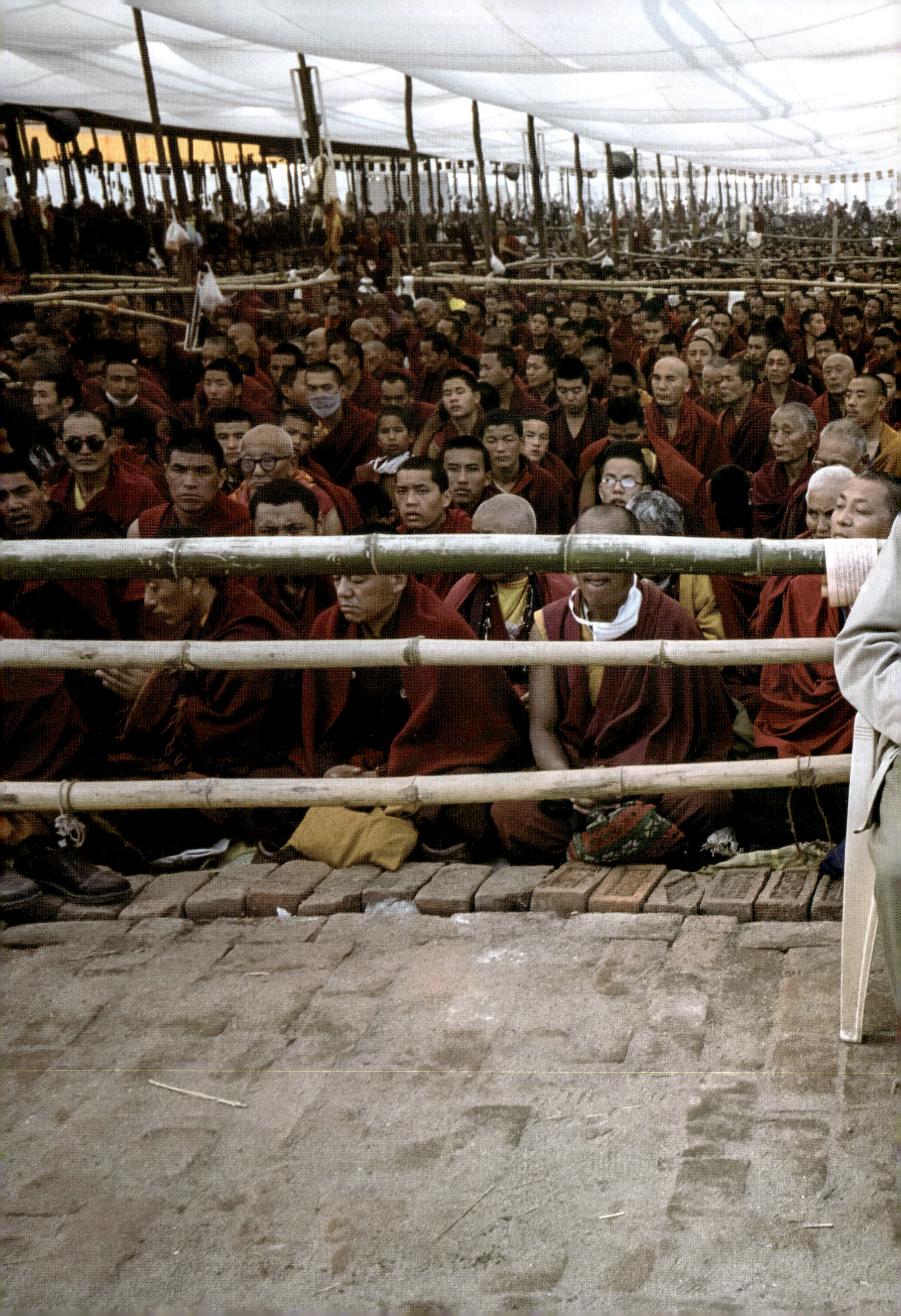

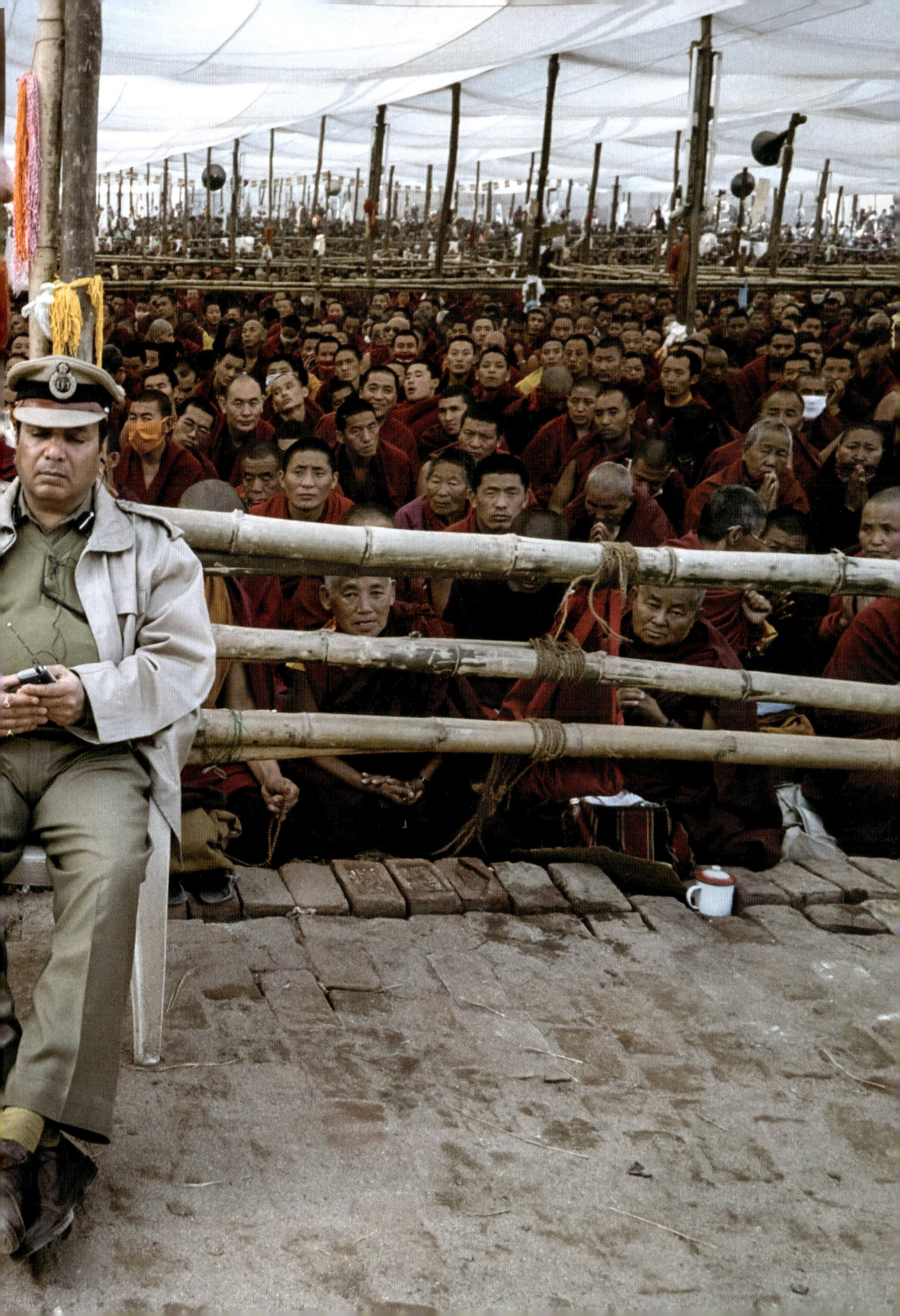

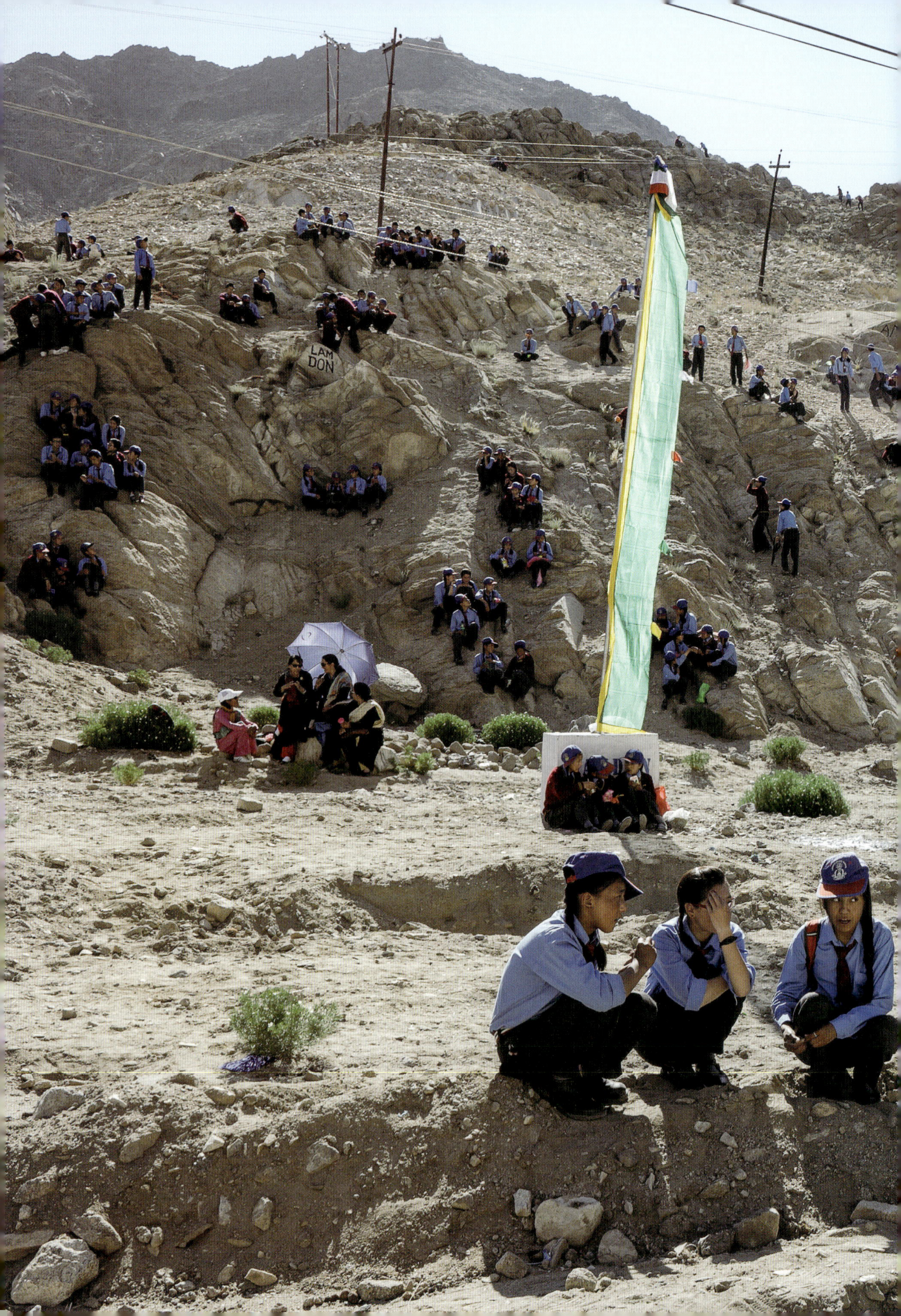
LAM
DON

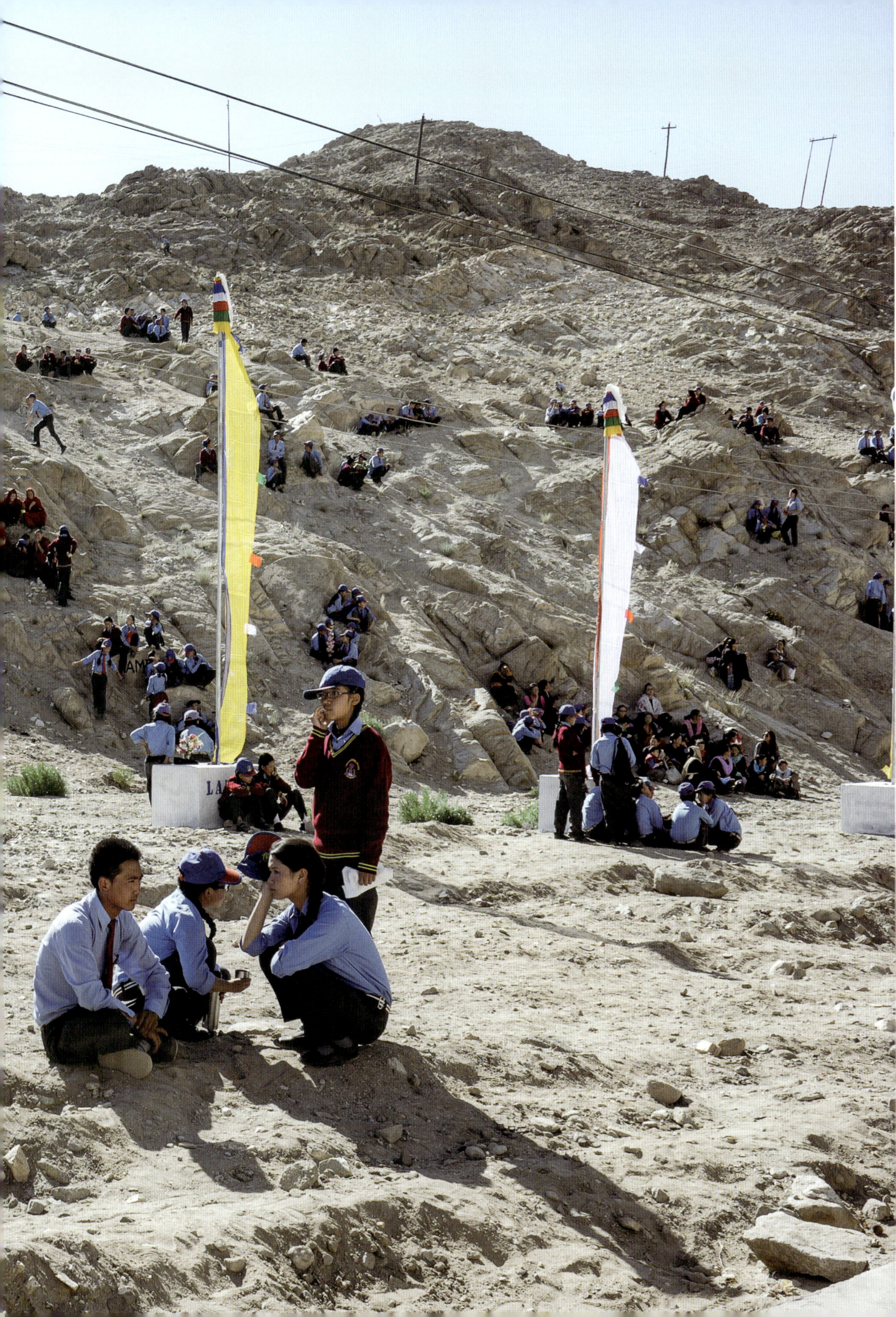

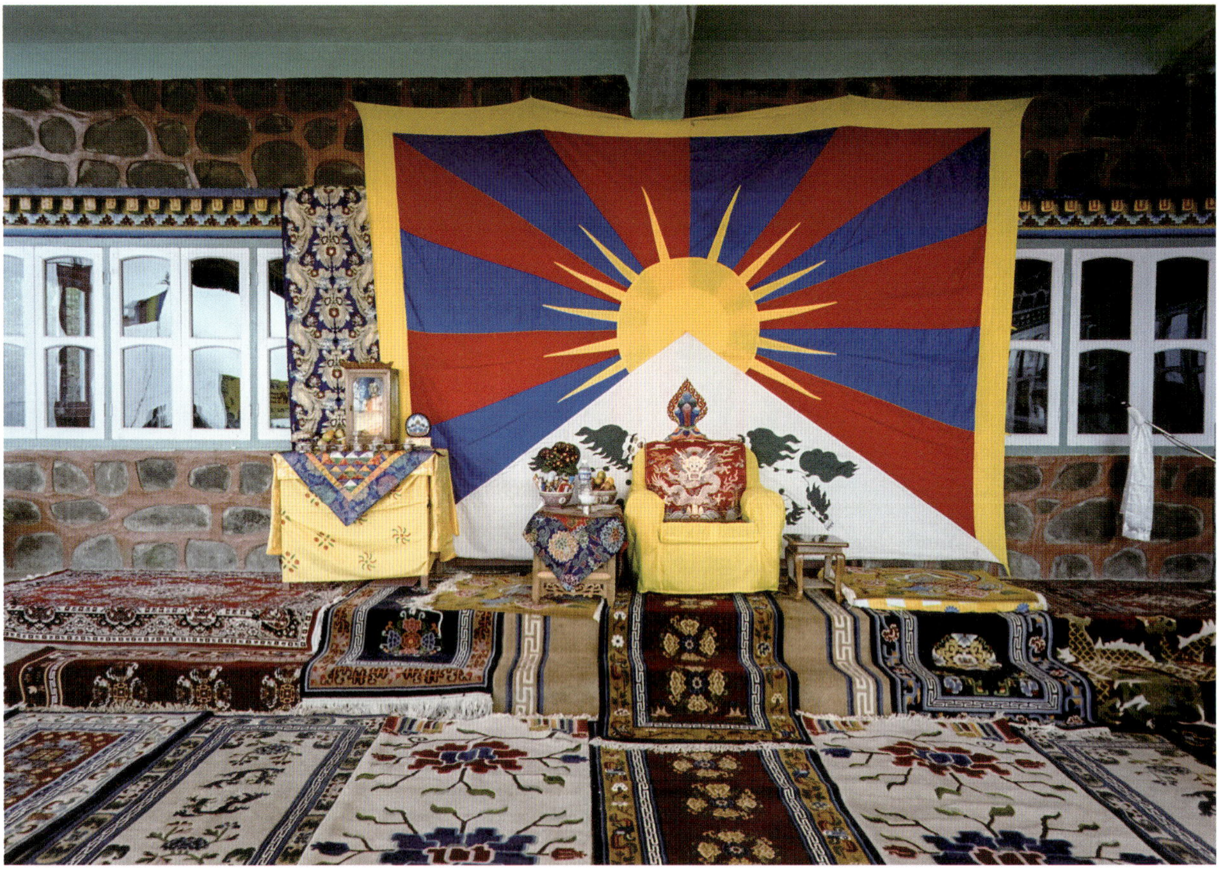

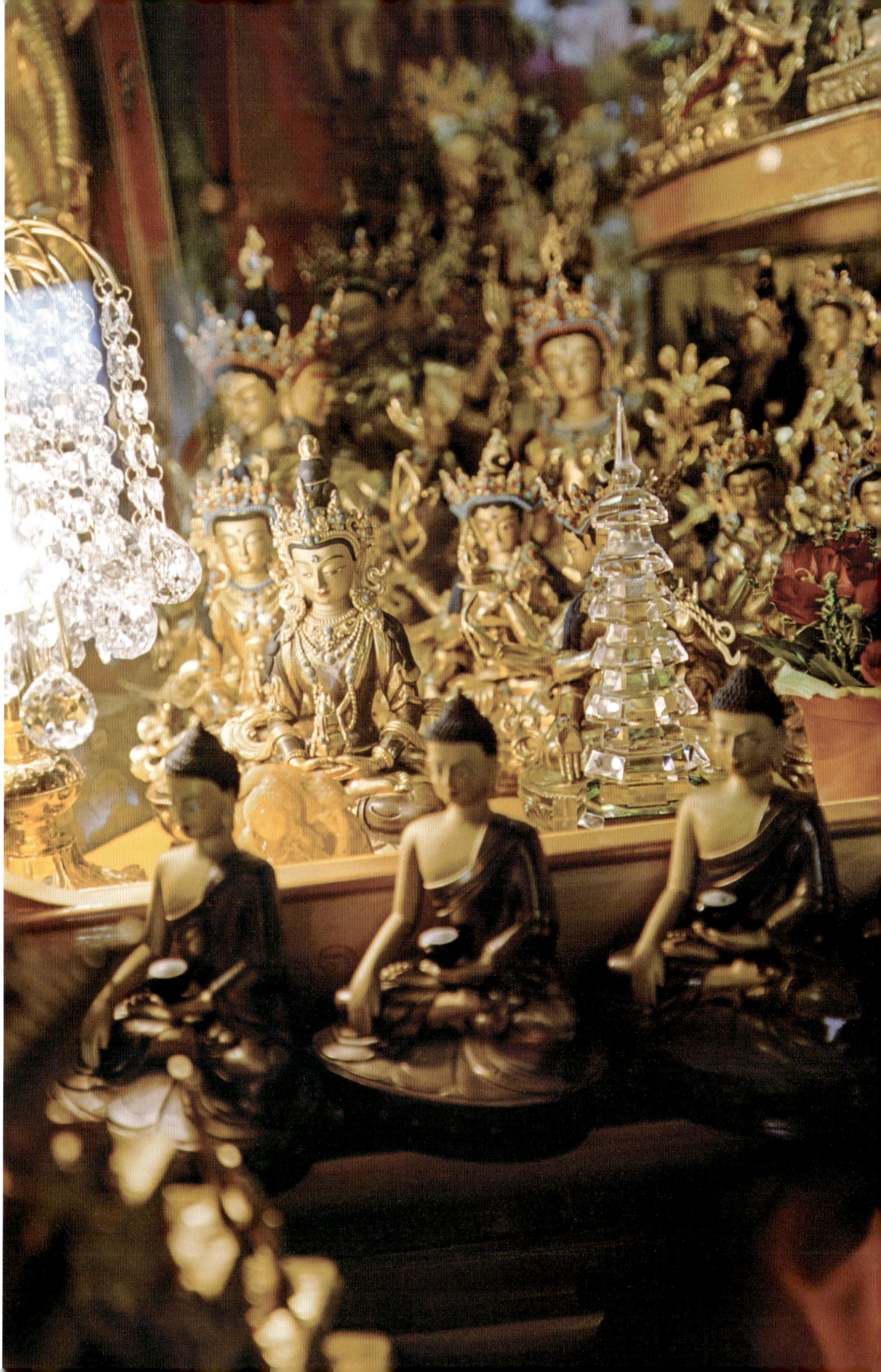

全世界的精神導師

SPIRITUAL TEACHER TO THE WORLD

在《紐約時報》暢銷書《新千禧年的心靈革命》(*Ethics for the New Millennium*)中,身為作者的達賴喇嘛論及人類從二十世紀的重大歷程中學到的深刻教訓。他指出,人類依靠「純粹外在的手段」追求幸福必然是不夠的。「我提出的,」他寫道:「是一場心靈革命。」

達賴喇嘛構想的這場心靈革命始於個人,我們每個人都應該

Dalai Lama
Photographs by Manuel Bauer. 1990-2024

知道，幸福的關鍵不在外面，而是在內心。我們都渴望幸福，但達賴喇嘛提醒我們，真正的幸福是超越了剎那生滅的愛欲染著。真實的幸福是一種更深層的成就感與滿足感，唯有當我們活出有意義、有目標的人生時，才會生起這樣的幸福感受。「假如我們所追求的幸福不只是物質的，」達賴喇嘛解釋，「那麼，照理而言，尋找幸福的途徑必定超越了外在的物質手段。」基本上，他教示我們說，不僅真實幸福的終點是內在，通往真實幸福的道路也必須往我們內心尋找。當達賴喇嘛表示「生命的目的就是追求幸福」，他所指的正是這種對幸福的深刻理解。早在「身心靈健康」（wellness）的風潮興盛之前，他便在《快樂：達賴喇嘛的人生智慧》一書中闡述這樣的觀念，他寫道：「真正的幸福，更多是關於心智與心靈。取決於感官愉悅的幸福是不可靠的；今天擁有，明天可能就會失去。」對達賴喇嘛而言，真摯追尋這種更深層的幸福，將始終都是追尋靈性的成長。

　　在達賴喇嘛對於我稱之為「普遍靈性」（universal spirituality）的看法中，最重要的是他相信我們內在都有基本的善（goodness），且培養更好的自我覺知（self-awareness）是有益處的。自我覺知讓我們能夠運用自己的心智資源從事靈性的努力，成為更好的人。對我們與生俱來的同理心與慈悲心建立更深刻的理解，是這段旅程很重要的一部分。它教我們從更好的自己出發，與他人及周遭世界交流互動。透過自我覺察與慈悲心——或說是達賴喇嘛經常提及的「善心」（warm-heartedness）——我們

發展出指引人際關係與善巧回應生命無可避免的挑戰所需的洞察力。善心成為一個試金石，讓我們即便身處逆境，也能踏實過日子。

儘管達賴喇嘛是全球最卓越的宗教領袖之一，但他從未主張宗教是通往靈性的唯一途徑，甚或宗教也並非推展倫理道德的唯一依據。相反地，眾所周知，他致力於推廣一種「世俗」（secular）或普世的倫理觀，其奠基於我們人類共同的境況、常識，以及科學對人類行為的理解。就像很多當代的宗教學者，達賴喇嘛認為世界上的各種宗教傳統，是人們為了架構道德指引，而在個別的文化與信仰背景下所創造的。達賴喇嘛也認同，這些宗教傳統持續為全球數百萬信眾提供深切的指導與心靈慰藉。然而，在個別信仰的特殊性之外，他指出一種更為普世的靈性面向。這個面向存在於人類對價值的共同追尋、我們想要與比我們自身更好的事物連結，以及人心最根本的特質——慈悲。

論及慈悲心對靈性的重要性，達賴喇嘛曾寫道：「那麼，這就是我的真實信仰，我的簡單信念。在這個意義上，我們不需要寺廟、教堂或猶太會堂，也不需要複雜的哲學、教義或教條。我們的心靈，我們的心智，就是我們的寺廟。而我們的教義，就是慈悲。」

藉由這番話語，達賴喇嘛提醒我們，最重要的靈性修行不在於儀式或信仰，而是在於培養善良、善解，以及對他人的關懷。

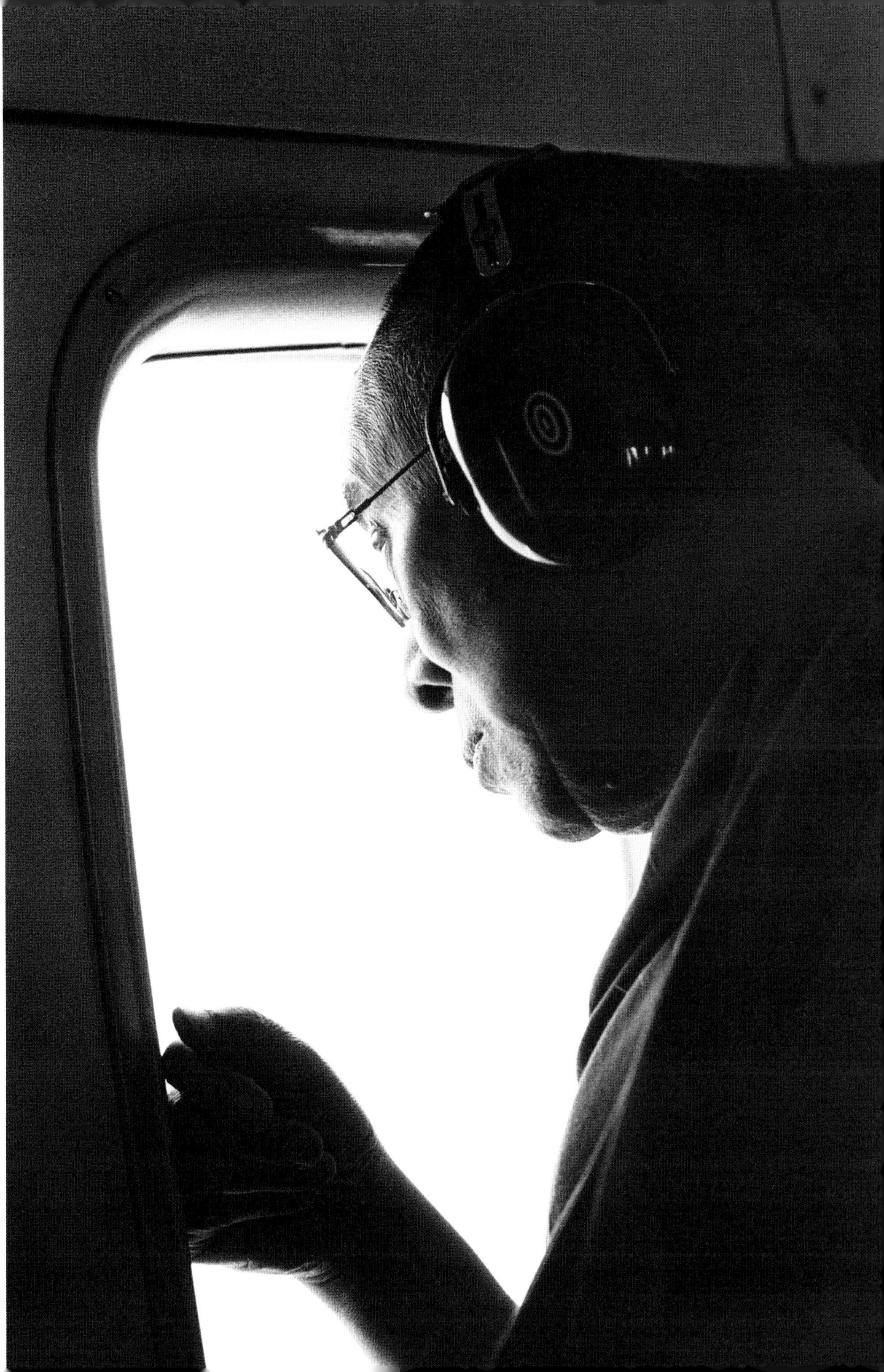

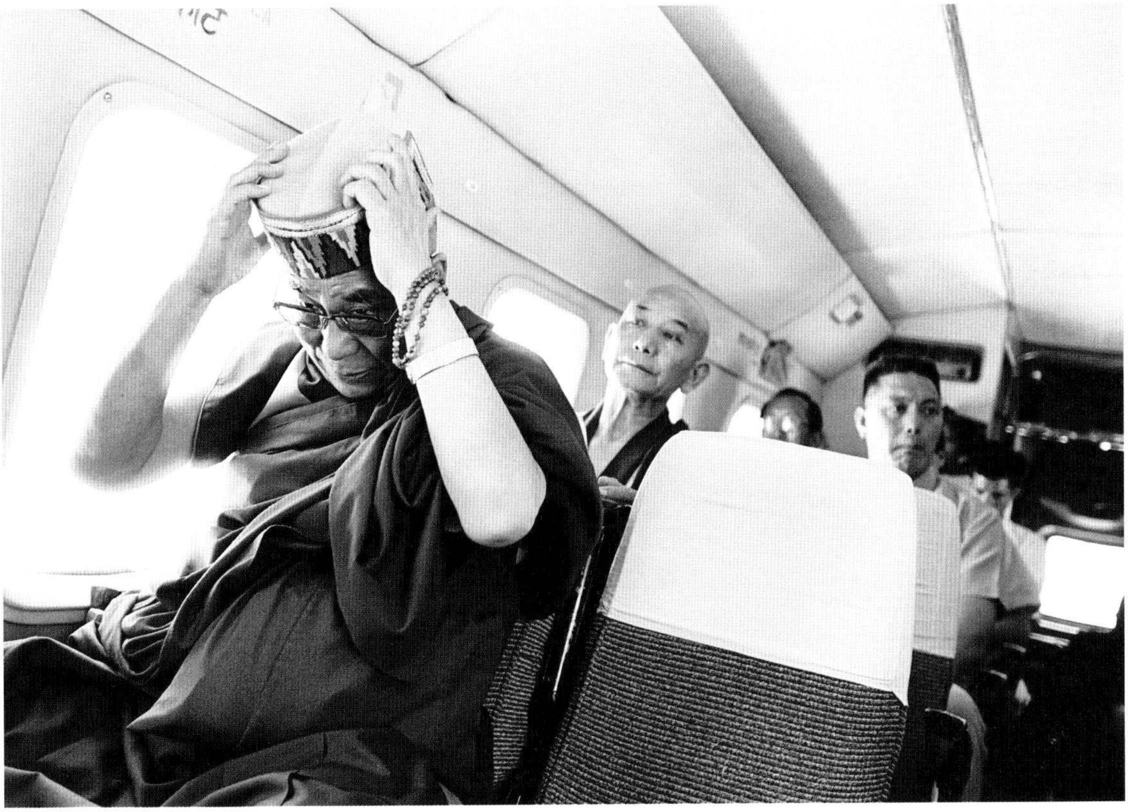

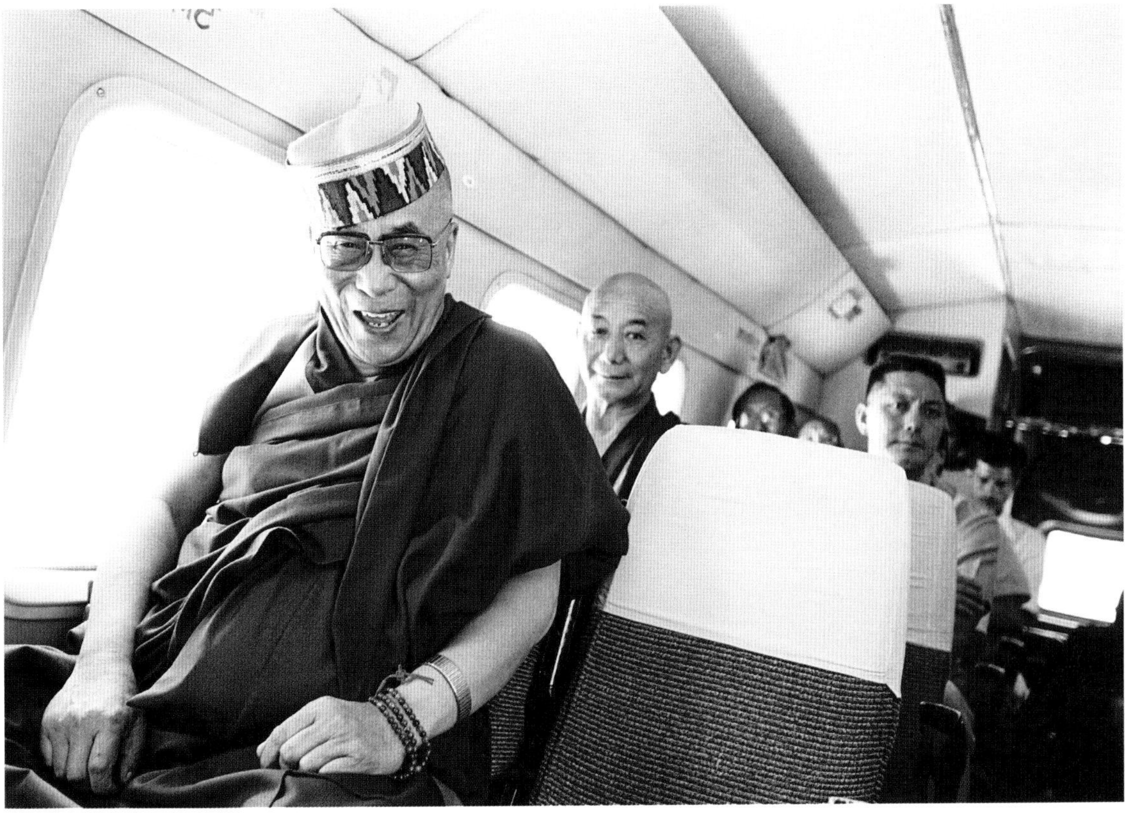

НОЁН ГУАНЗ

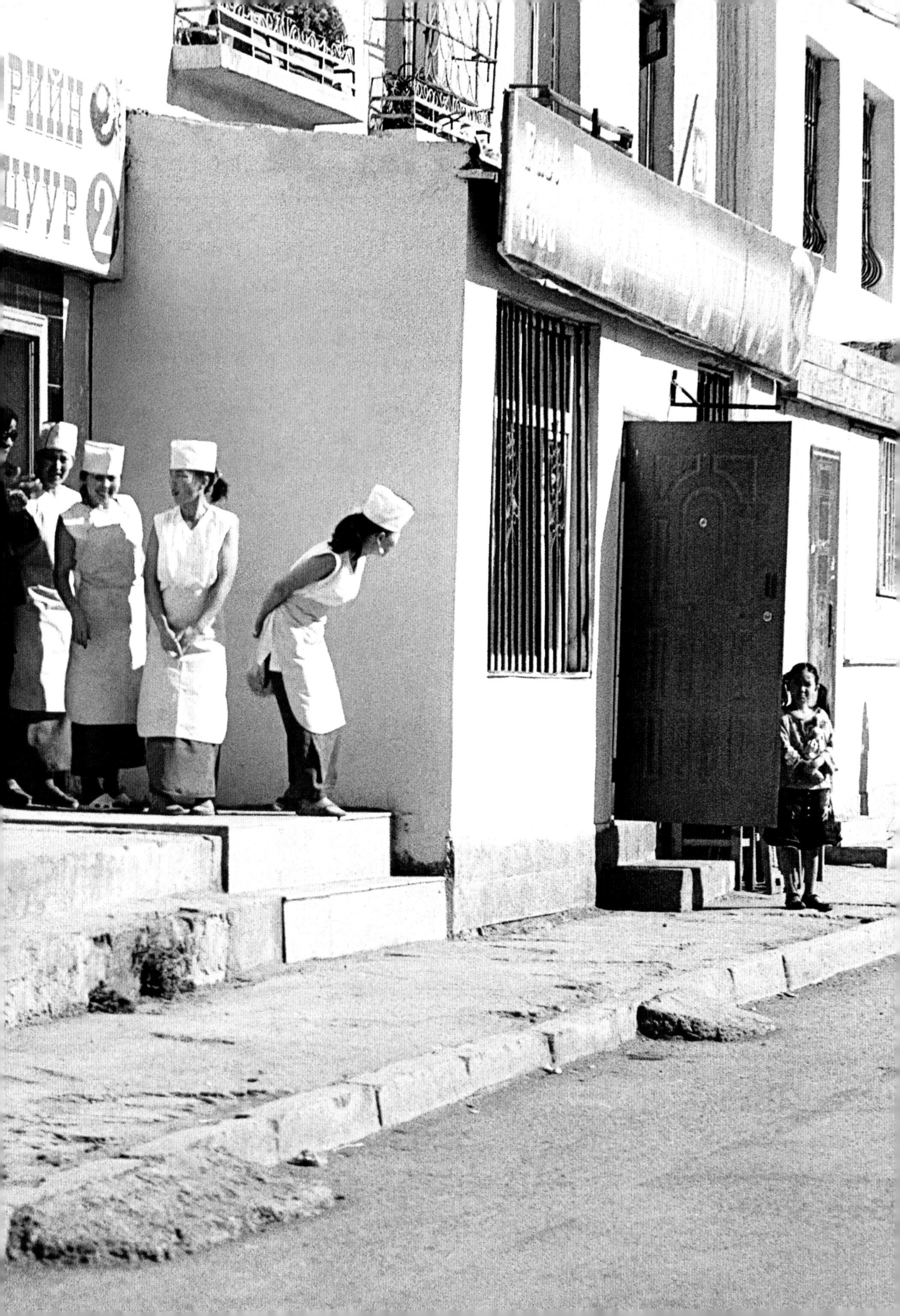
РИЙН
ЦУУР 2

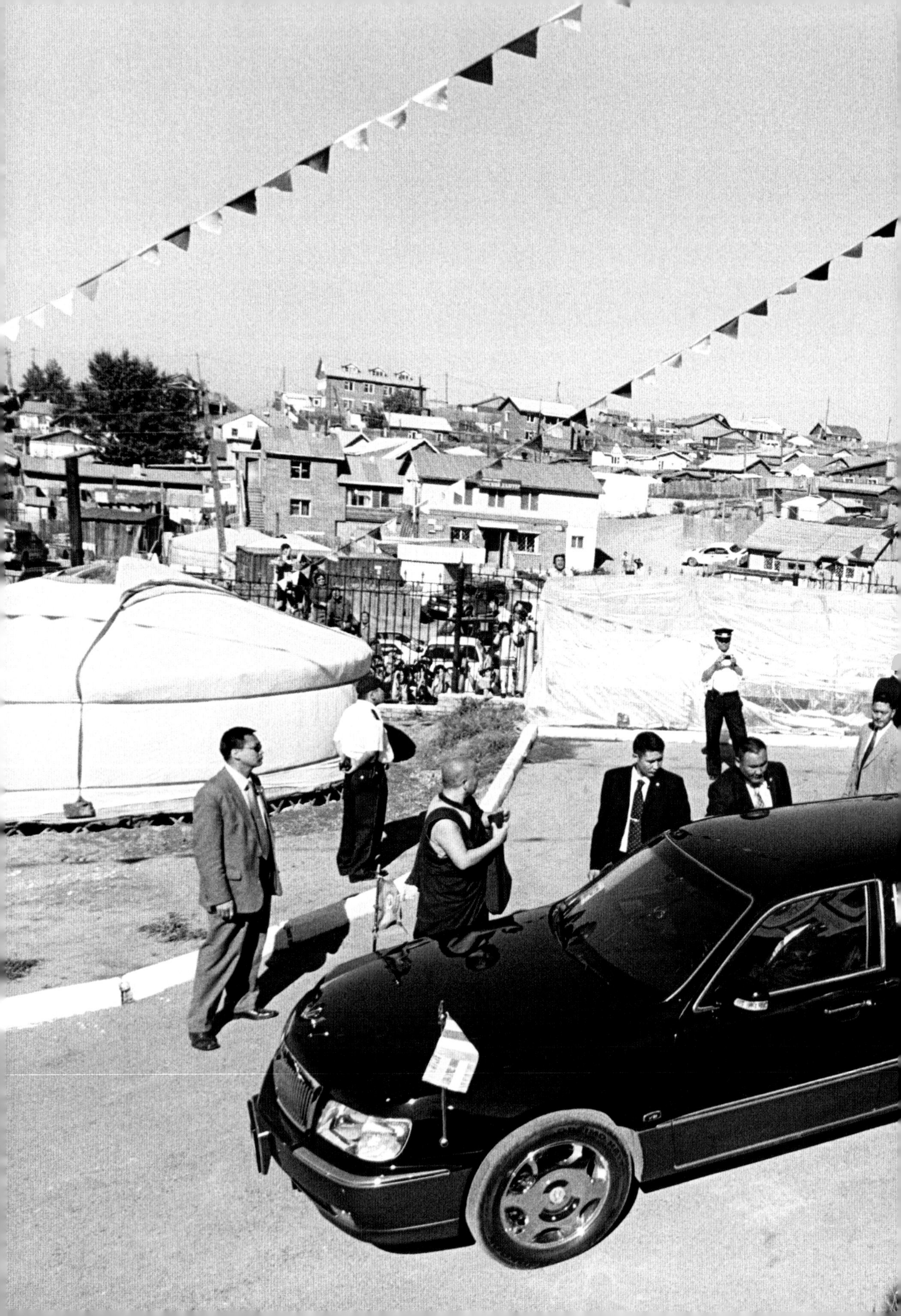

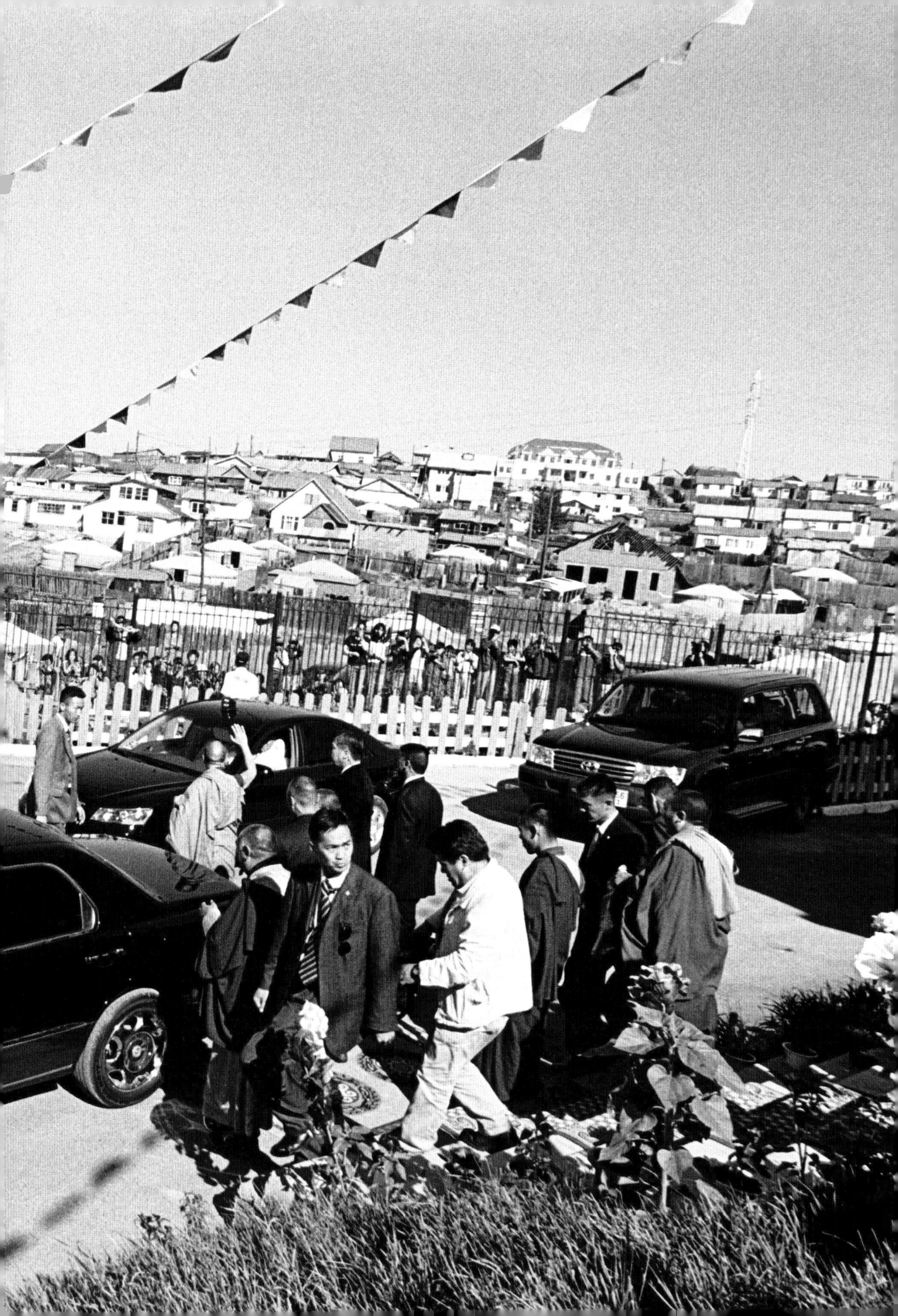

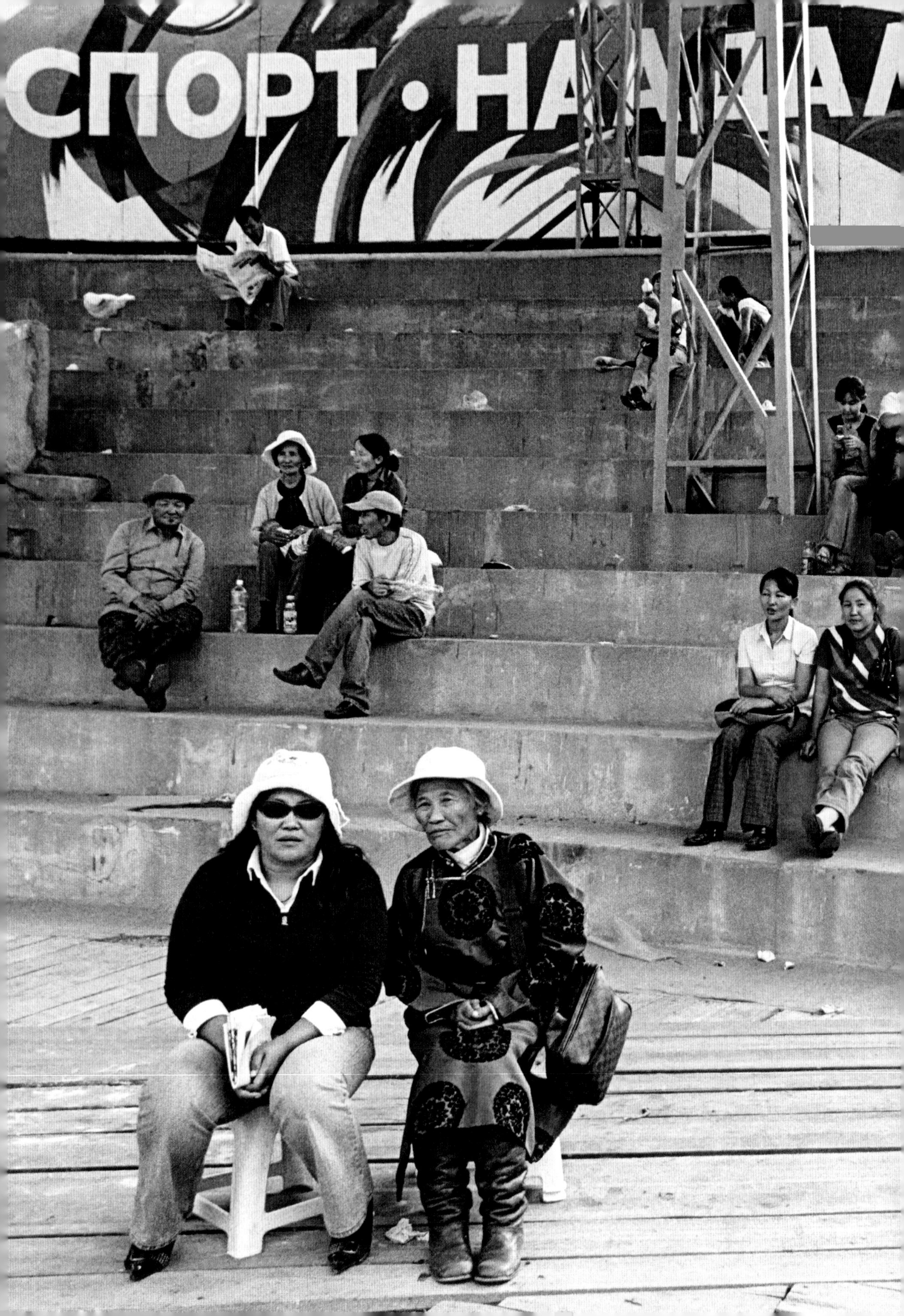
СПОРТ • НААДАМ

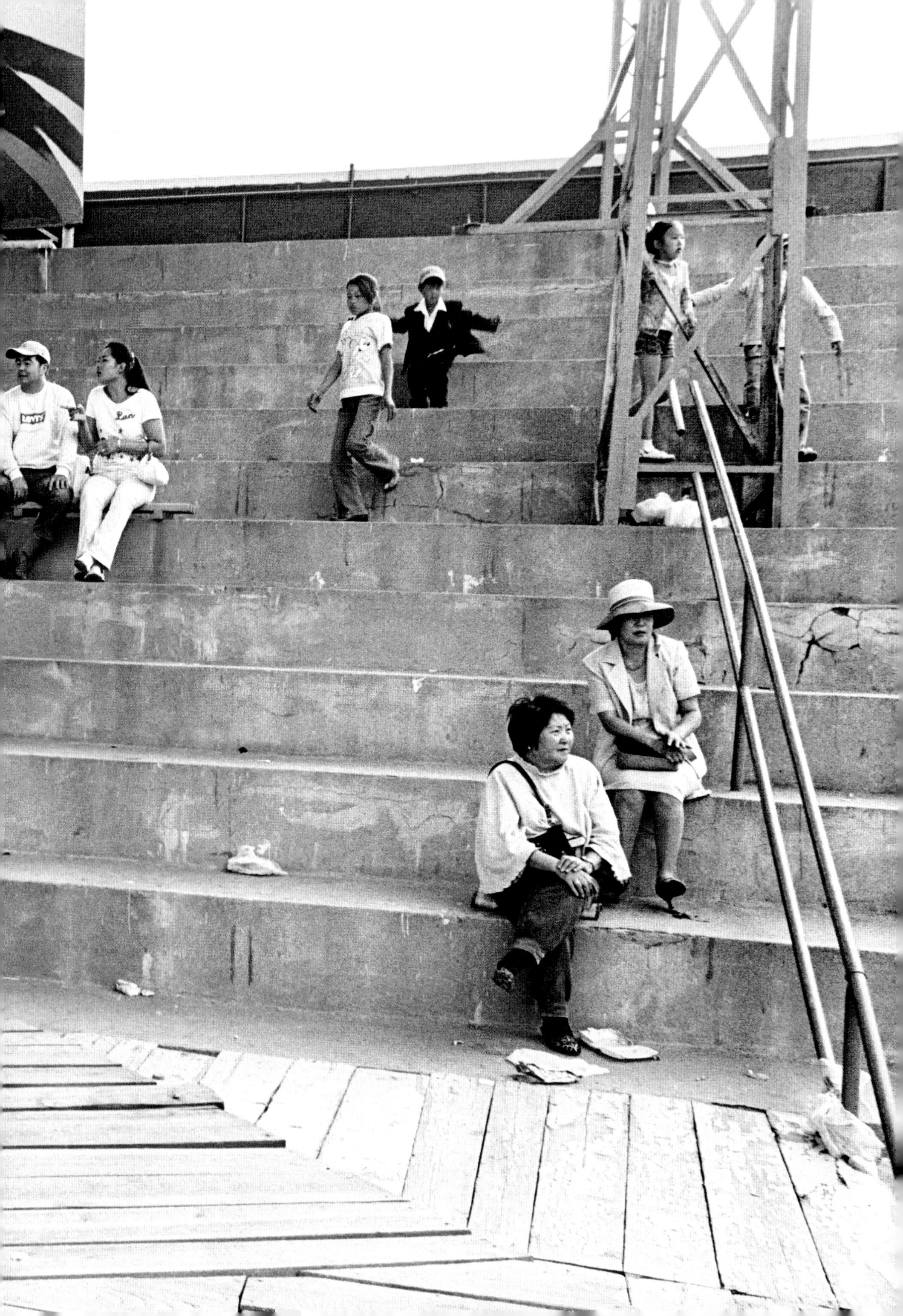

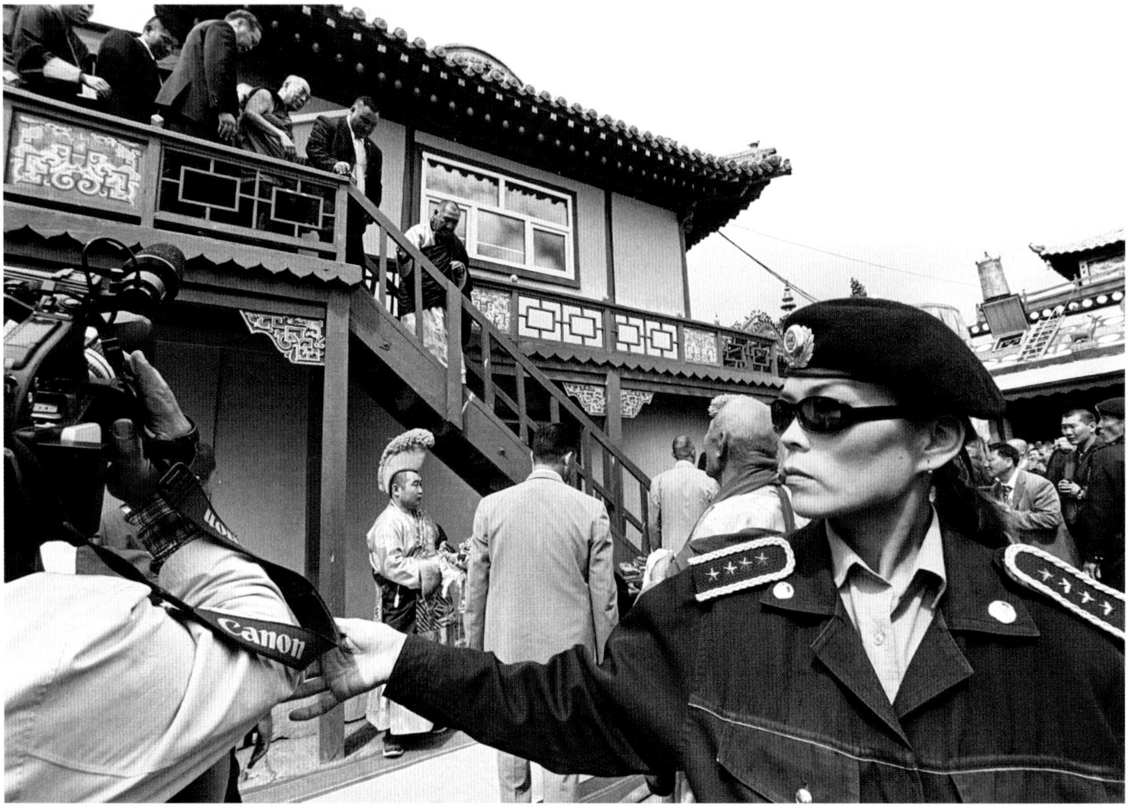
Canon

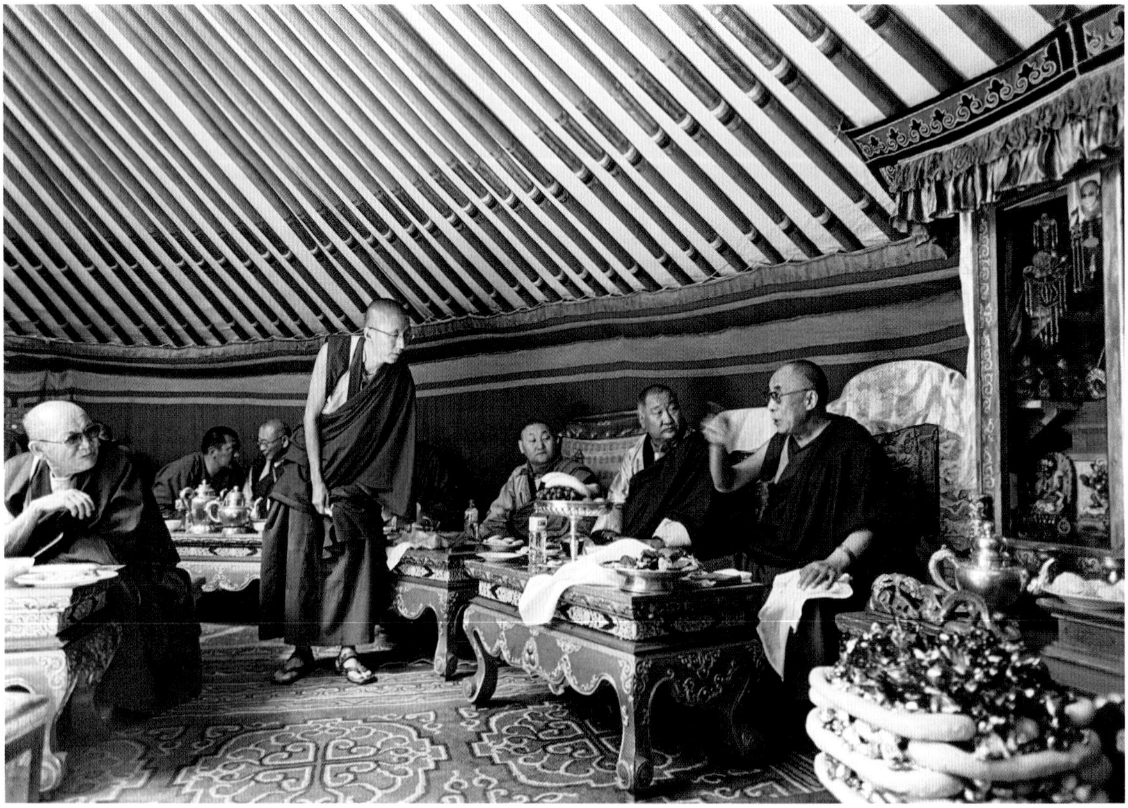

111

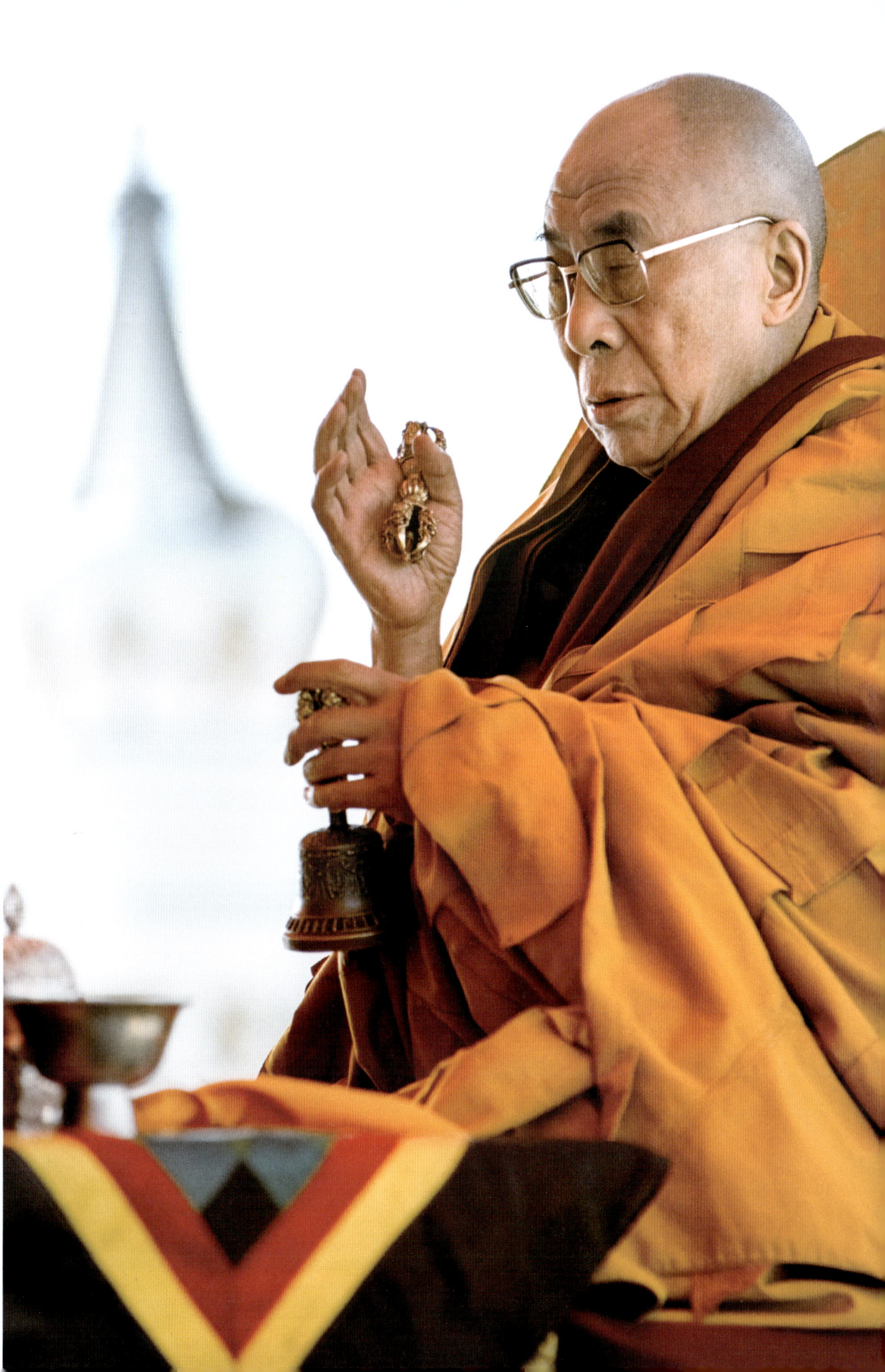

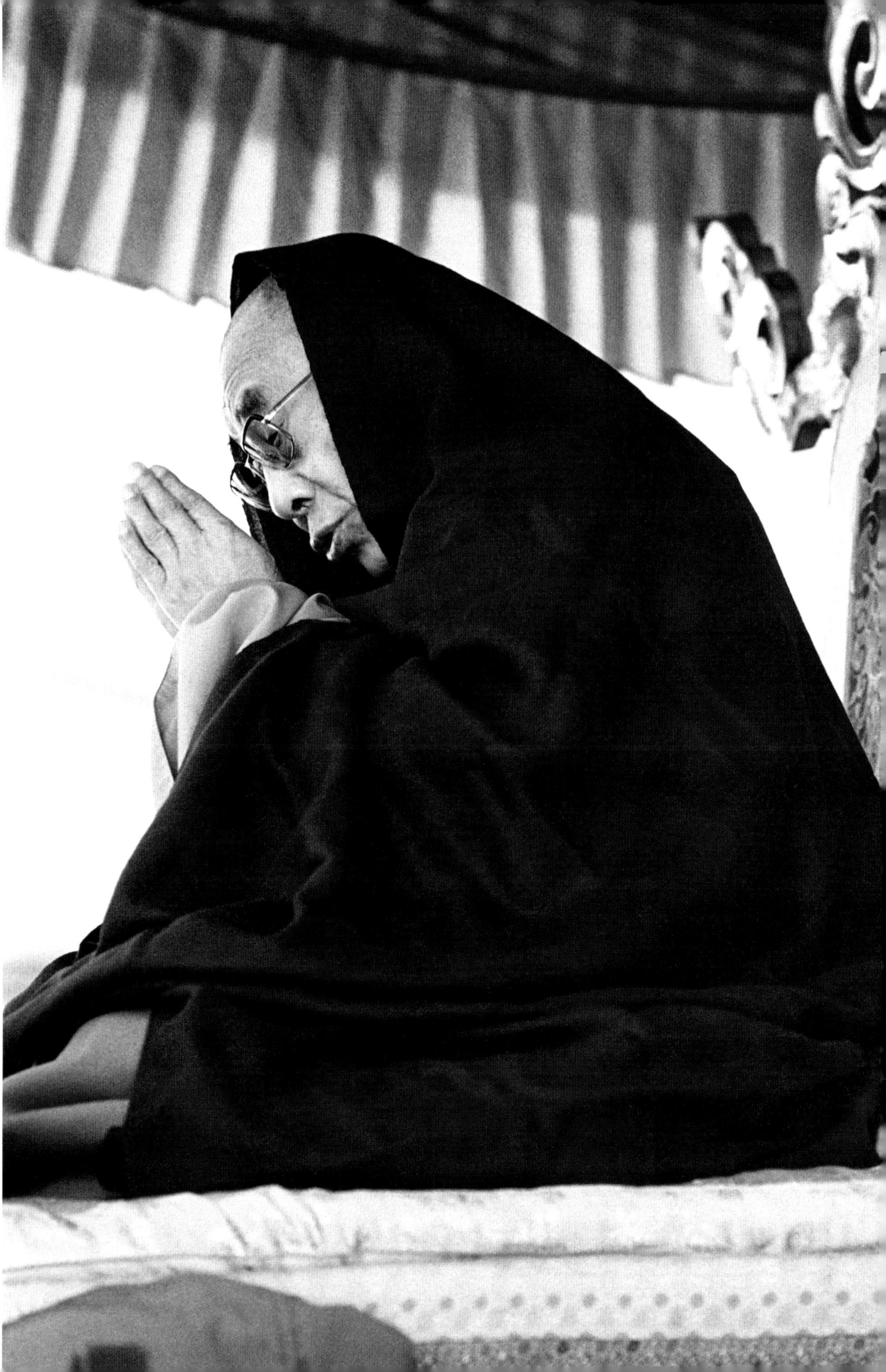

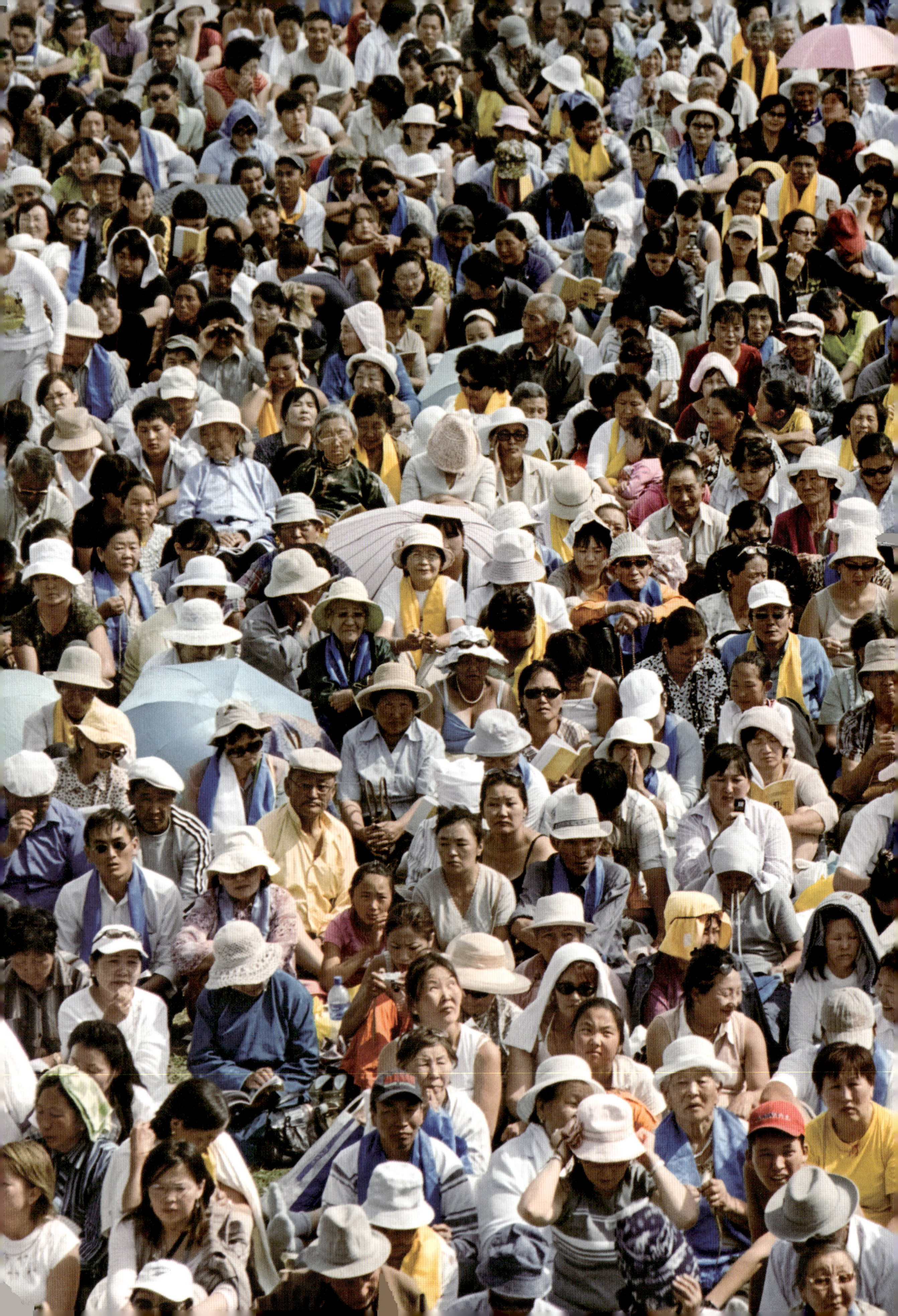

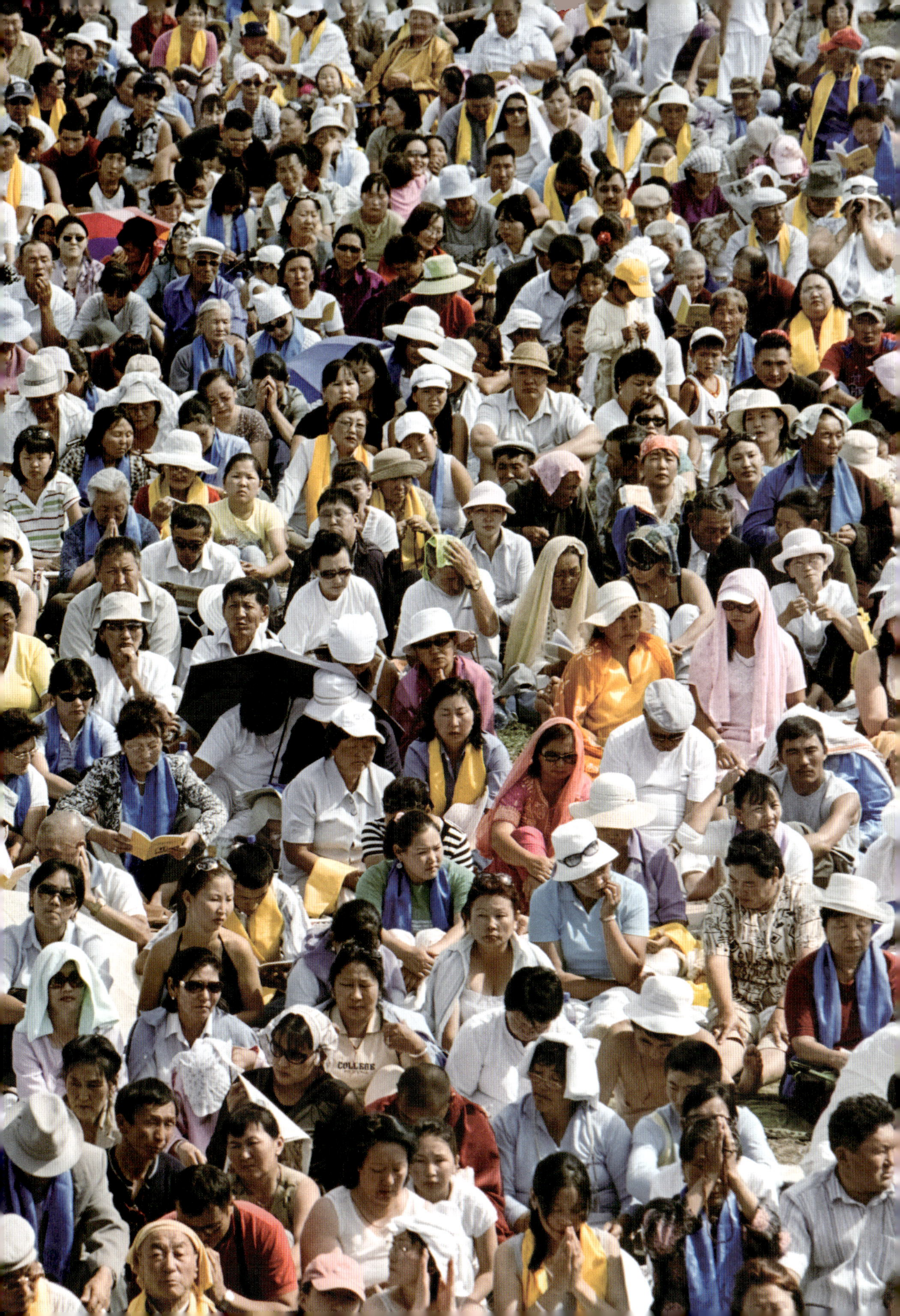

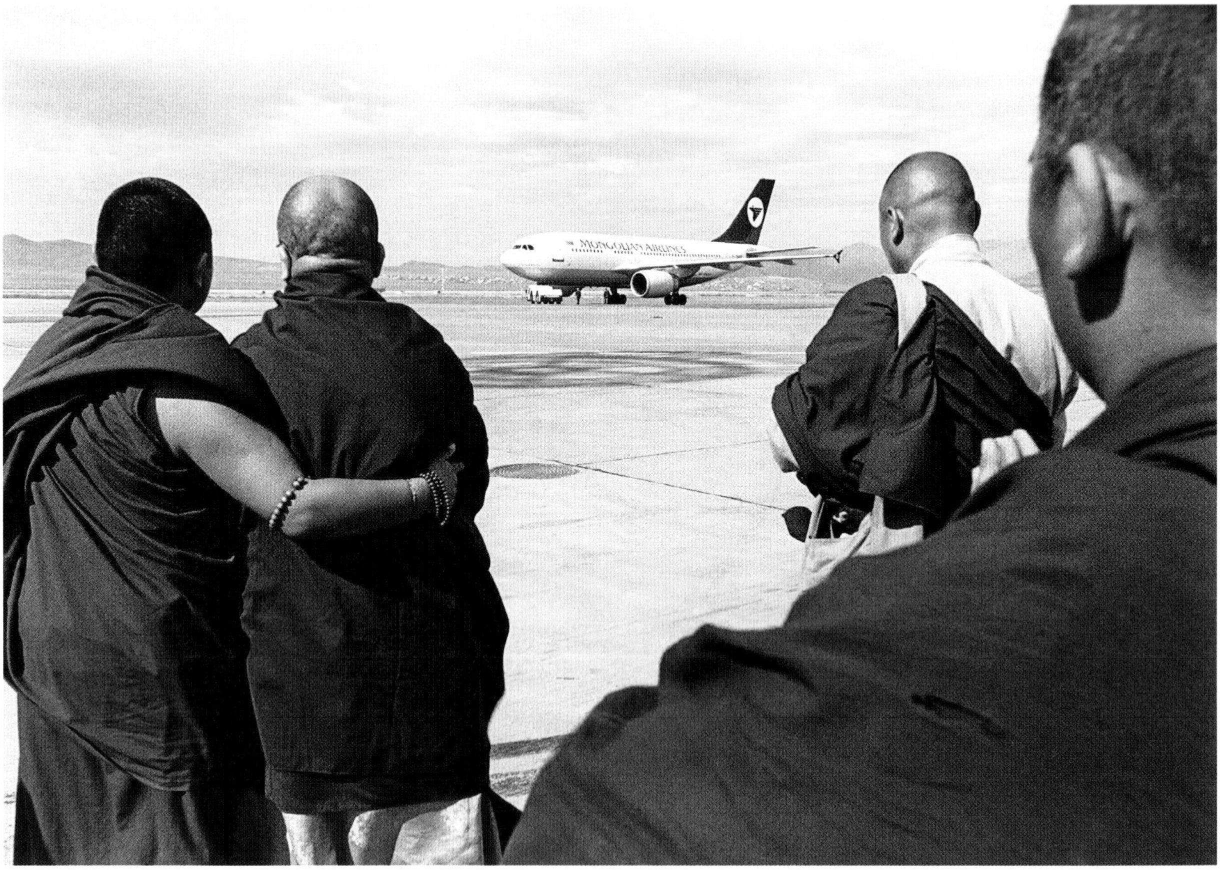
MONGOLIAN AIRLINES

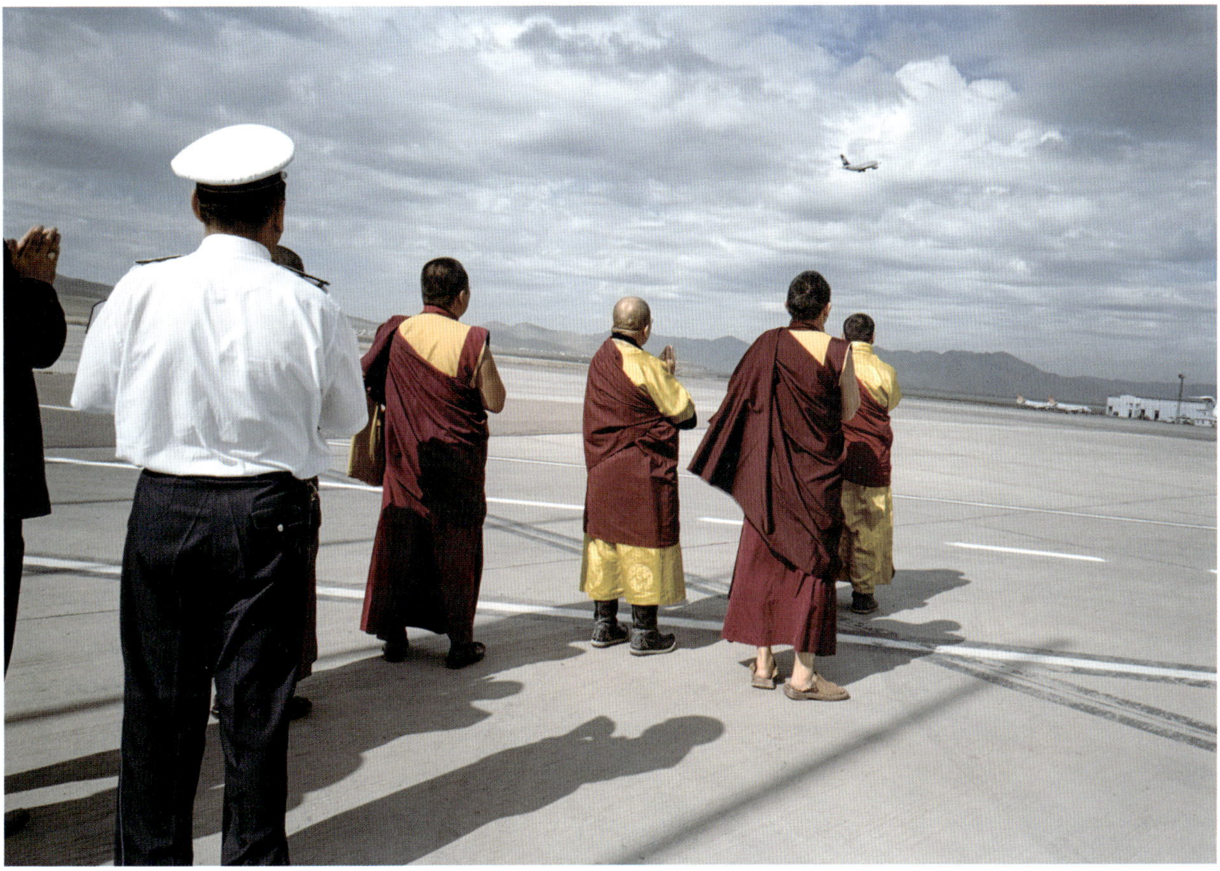

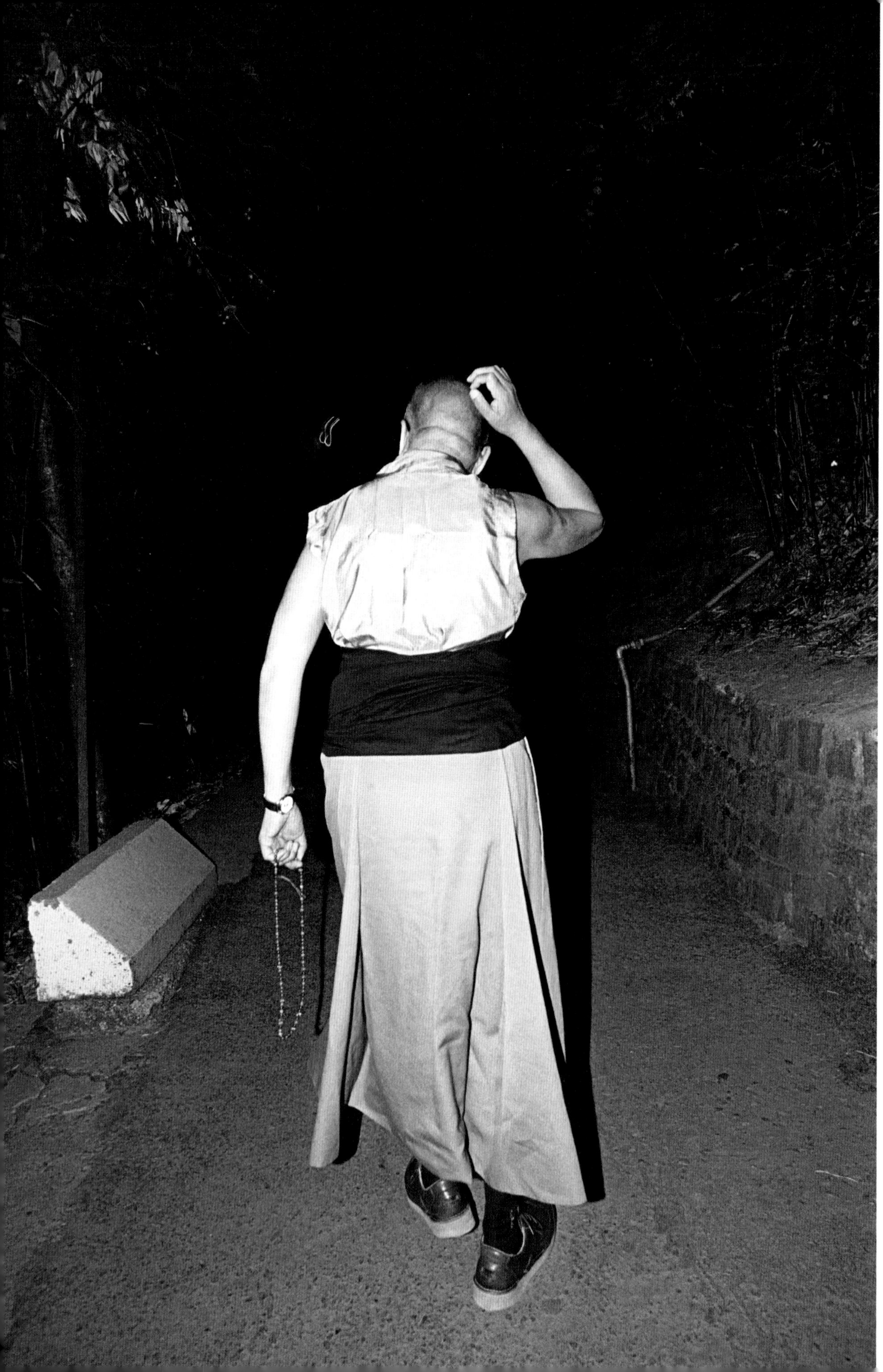

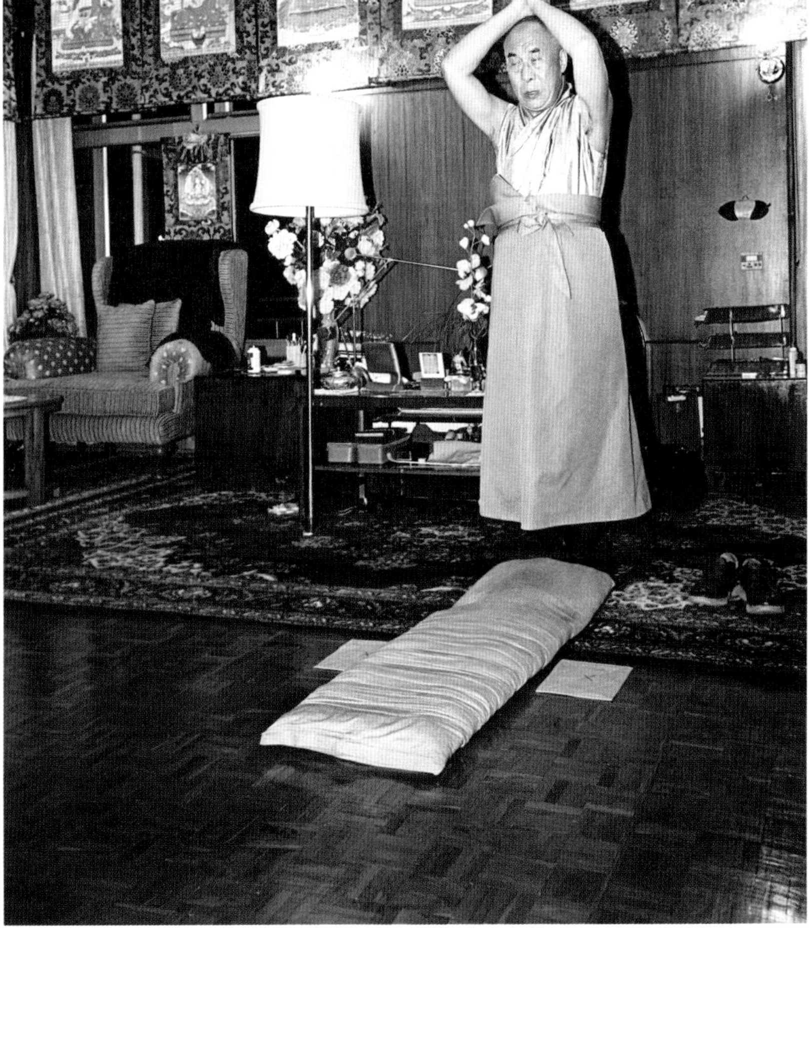

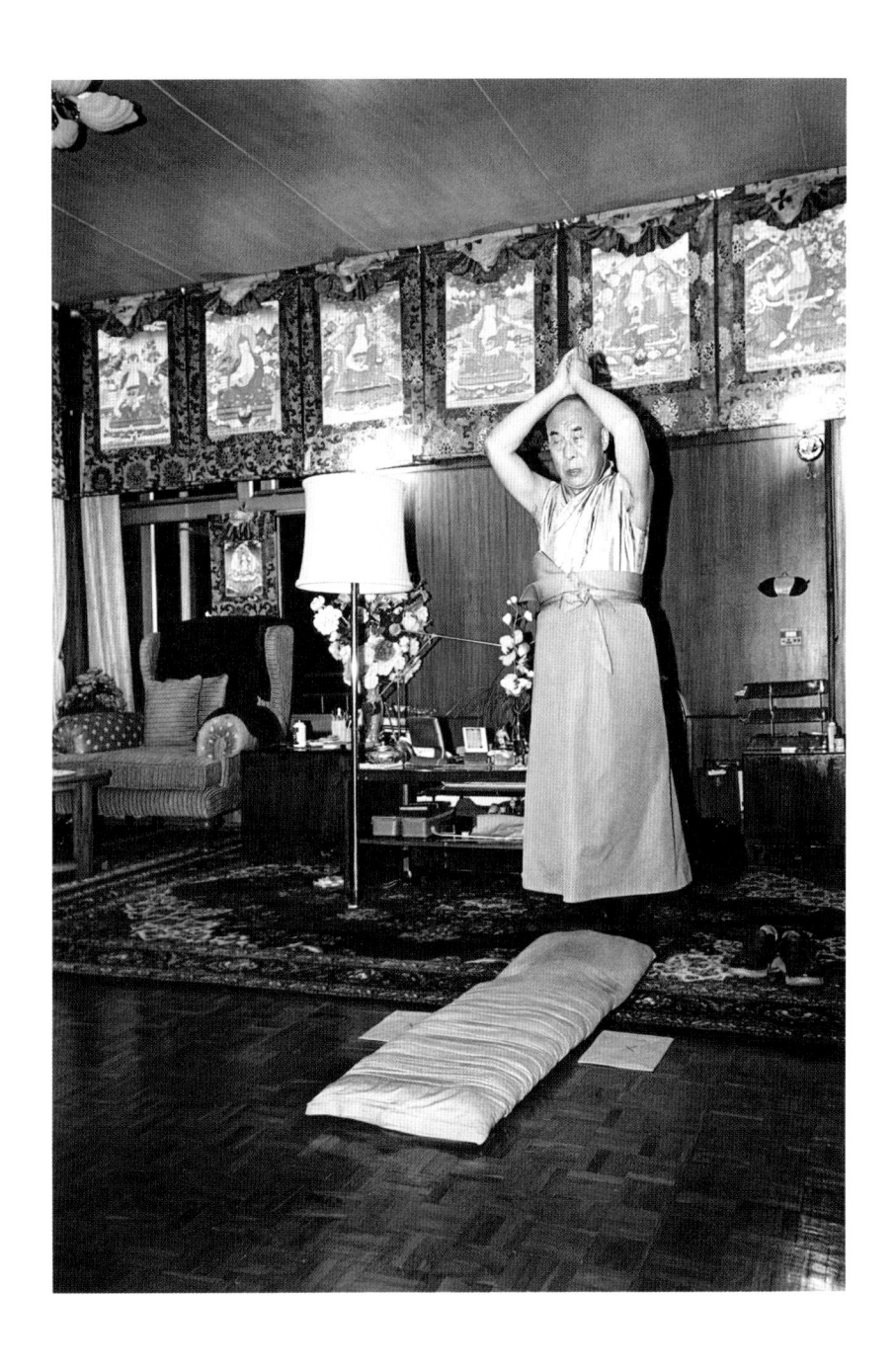

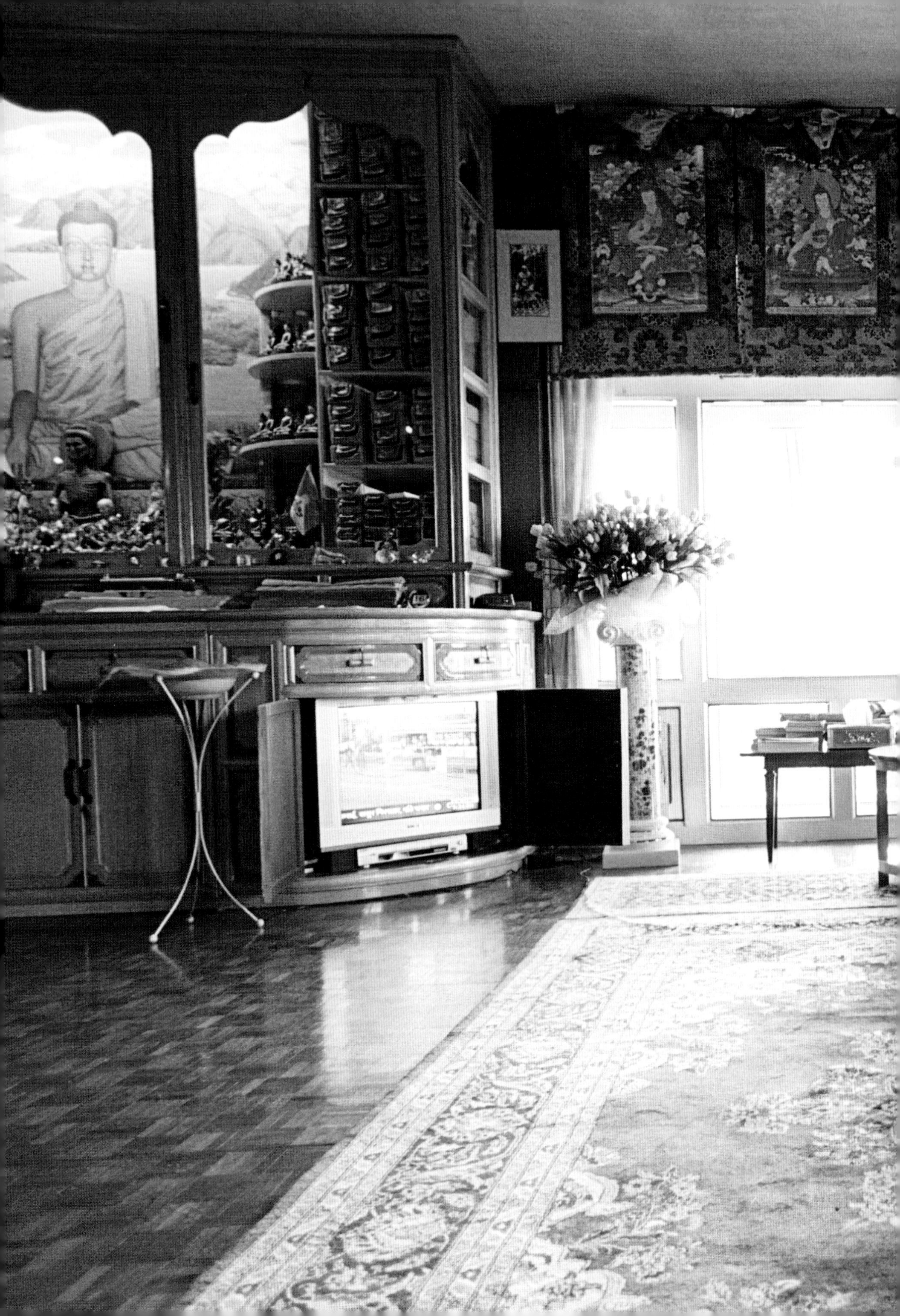

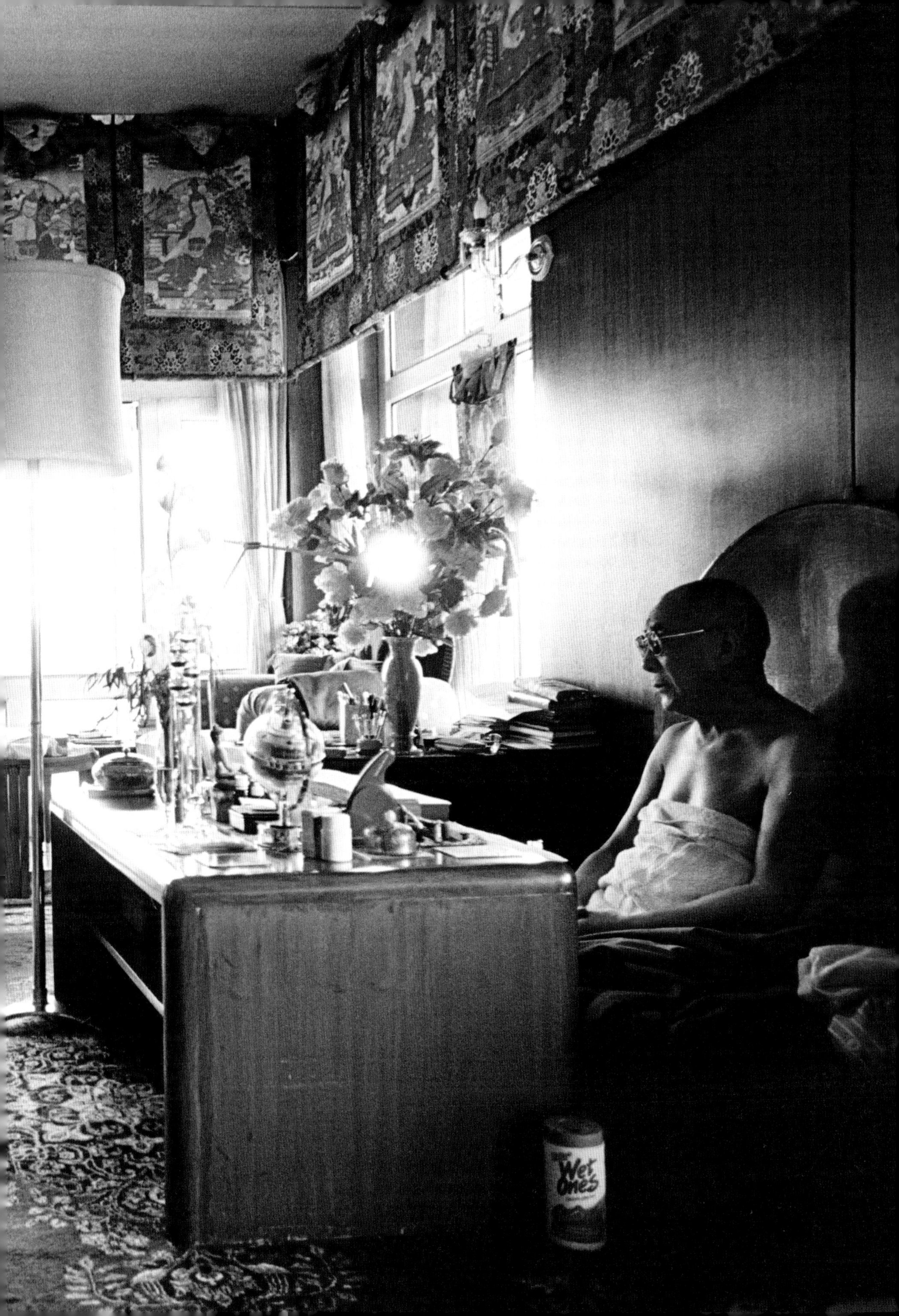
Wet Ones

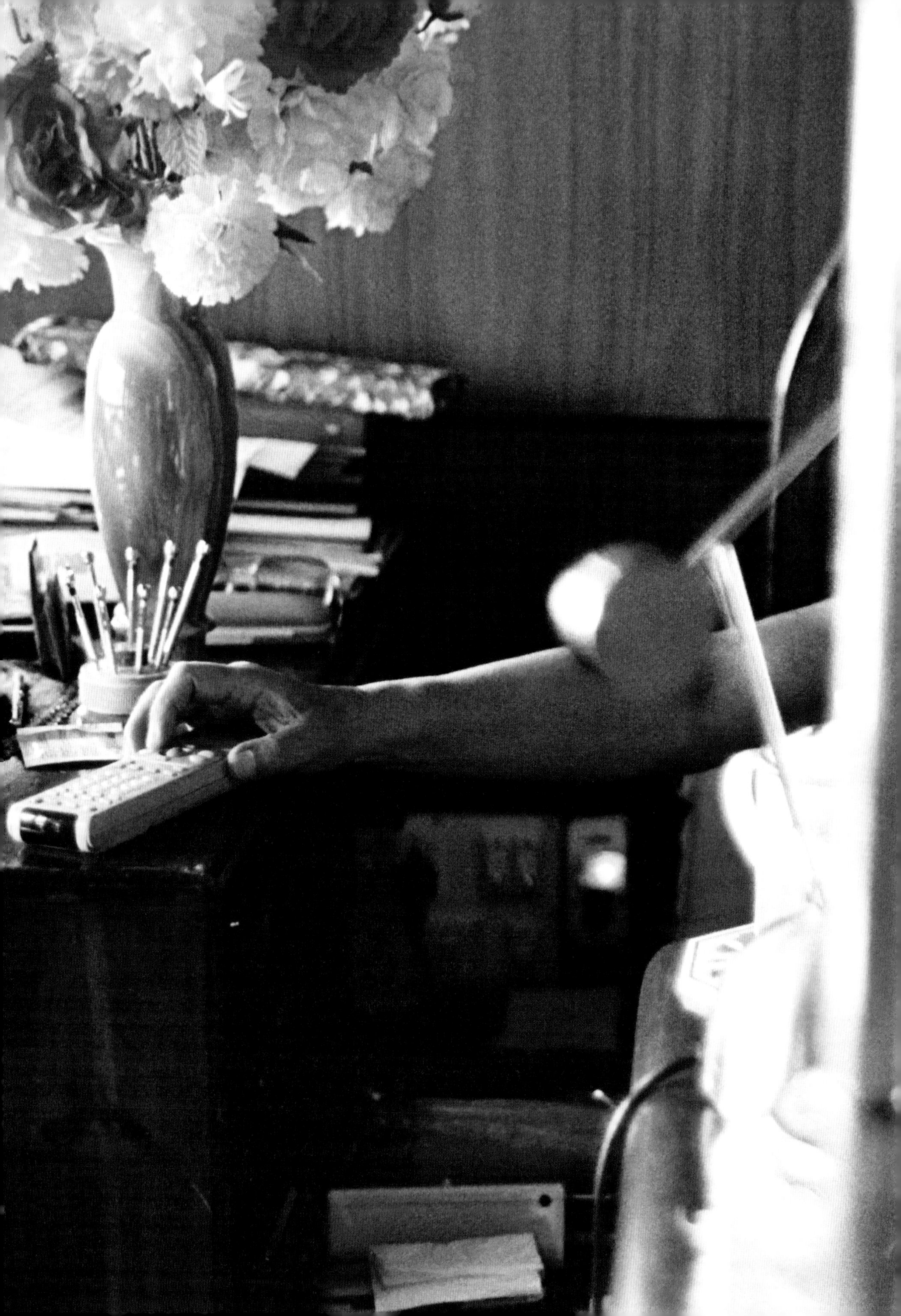

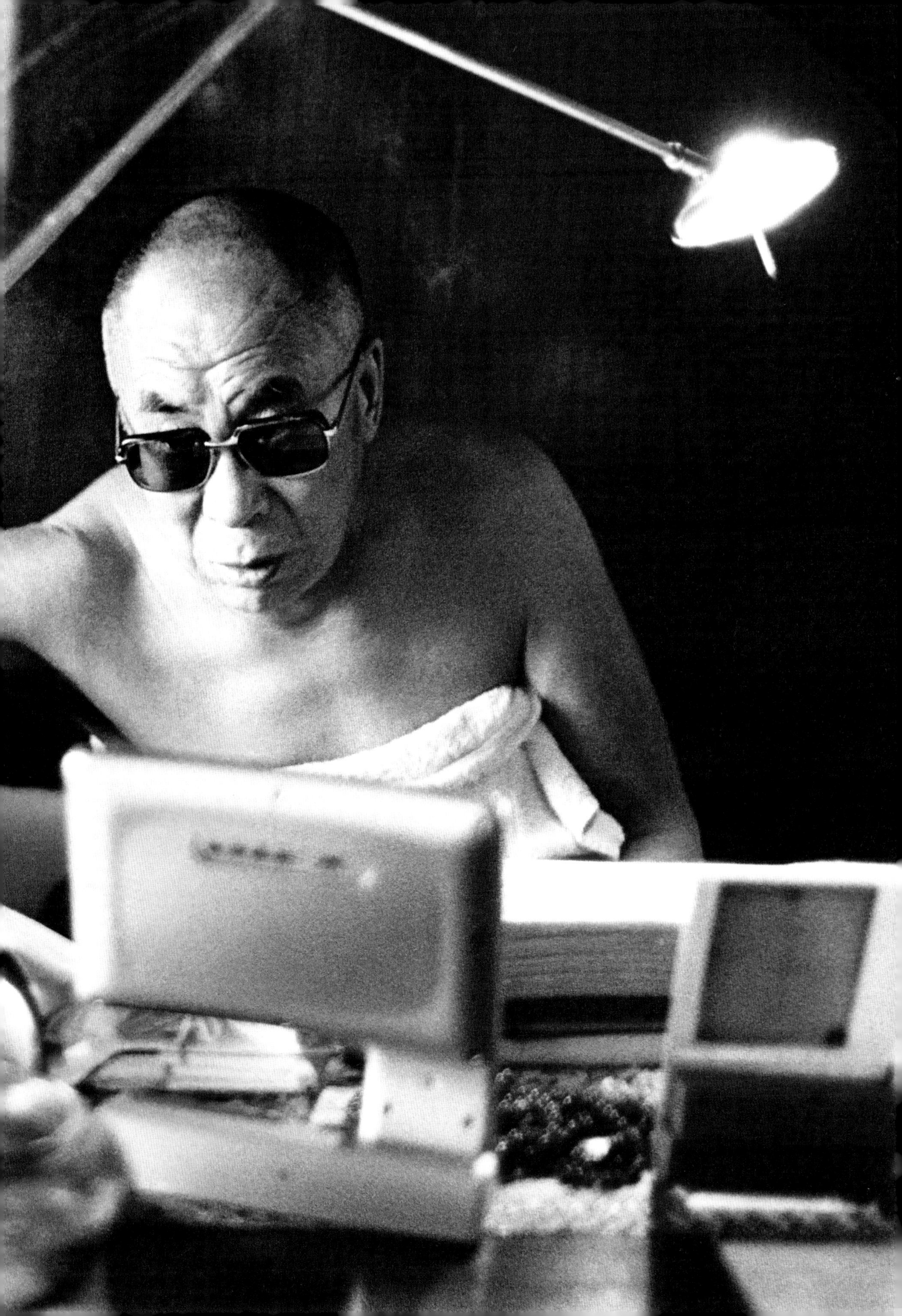

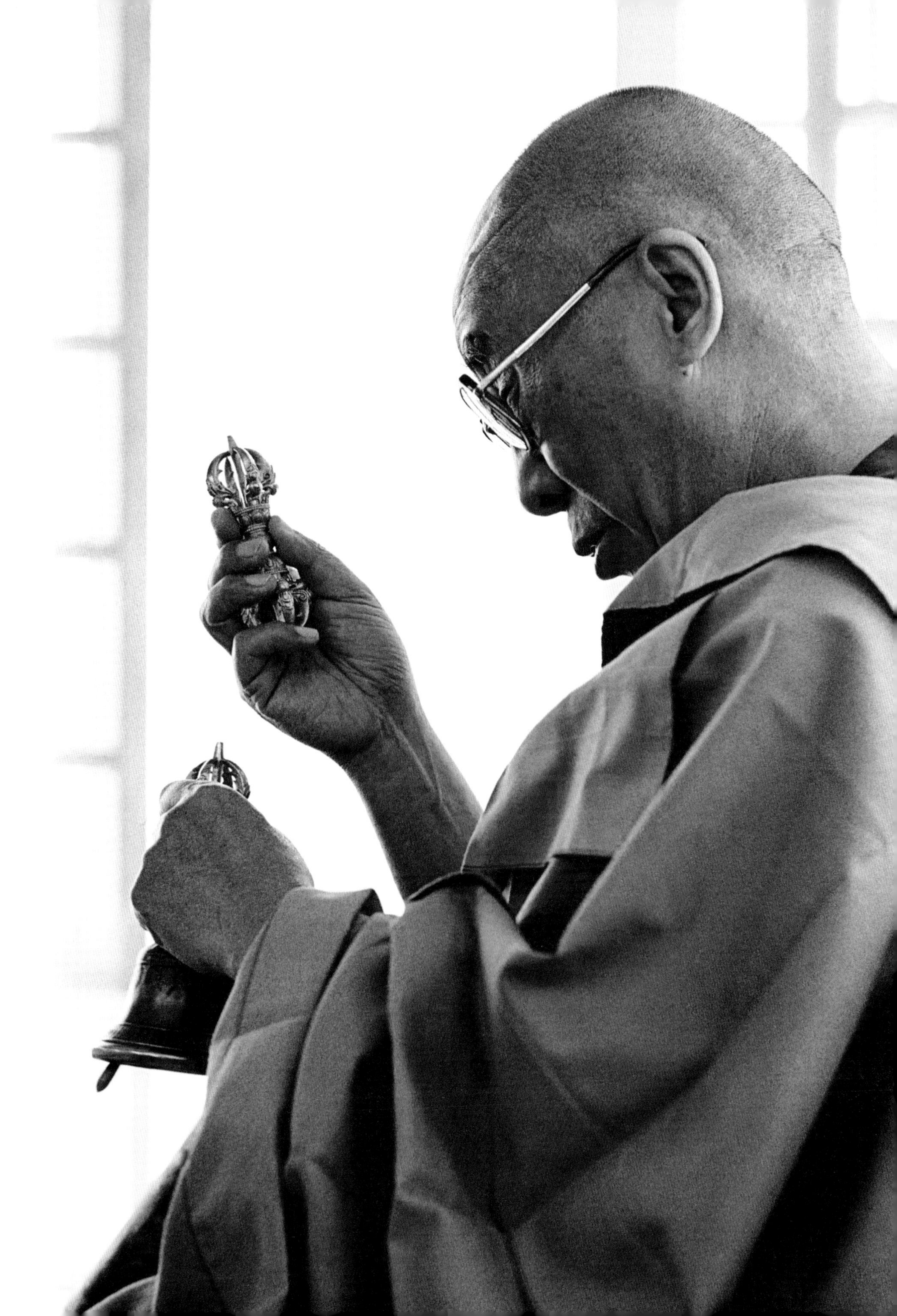

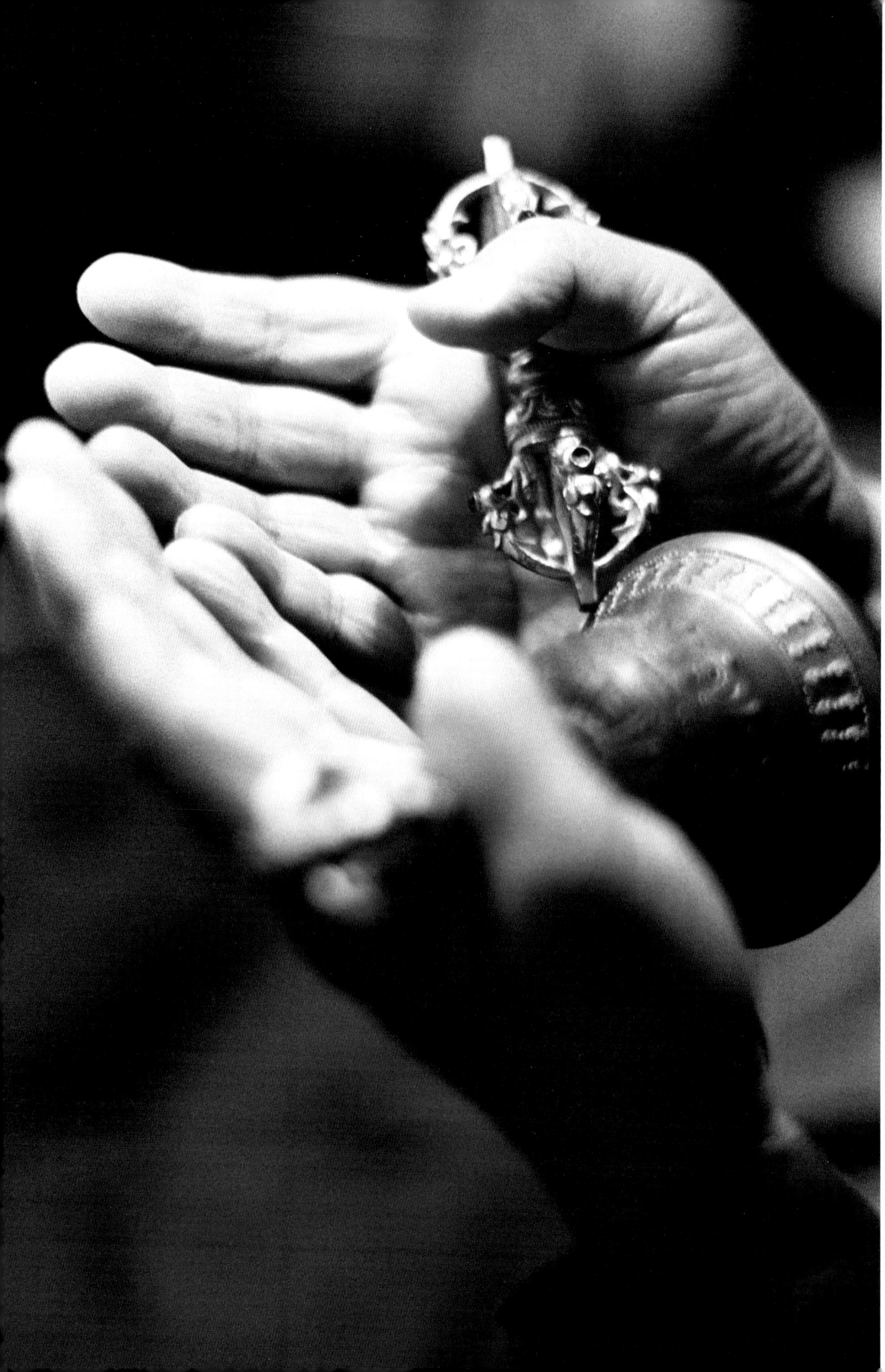

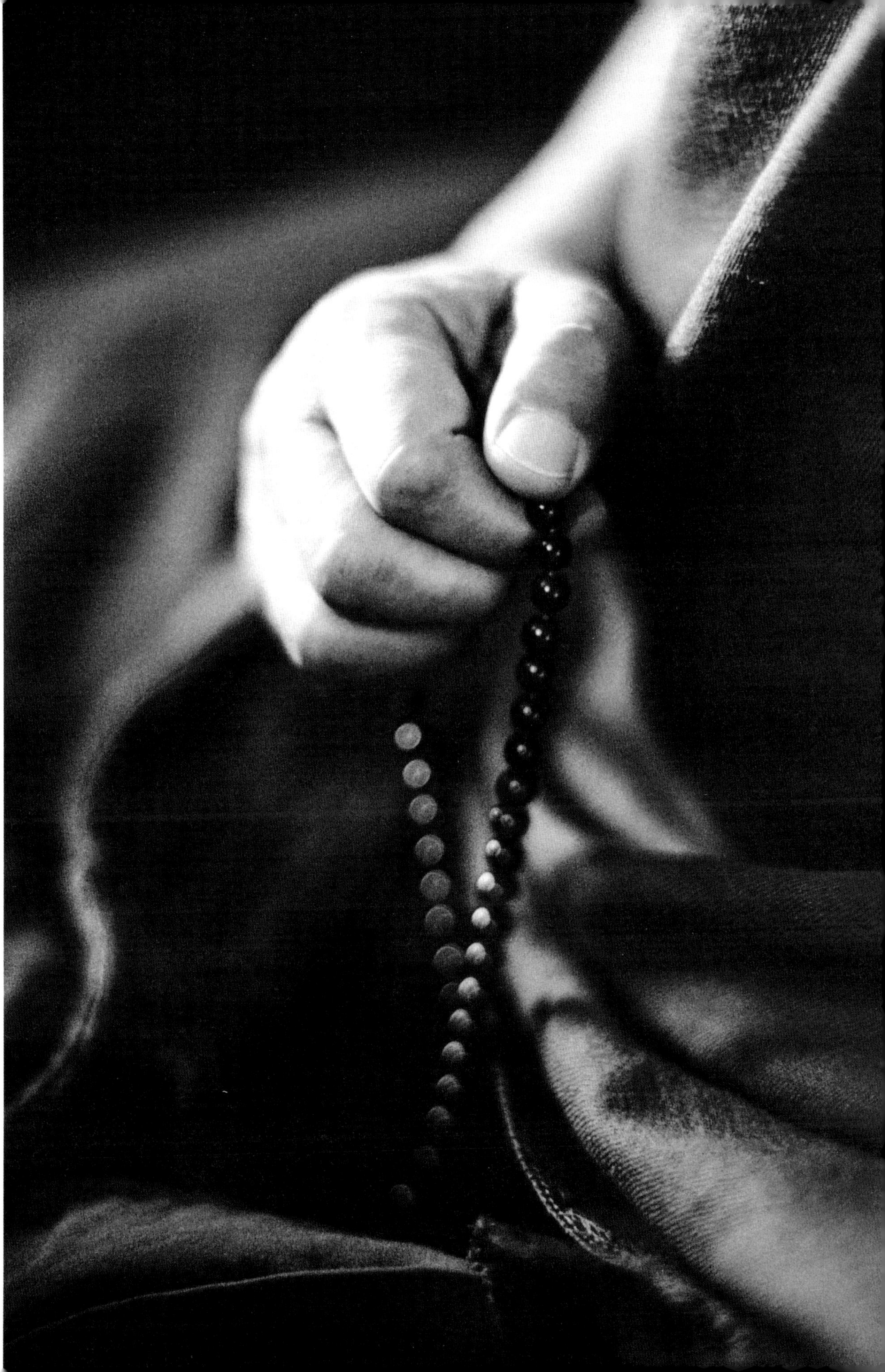

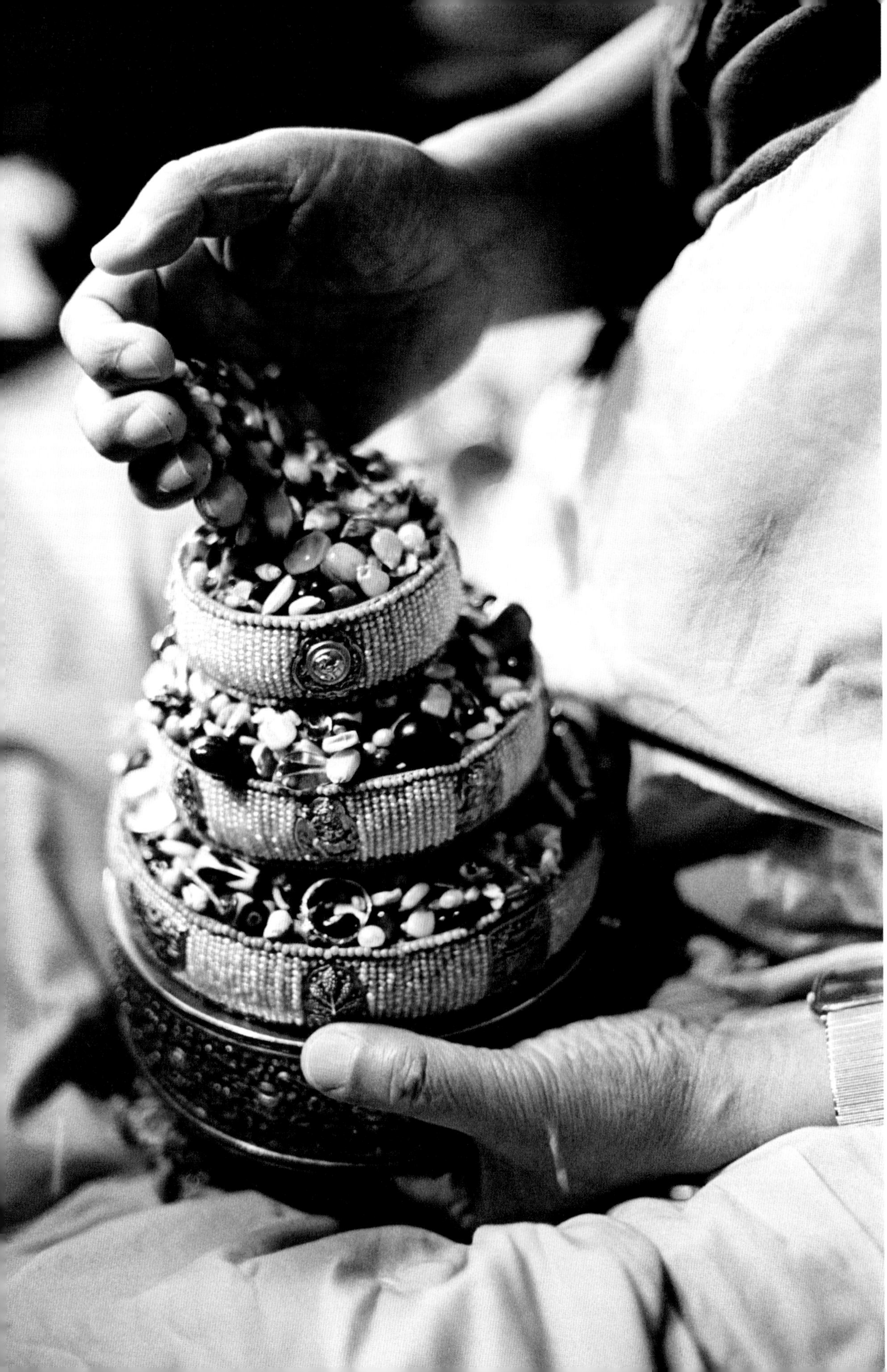

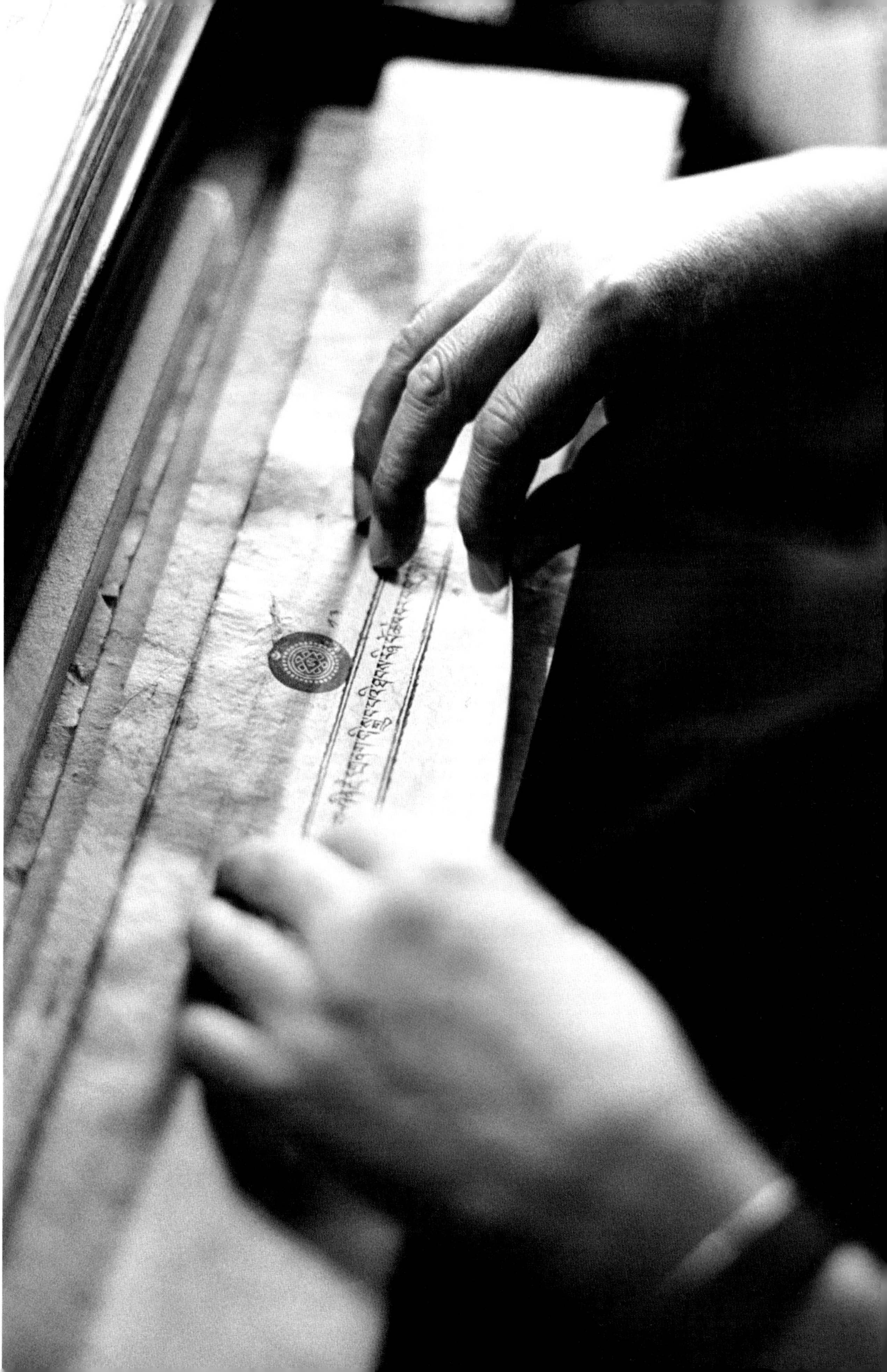

時輪金剛灌頂大法會：
藏傳佛教祈願世界和平的儀式

THE KALACHAKRA CEREMONY

A Tibetan Buddhist Rite for World Peace

　　1954 年，達賴喇嘛尊者於西藏拉薩首次主持時輪金剛灌頂法會，當時他年僅二十歲（按照藏曆計算）。兩年後，1956 年，他在拉薩再次舉行時輪金剛灌頂儀式。兩場法會約計皆有二十萬名信眾參加。從那時候至今，達賴喇嘛共傳授了三十二次時輪

金剛灌頂，主要是在印度進行，包括阿馬拉瓦蒂（Amravati），該地與時輪金剛教法的興起密切相關。除了印度，他也曾在瑞士里肯（Rikon, 1985）、西班牙巴塞隆納（Barcelona, 1994）、蒙古烏蘭巴托（Ulaanbaatar, 1995）、澳洲雪梨（Sydney, 1996）、奧地利格拉茨（Graz, 2002），以及北美多個城市主持，包括麥迪遜（Madison,1981）、洛杉磯（Los Angeles, 1989）、布盧明頓（Bloomington, 1999）、多倫多（Toronto, 2004）和華盛頓特區（Washington, D. C., 2011）。尊者最近一次也是最後一次主持的第三十四屆時輪金剛灌頂大法會，於佛陀證悟的聖地印度菩提伽耶（Bodh Gaya）舉行。本書中收錄的時輪灌頂儀式影像，皆來自達賴喇嘛於 2014 年在印度列城（Leh）主持的第三十三屆法會，當時有超過十五萬名信眾參與。

　　時輪金剛灌頂是一場為期數日、每日不斷課誦時輪金剛儀軌的法會，達賴喇嘛作為金剛上師（*Vajra* Master），監督儀式從開始到結束的每個環節。法會由尊聖寺（Namgyal Monastery）的僧人協助，歷來皆由他們負責支援達賴喇嘛的重要法會。他們的任務包括：設置壇城（mandala）；召請壇城諸尊；淨化場地；最後，在灌頂結束後拆除壇城。在整個過程中，達賴喇嘛與僧眾透過觀想與儀式，召請時輪金剛壇城中的諸佛菩薩，確保祂們全程降臨加持。

時輪金剛灌頂儀式的主要步驟包括：

- 淨化啟建壇城的場地
- 由僧侶沿壇城四周進行基地舞（*saghar*）
- 以灌頂瓶加持淨水
- 畫沙壇城，以彩色沙粒上色
- 迎請「智慧本尊」進入，淨化壇城
- 進行前行灌頂，隨後數日內進行正式灌頂儀式
- 儀式結束後，拆除壇城

「時輪」（Kalachakra）意為「時間之輪」，是藏傳佛教中極為重要的法門與修行，起源於印度佛教。它屬於金剛乘（Vajrayana, or Adamantine Vehicle），是大乘佛法的一套進階修行。金剛乘強調複雜的觀想修行與瑜伽修法，包括呼吸法與身體能量中心（脈輪，*chakras*），而所有這些皆以慈悲與智慧為根基。它將人的身體視為一個微觀的宇宙，在證悟的道路上整合身、心、情緒與自然環境。

　　在時輪法門中，身、心、情緒、環境的交互作用尤其顯著。宇宙被稱為「外時輪」（outer Kalachakra），而人體則是「內時輪」（inner Kalachakra）。透過「別時輪」（alternative Kalachakra）的修法，有助轉化外面的環境與自己的內心，證悟實相。時輪金剛的教法包含一個詳盡的宇宙系統與對身體元素的複雜理解，例如：靜態的脈、流動的氣，以及微妙的明點。這種外在與內在的淨化，凸顯了傳統藏人相信時輪金剛灌頂具有極度的轉化力量，不僅對個人，也是對整個世界。這也是為什麼時輪金剛灌頂法會經常與祈願世界和平有關。形式上，時輪金剛灌頂屬於進階的金剛乘教法。因此，為了讓參與者做好準備，達賴喇嘛尊者通常會在正式灌頂前，先進行一般佛法的開示，尤其強調修行慈悲與智慧這兩種美德。

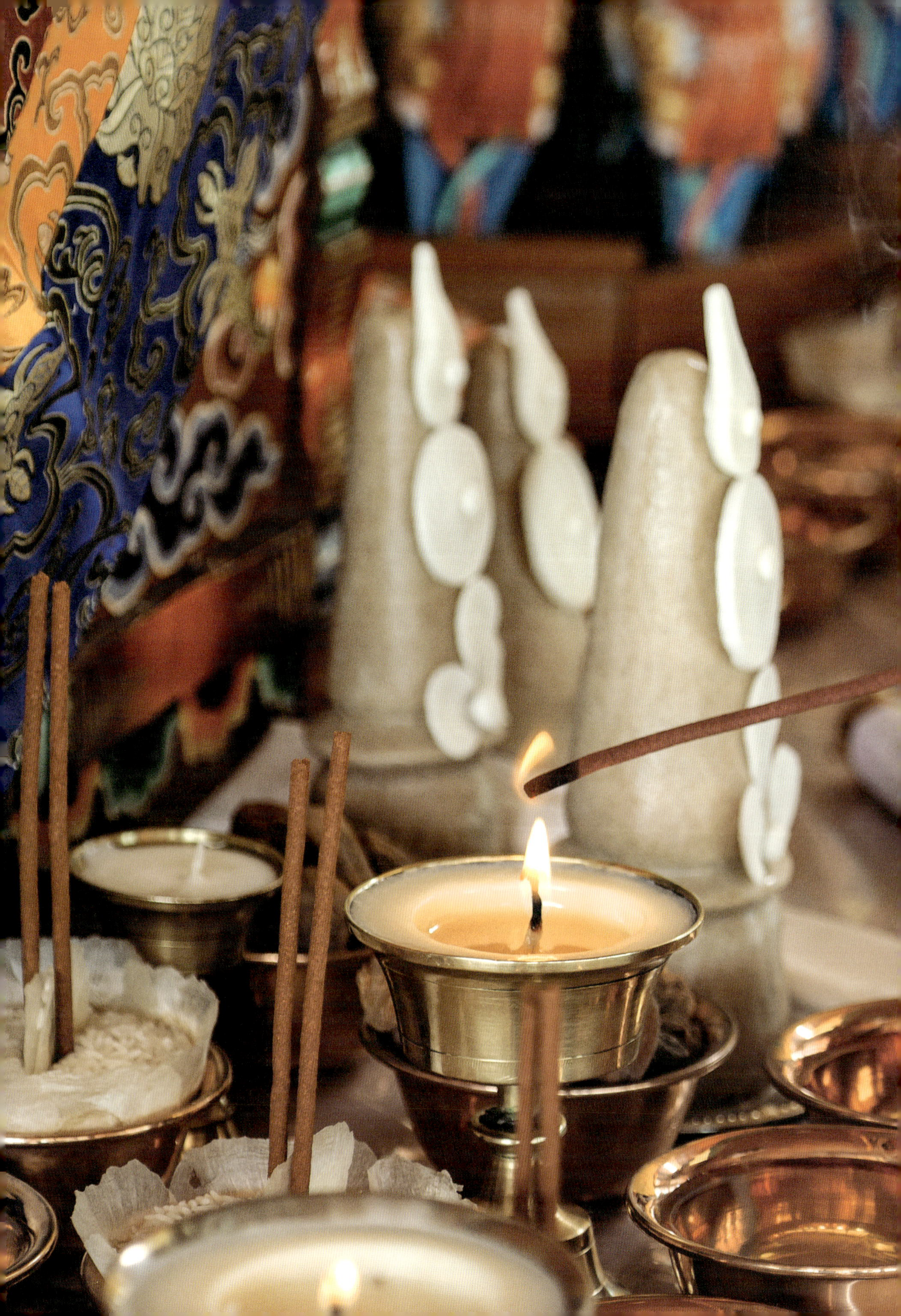

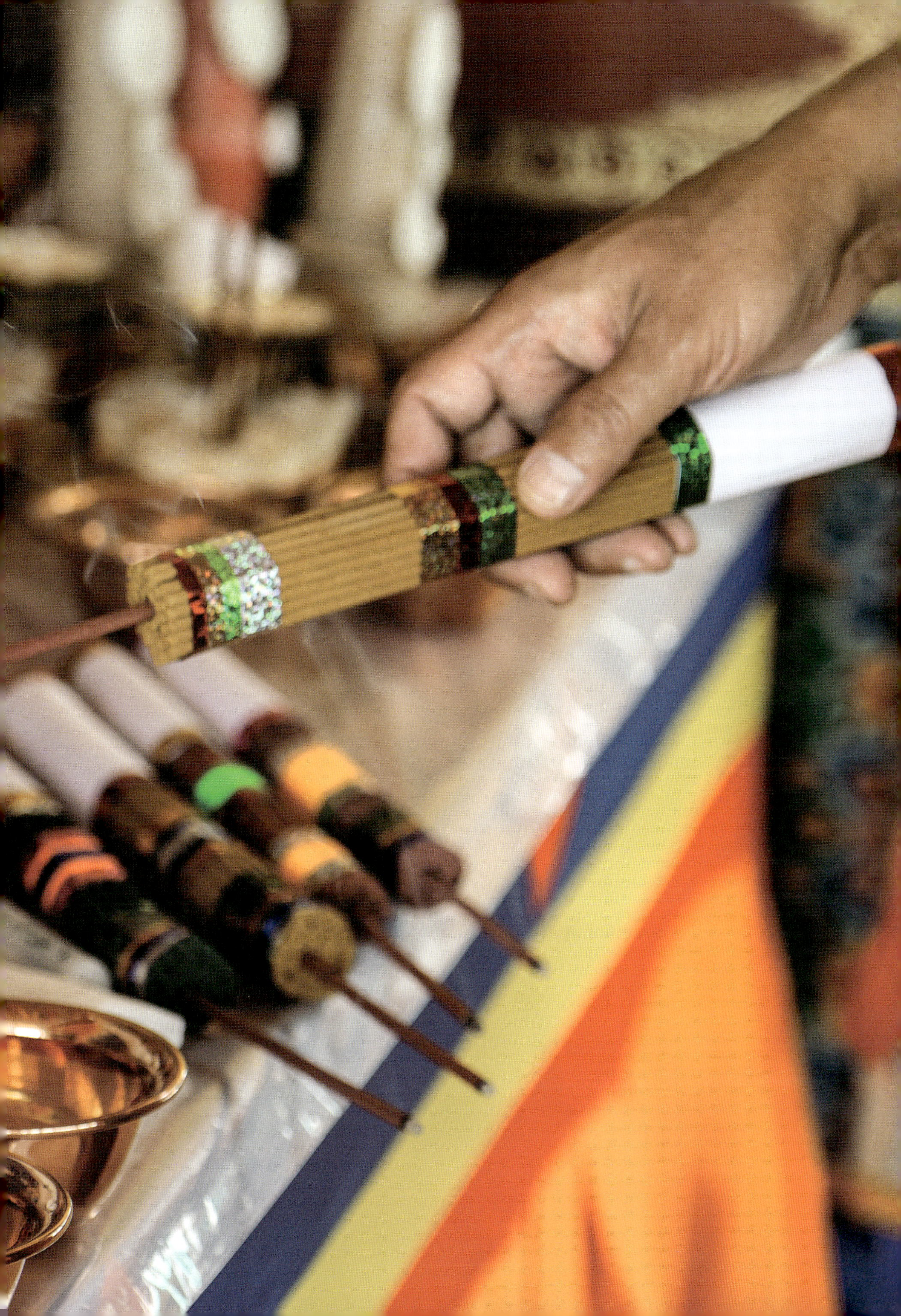

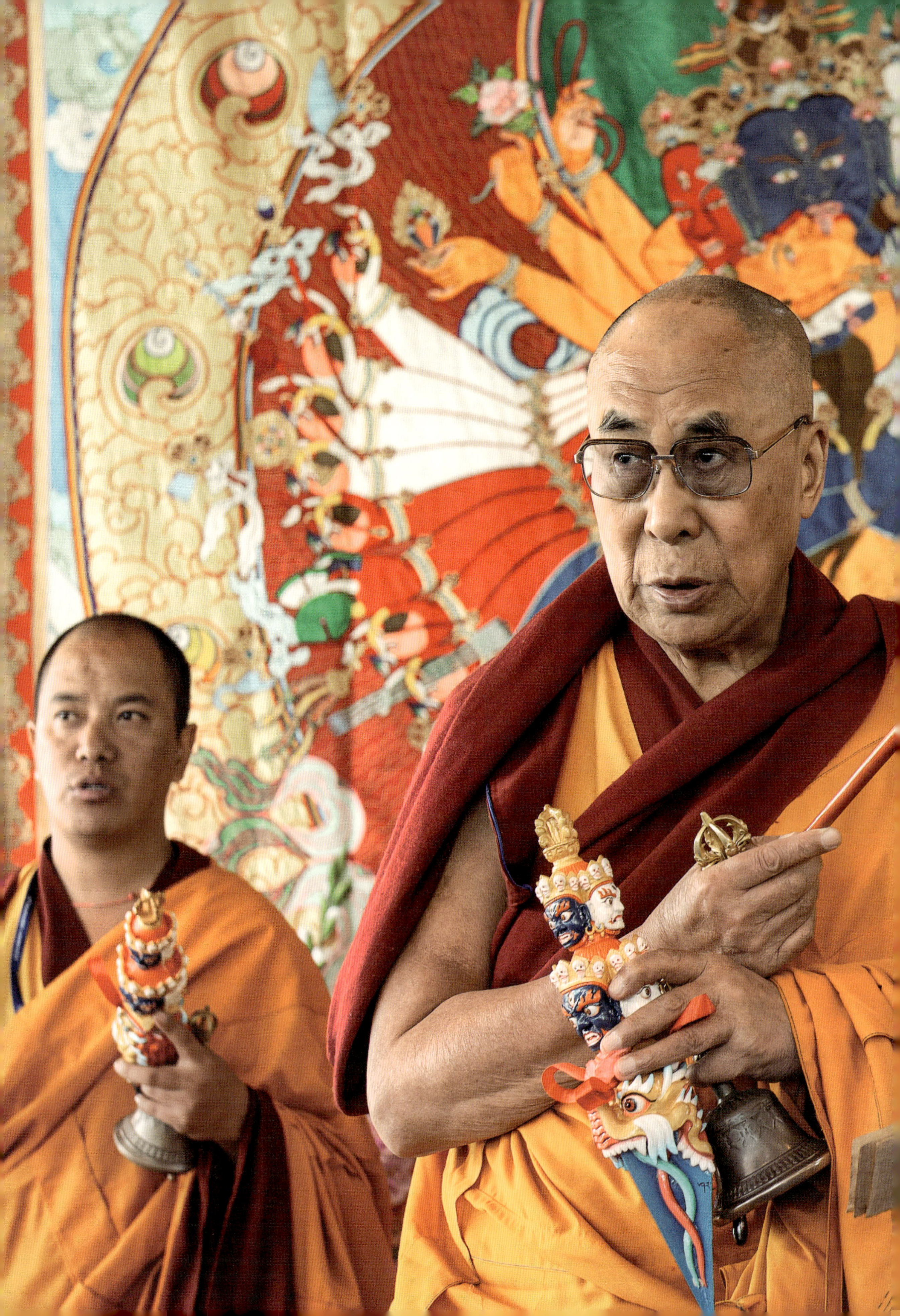

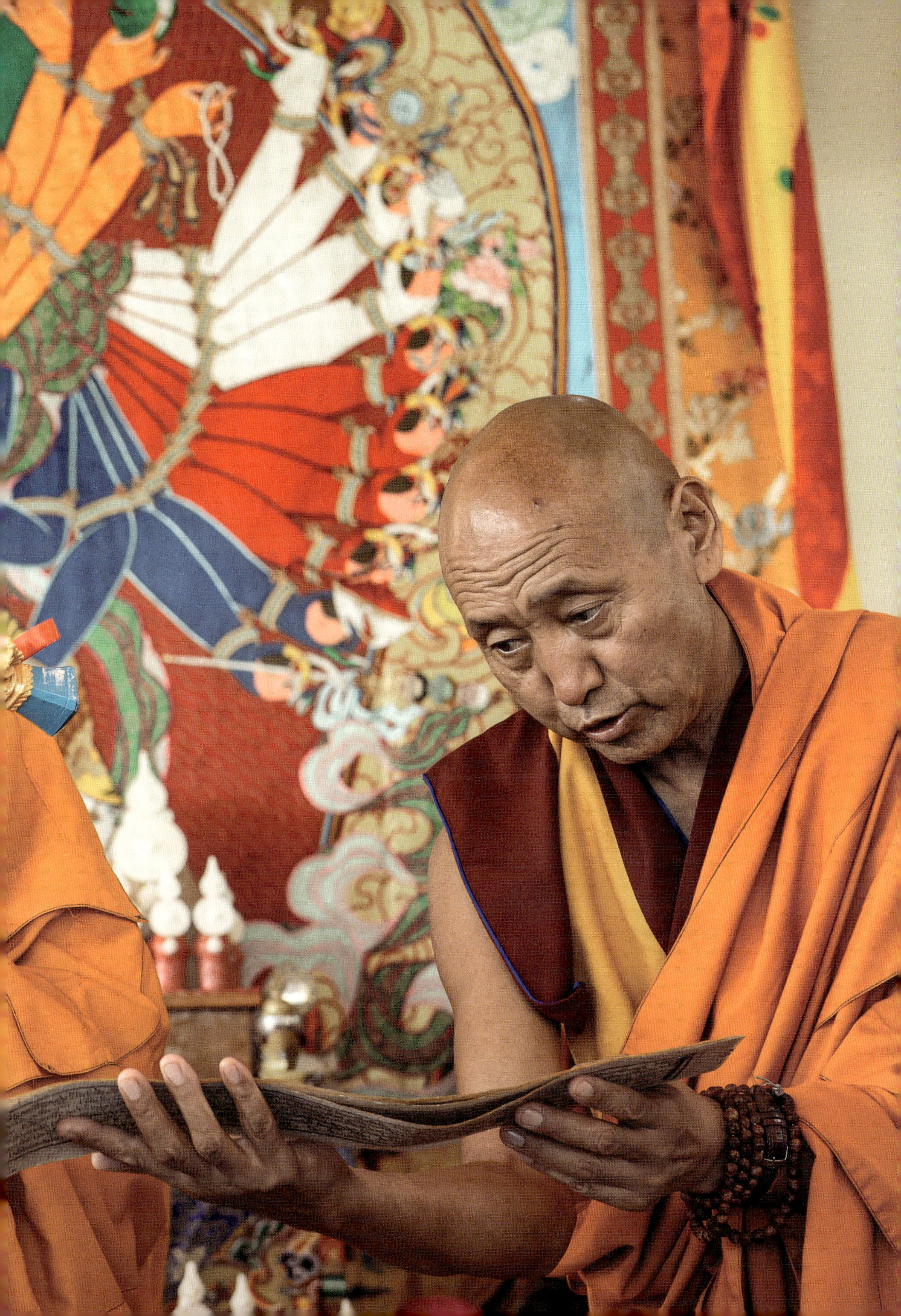

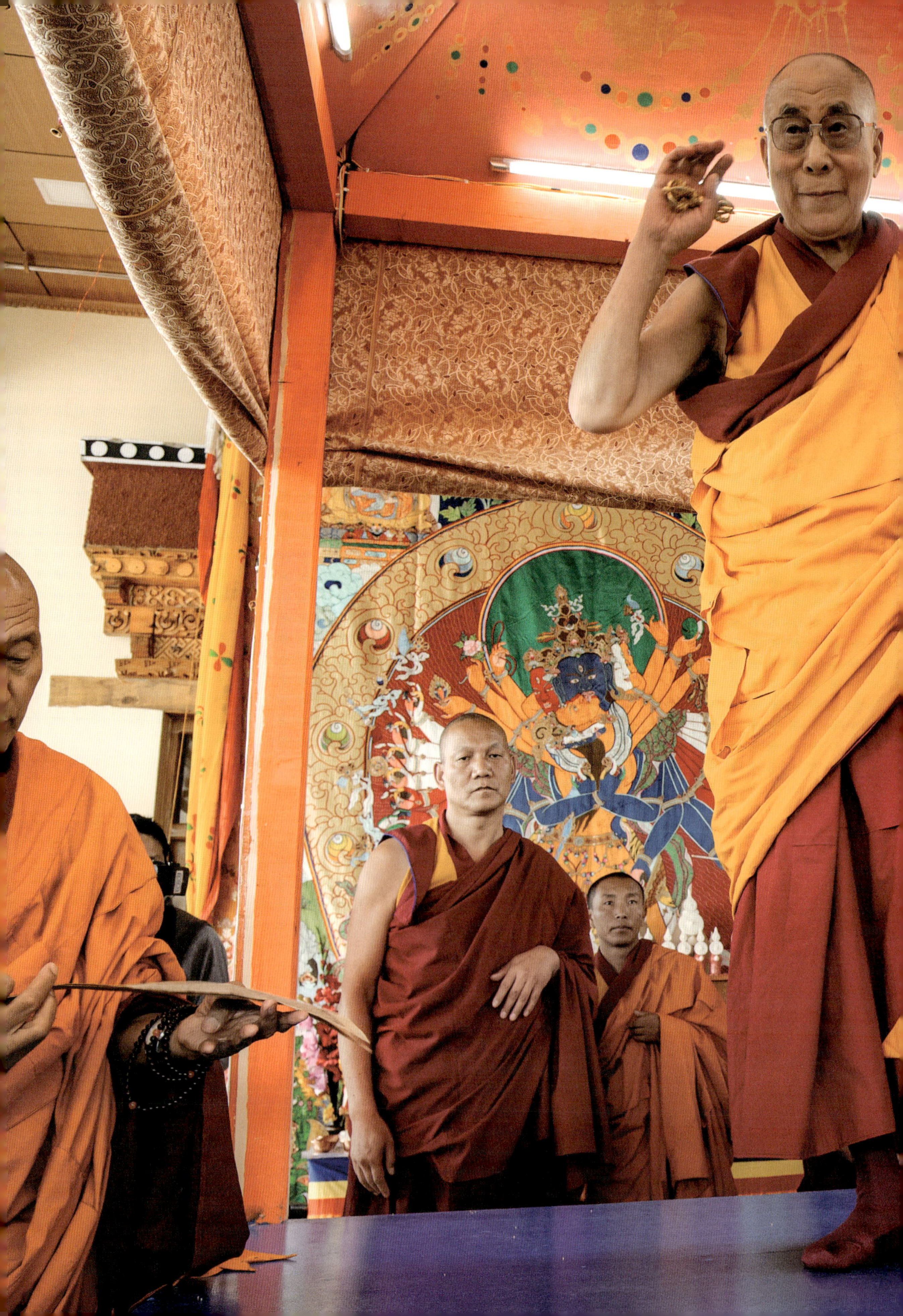

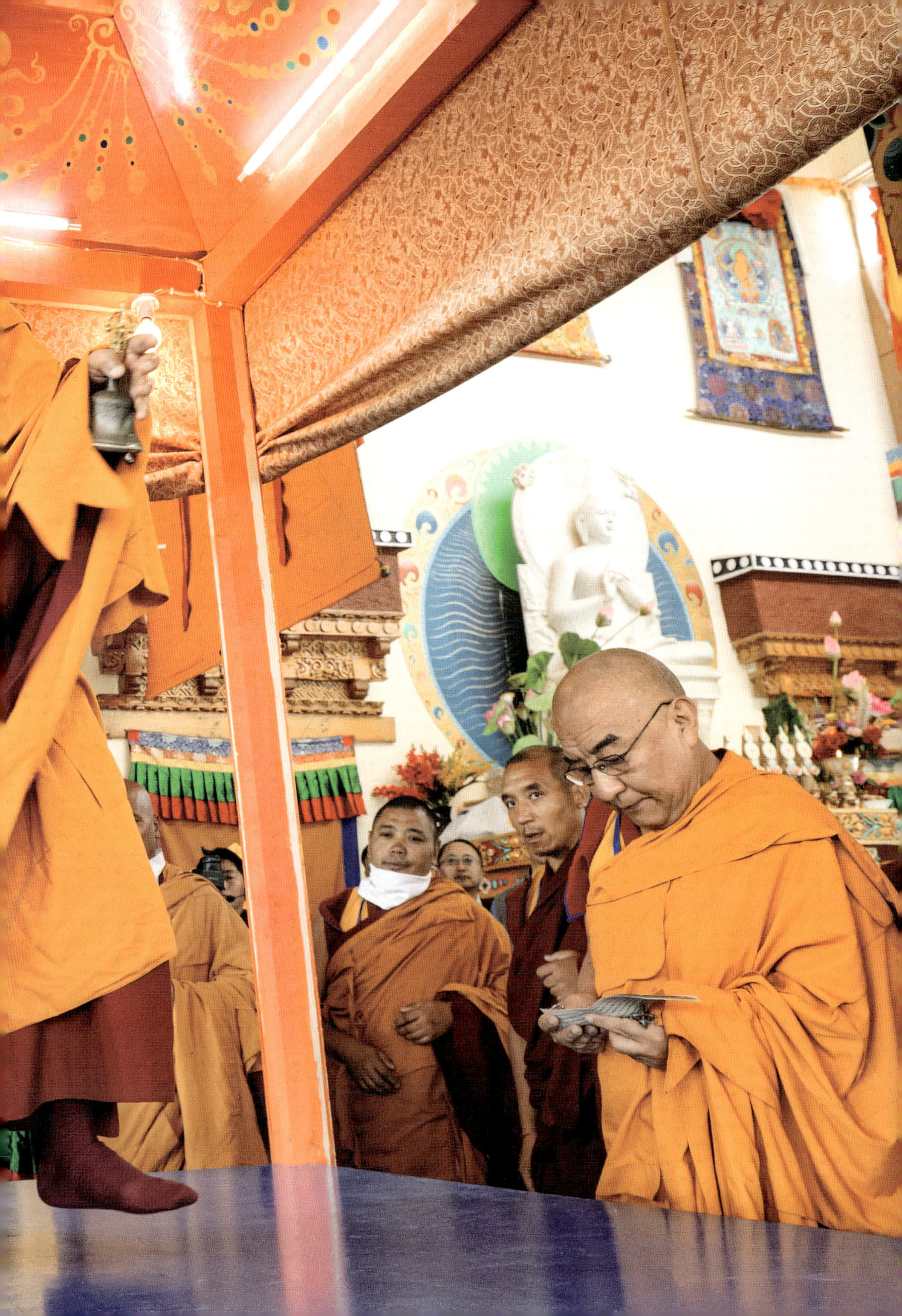

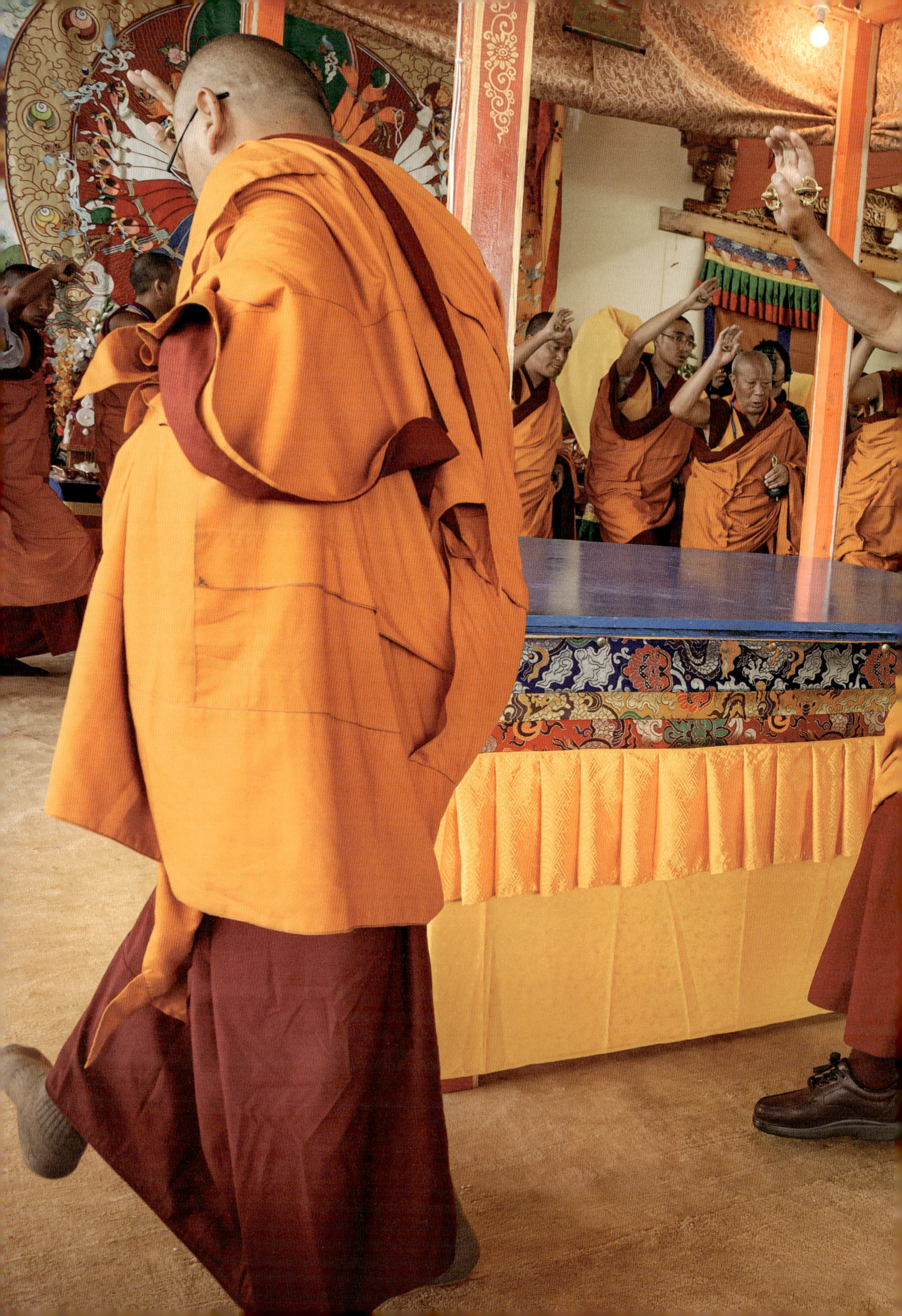

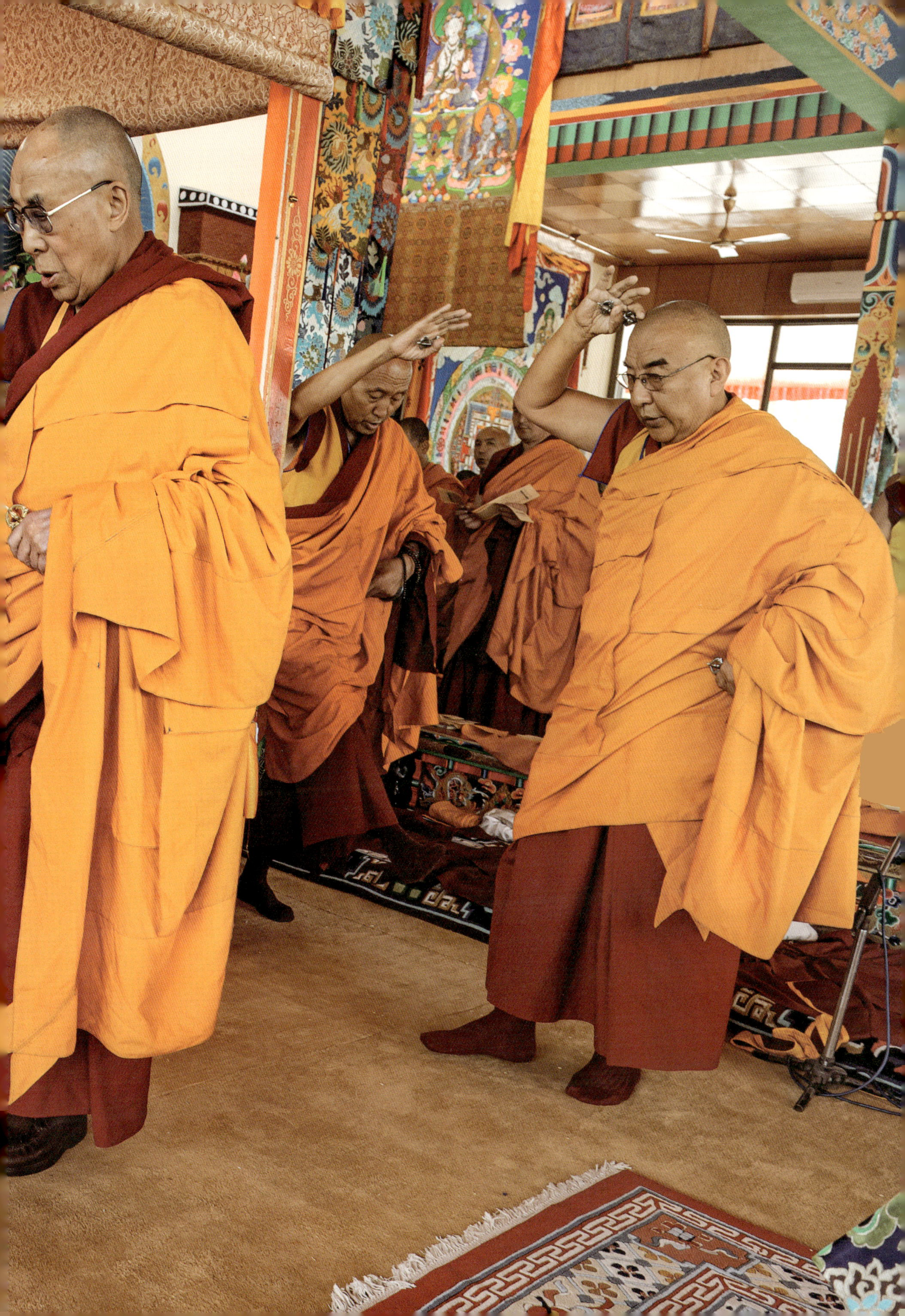

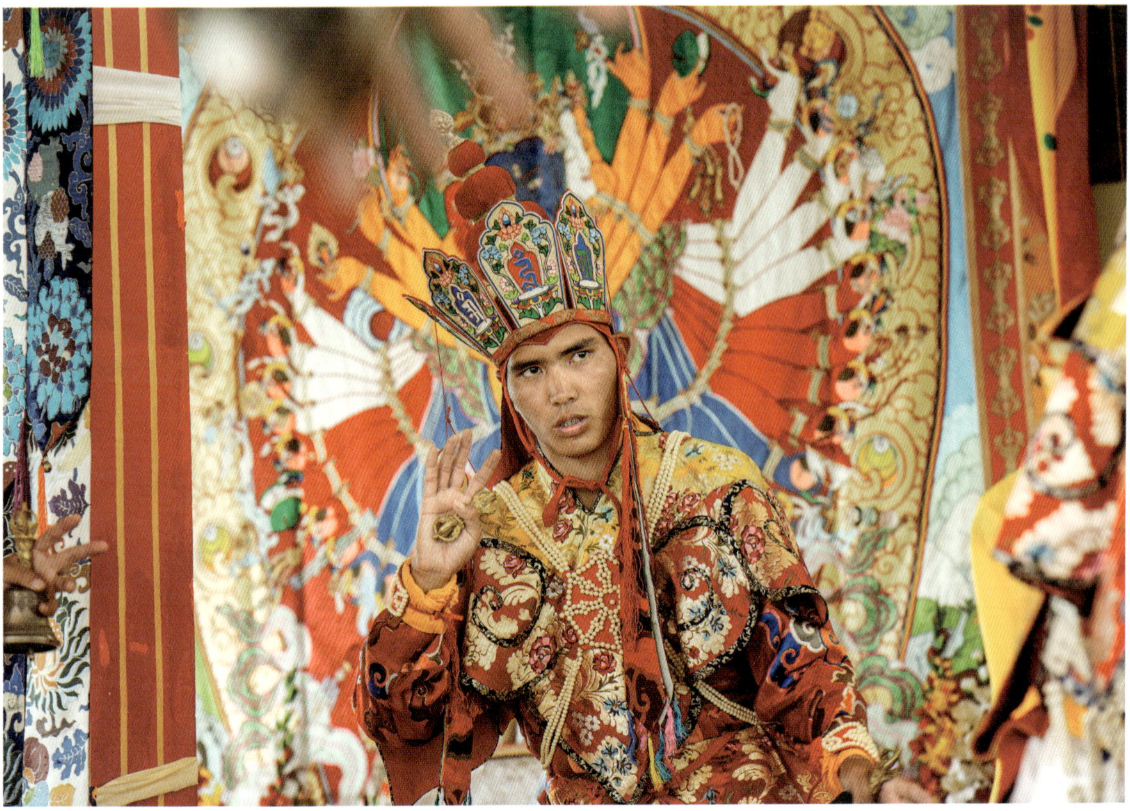

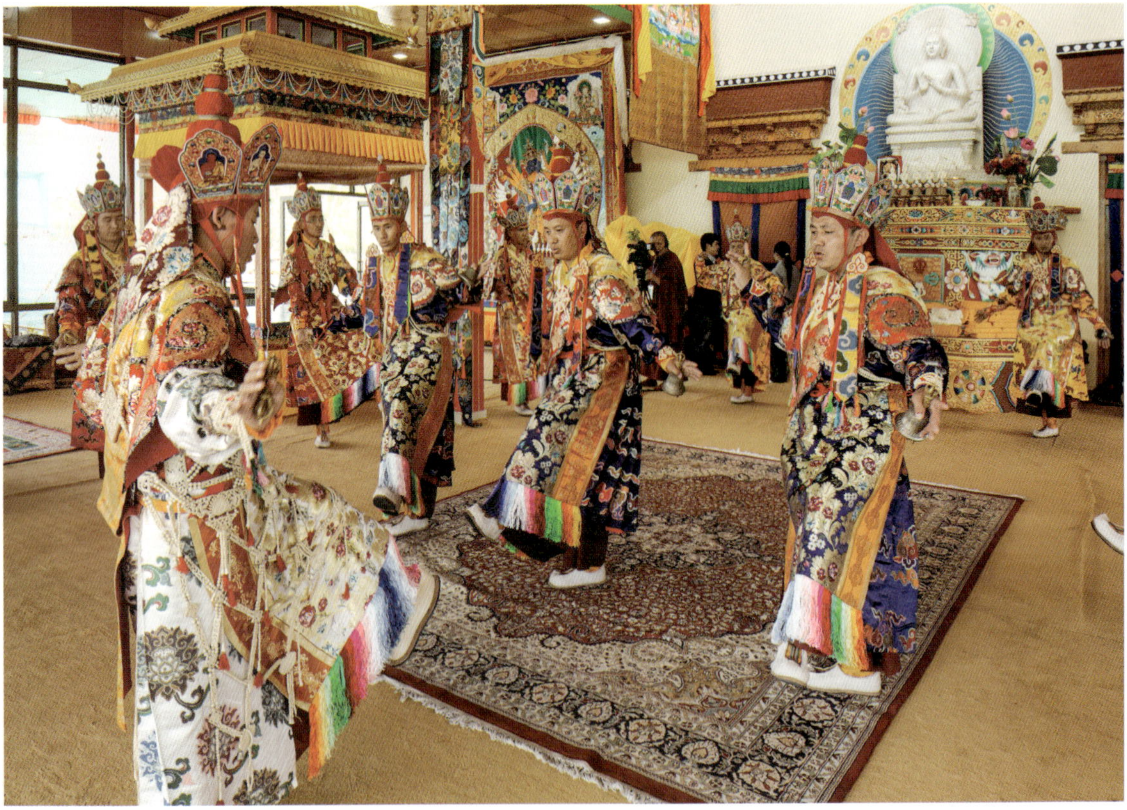

147

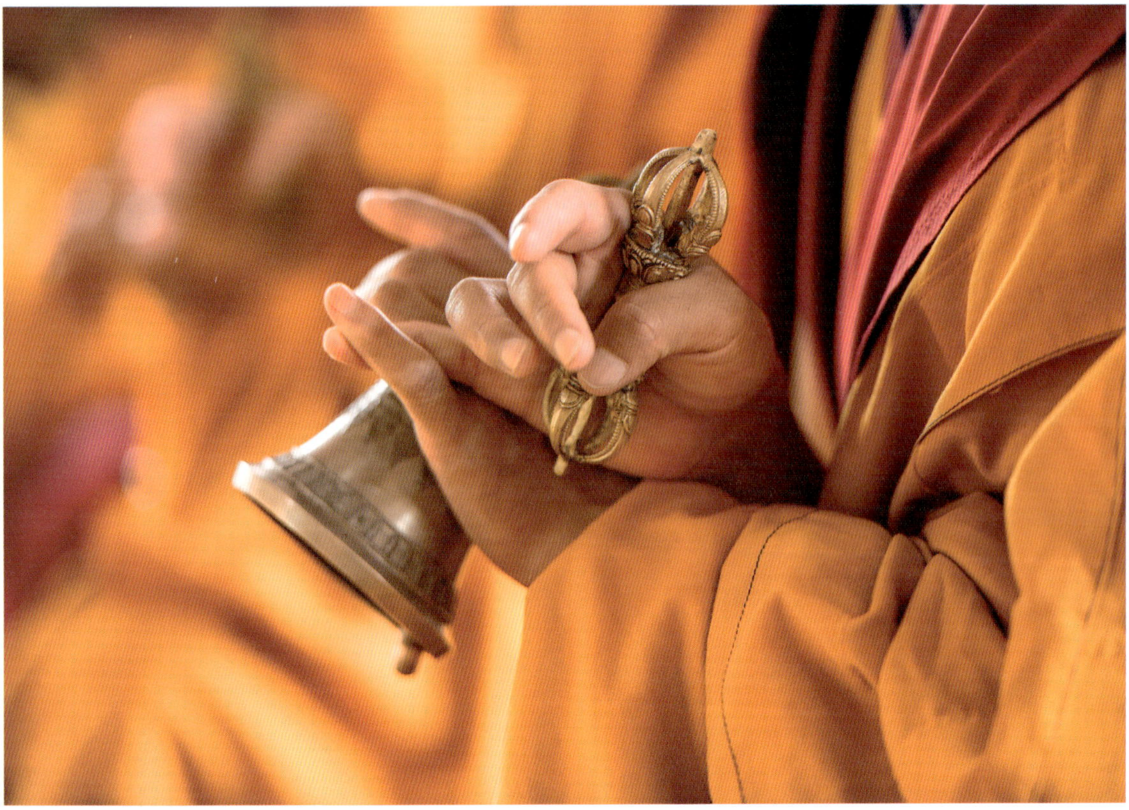

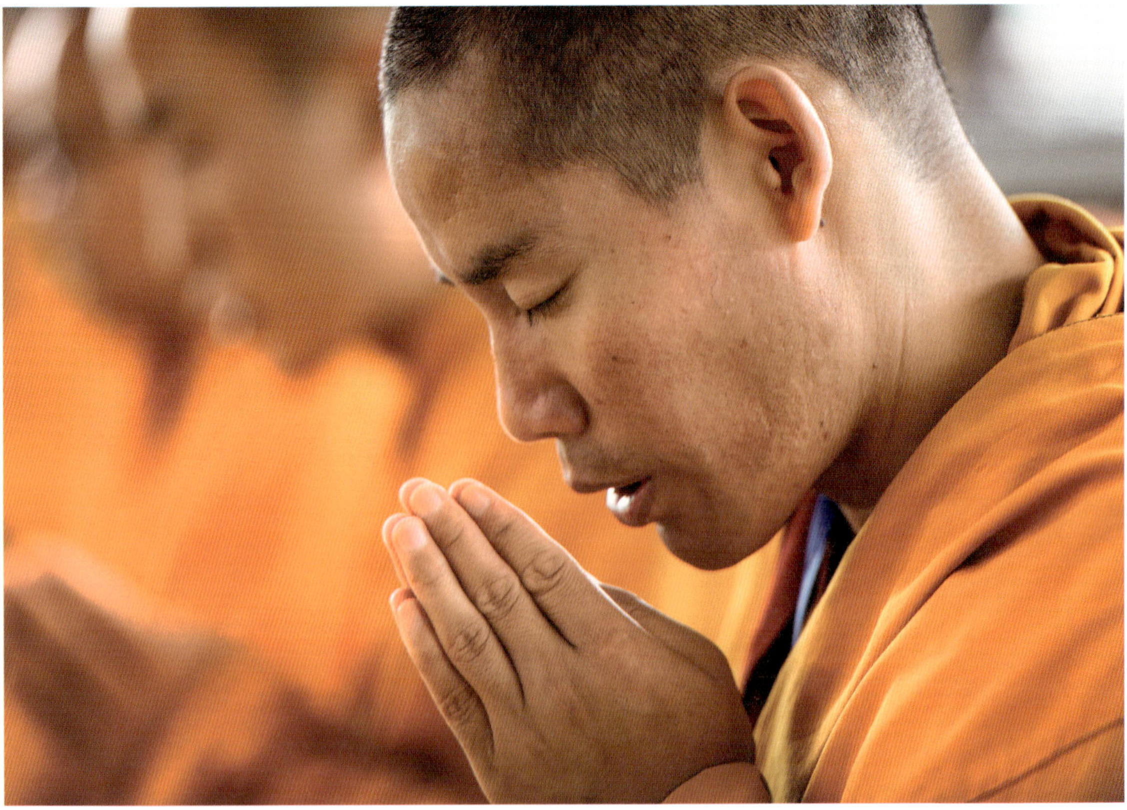

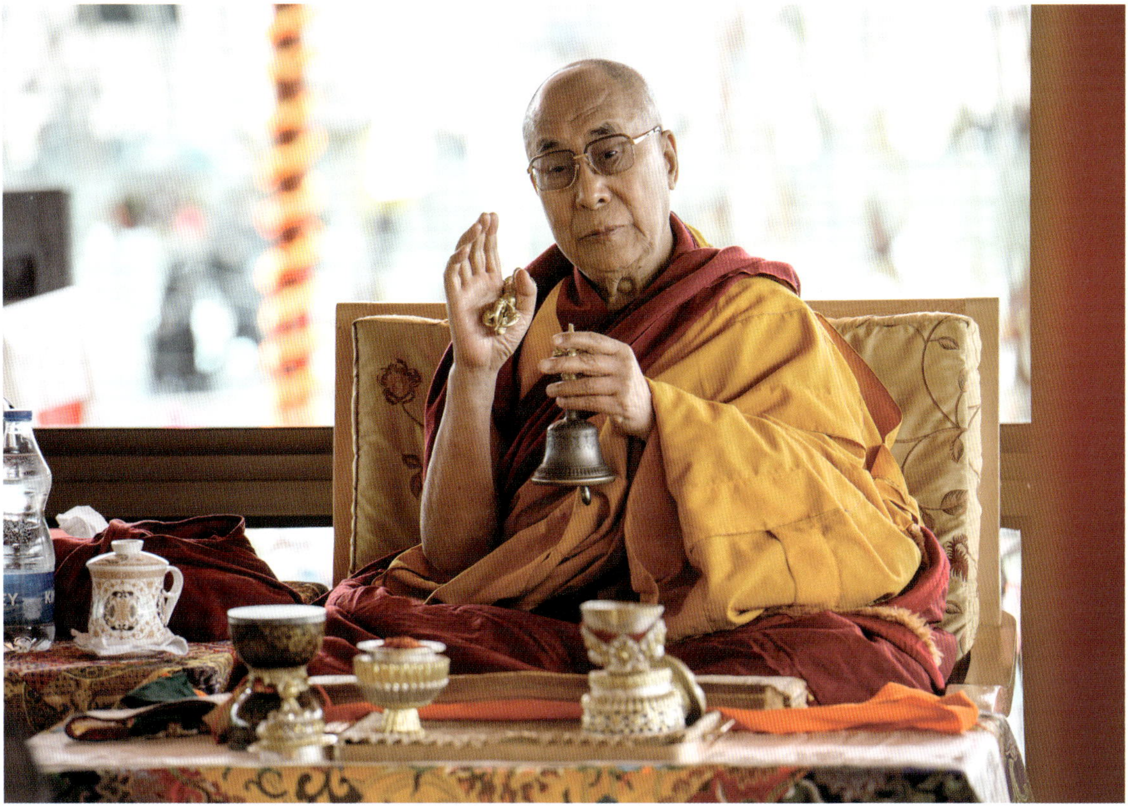

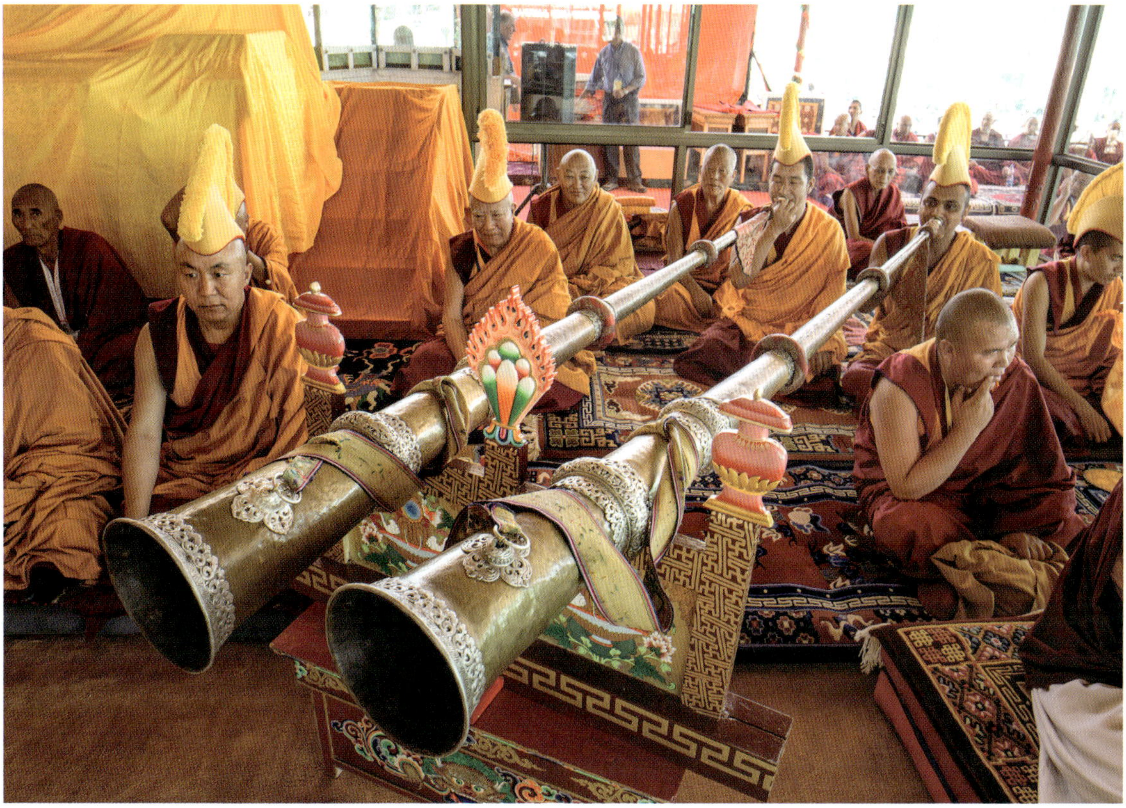

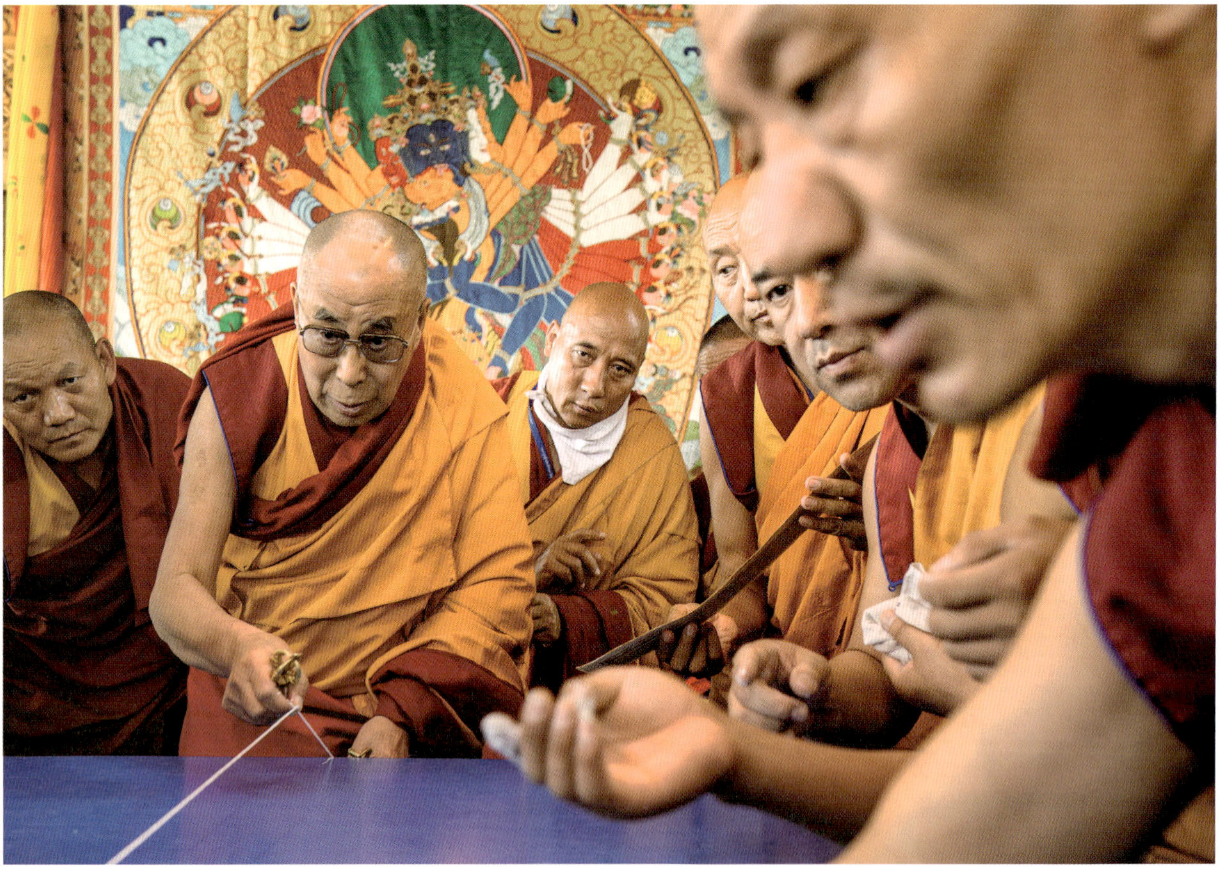

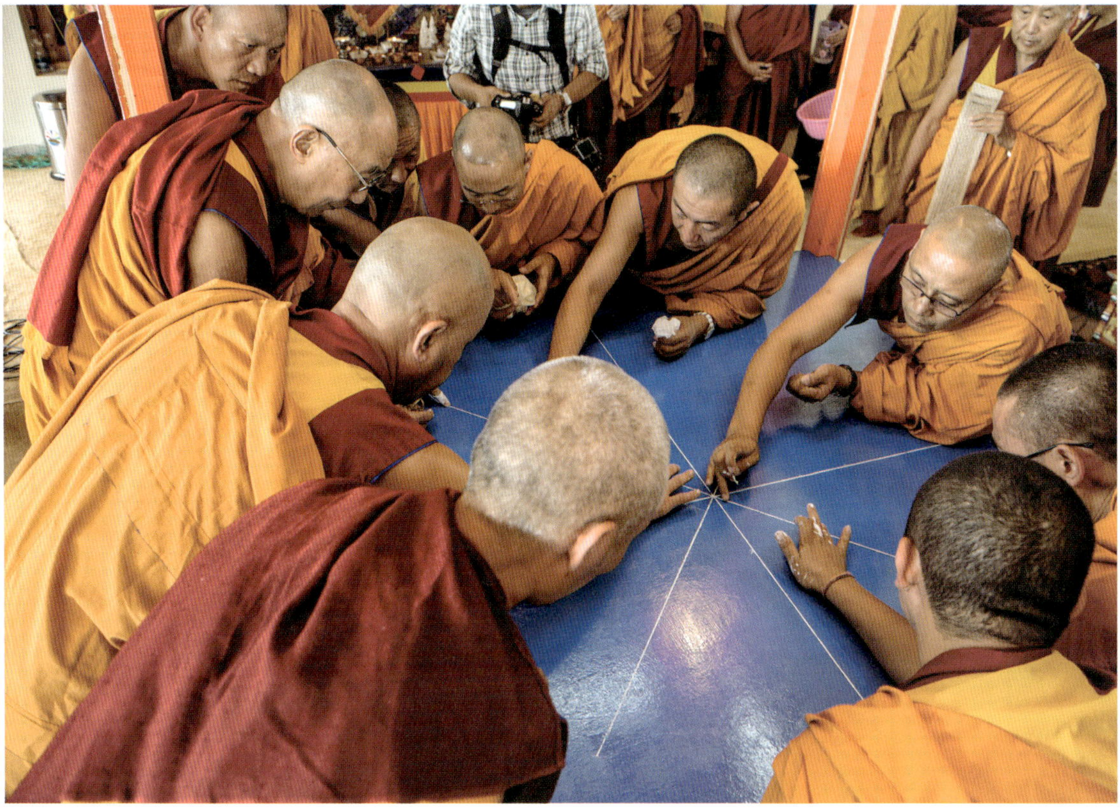

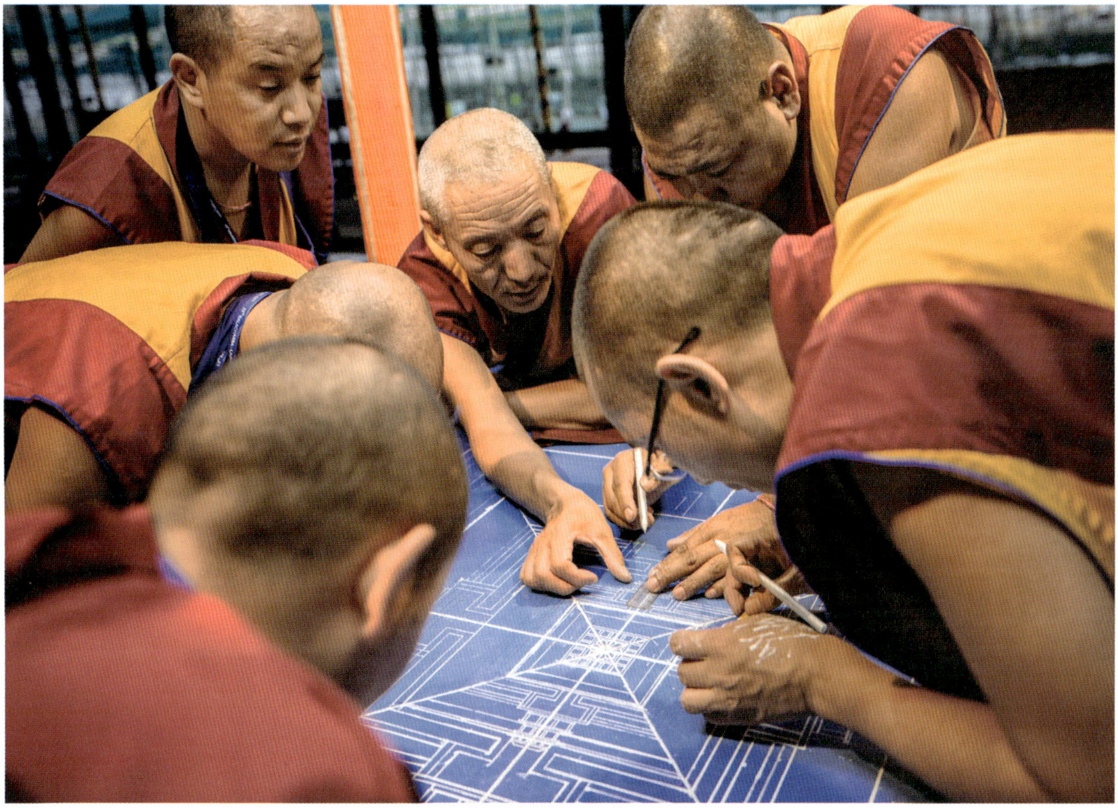

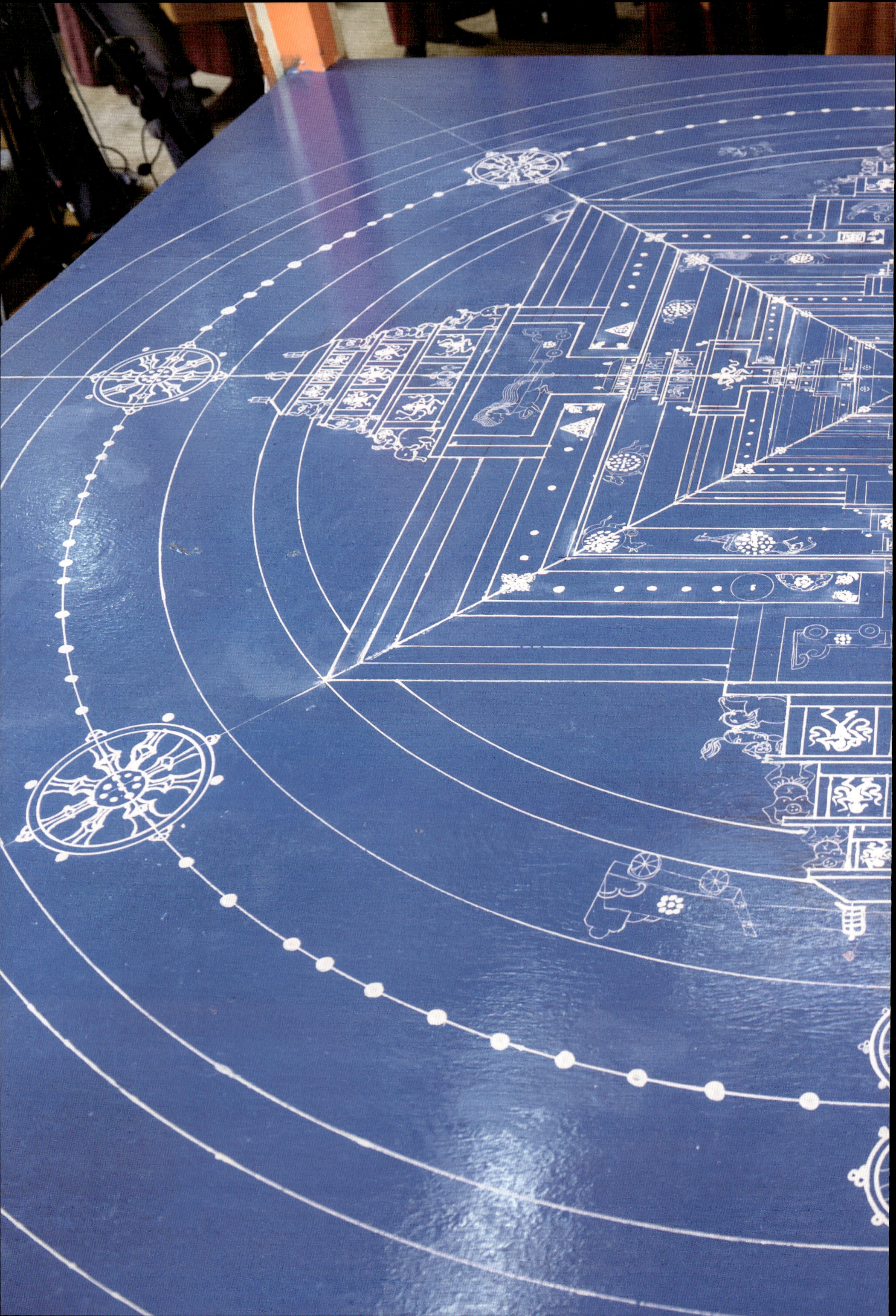

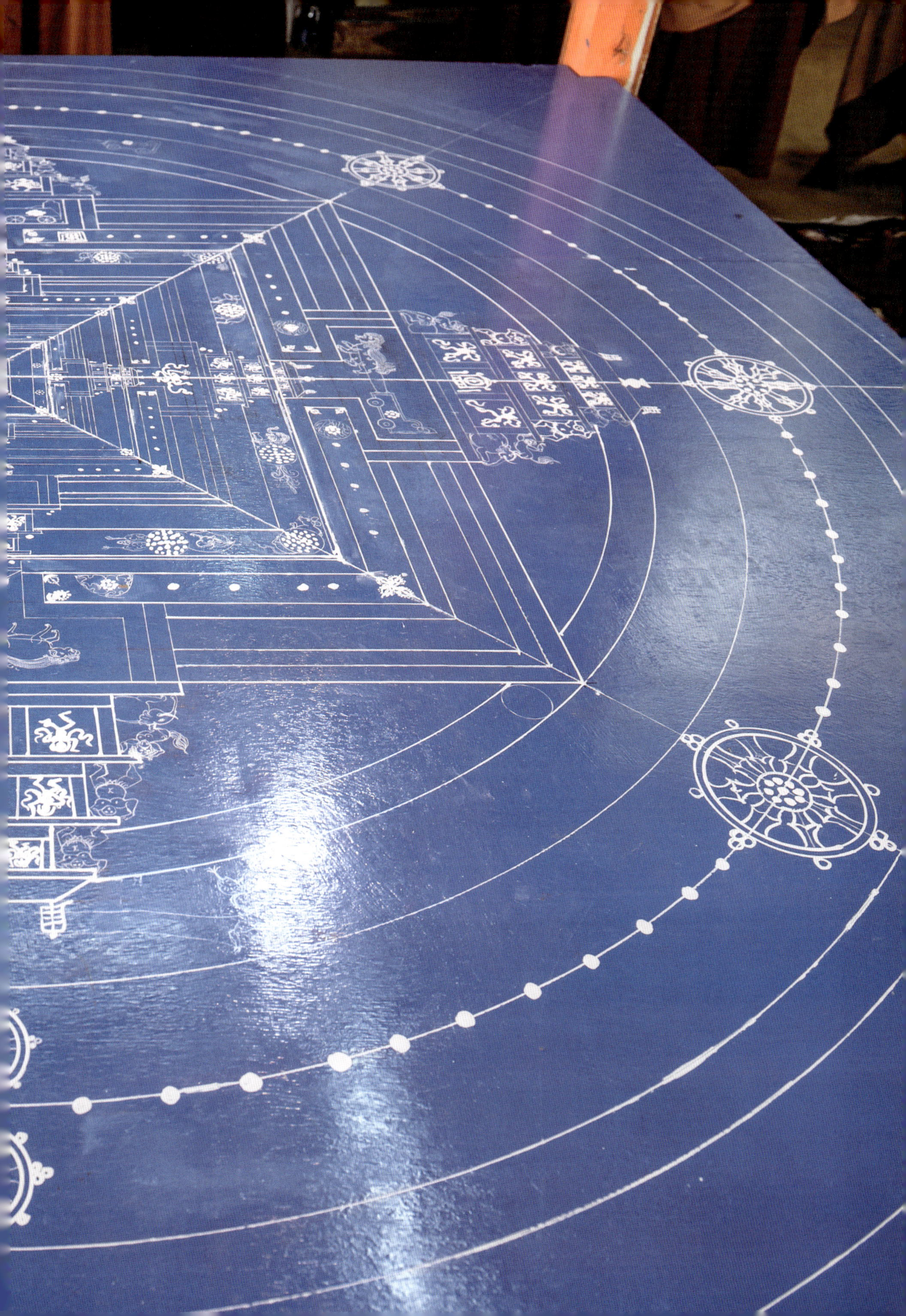

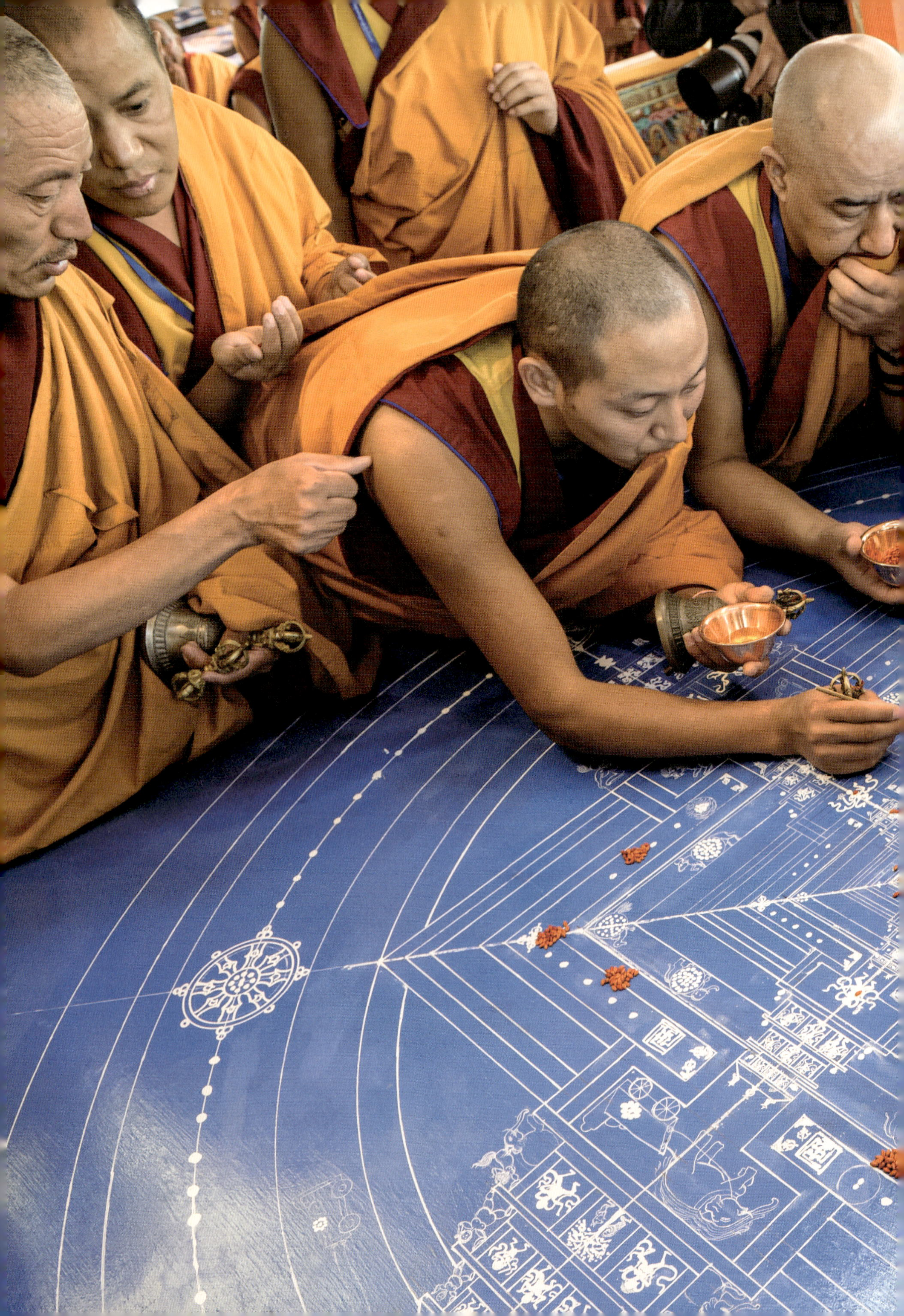

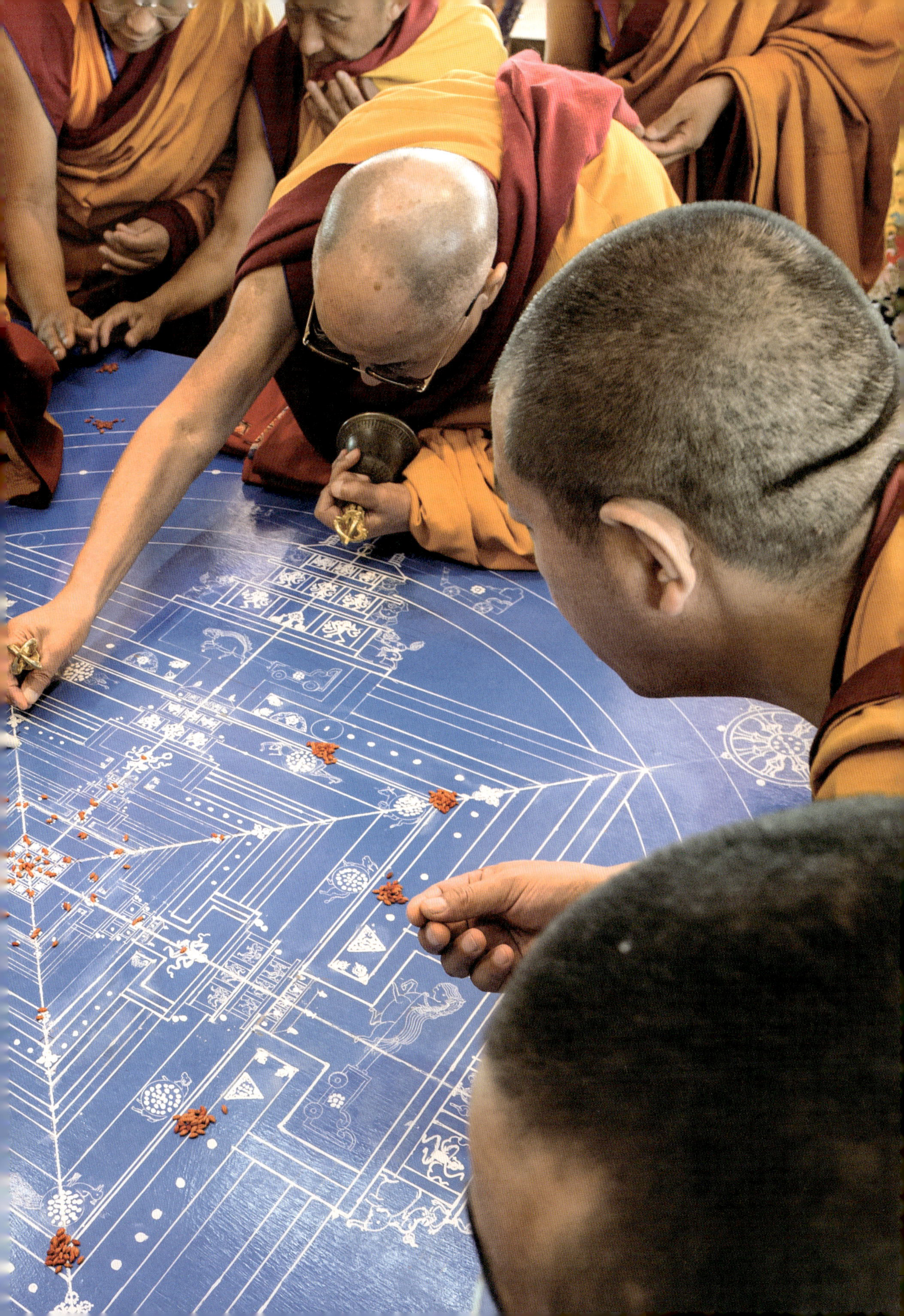

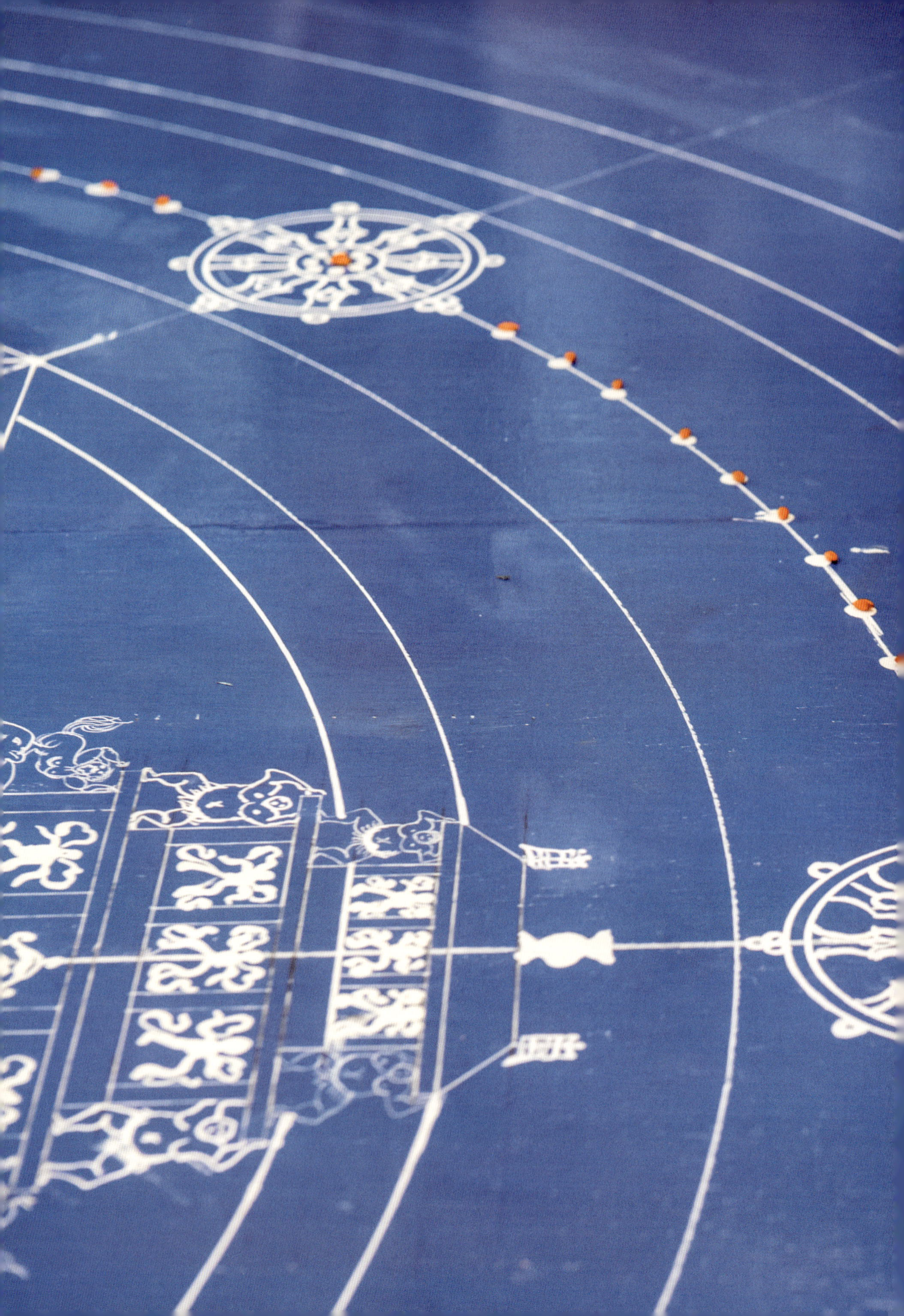

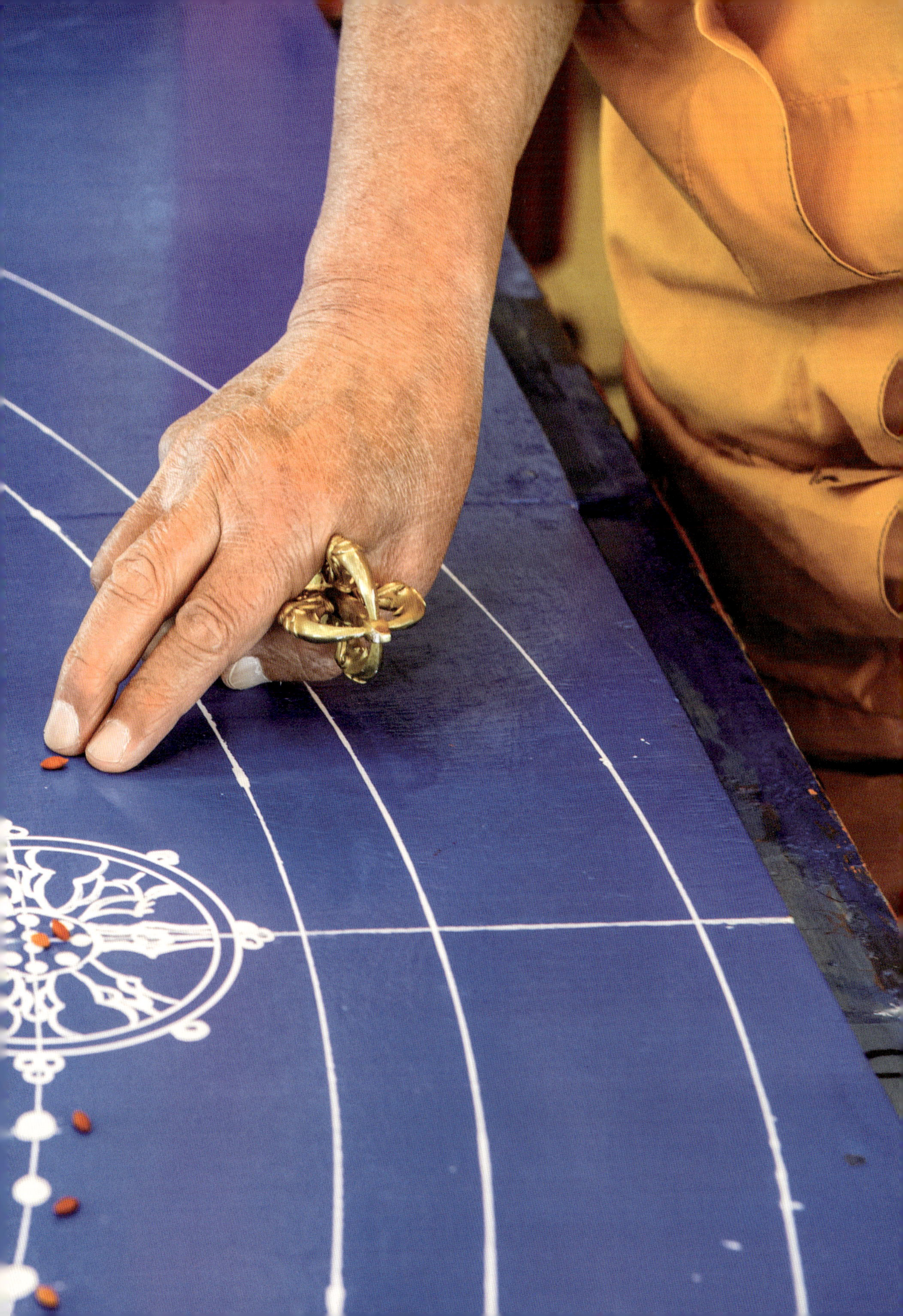

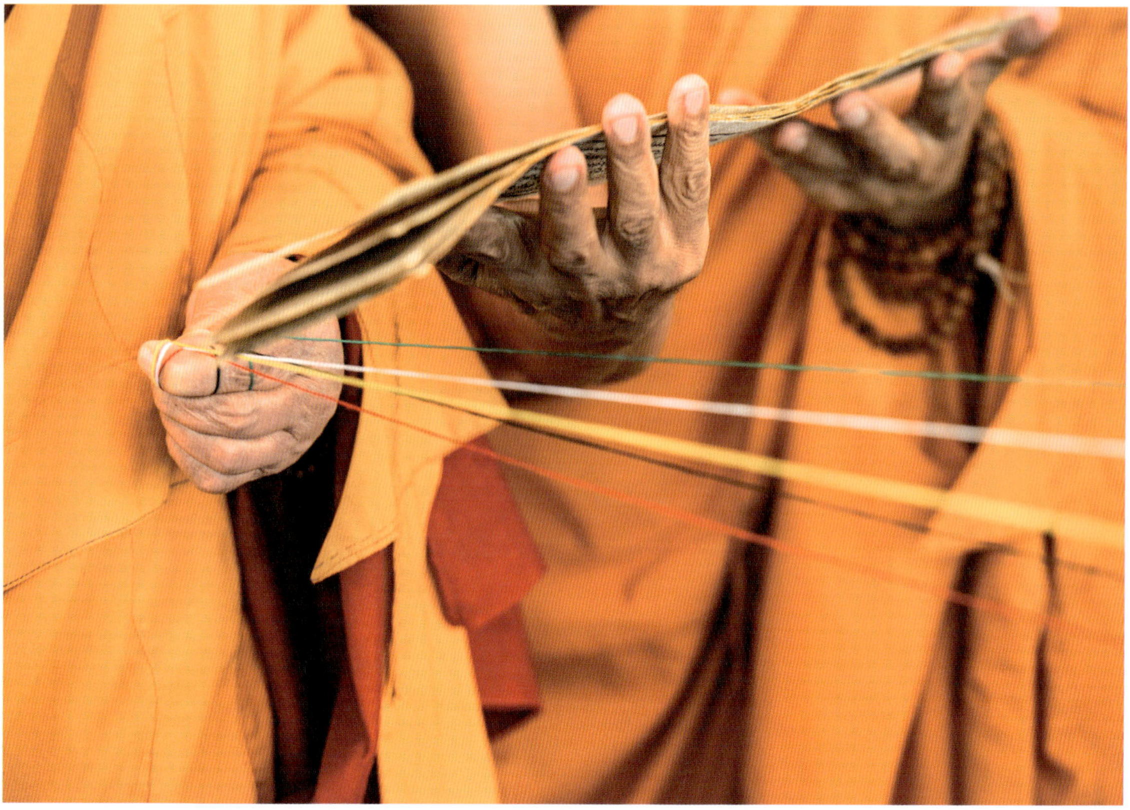

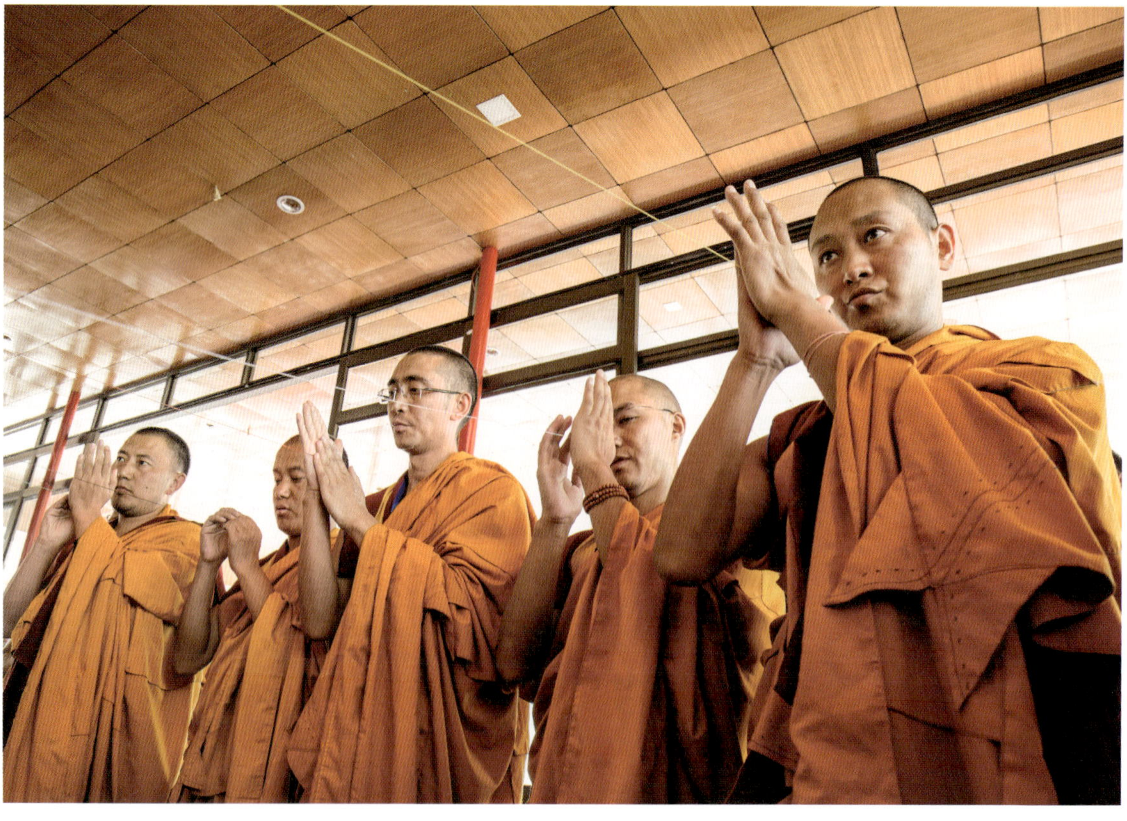

159

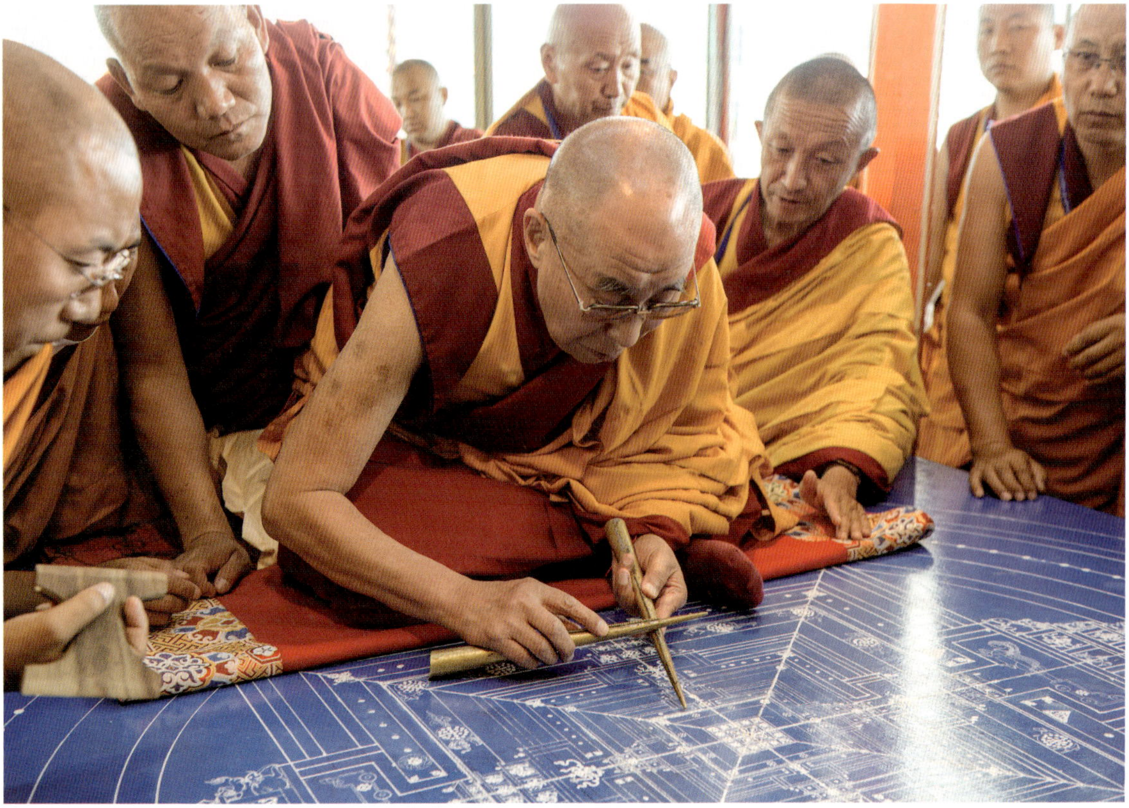

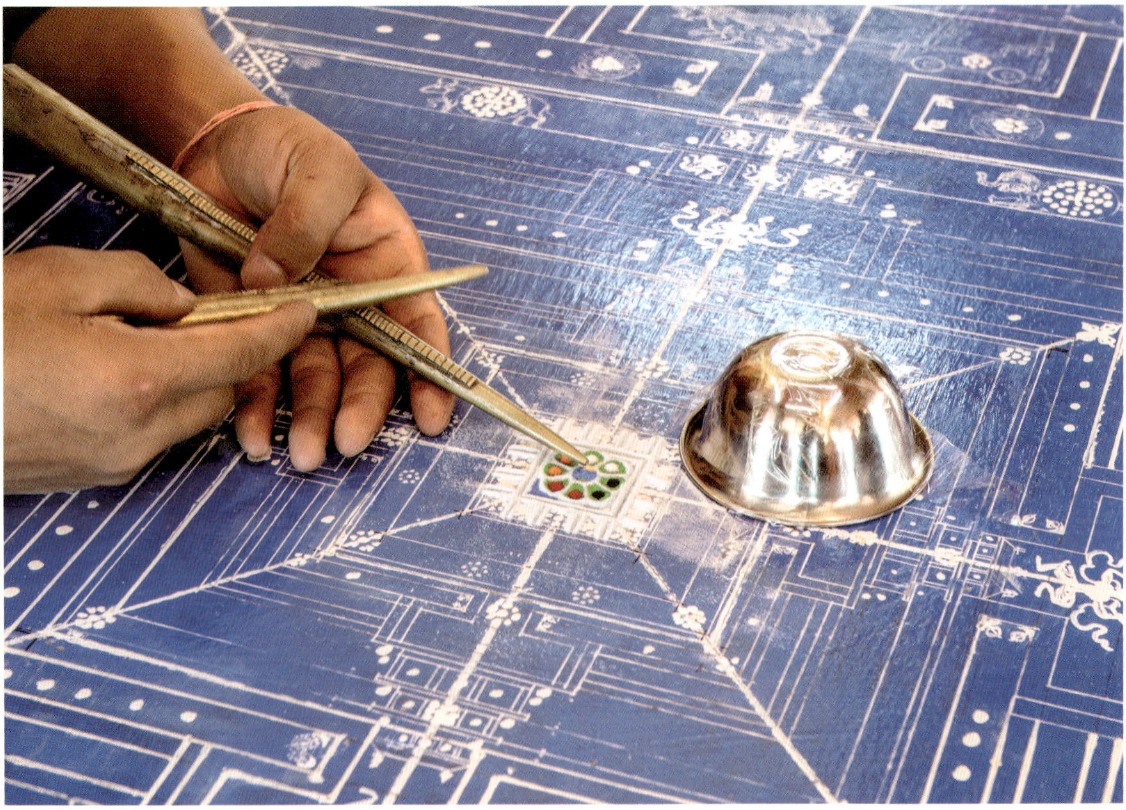

每天醒來時,提醒你自己:今天我很幸運能活著。我擁有珍貴的人身,我不會浪費它。我會致力提升自己,打開心胸,為利益眾生而成就佛道。

達賴喇嘛
Dalai Lama

達賴喇嘛
Dalai Lama

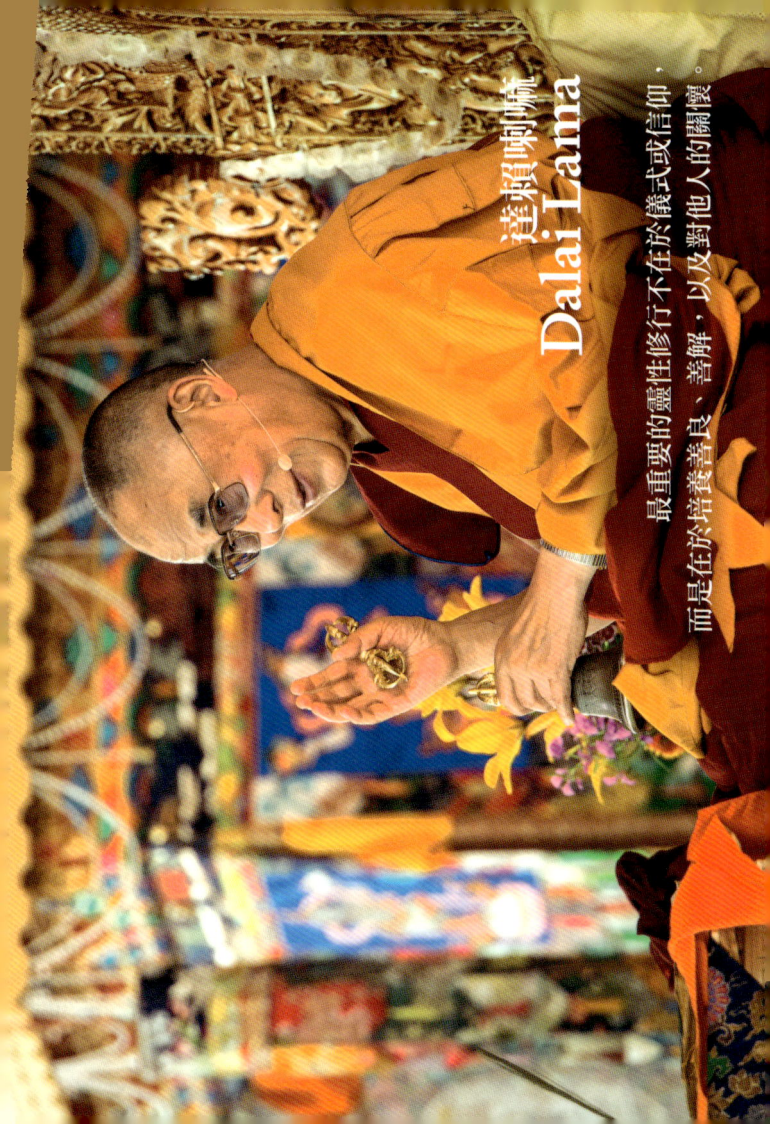

最重要的靈性修行不在於儀式或信仰，
而是在於培養善良、善解，以及對他人的關懷。

達賴喇嘛
Dalai Lama

一年中只有兩天,你什麼都做不了,一個是昨天,另一個是明天。

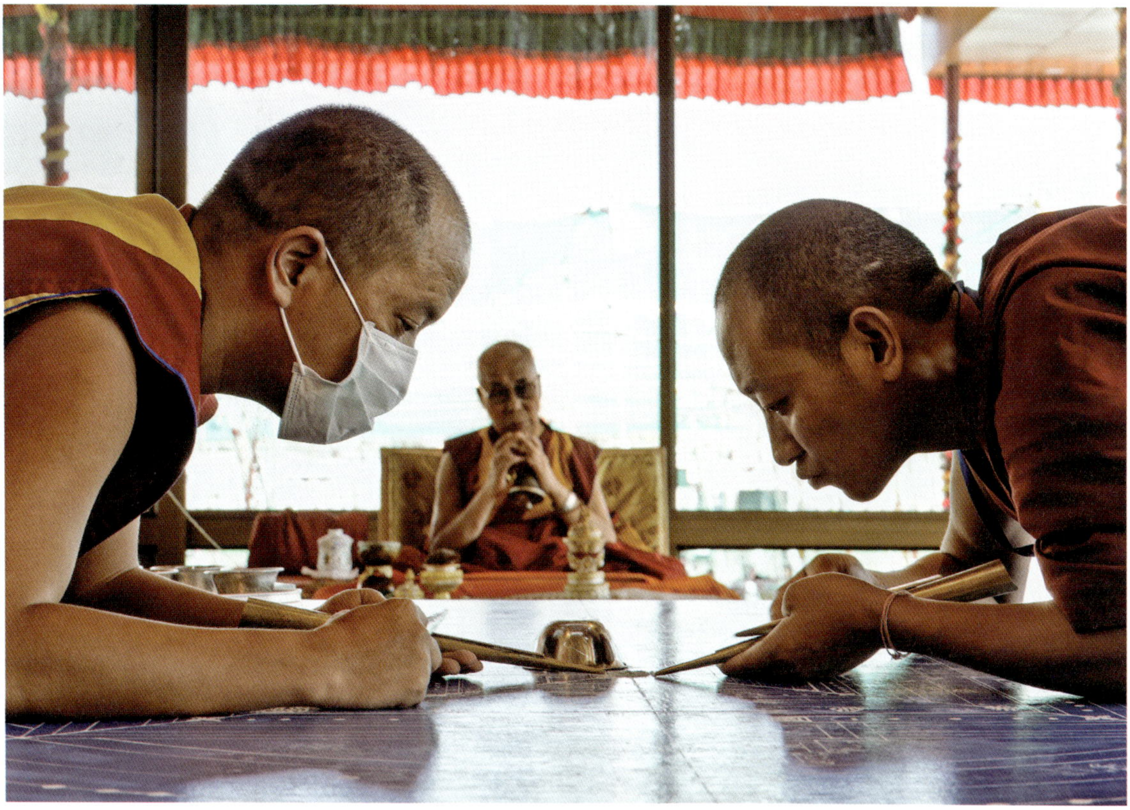

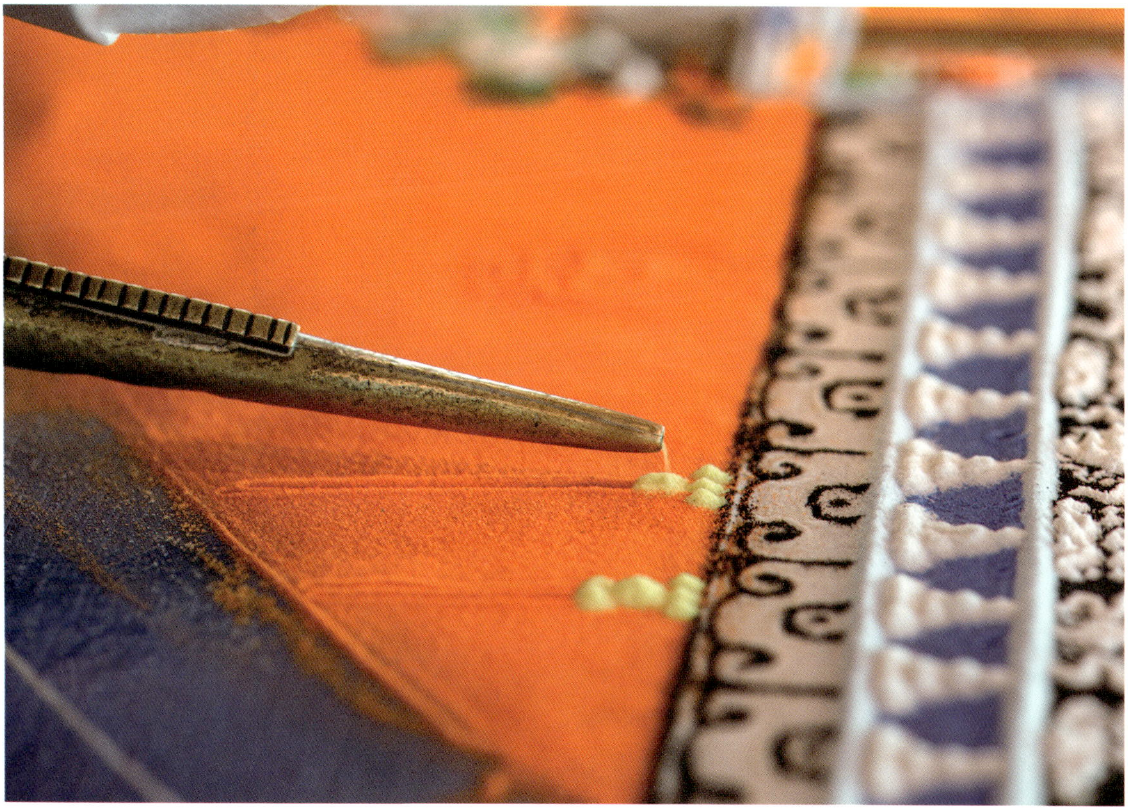

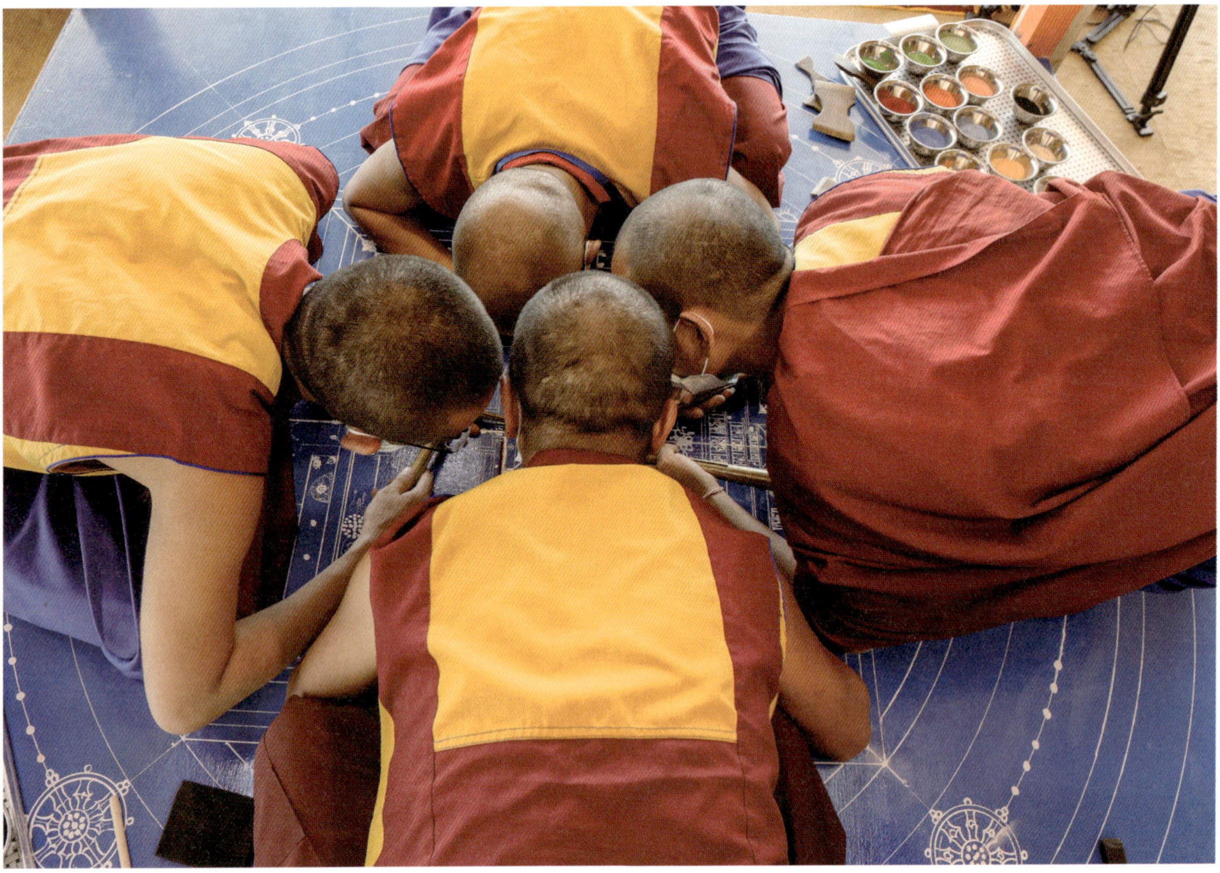

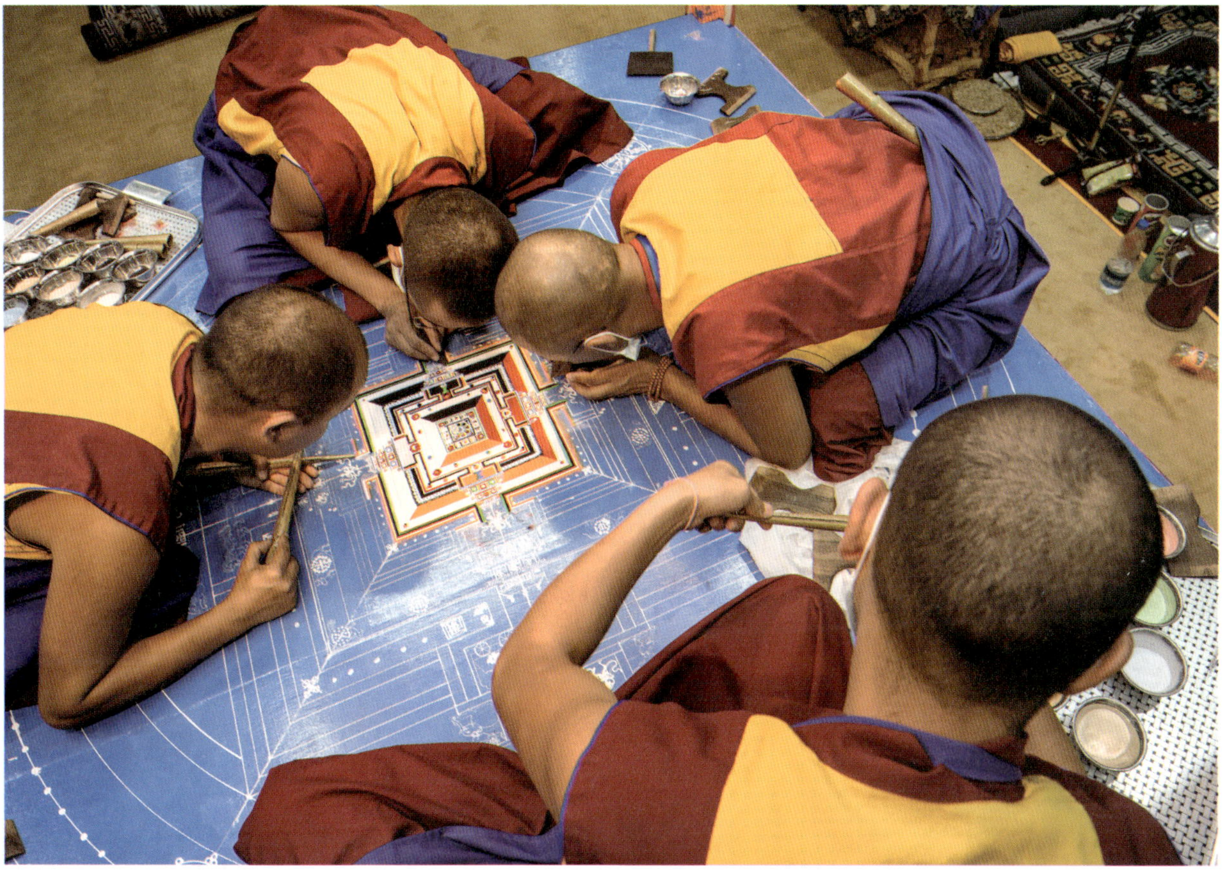

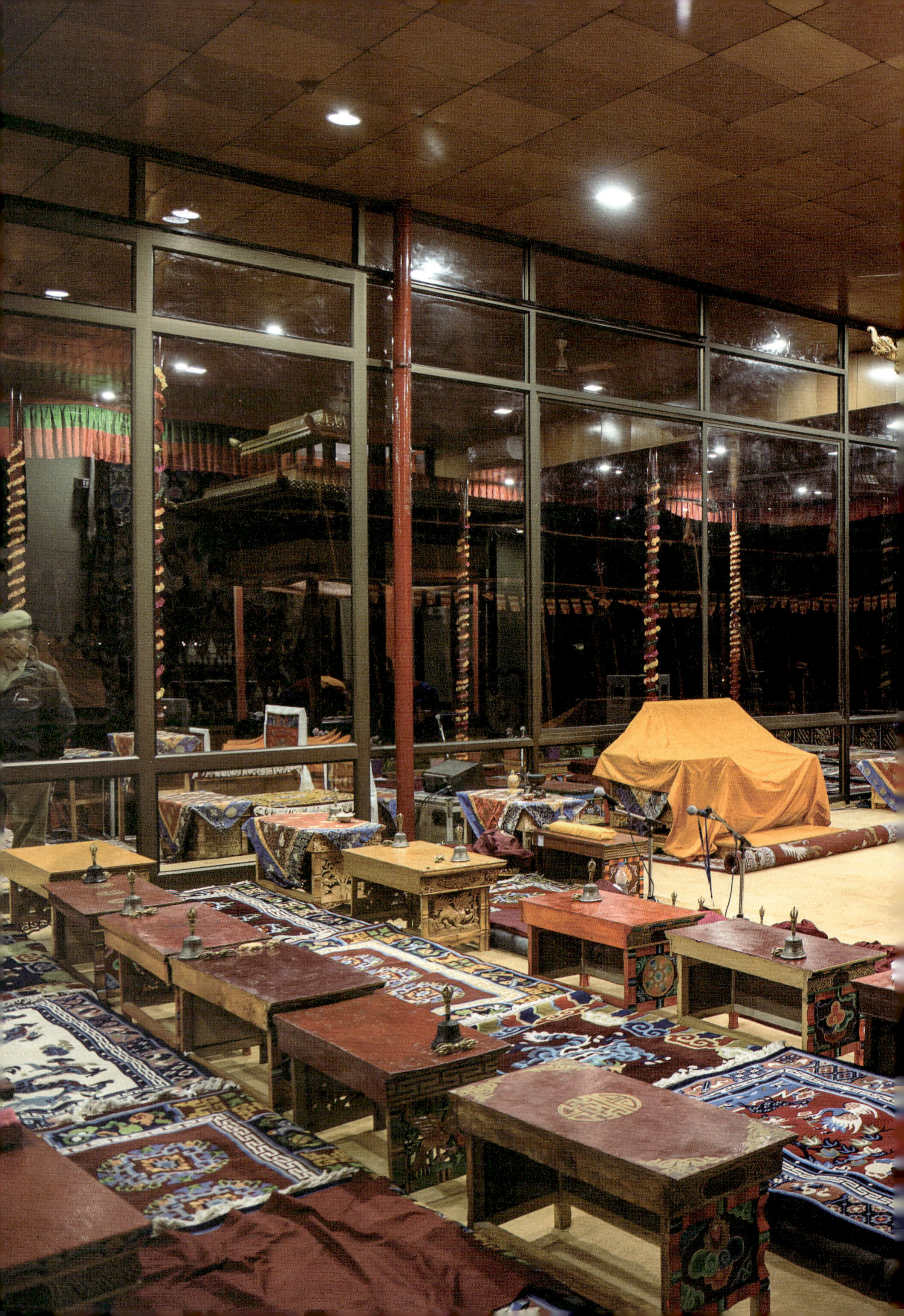

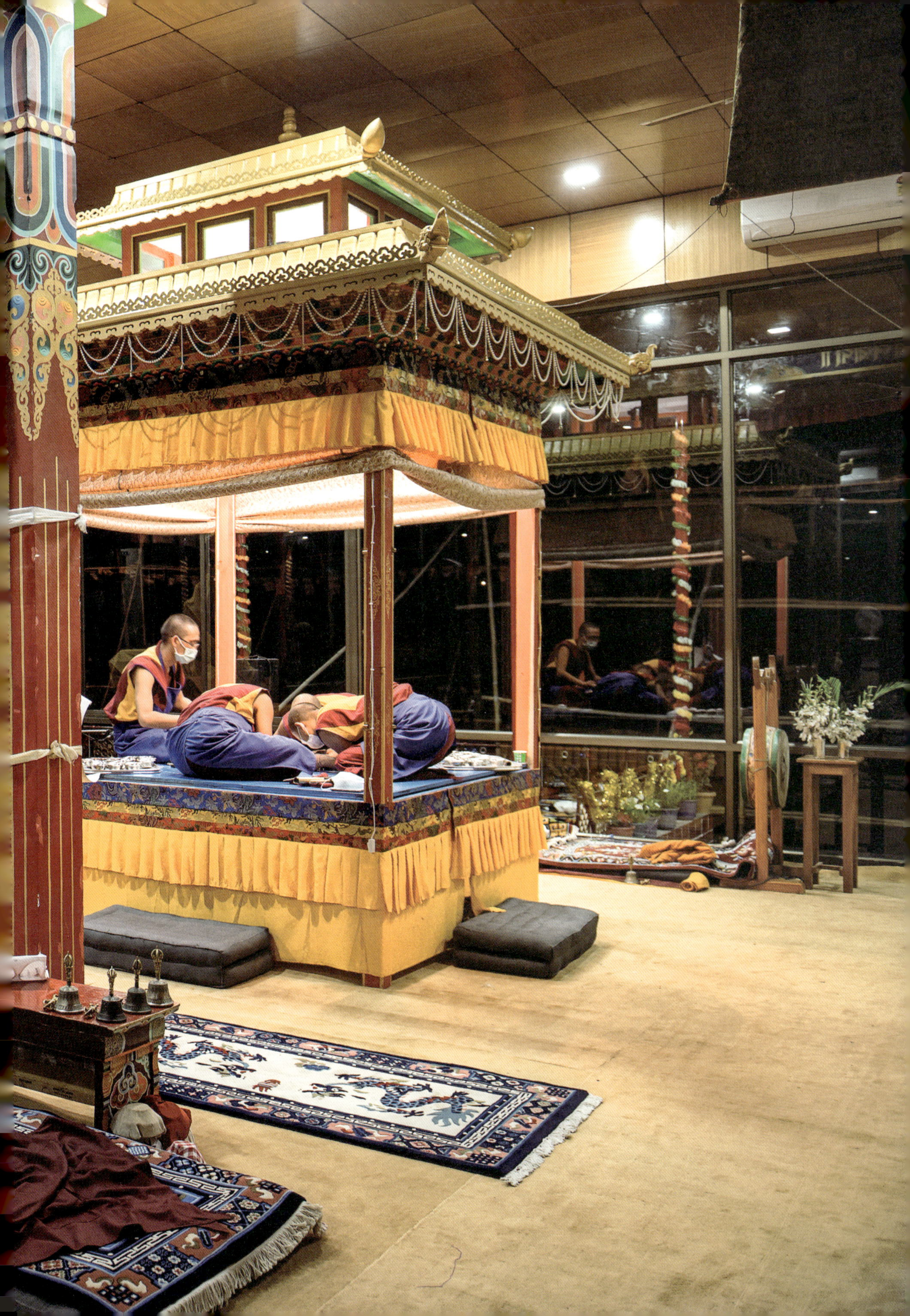

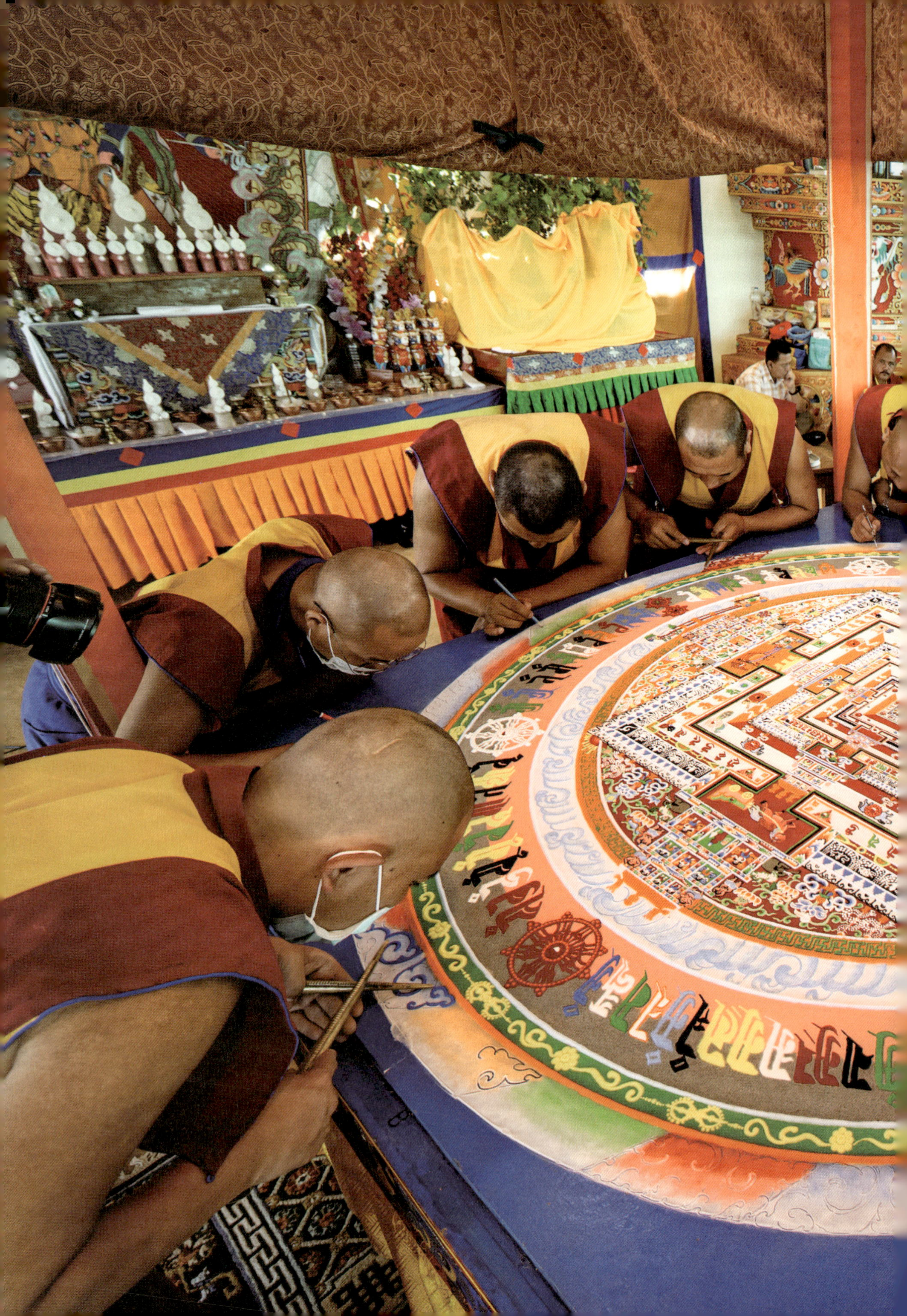

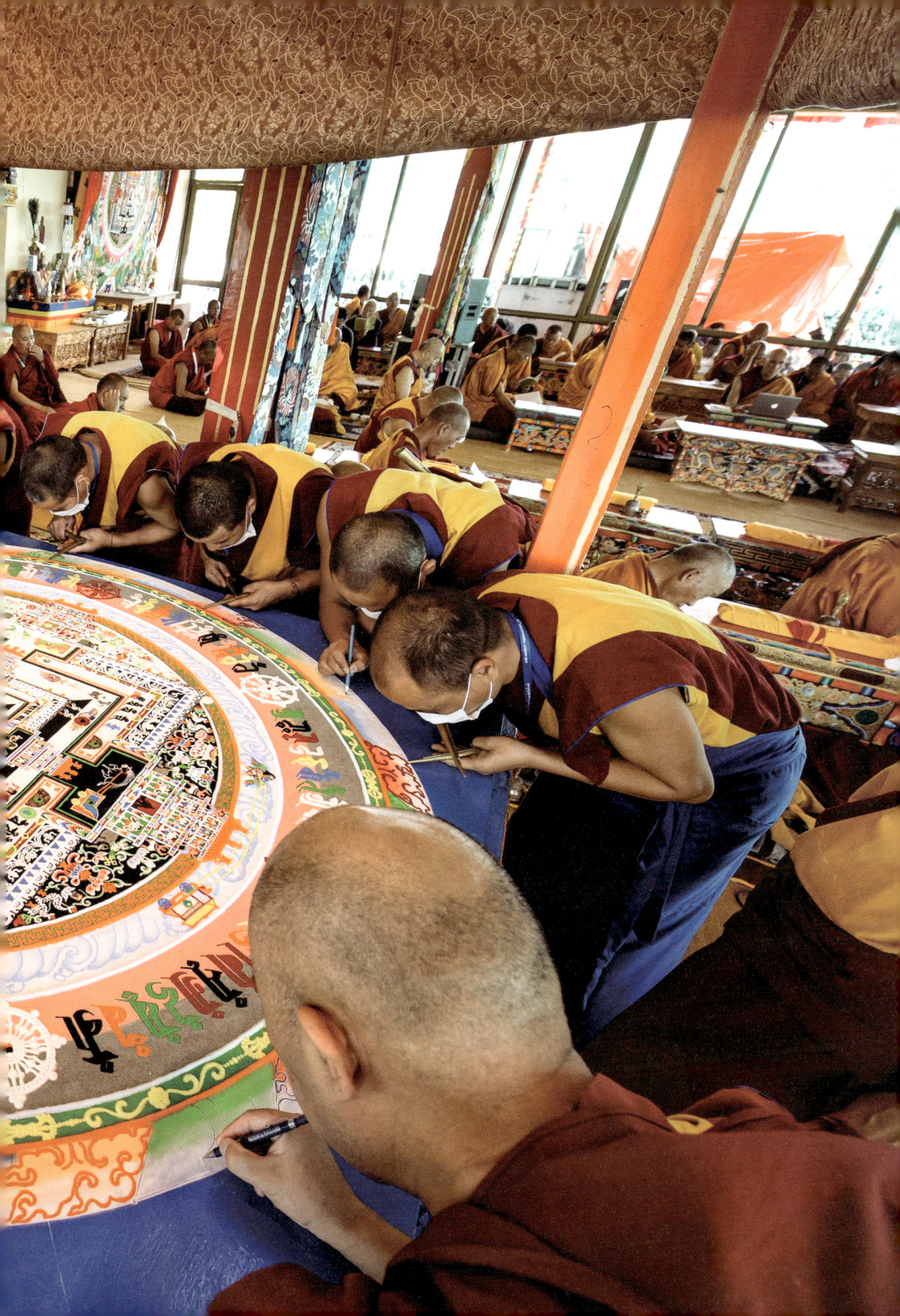

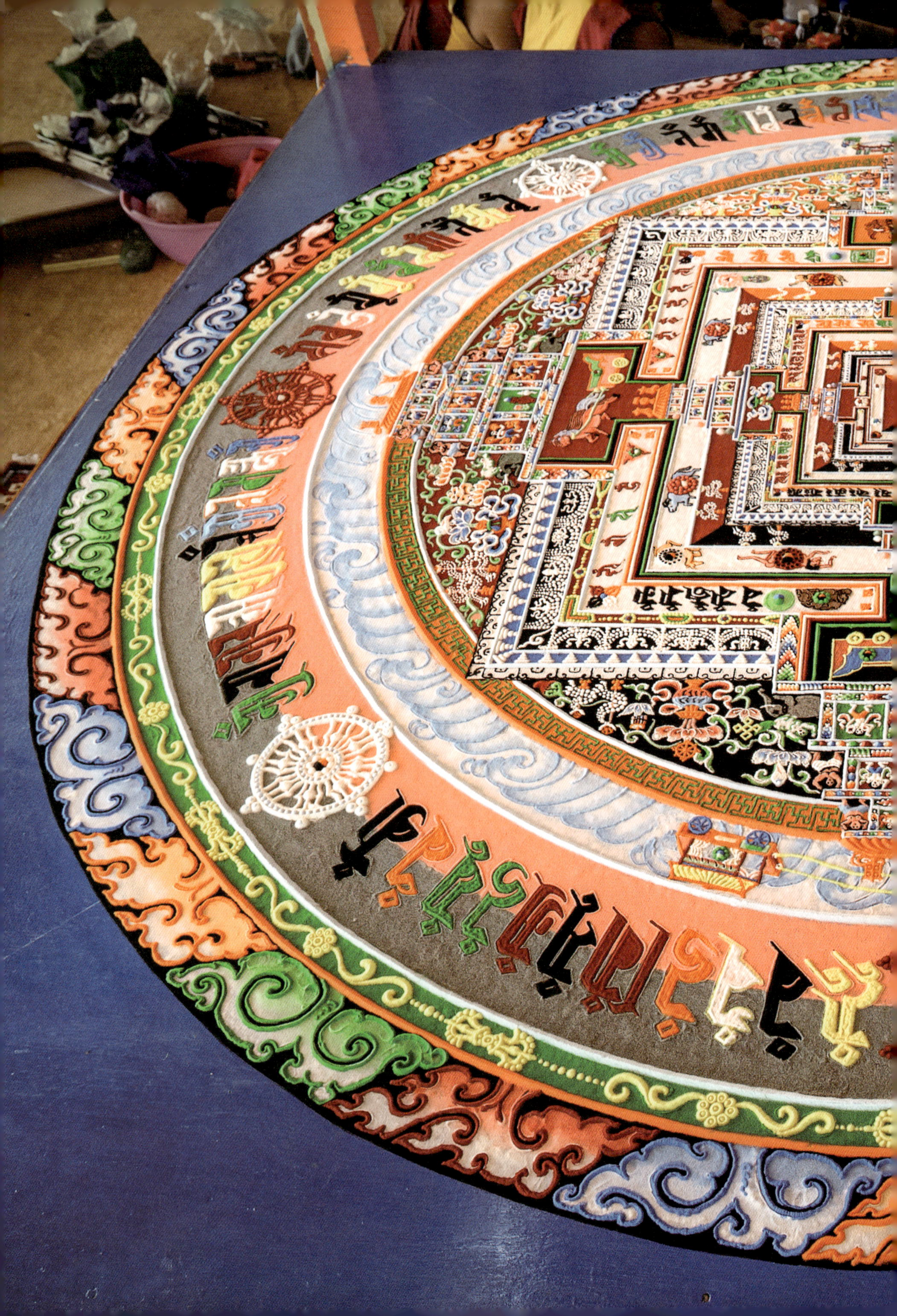

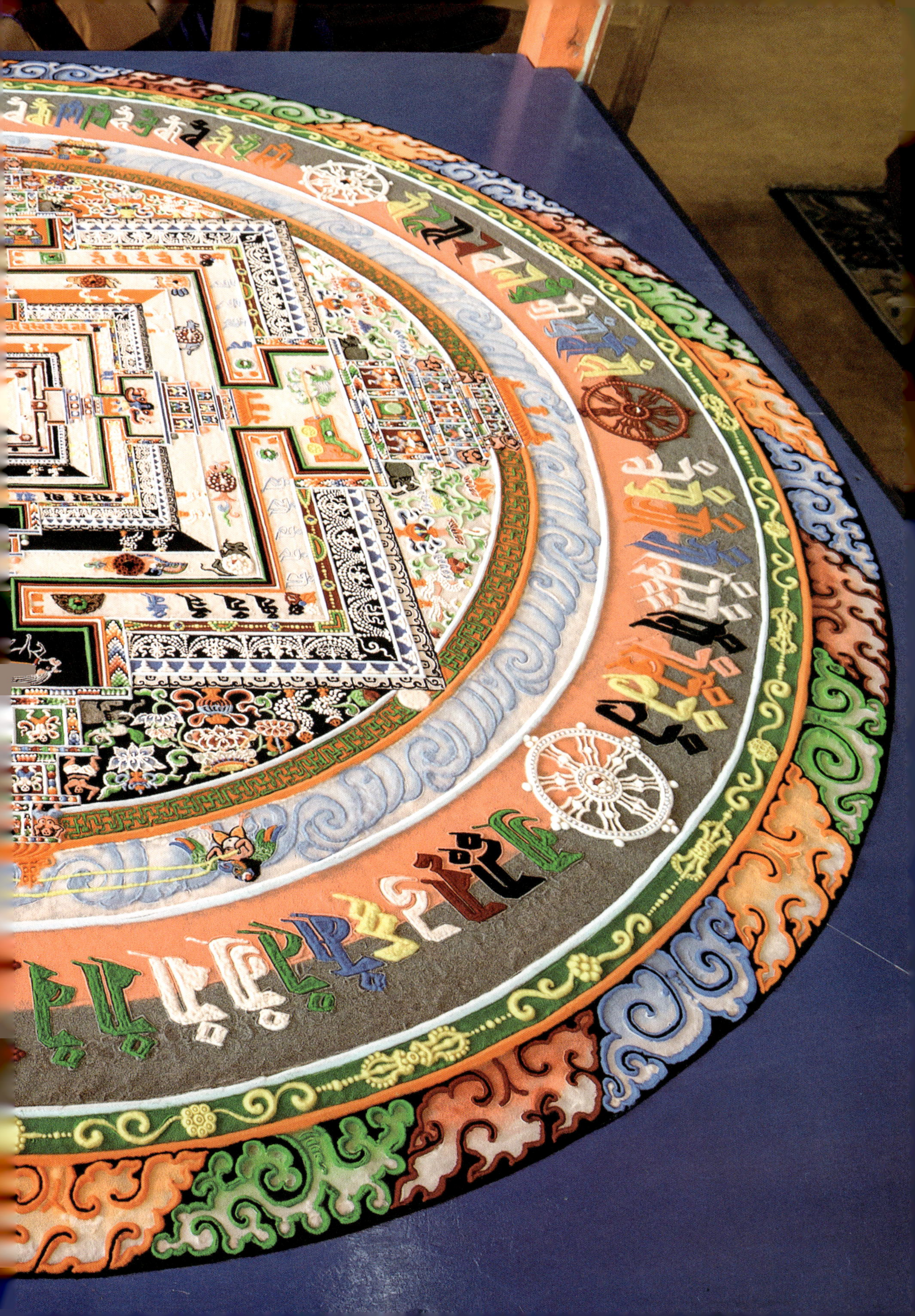

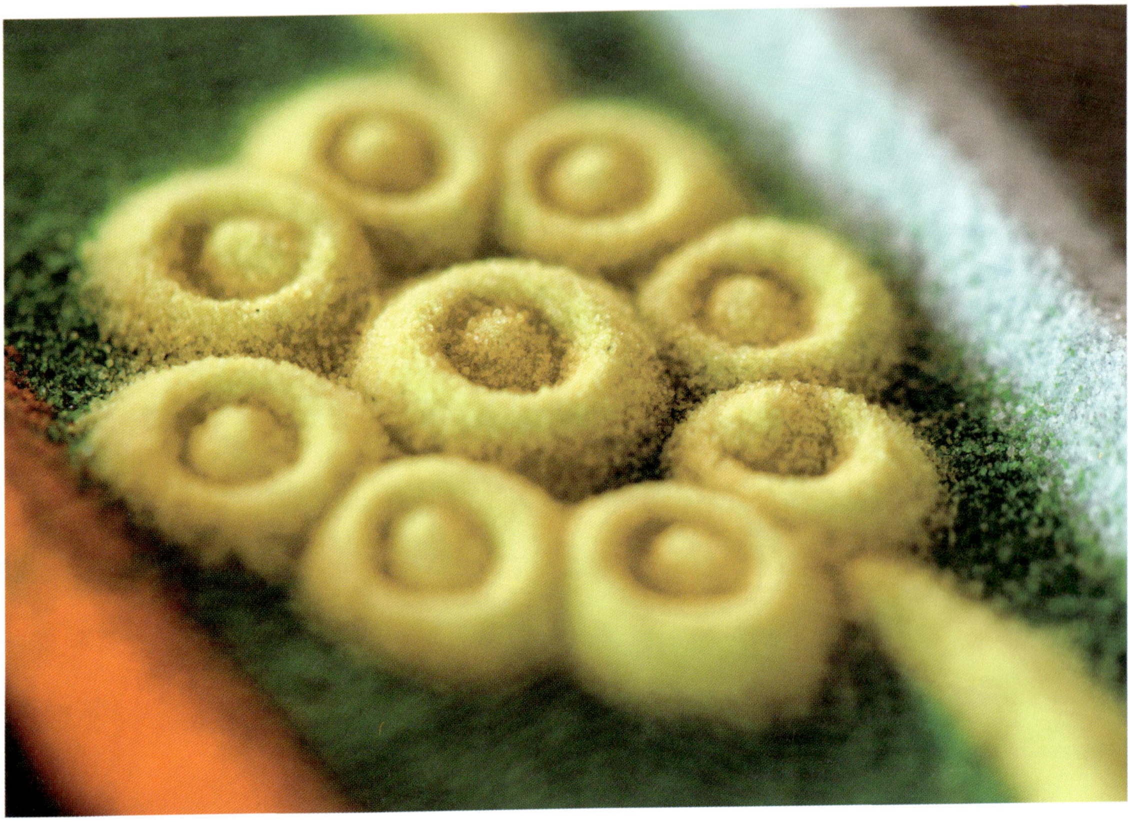

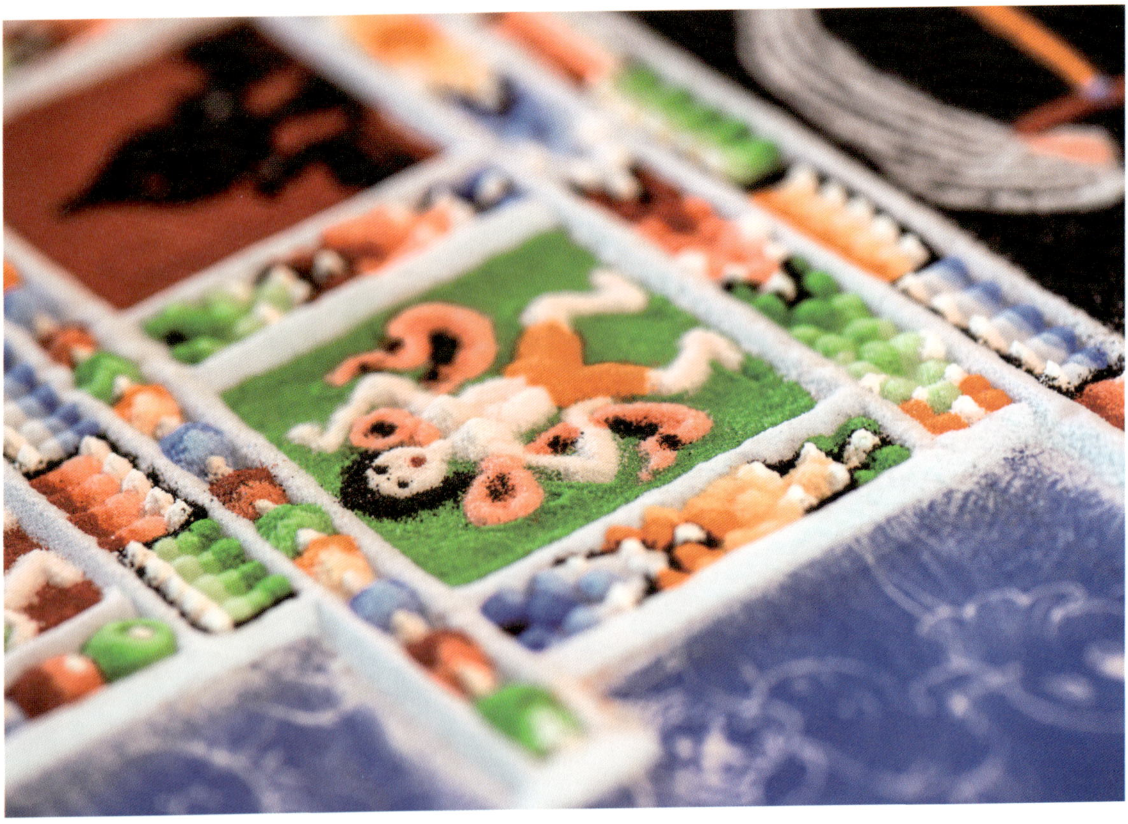

171

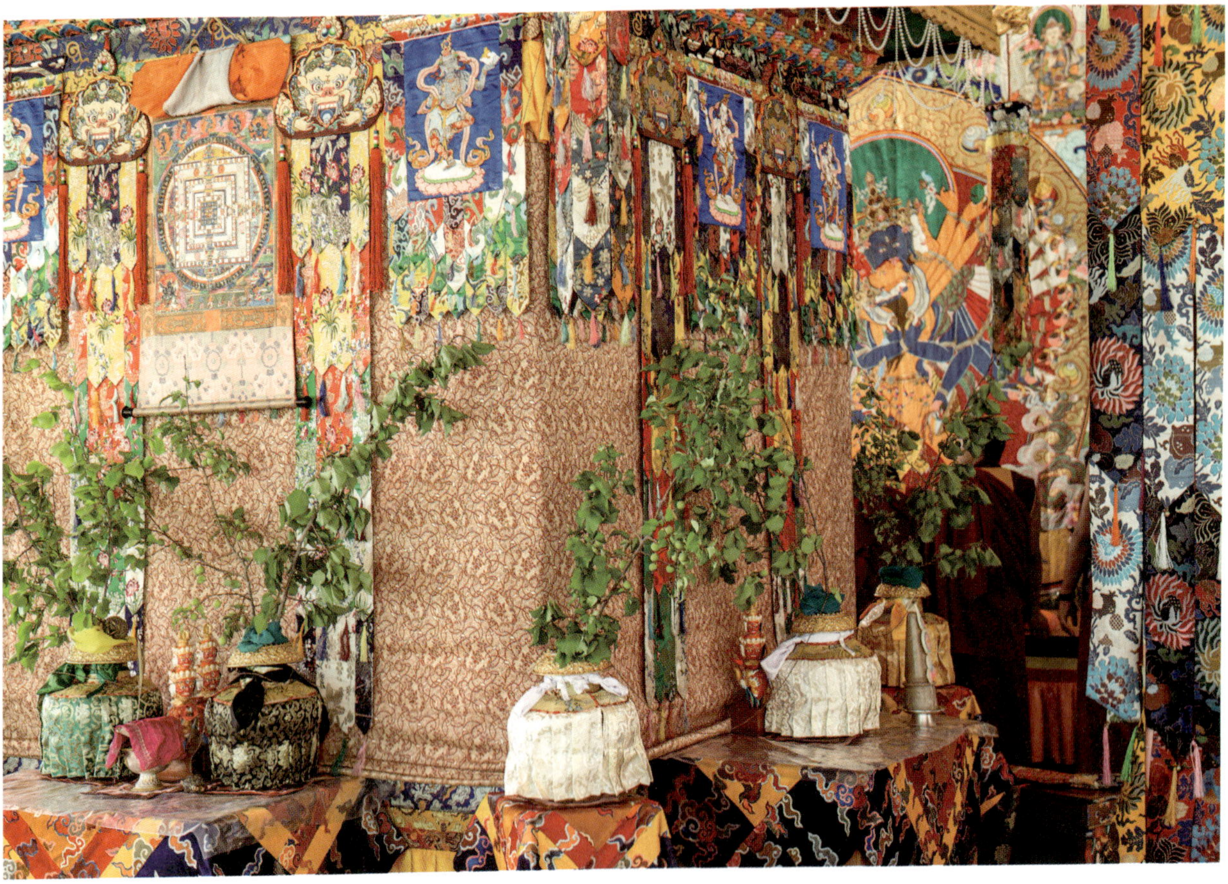

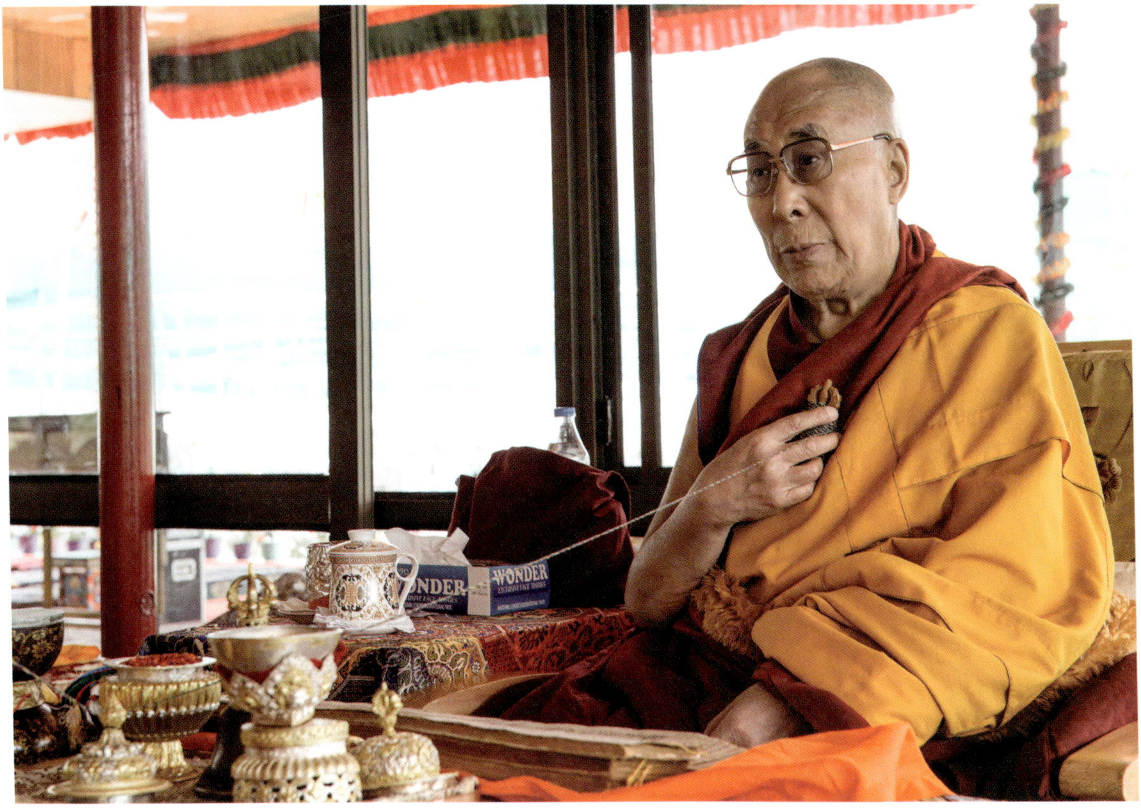
WONDER
WONDER

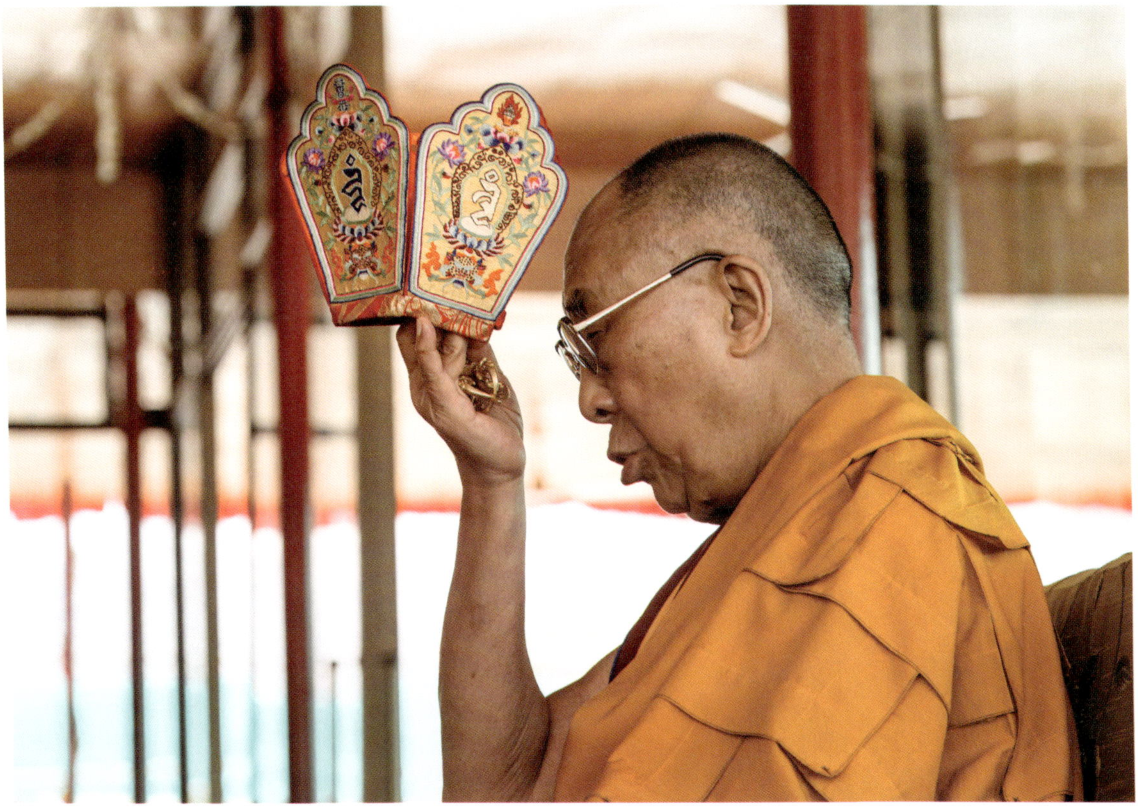

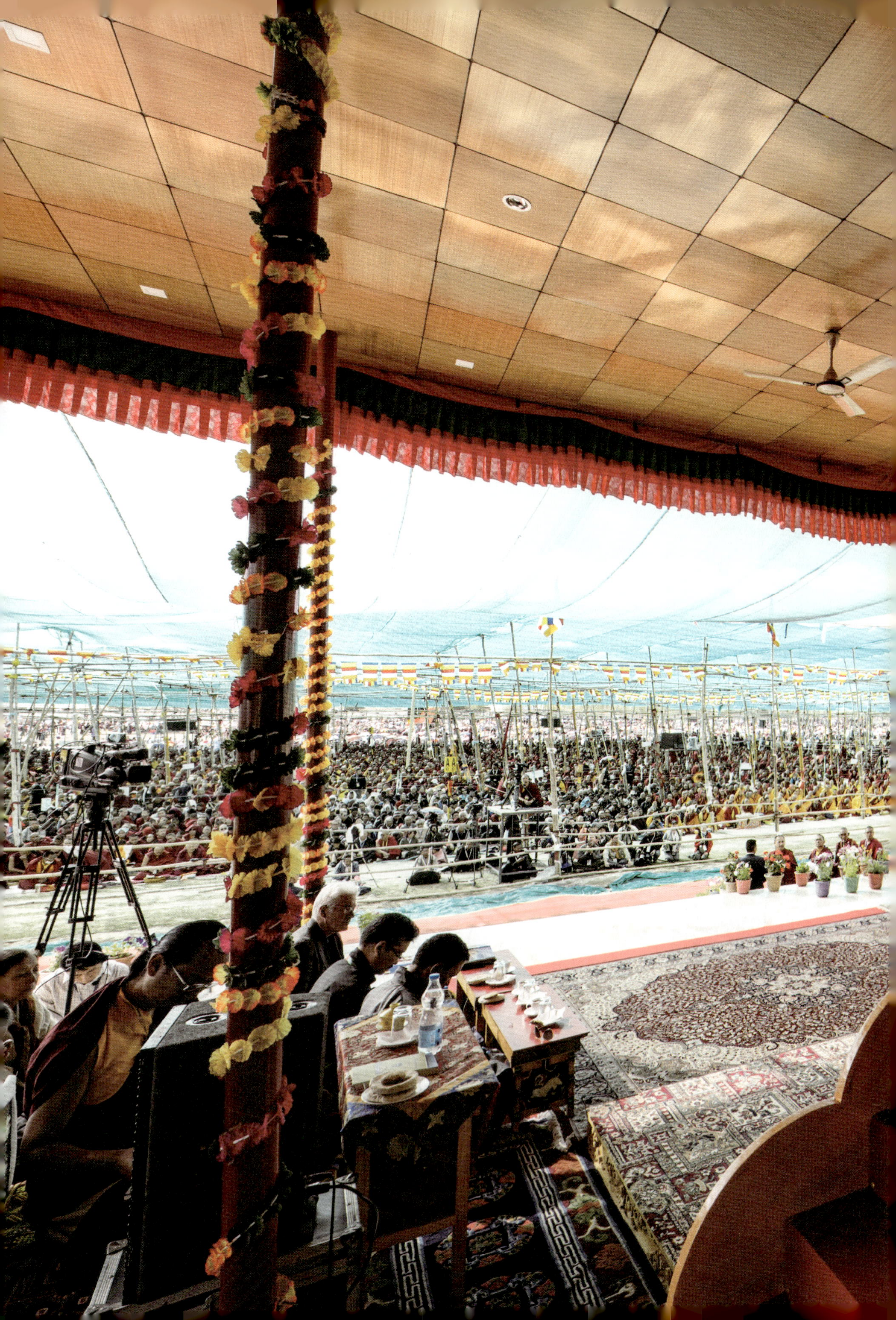

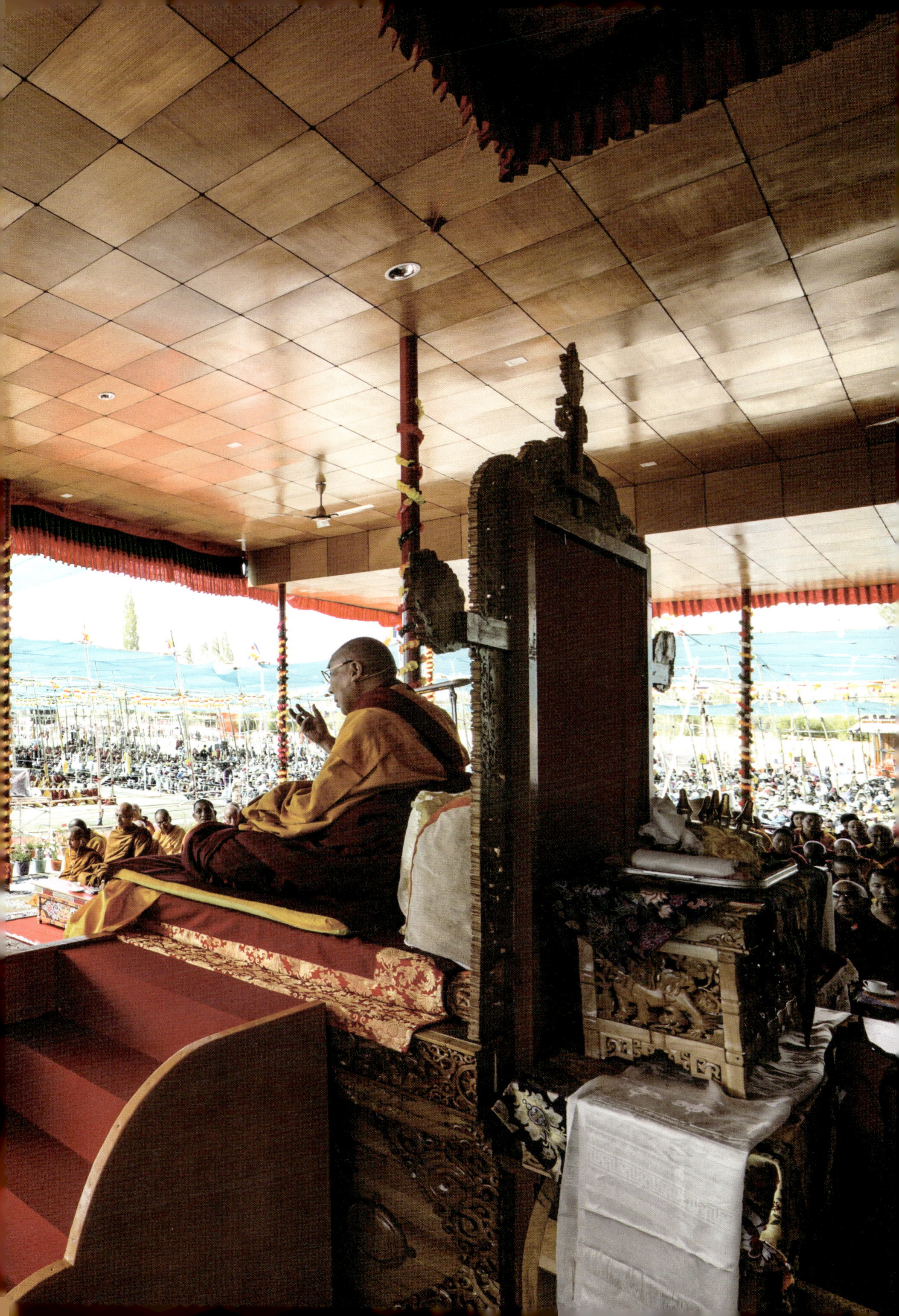

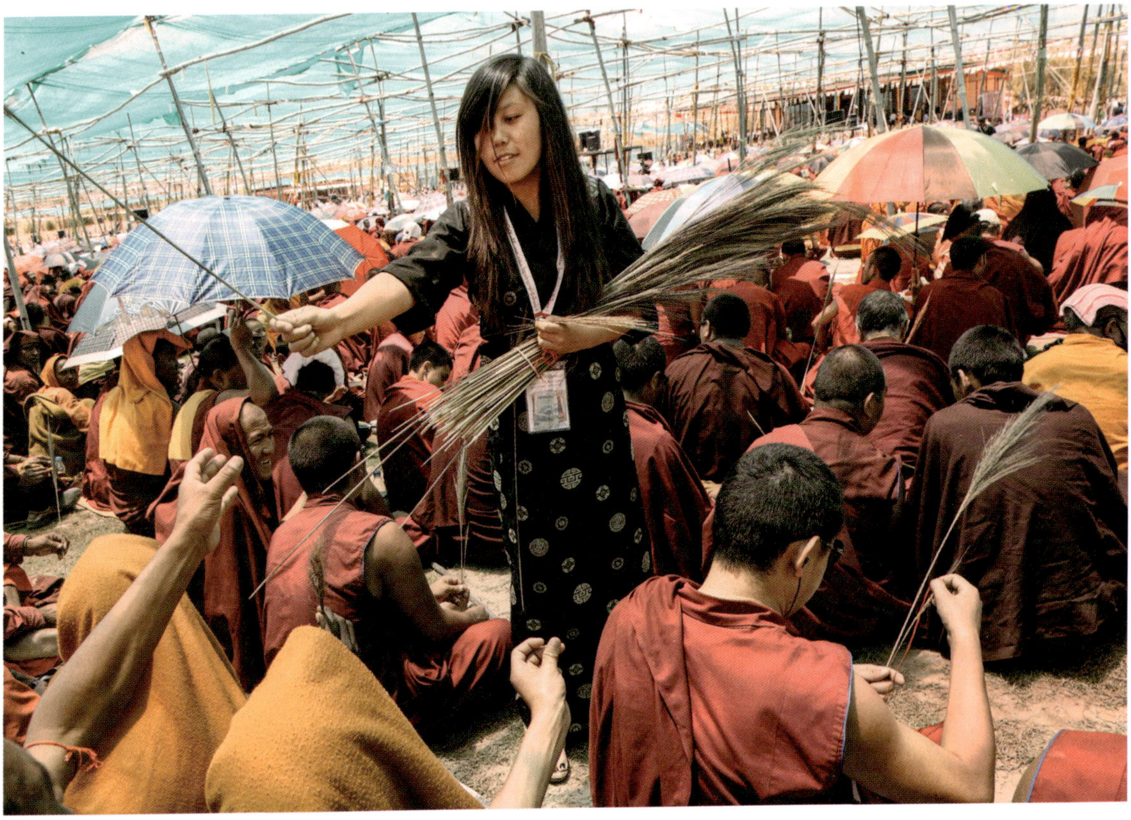

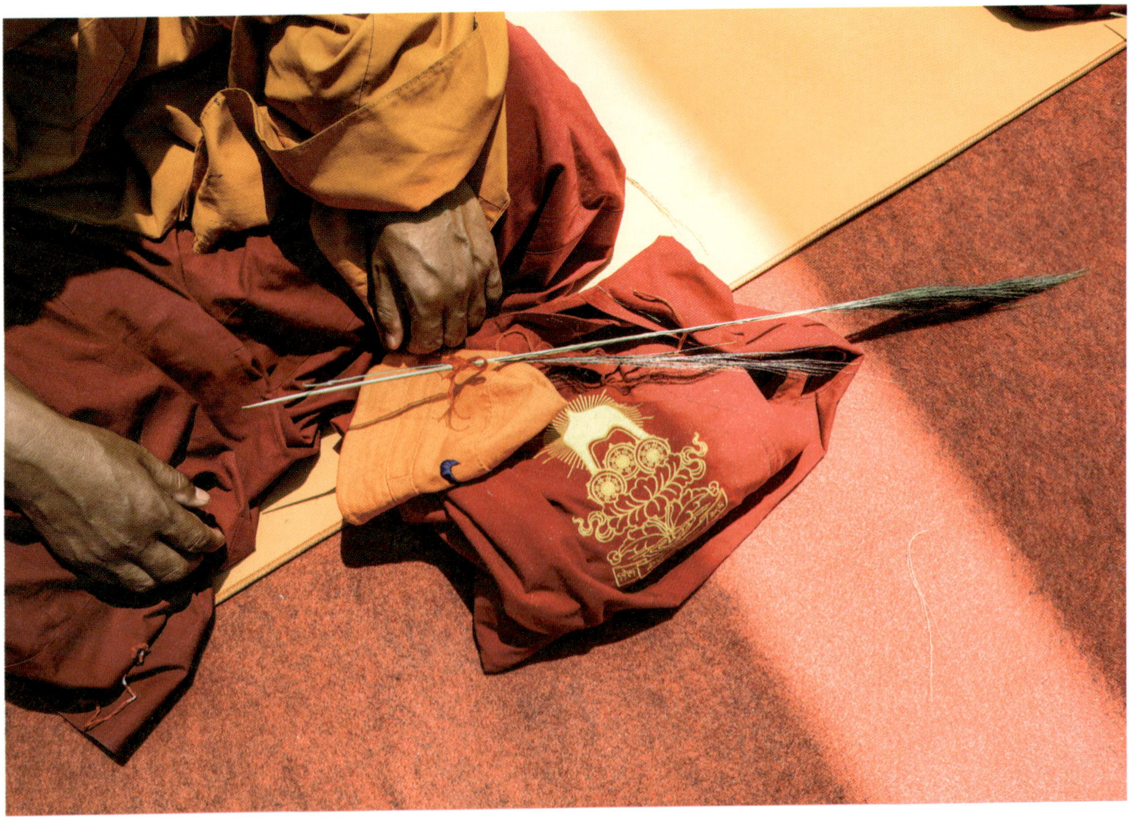

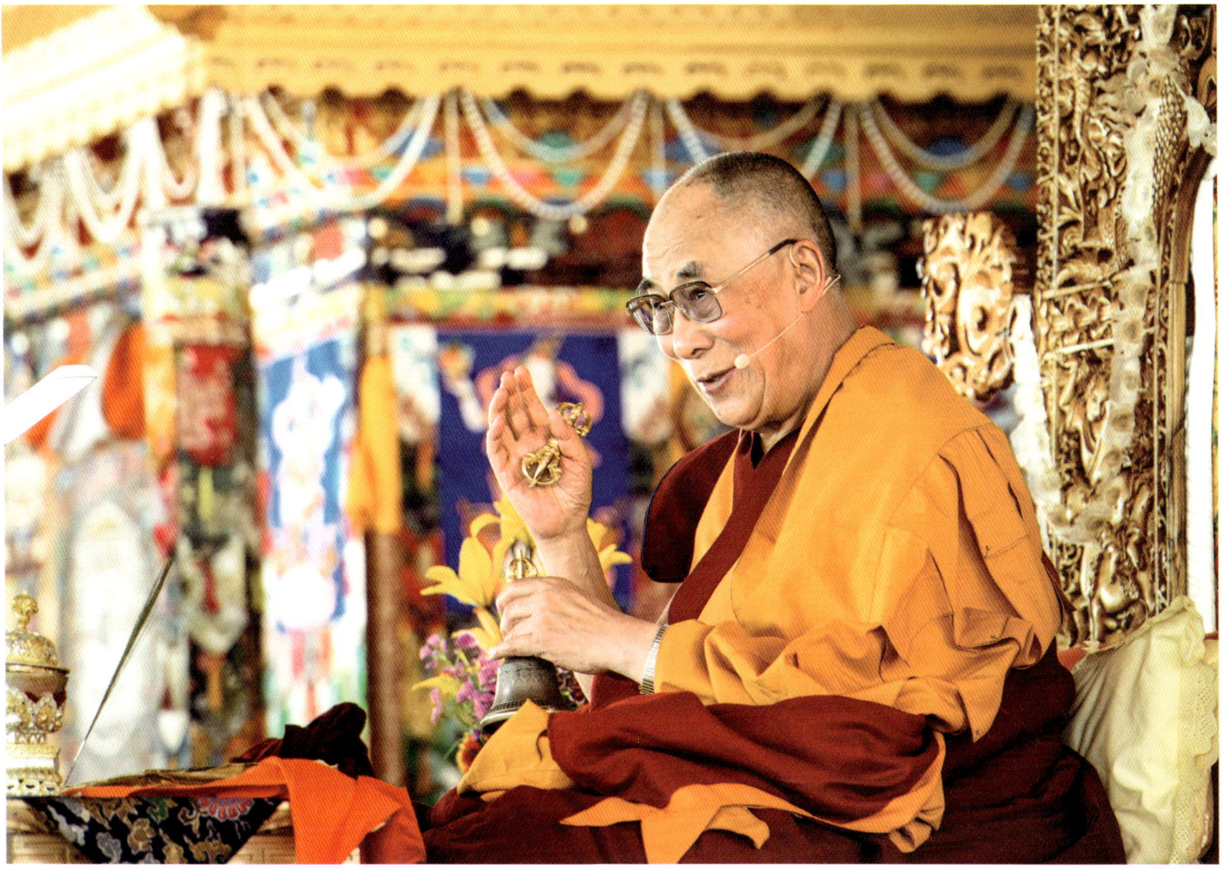

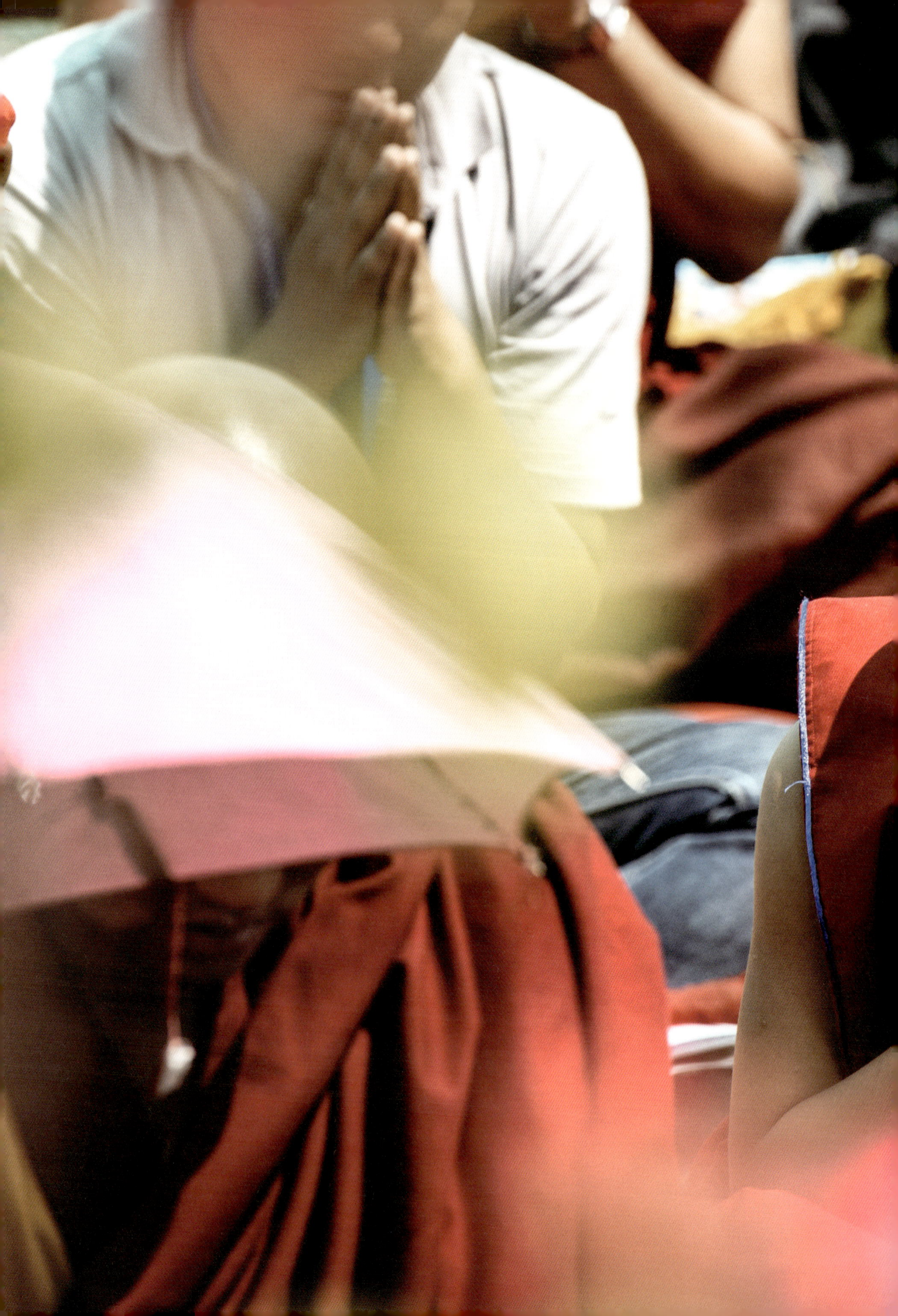

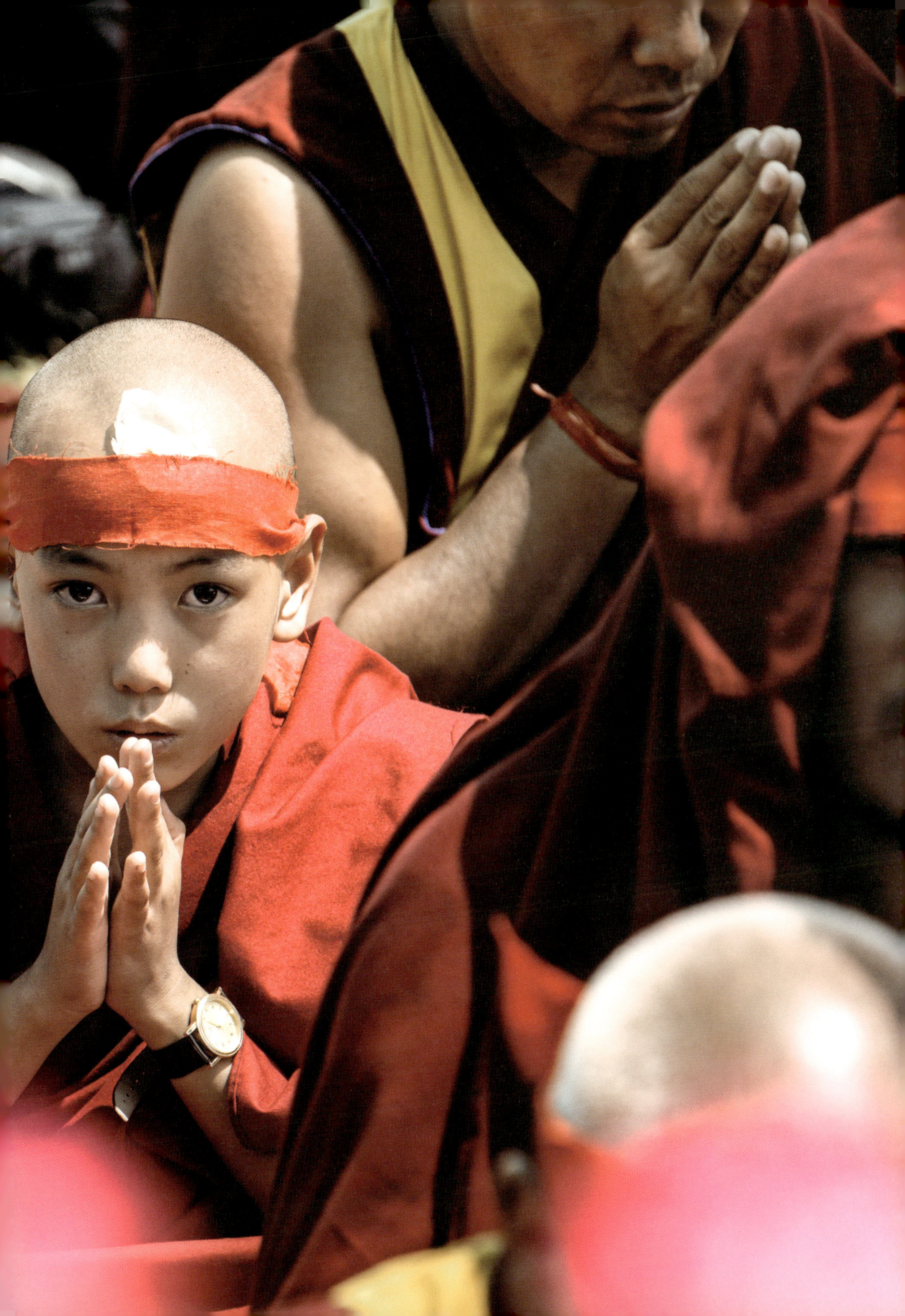

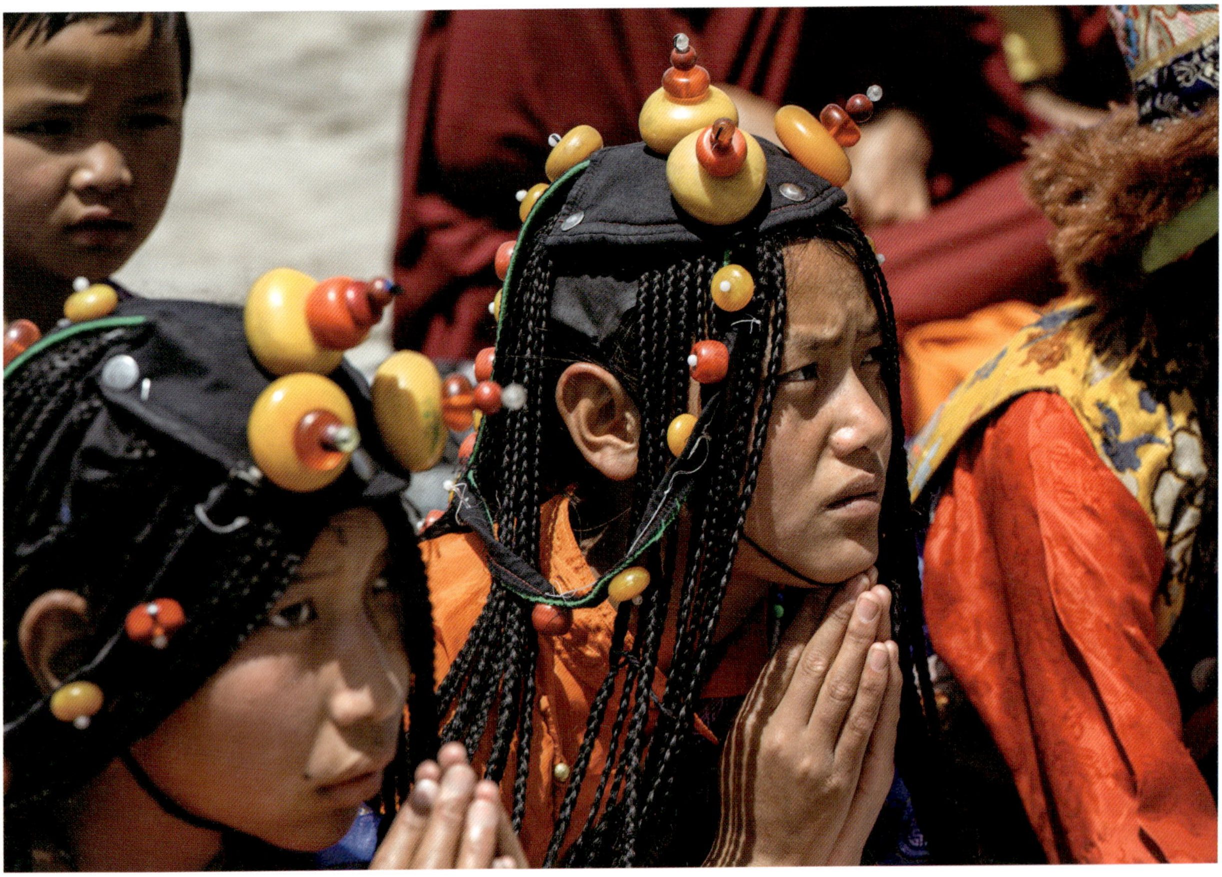

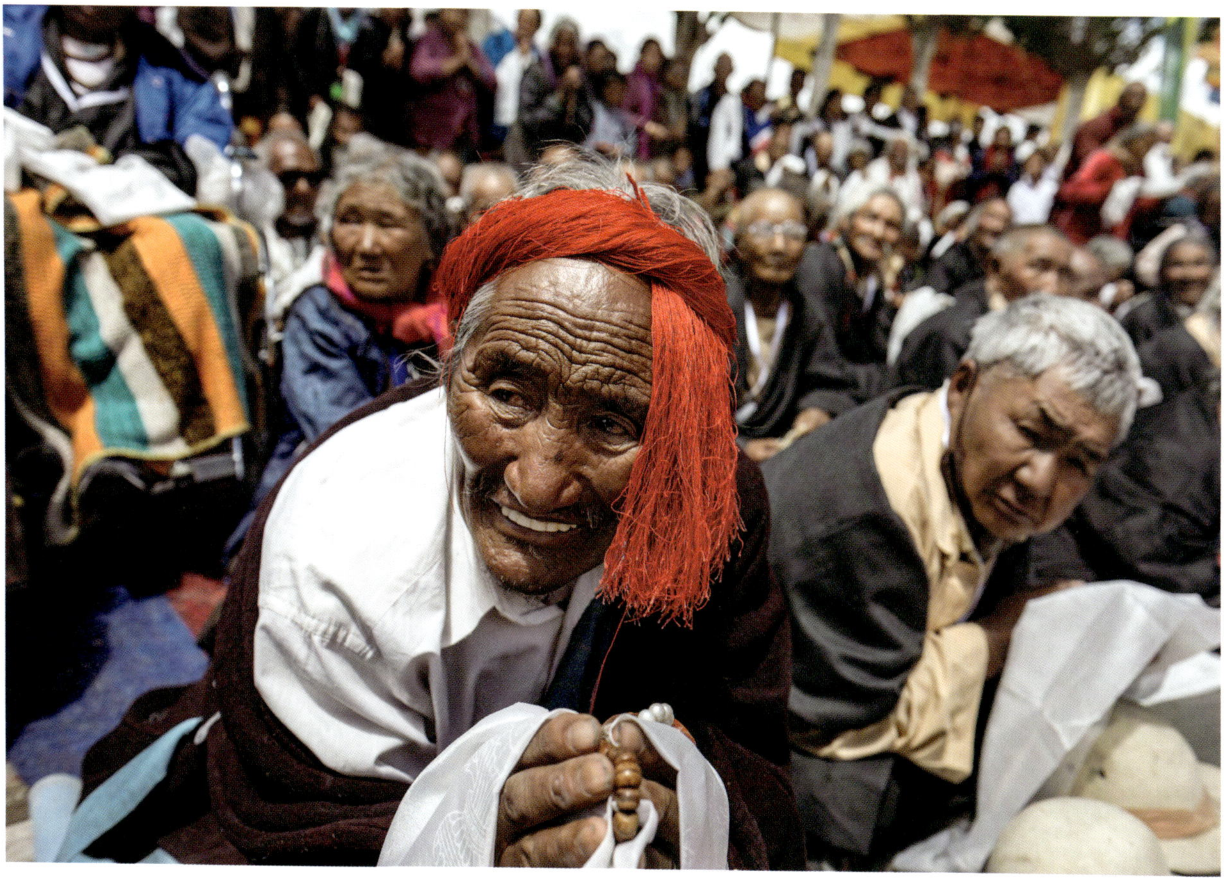

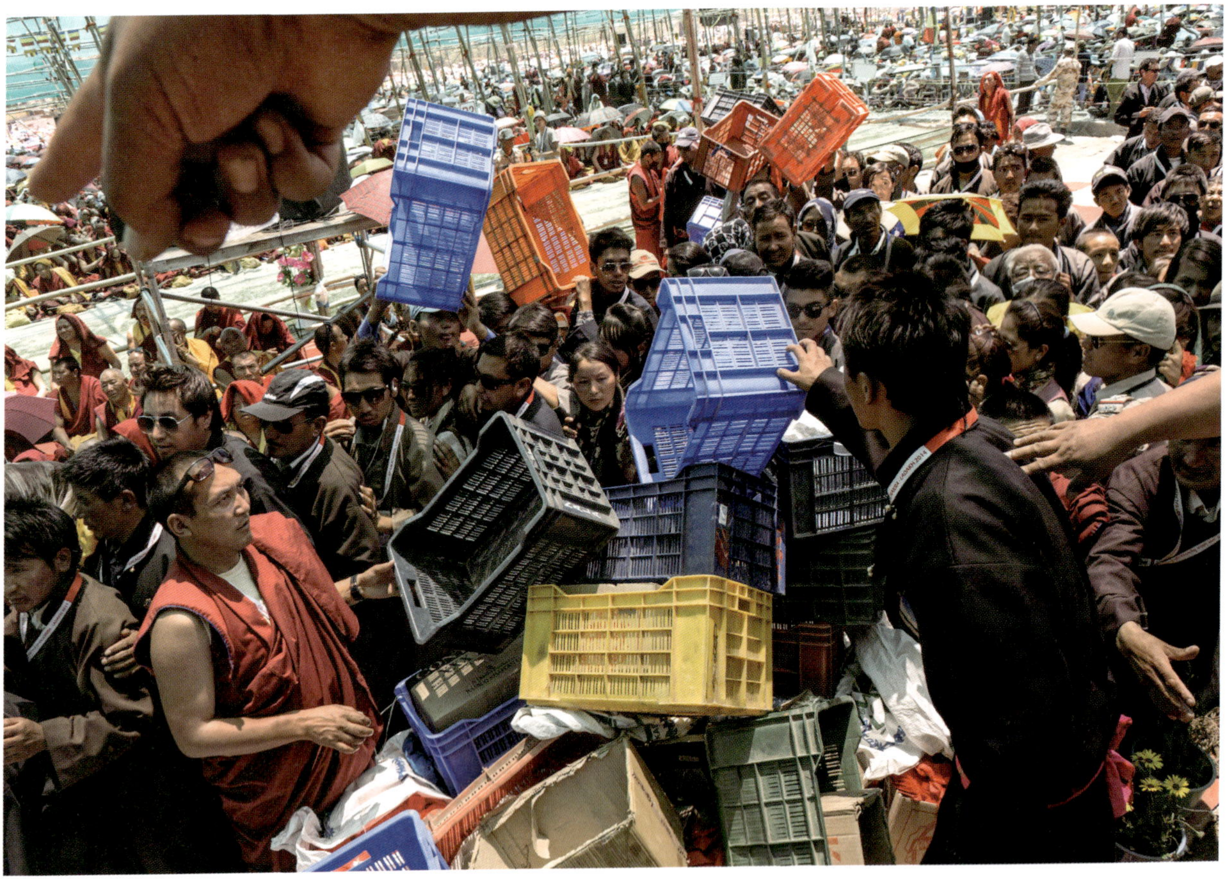

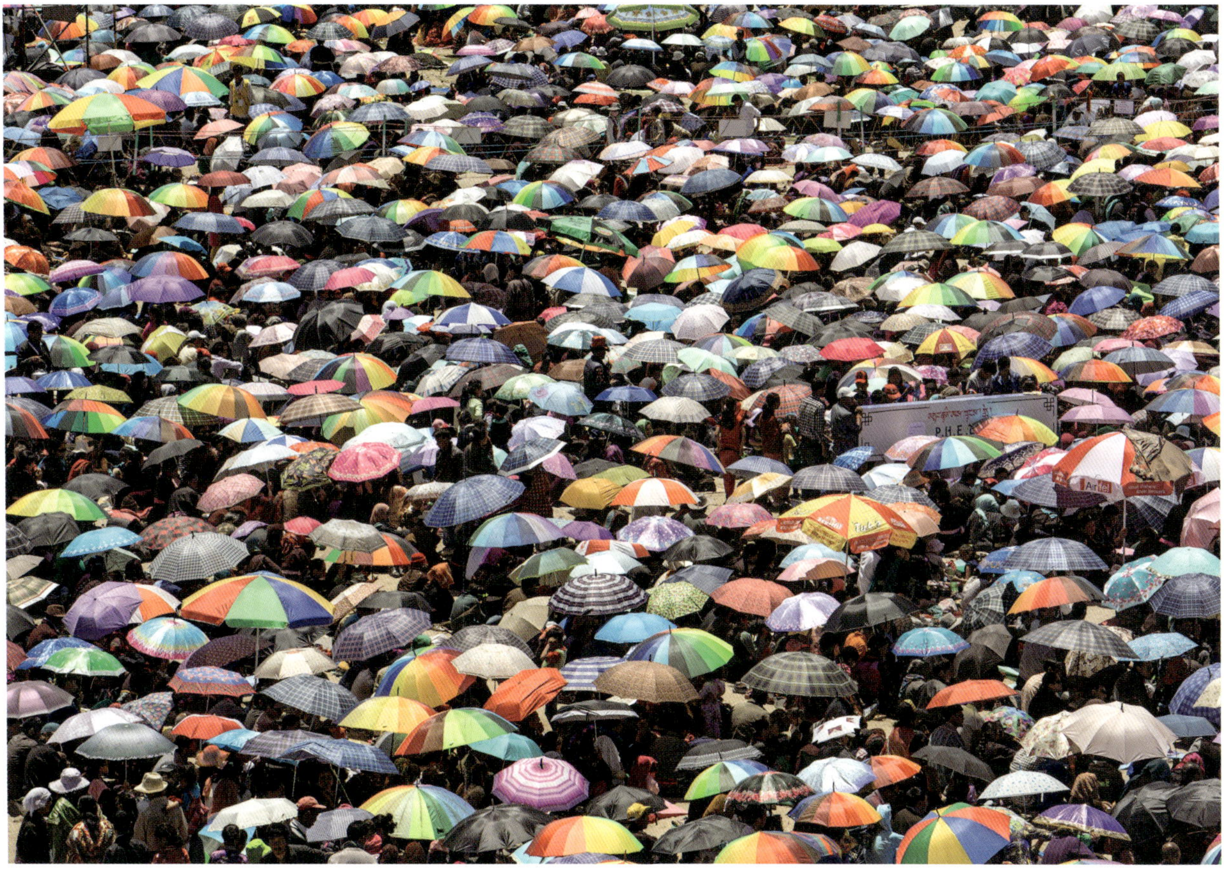

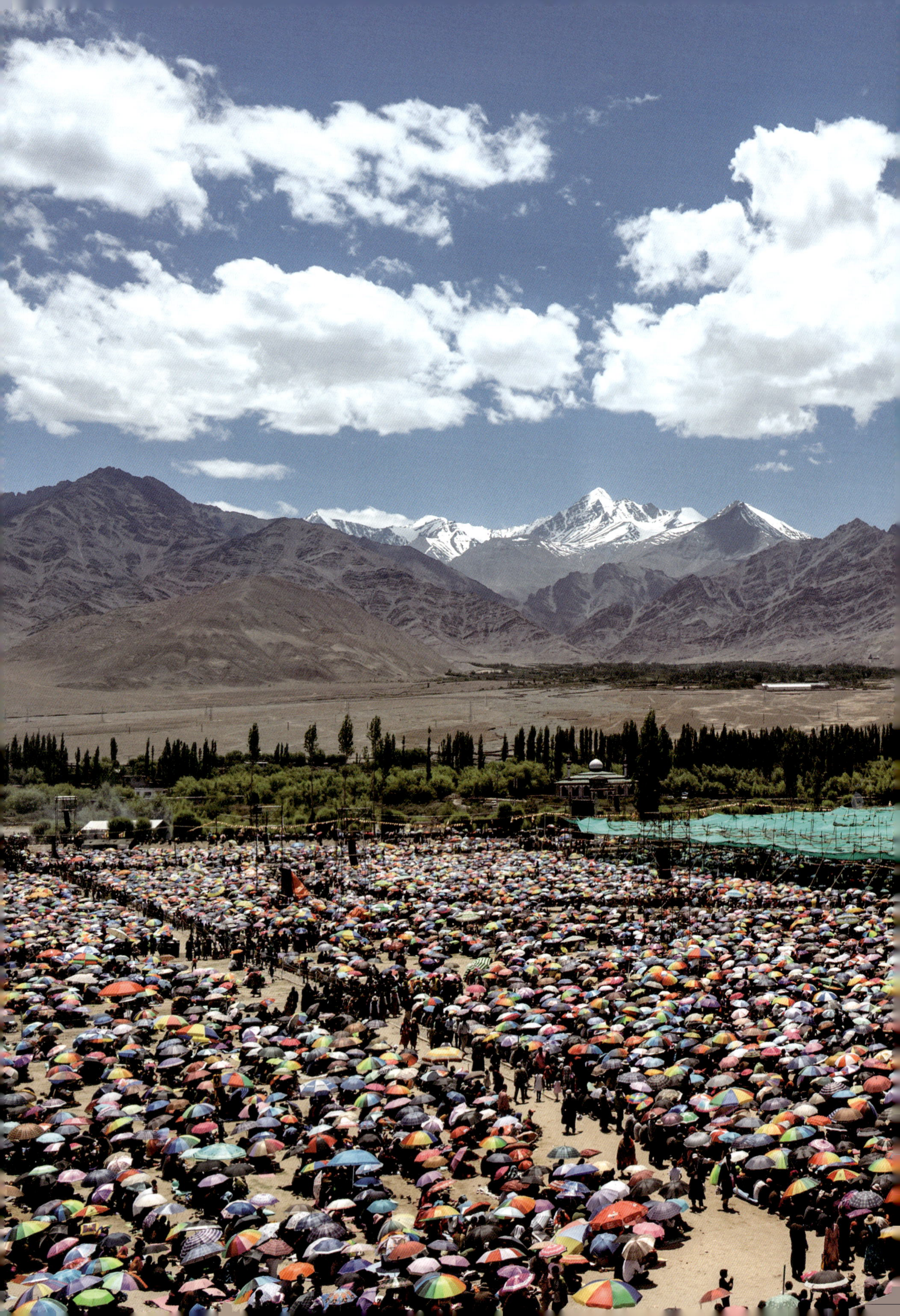

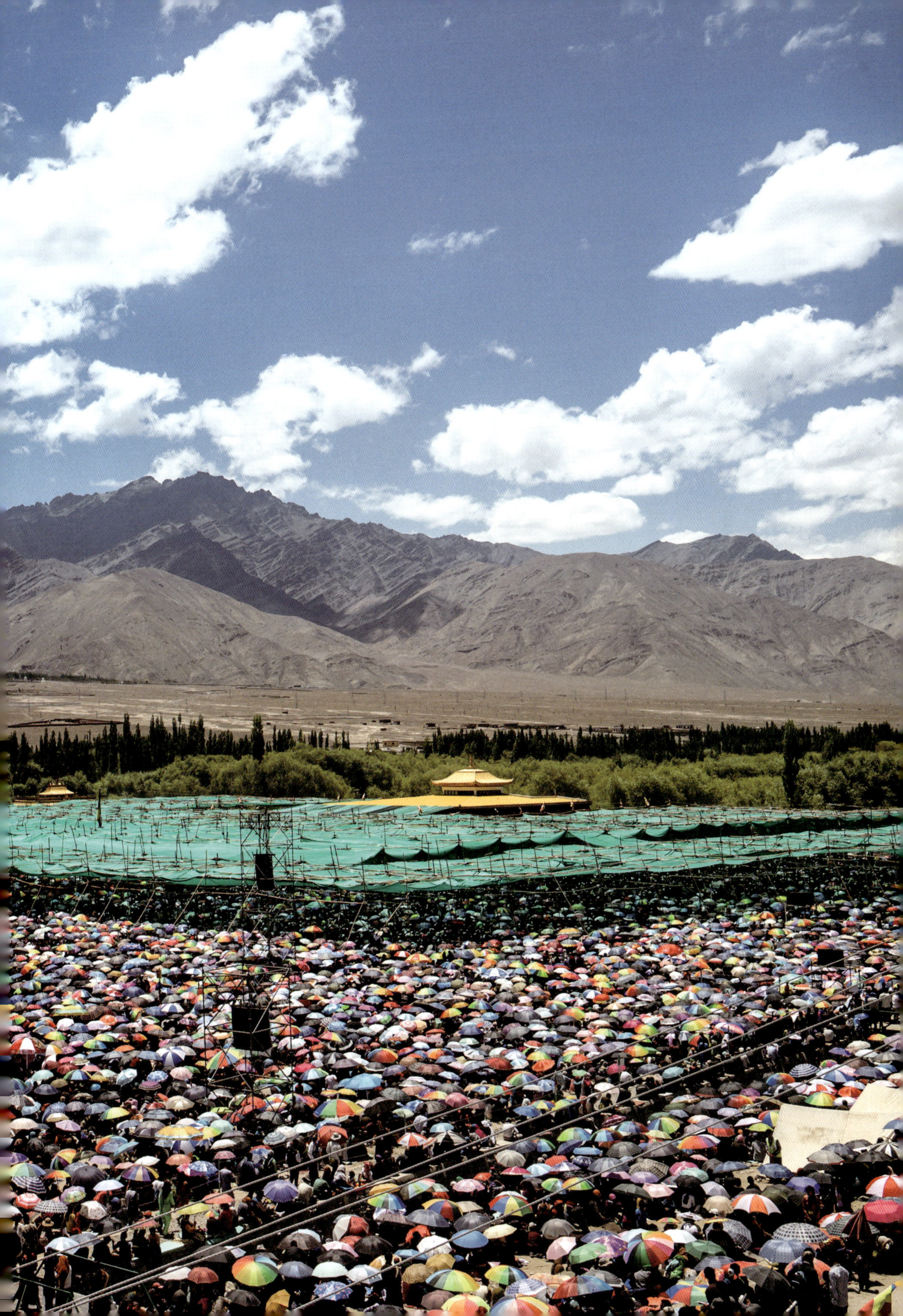

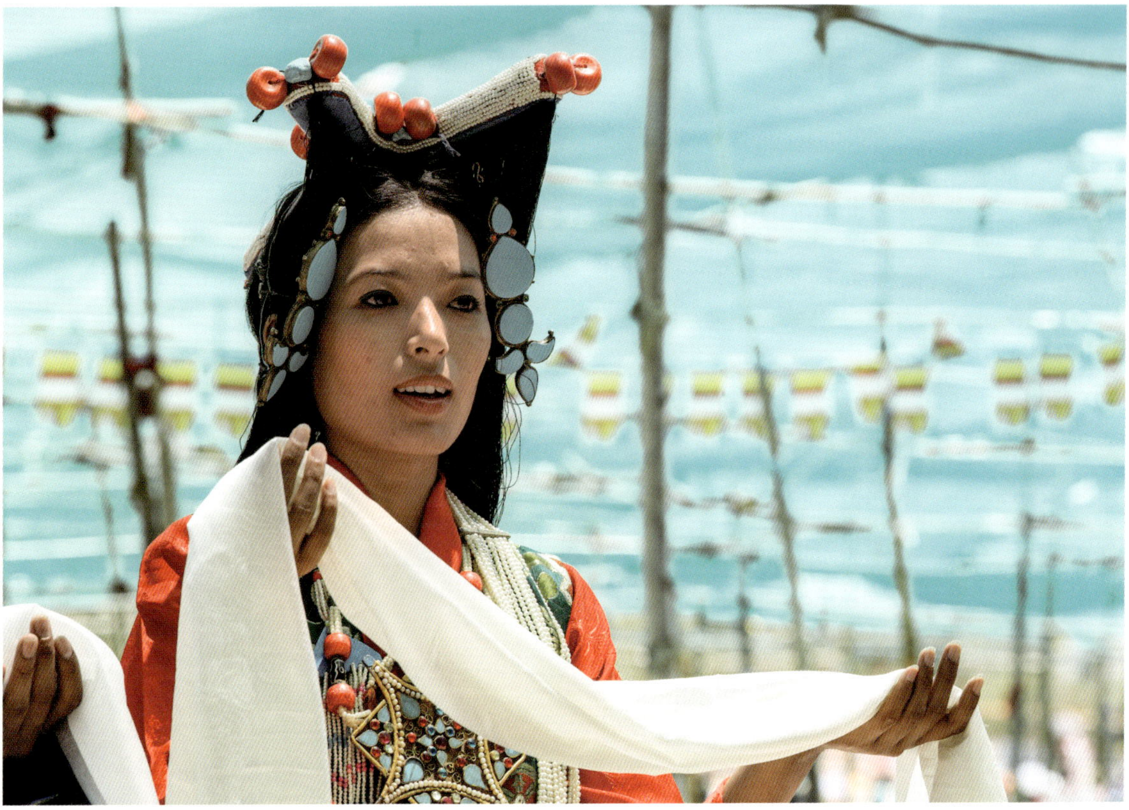

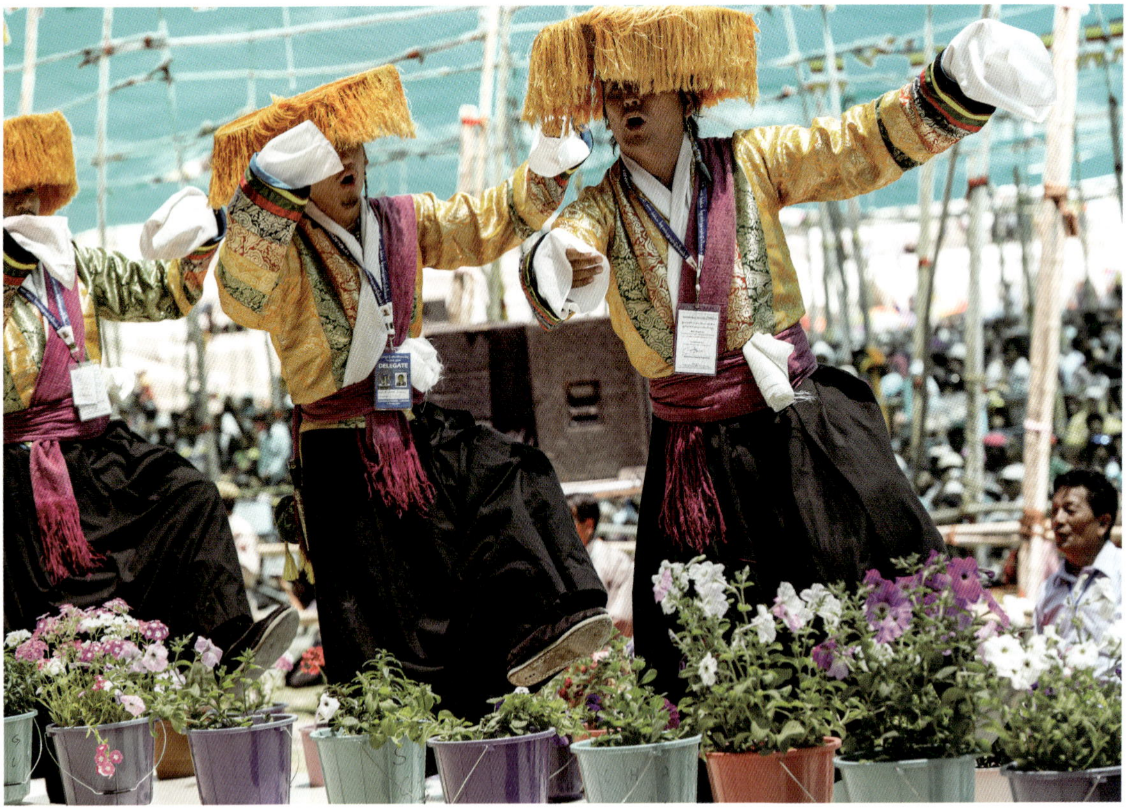

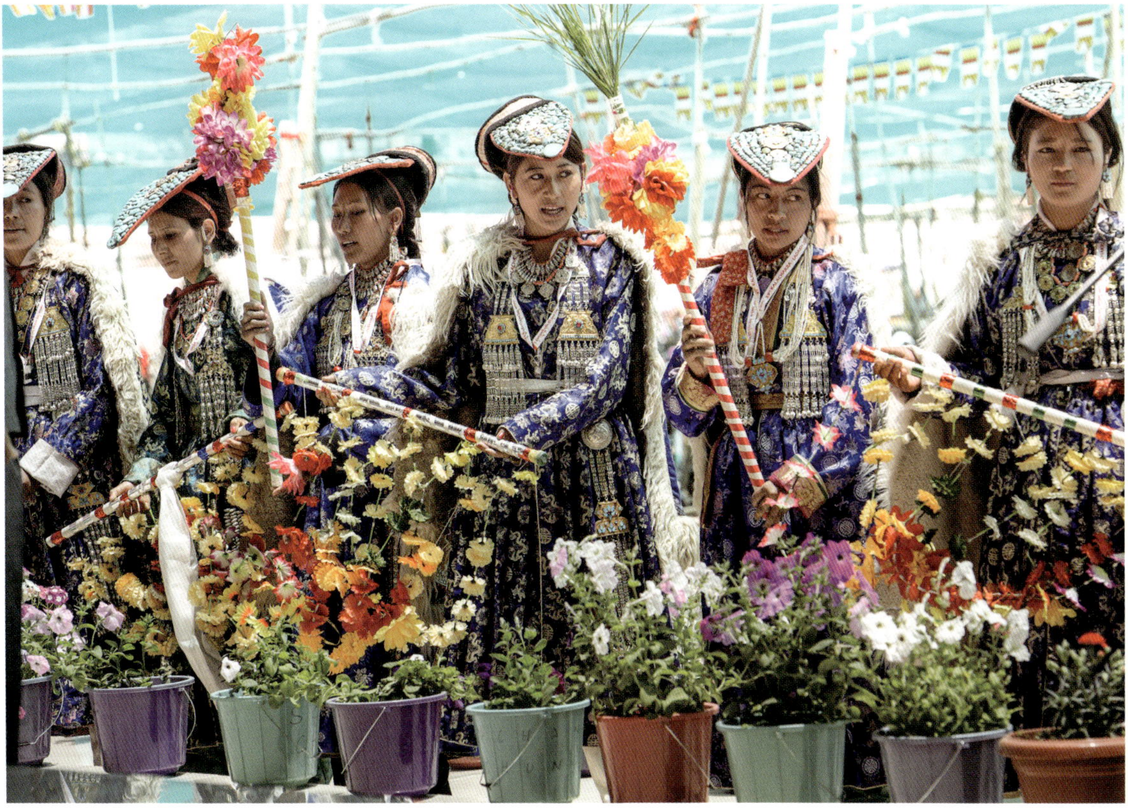

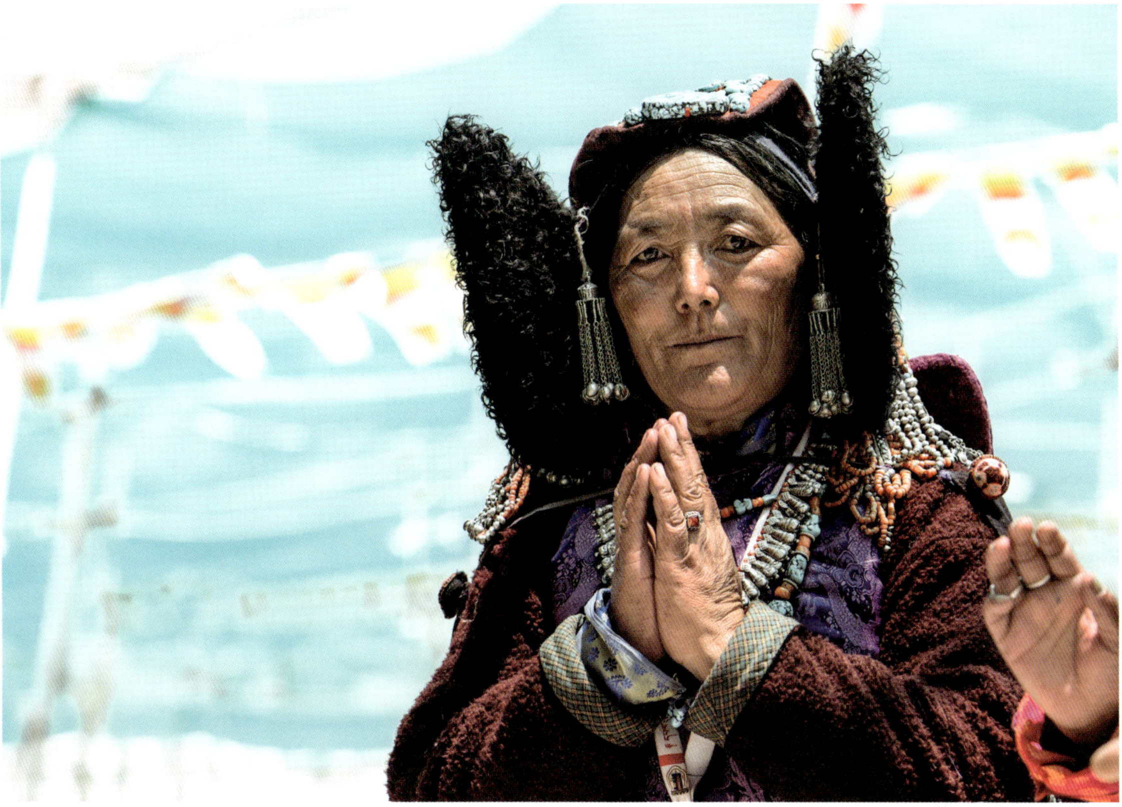

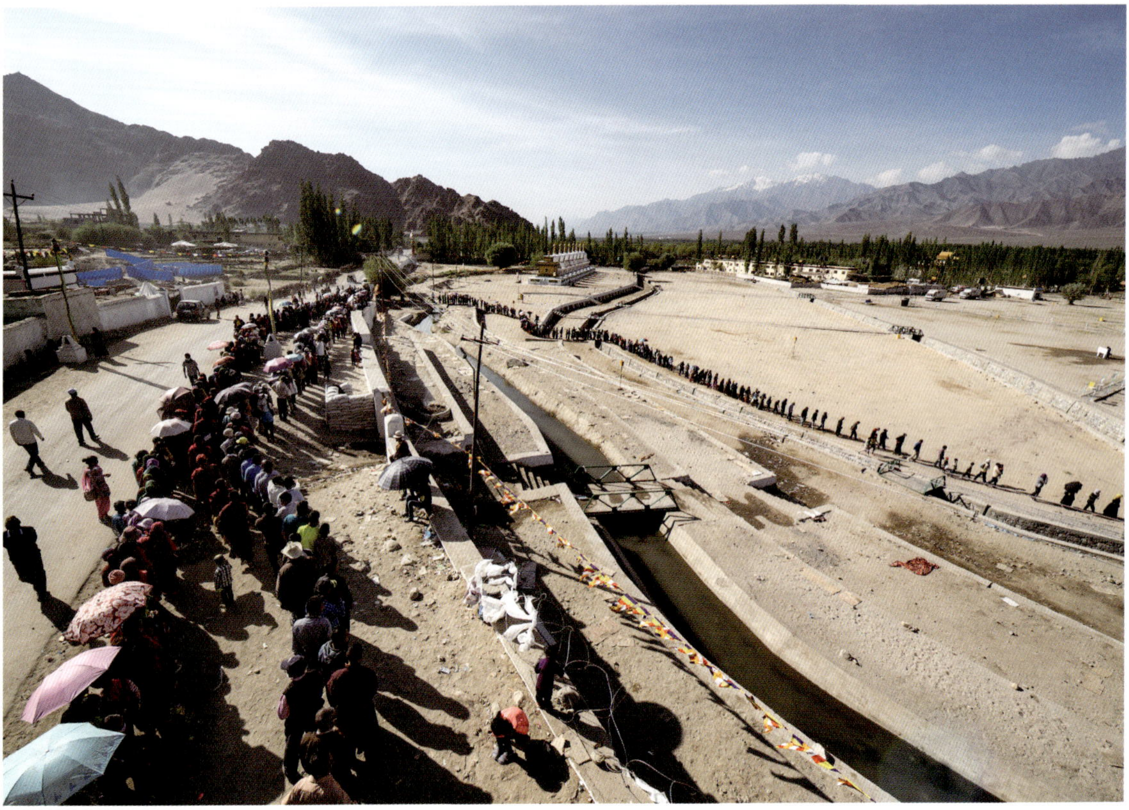

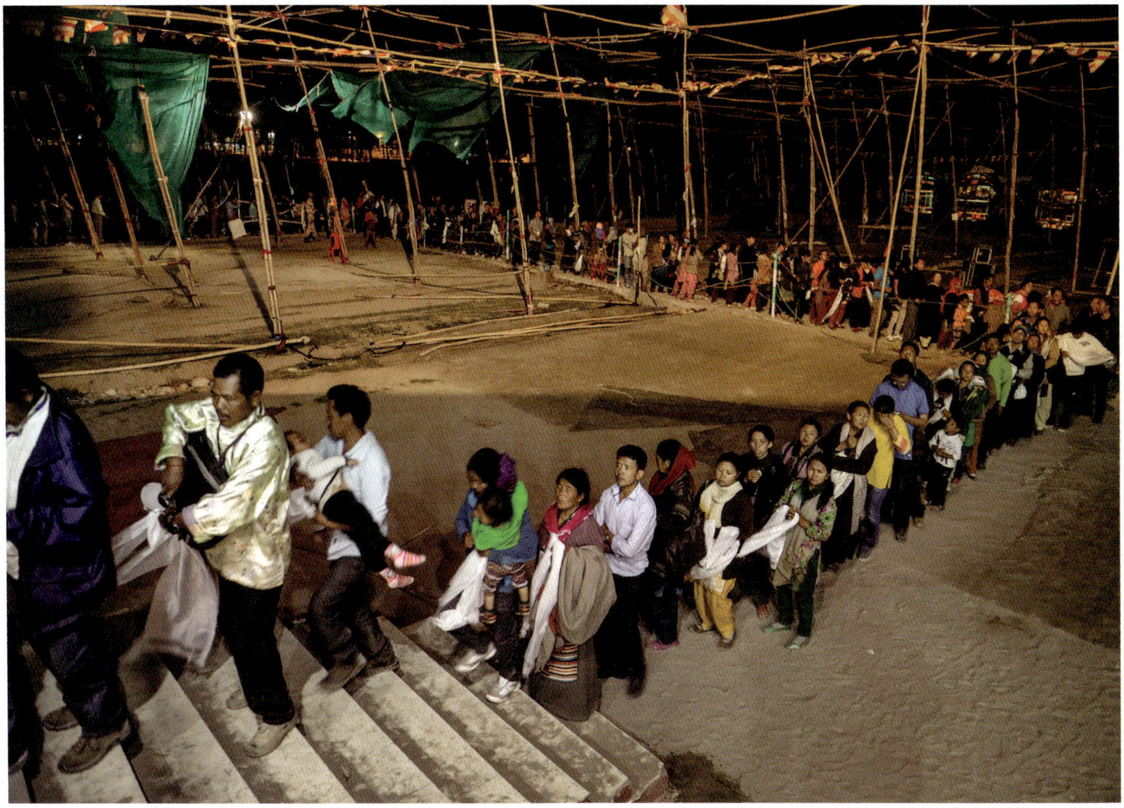

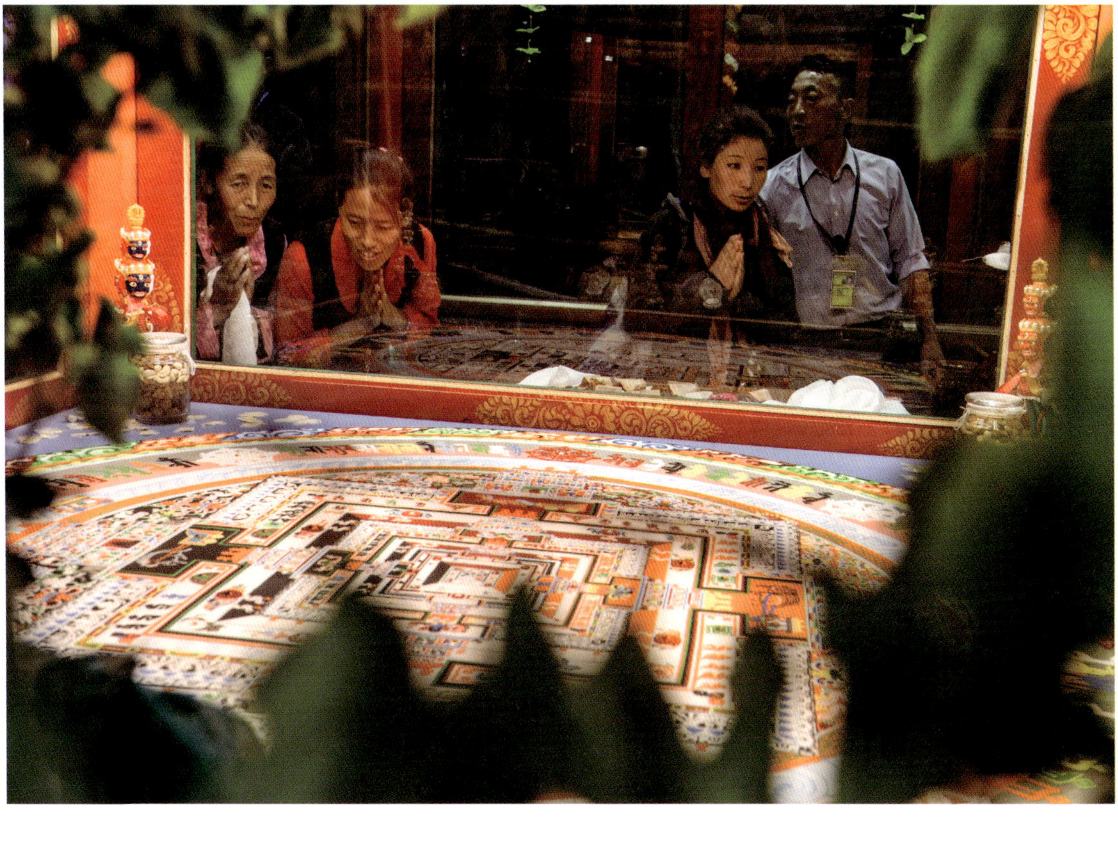

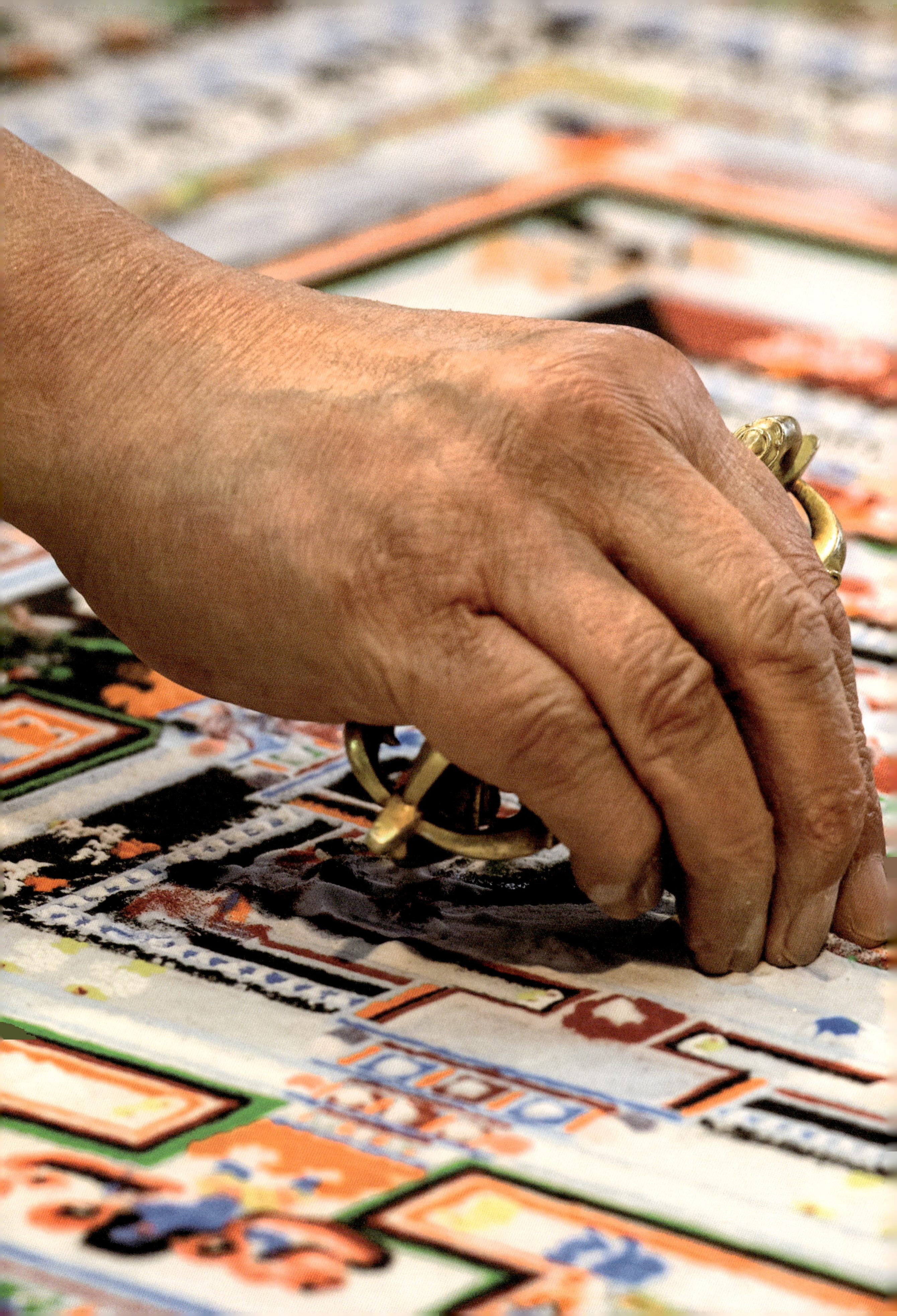

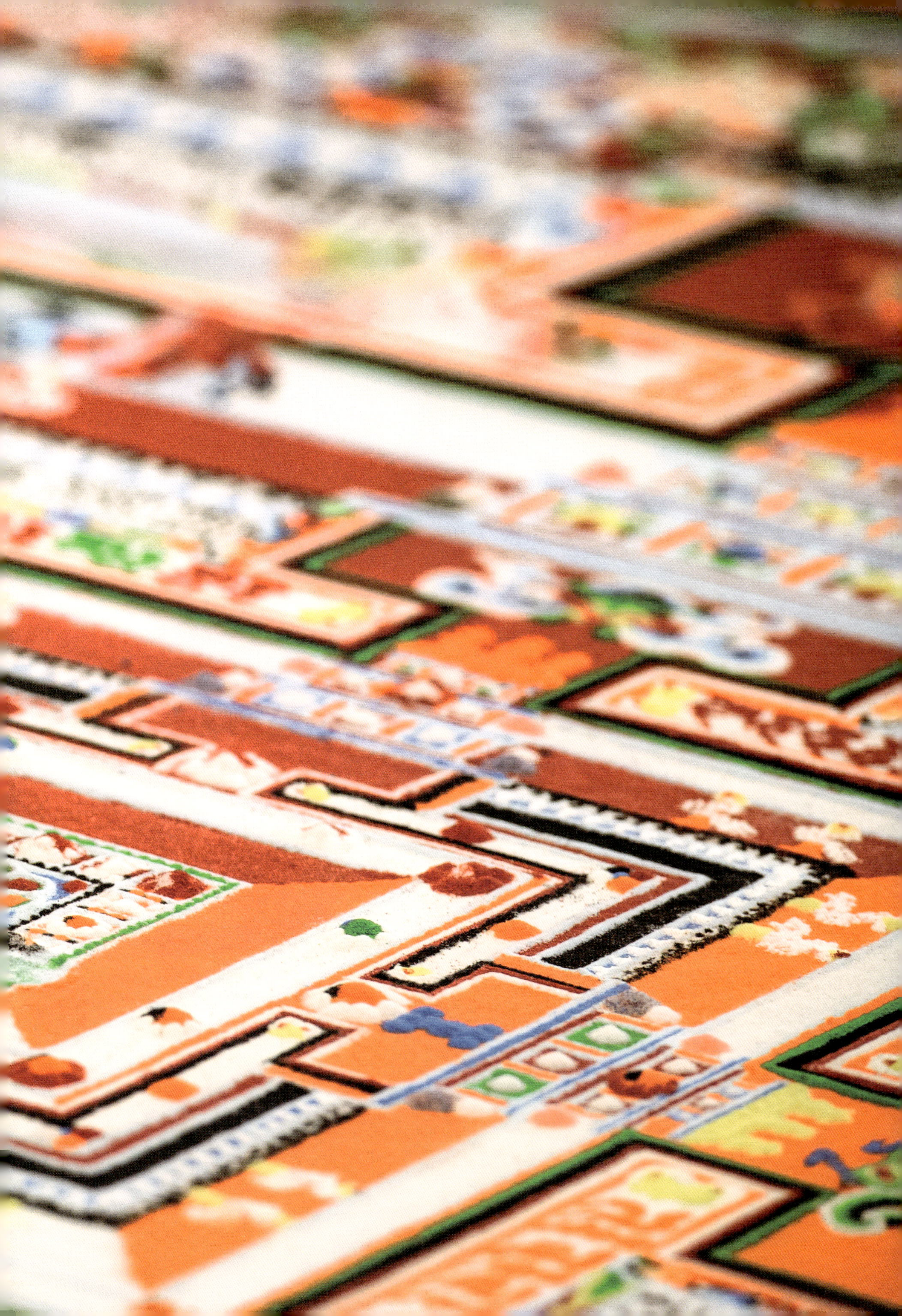

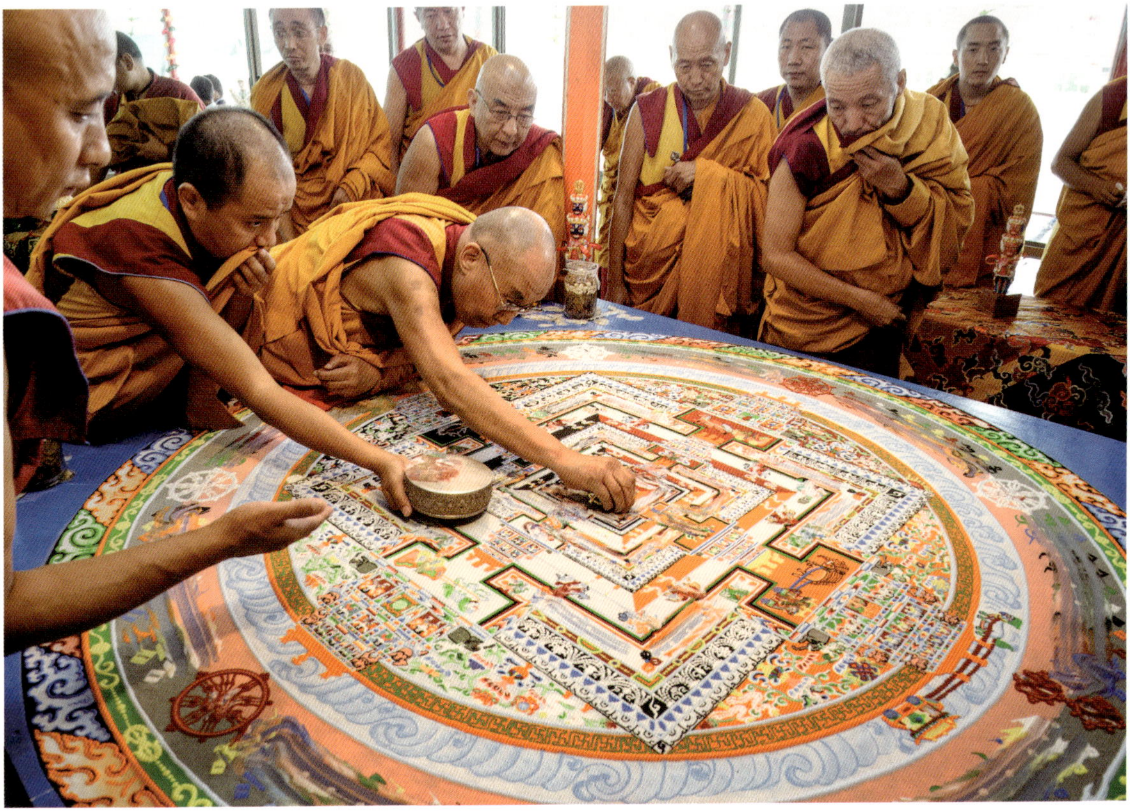

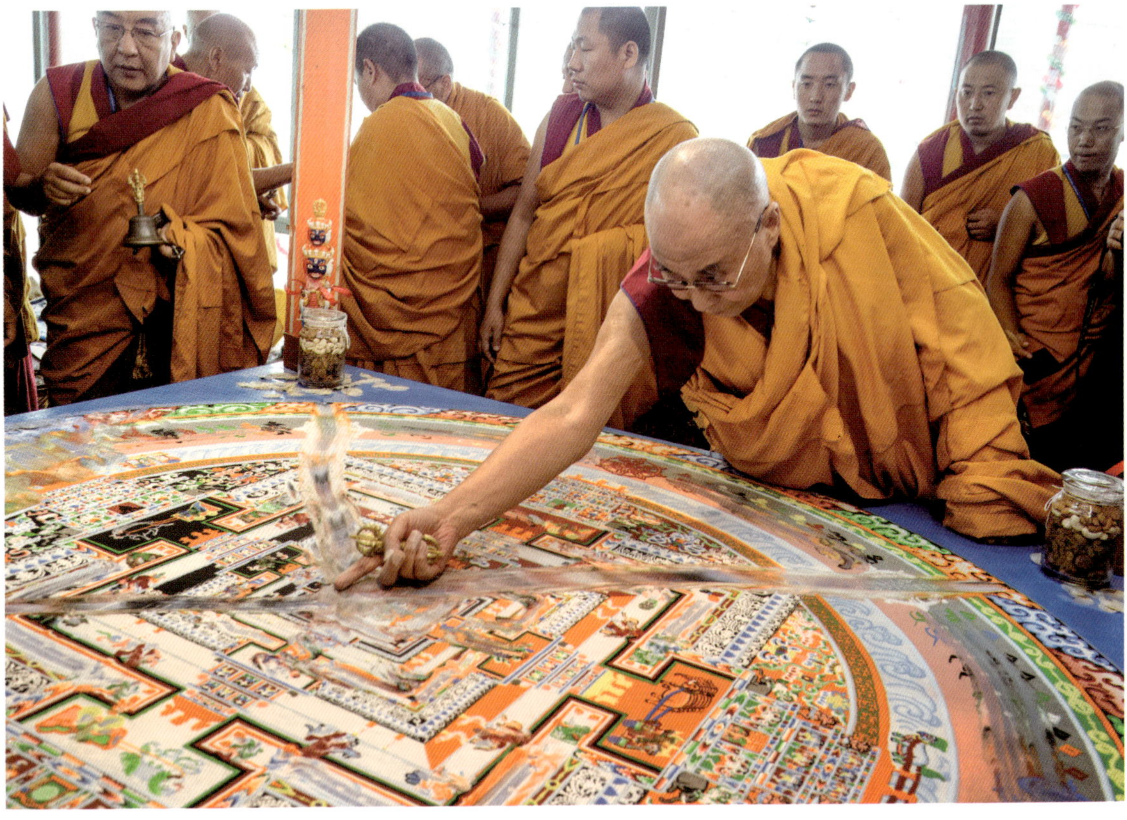

193

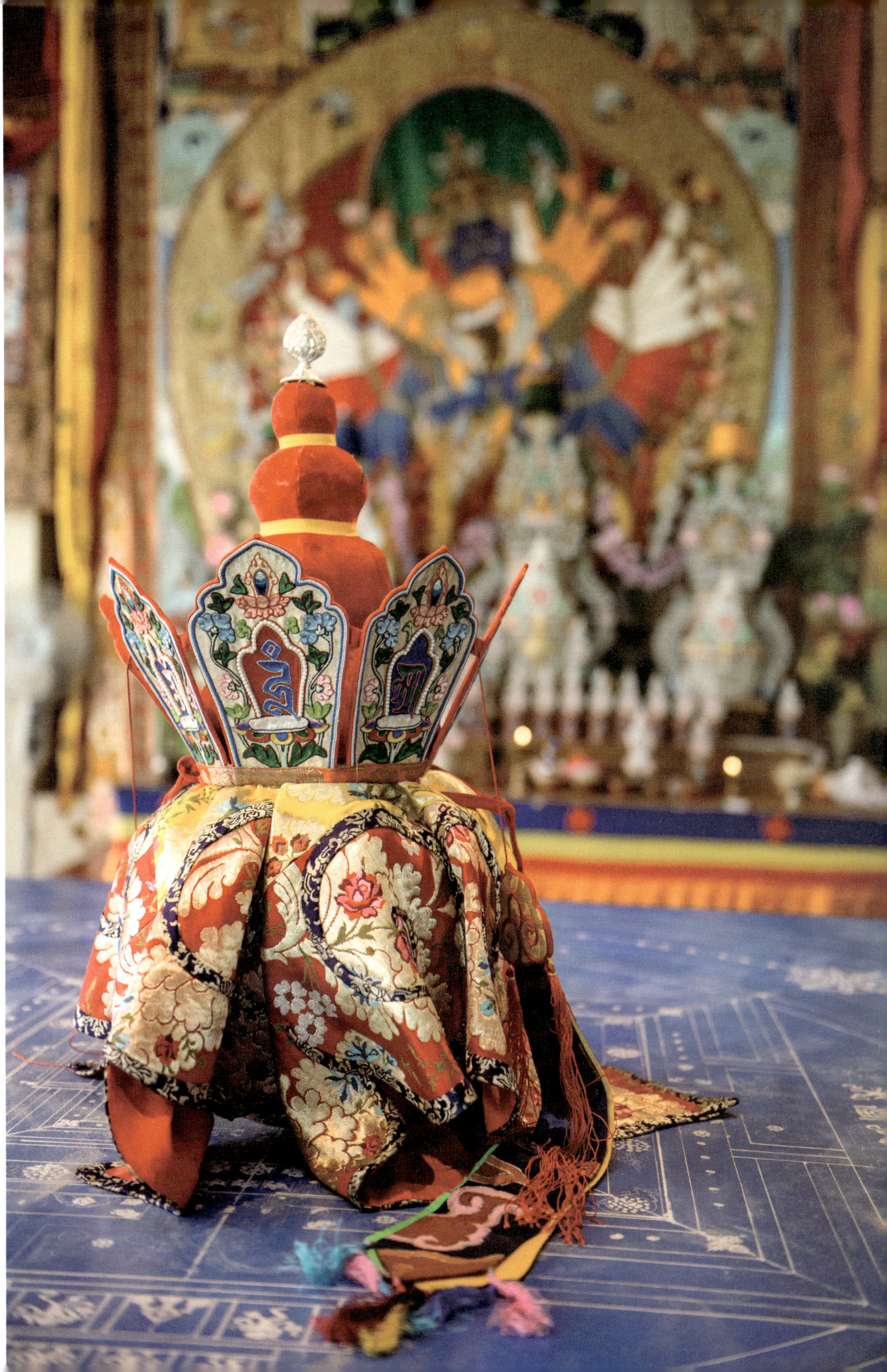

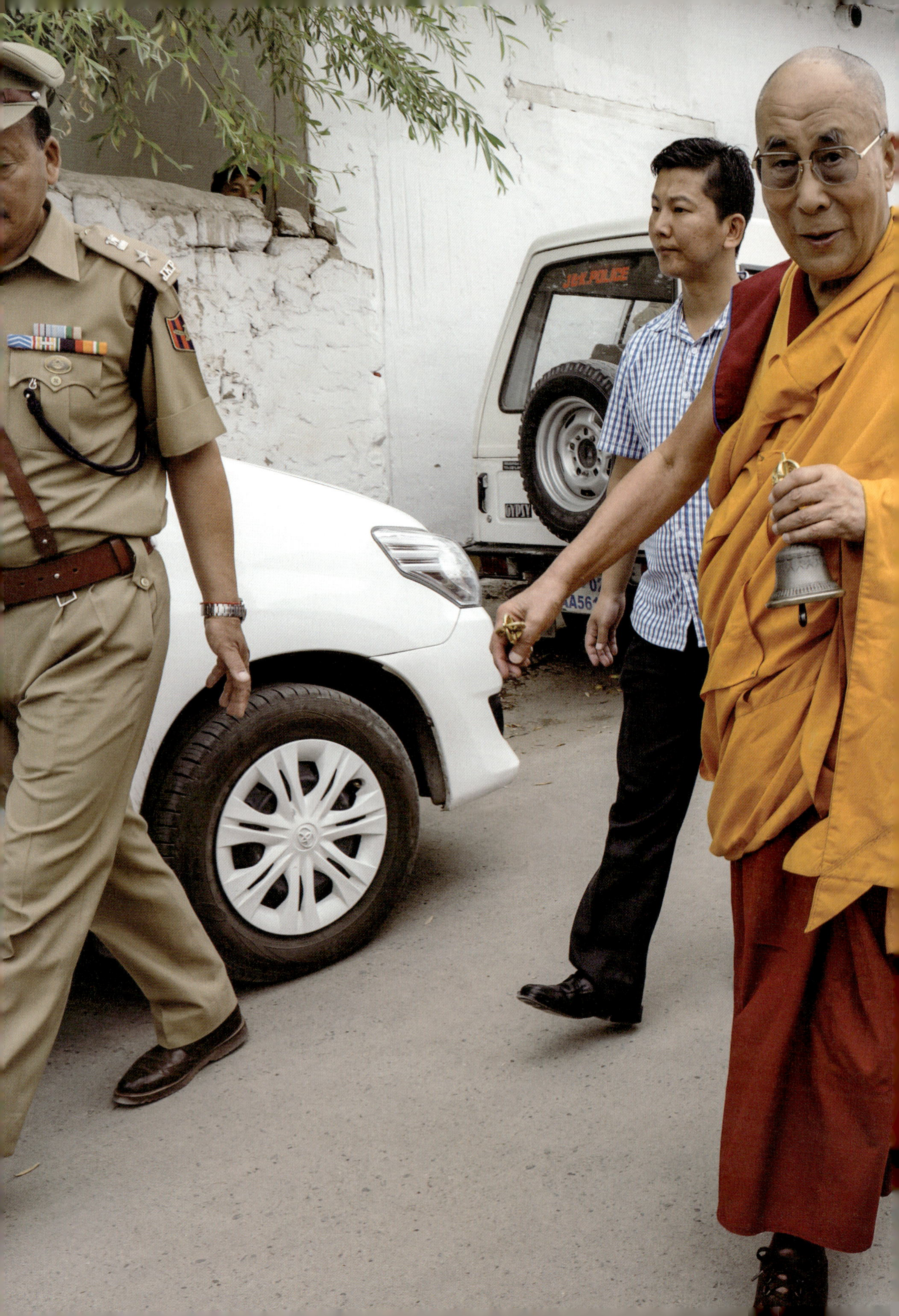

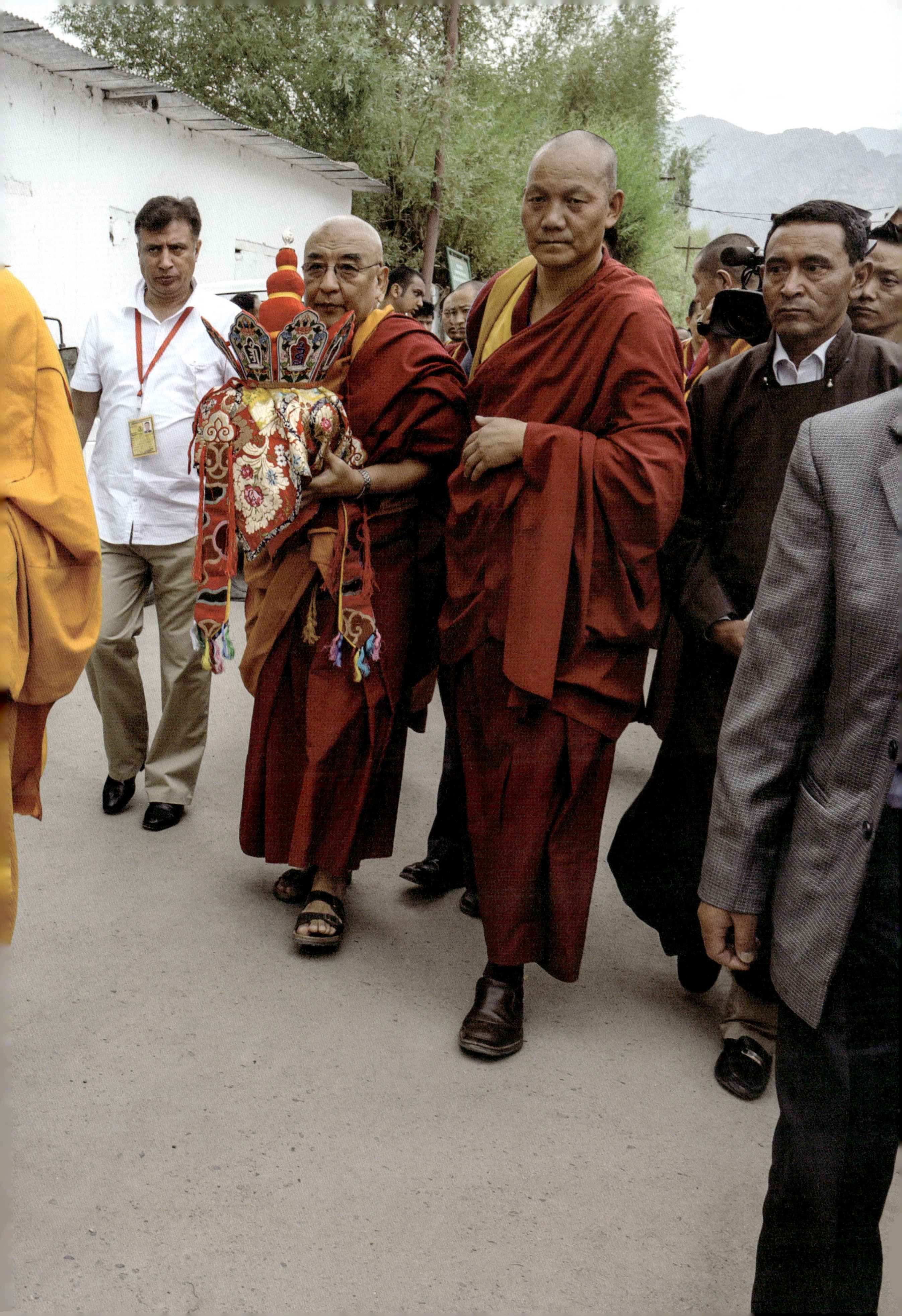

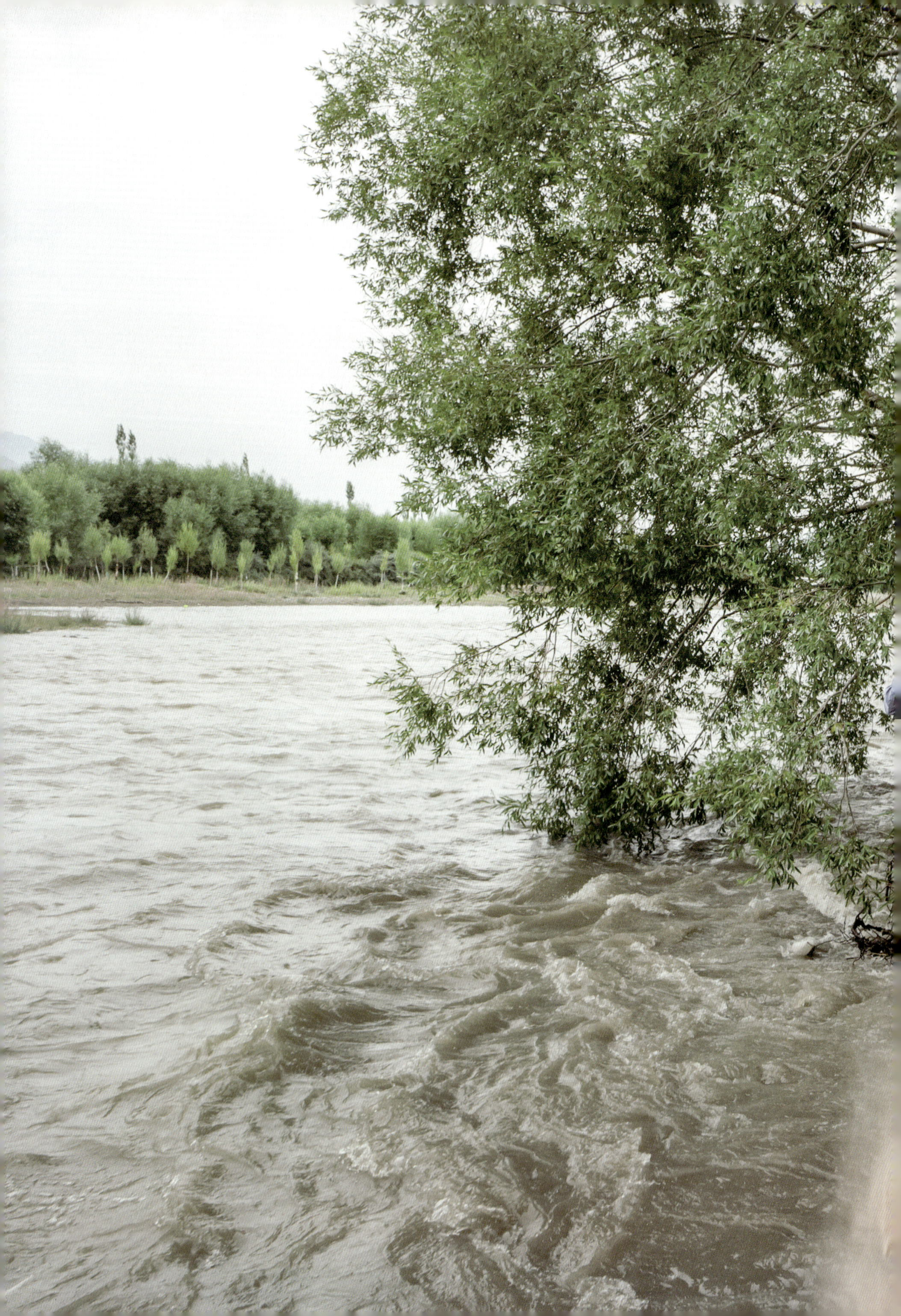

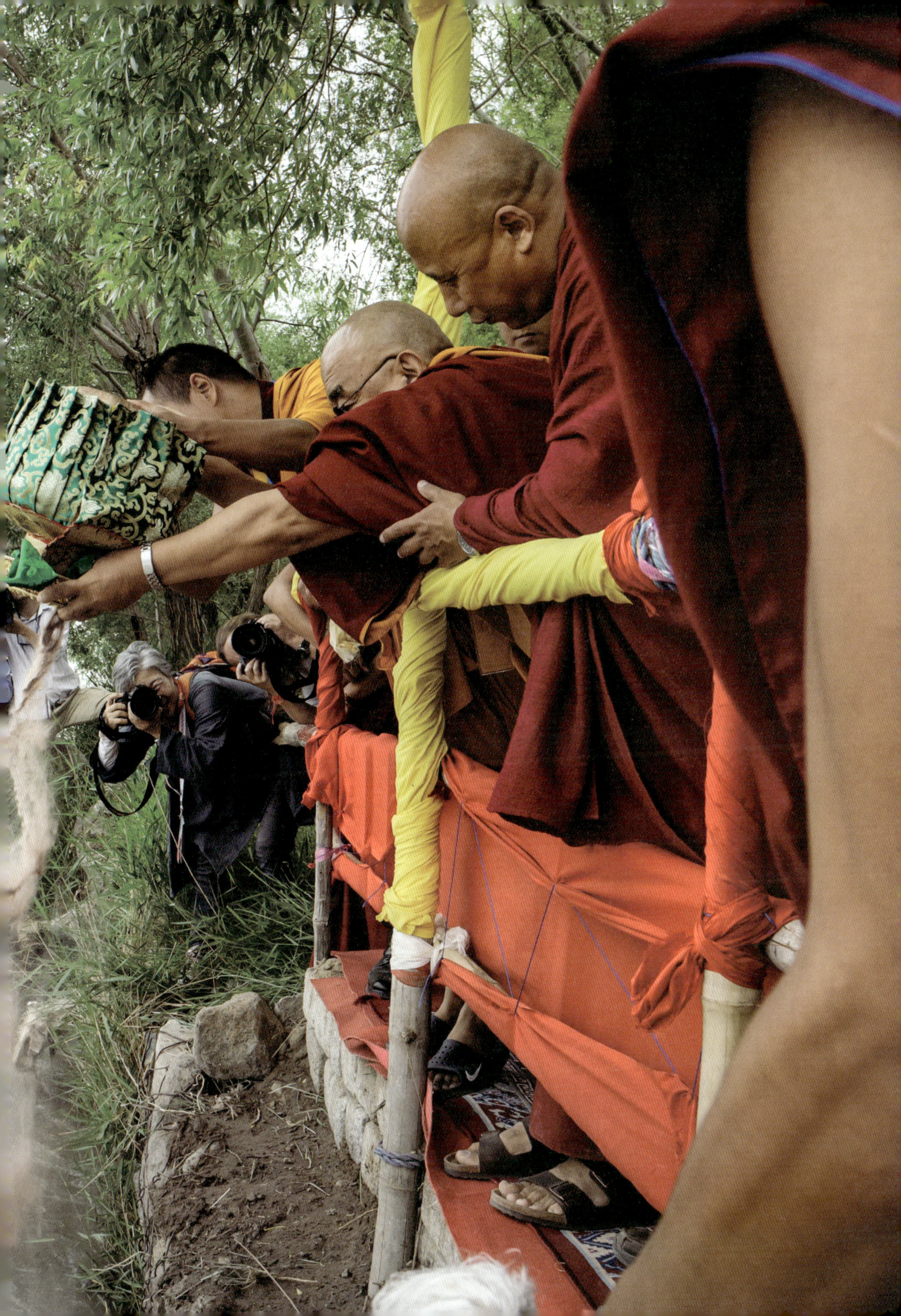

西藏人民的領袖

LEADER OF THE TIBETAN PEOPLE

　　1950 年 11 月,達賴喇嘛獲授命承擔其國家世俗領袖的職責,時值共產中國由東方入侵西藏之際。年僅十六歲的他,就要肩負一國存亡大任,他面臨的是一段驚險又危急的學習進程。1954 至 55 年間,他前往北京會見中國共產黨領導人,包括毛澤東與周恩來。隨後,1956 年達賴喇嘛前往印度訪問,應邀出席佛陀涅槃兩千五百週年紀念活動時,他向印度總理尼赫

魯（Jawaharlal Nehru）請益如何妥善處理西藏存亡危機。經過八年的努力，試圖找出與北京當局雙方都能接受的協議，最終事實證明，這項任務是不可能達成的。於是達賴喇嘛逃離家園，1959年3月，西藏首都拉薩爆發群眾起義，達賴喇嘛出走印度尋求庇護，以及尋找一個安身立命之處以繼續為西藏人民奮鬥。

1959年4月，達賴喇嘛抵達印度後，立刻向國際社會揭示西藏的困境。他的呼籲促使聯合國通過三項決議，敦促中國尊重西藏人民的自由與尊嚴。在印度北部的山區小鎮達蘭薩拉（Dharamsala）安頓之後，他成立了「西藏中央祕書處」（Central Tibetan Secretariat），後來改名為「藏人行政中央」（Central Tibetan Administration, CTA），實質上就是西藏流亡政府。在印度其他地方，尤其是南部地區，特設了藏人居住的定點，如此一來，藏人能夠群居在一起，保留自身的文化。達賴喇嘛渴望重建西藏的宗教與文化傳承，他在達蘭薩拉監督成立了許多重要機構，包括：大乘法苑寺（Thekchen Choling Temple）、尊聖寺、乃瓊寺（Nechung Monastery）、西藏檔案文獻圖書館（Library of Tibetan Works & Archives）、西藏醫學研究院（Tibetan Medical Institute）、西藏表演藝術學院（Tibetan Institute for Performing Arts）。此外，具有歷史重要意義的藏傳佛教寺院也在印度重建，而中央藏人學校（Central Schools for Tibetans）則為藏族青

年提供現代化教育，同時確保他們理解自身的文化根源。

早在 1963 年，達賴喇嘛便開始推展西藏治理的民主化。為了西藏前途起草一部民主憲章，選舉西藏人民代表組成西藏流亡議會。隨著全球情勢的變化——特別是中國獲准加入聯合國及其國際影響力提升——達賴喇嘛提出了他稱之為「中間道路」（Middle Way Approach）的主張。這個概念架構是經流亡藏人領袖共同商議形成，他們並不是要求西藏獨立，而是尋求有意義的自治（meaningful autonomy），確保西藏獨特的語言、文化與宗教得以傳承，以及西藏高原脆弱的環境得以永續。「中間道路」的立場獲得國際社會廣泛支持，很多人認為那是一條務實且具有遠見的路線。儘管接下來達賴喇嘛的代表團與北京當局進行了兩輪對話，還是沒有取得任何重要的進展，然而「中間道路」仍然是一個清楚明確且長遠可行的準則，用以解決西藏長期的爭端，以及藏人爭取自由與尊嚴的奮鬥。

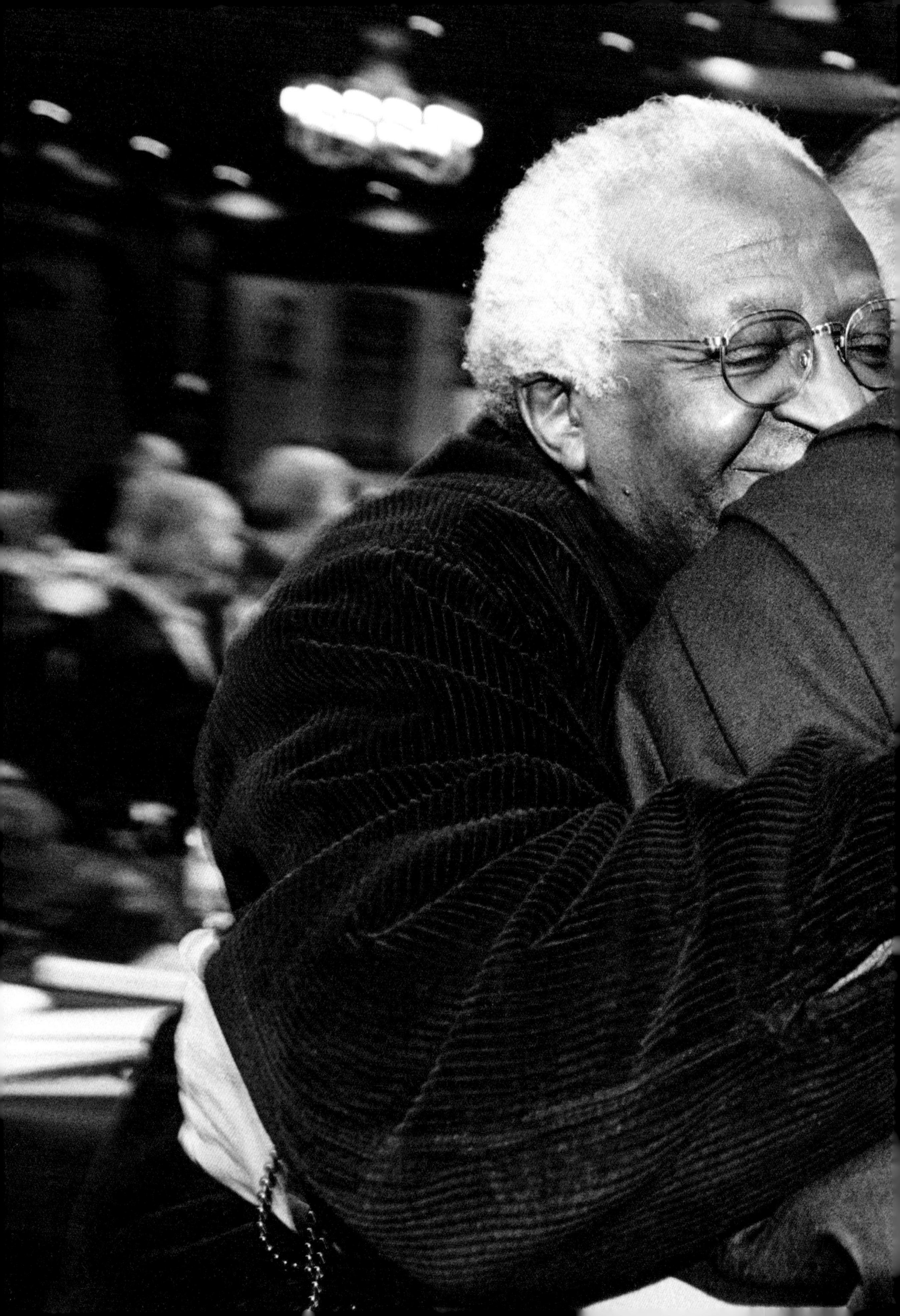

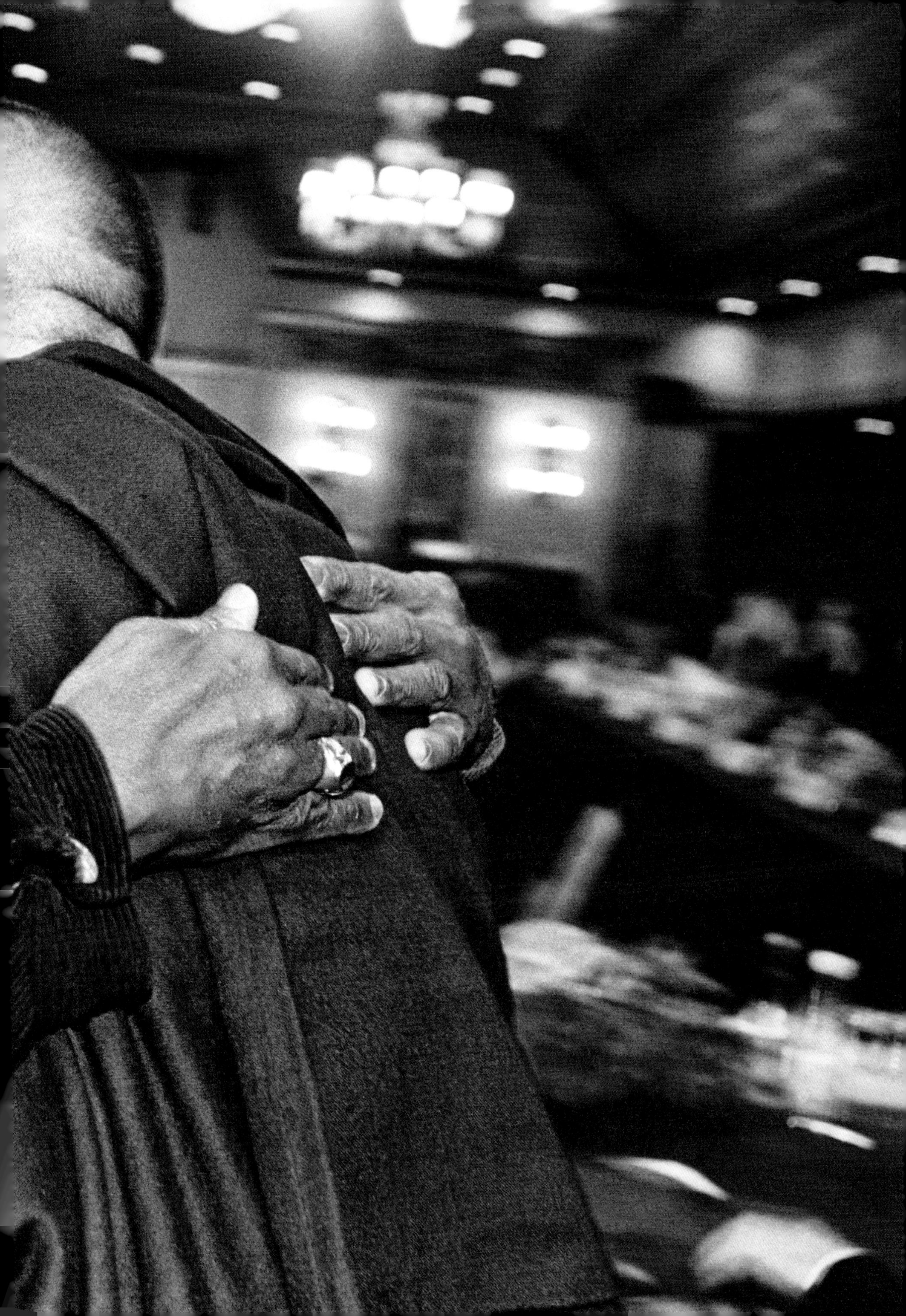

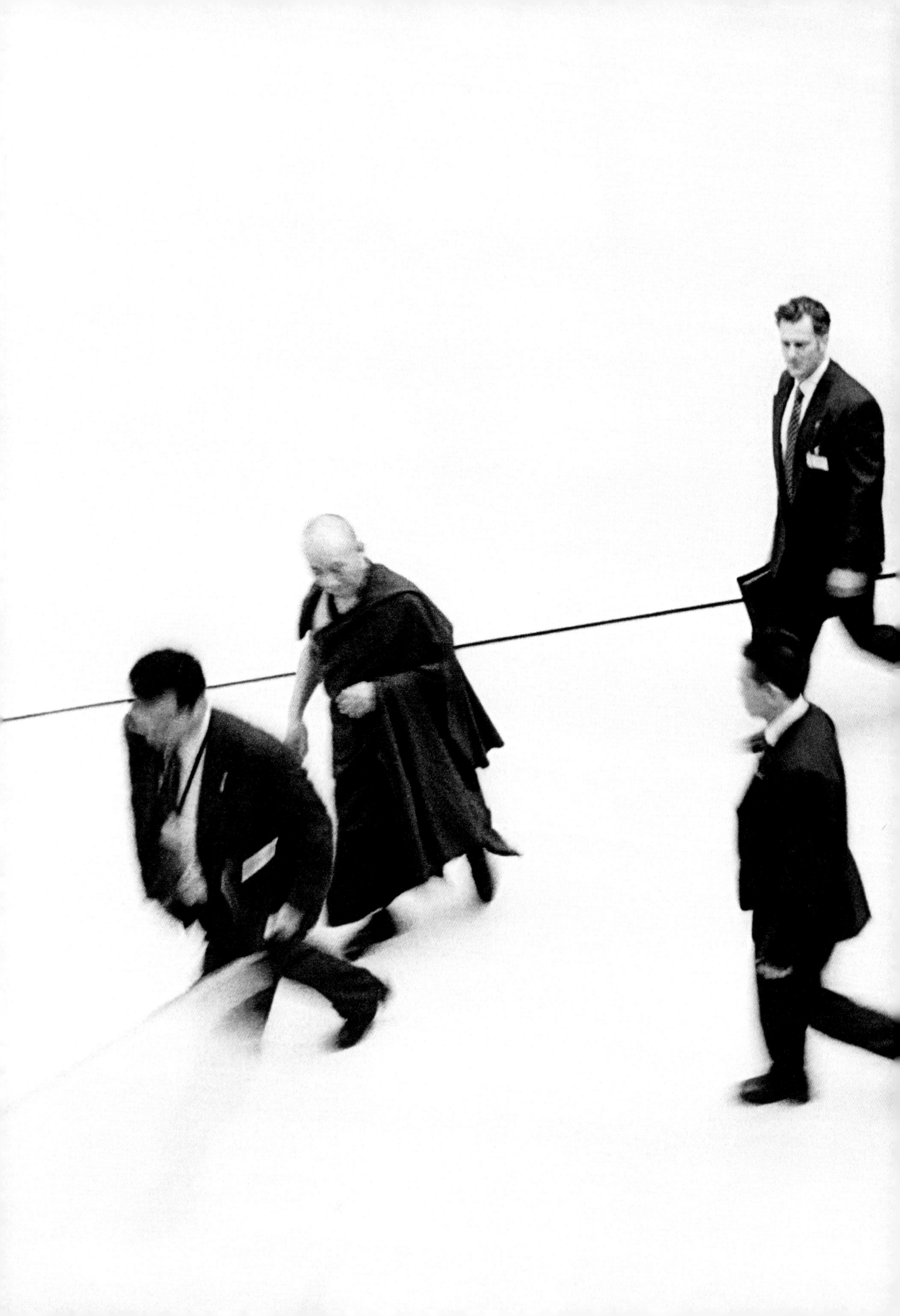

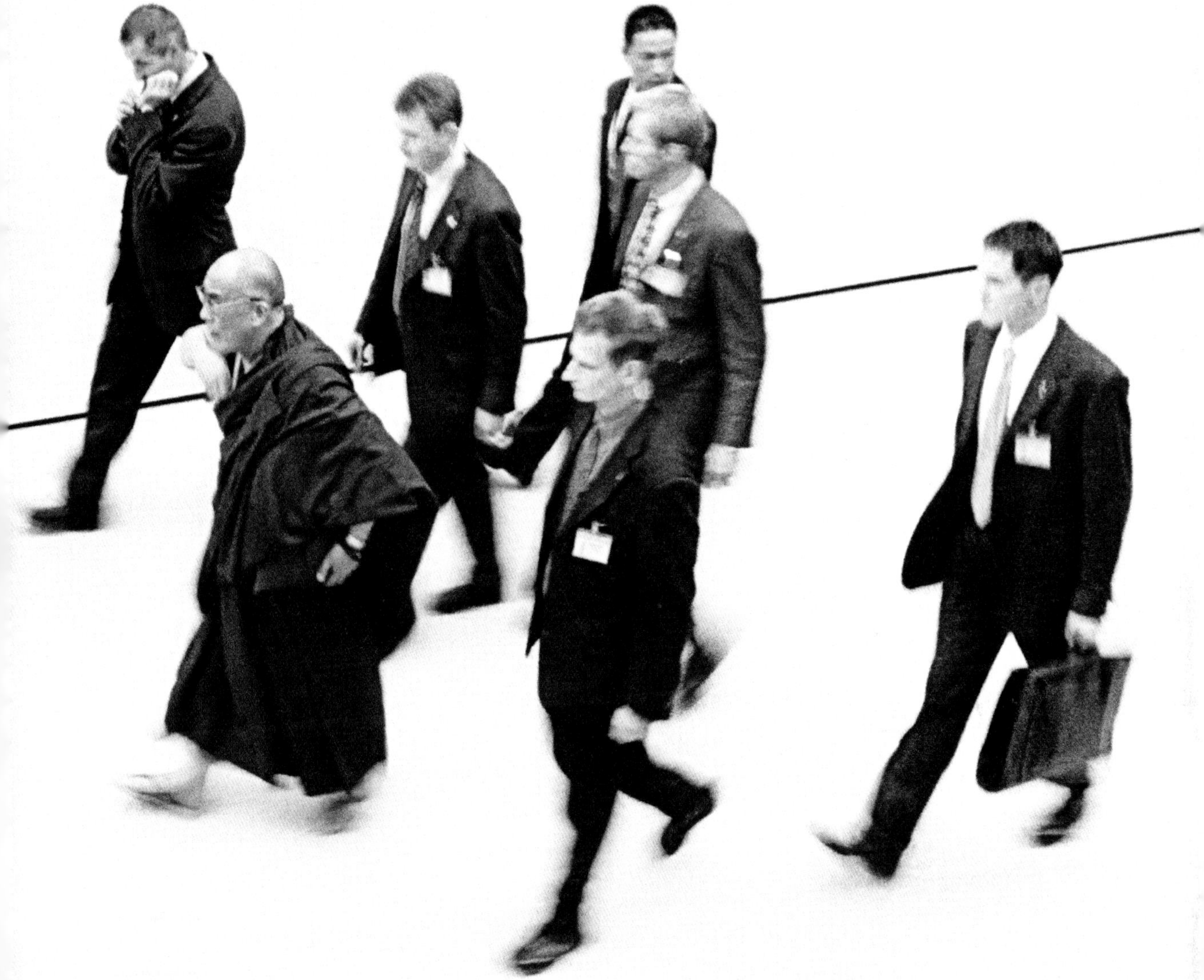

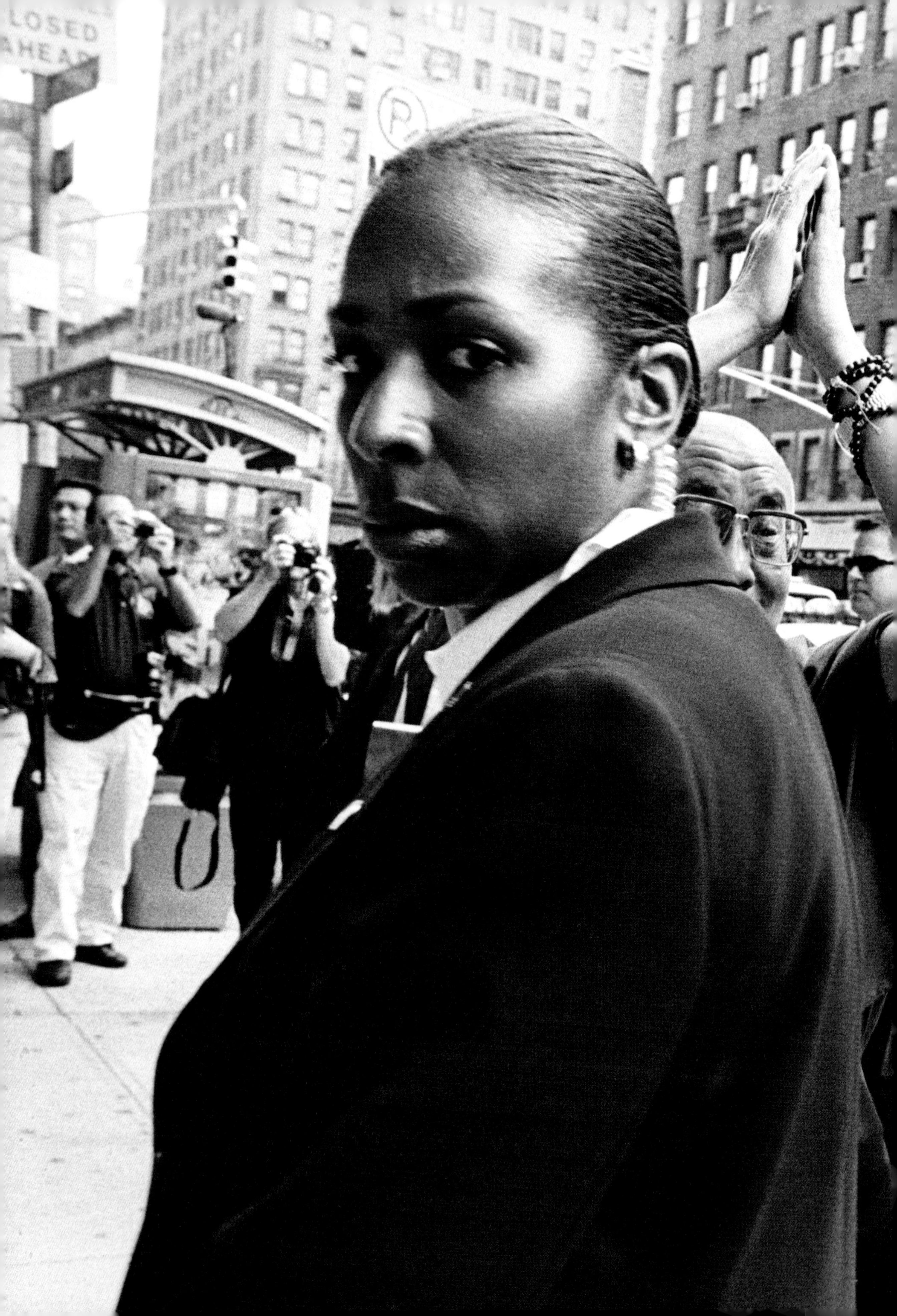
LOSED
AHEA

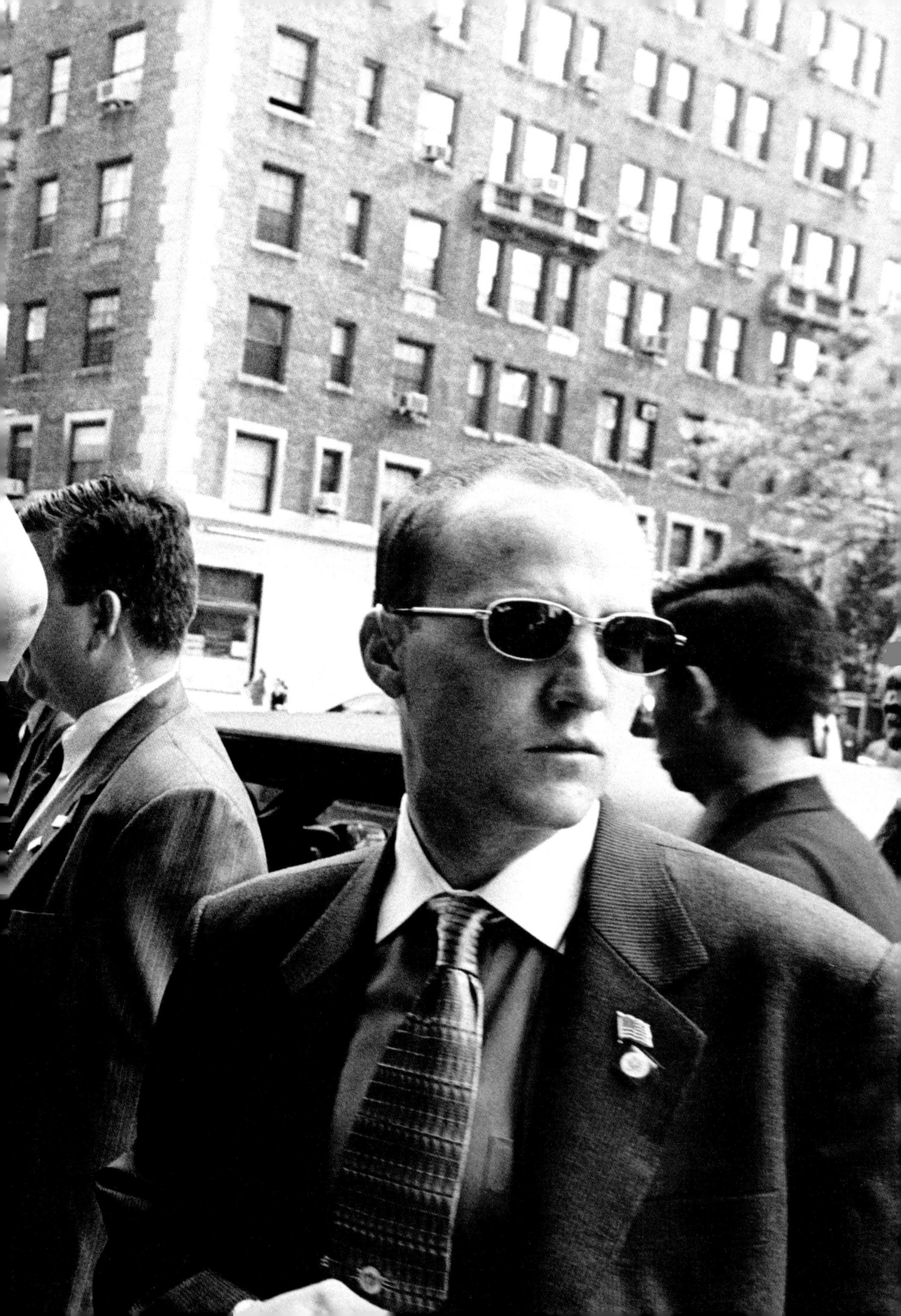

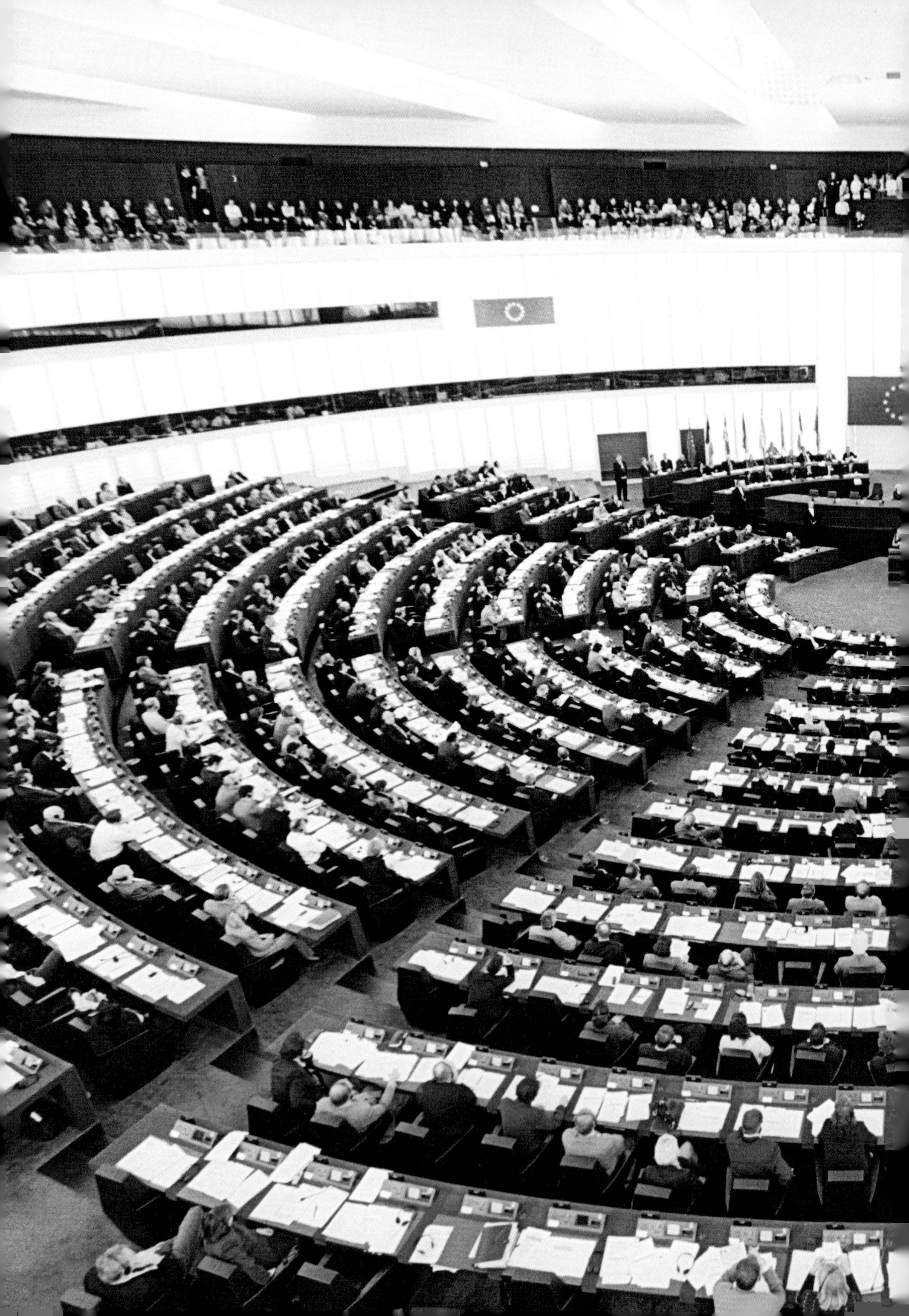

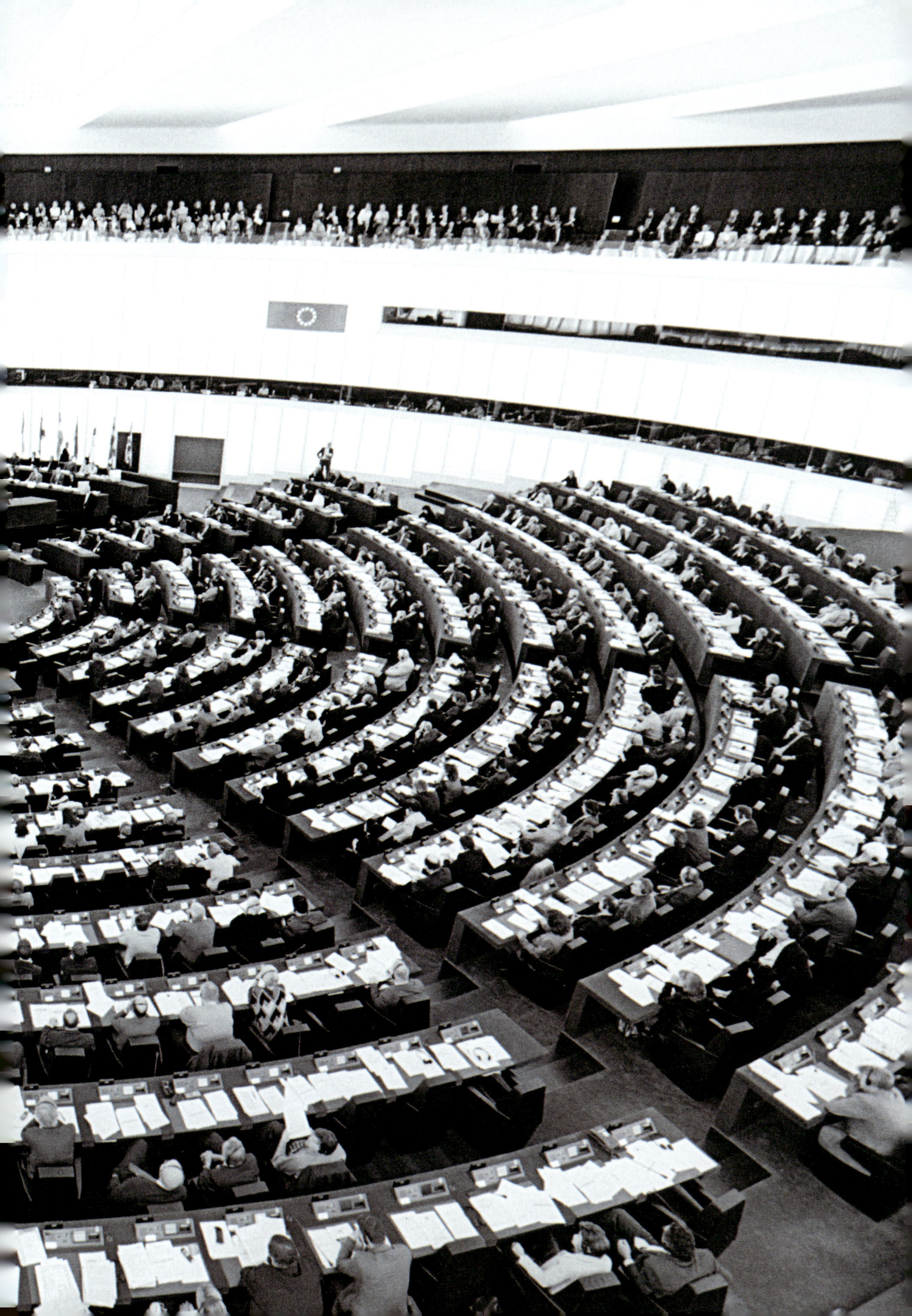

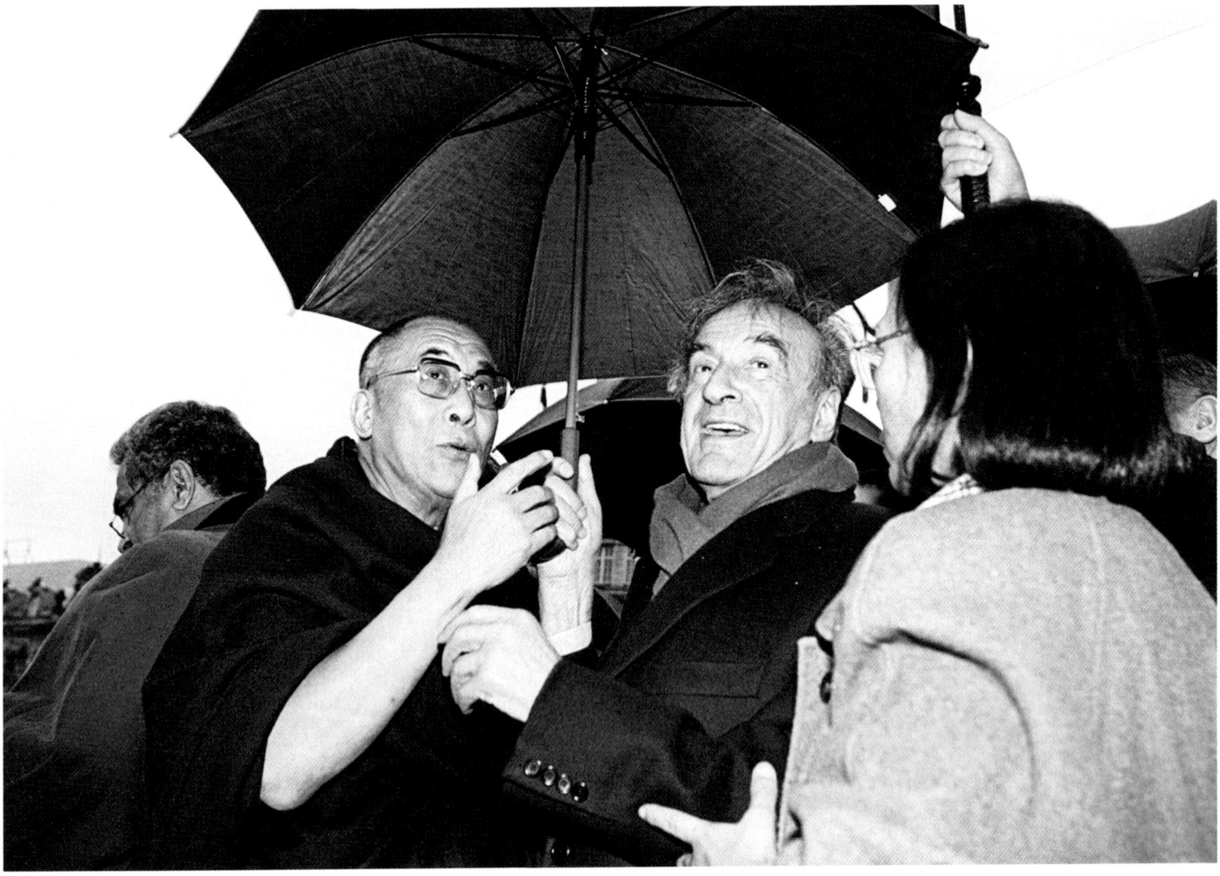

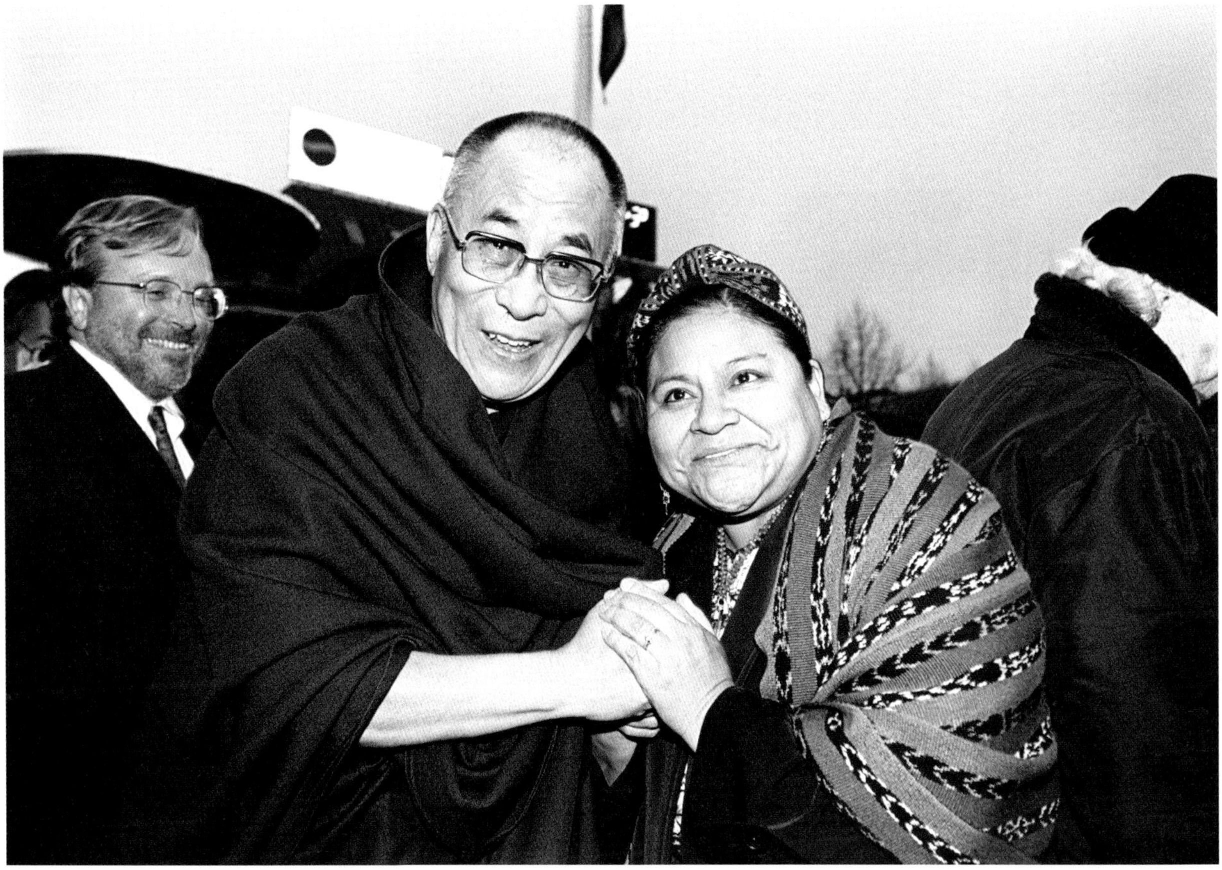

214

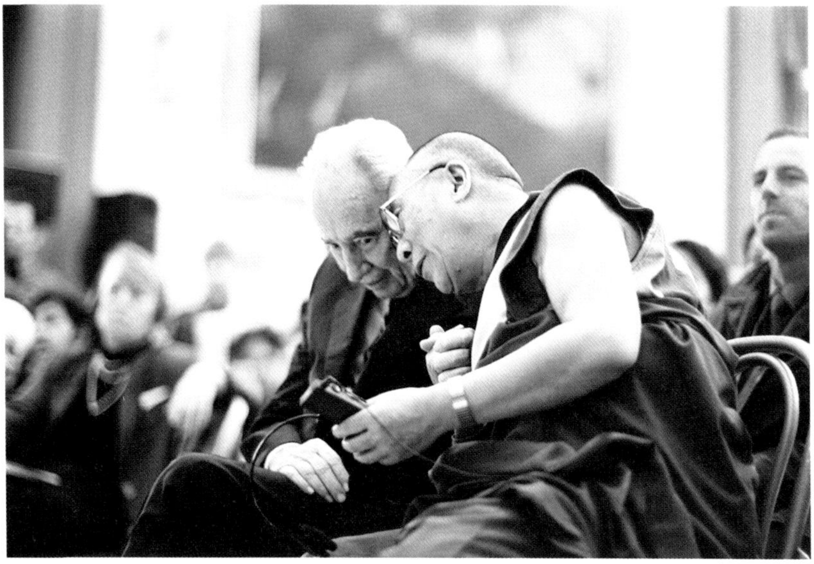

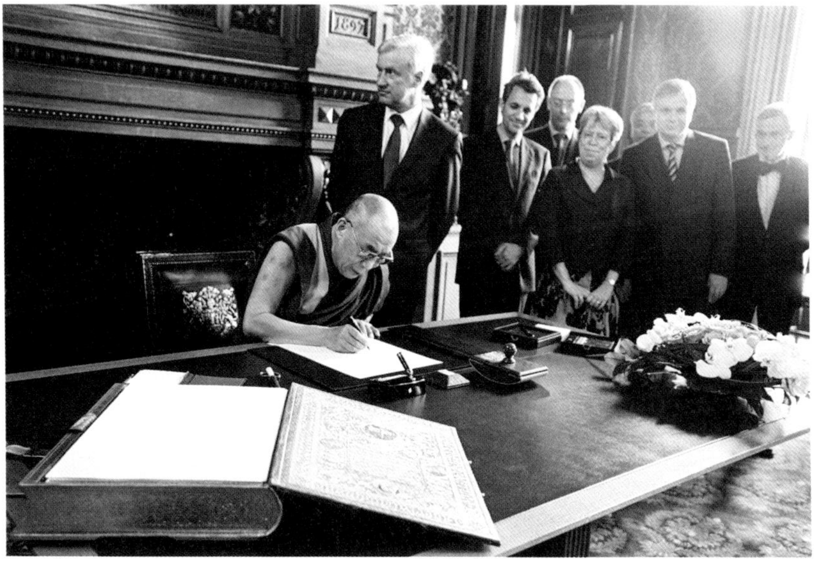
1892

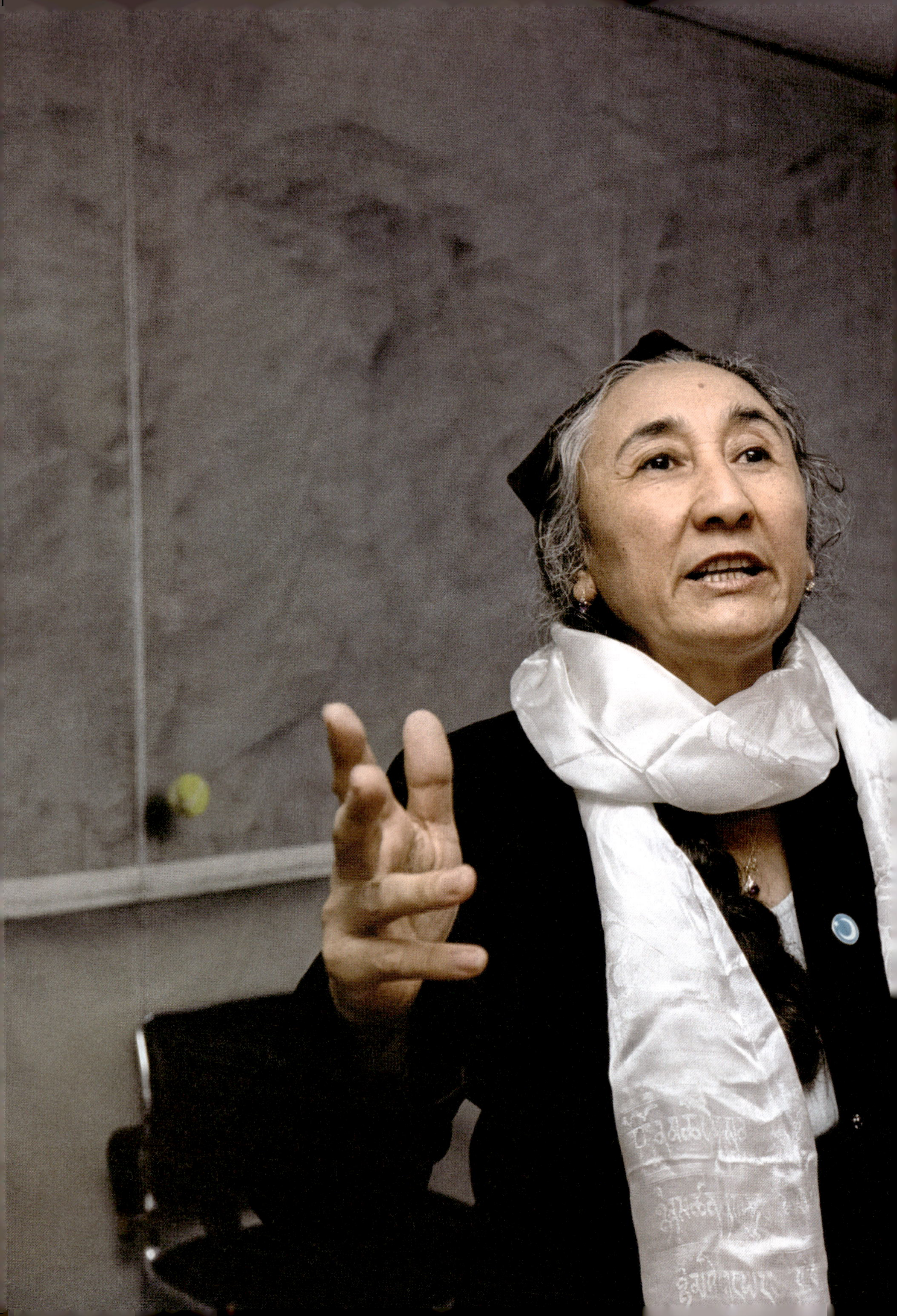

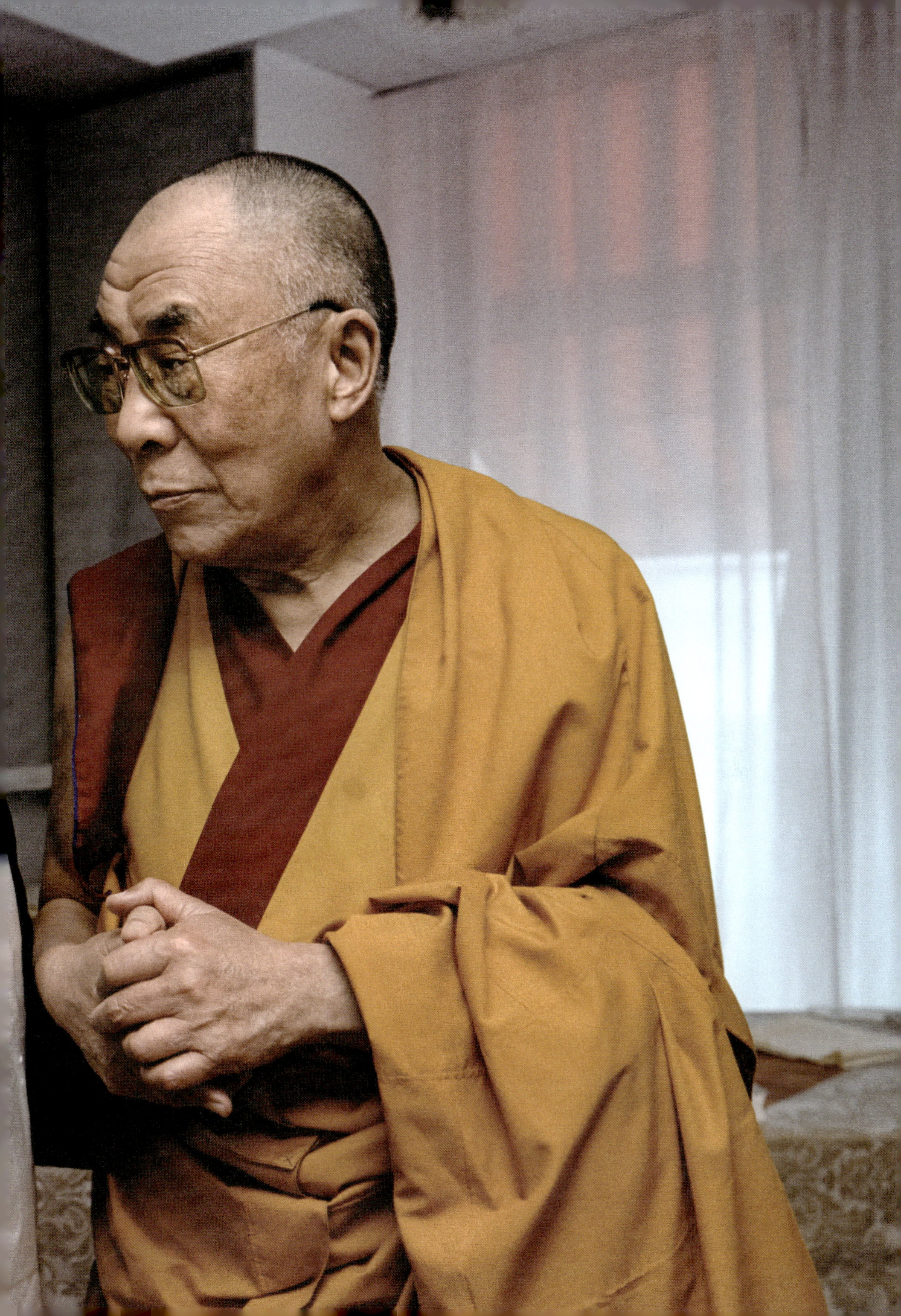

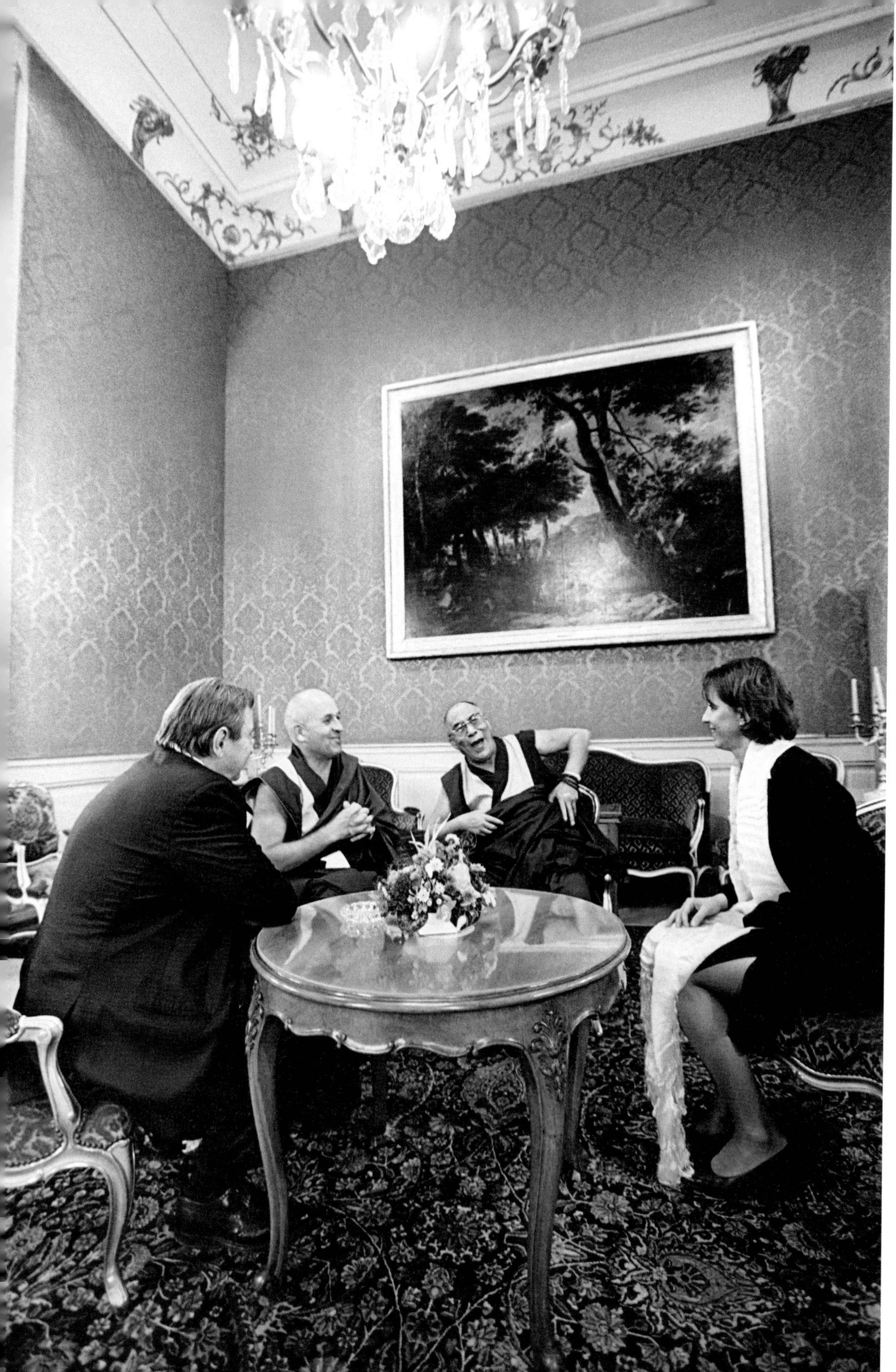

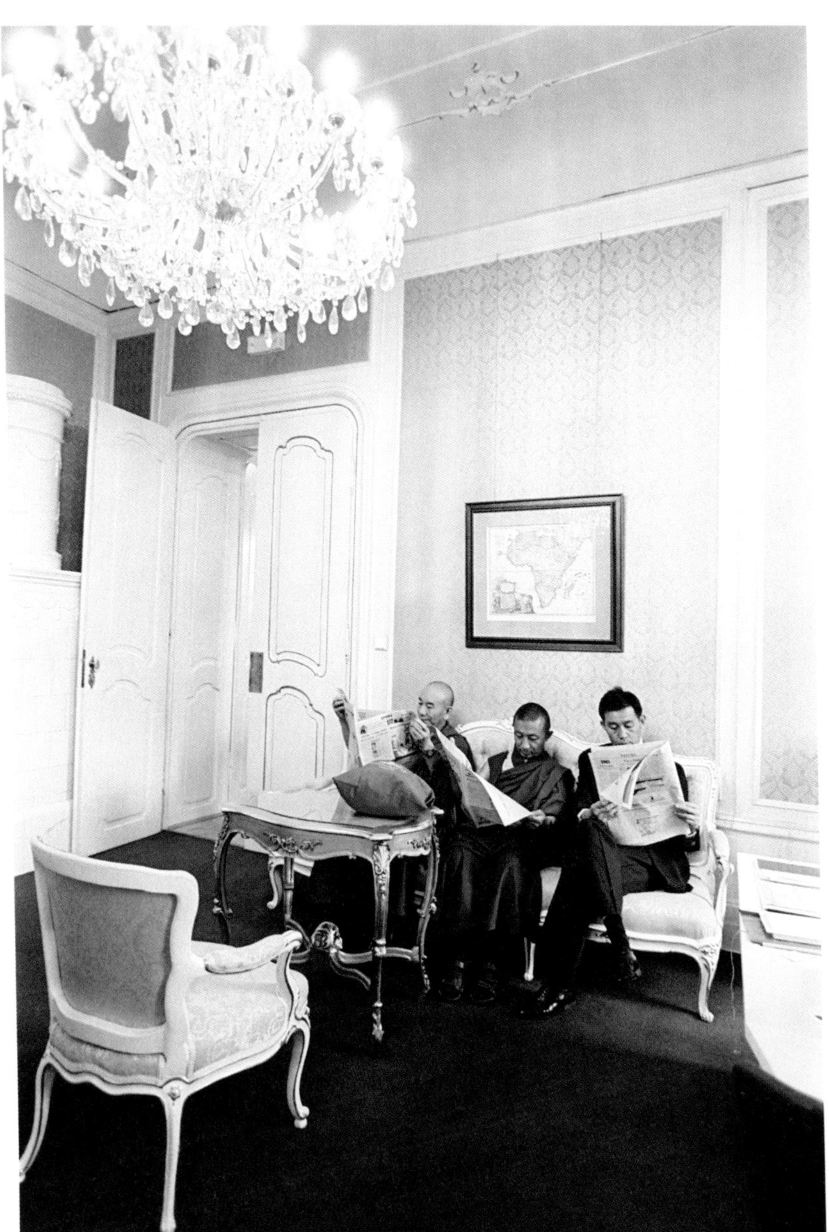

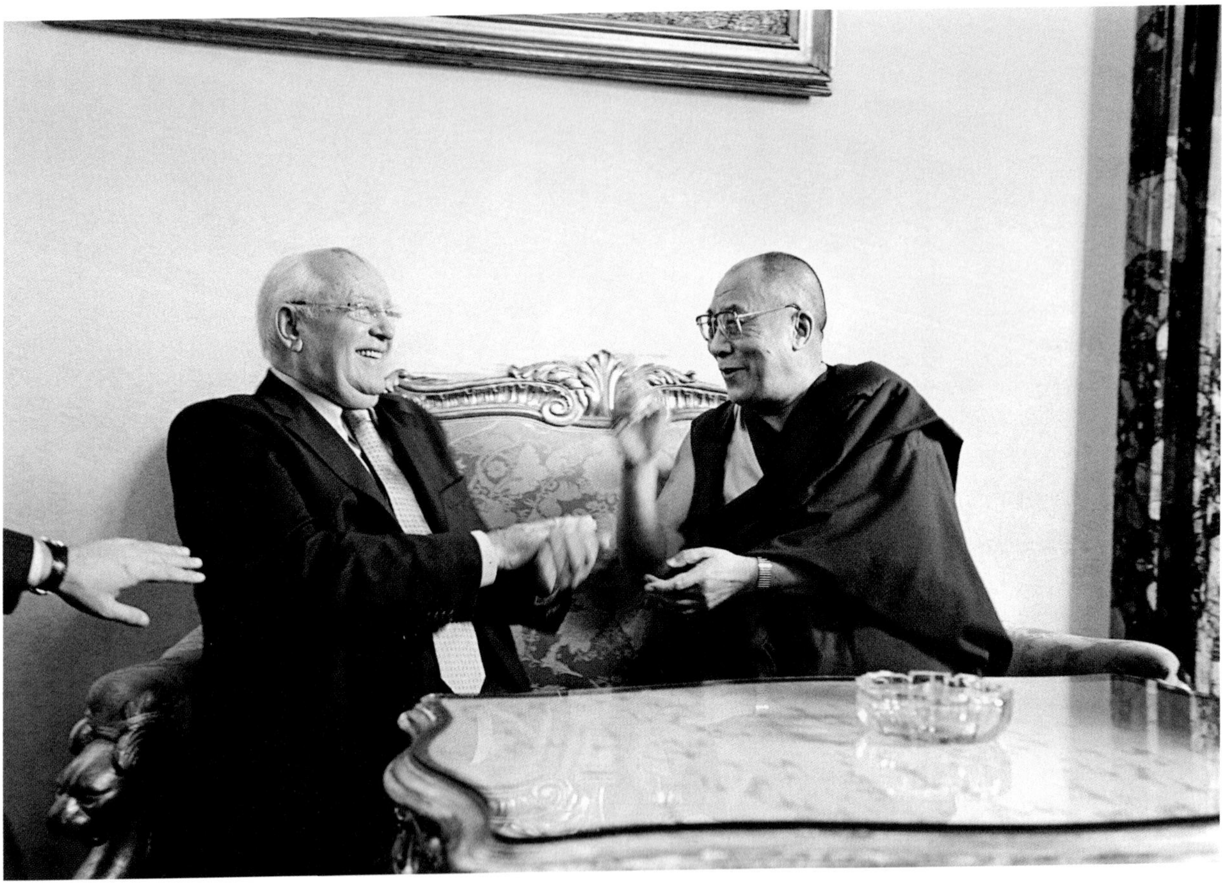

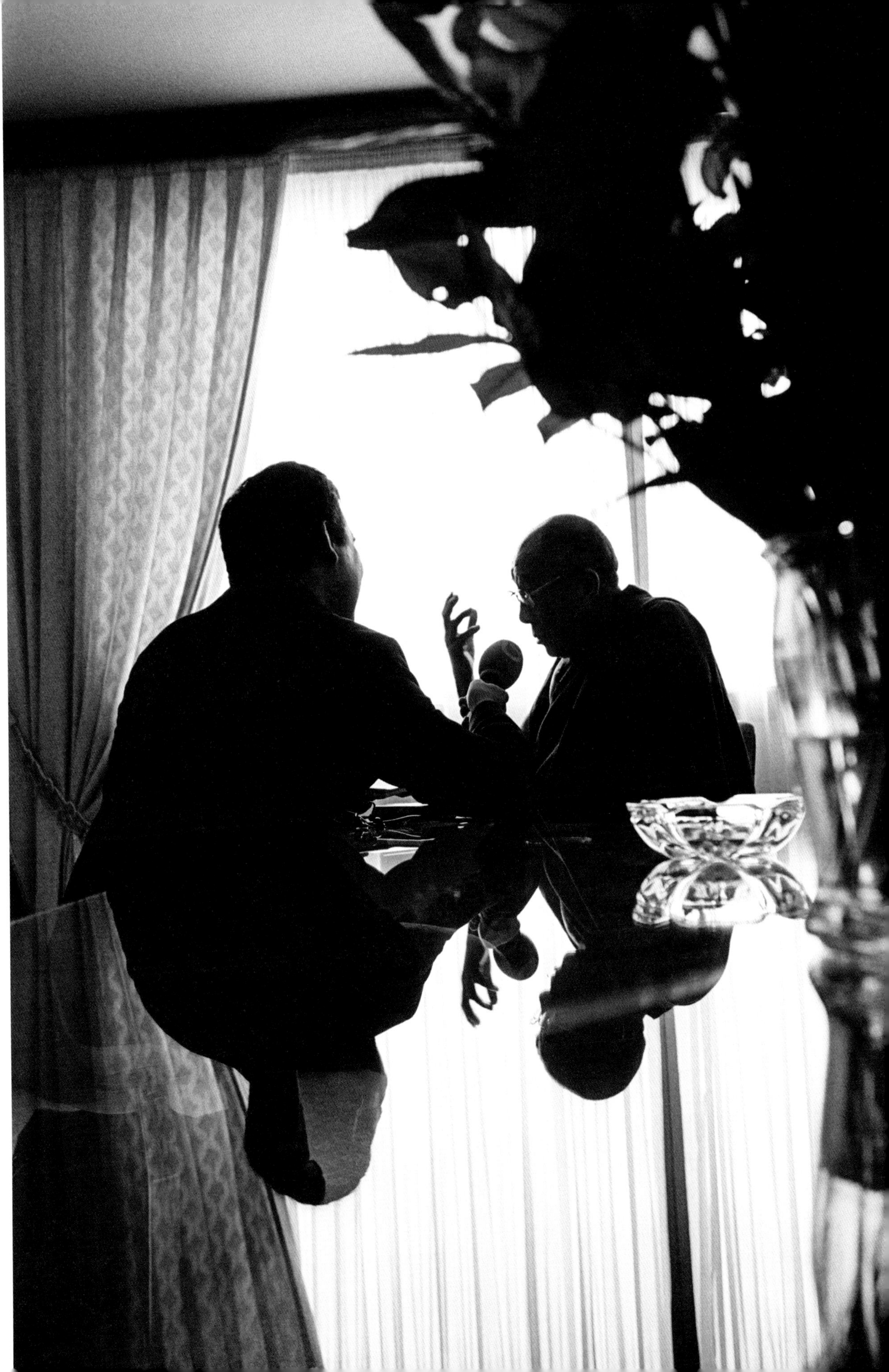

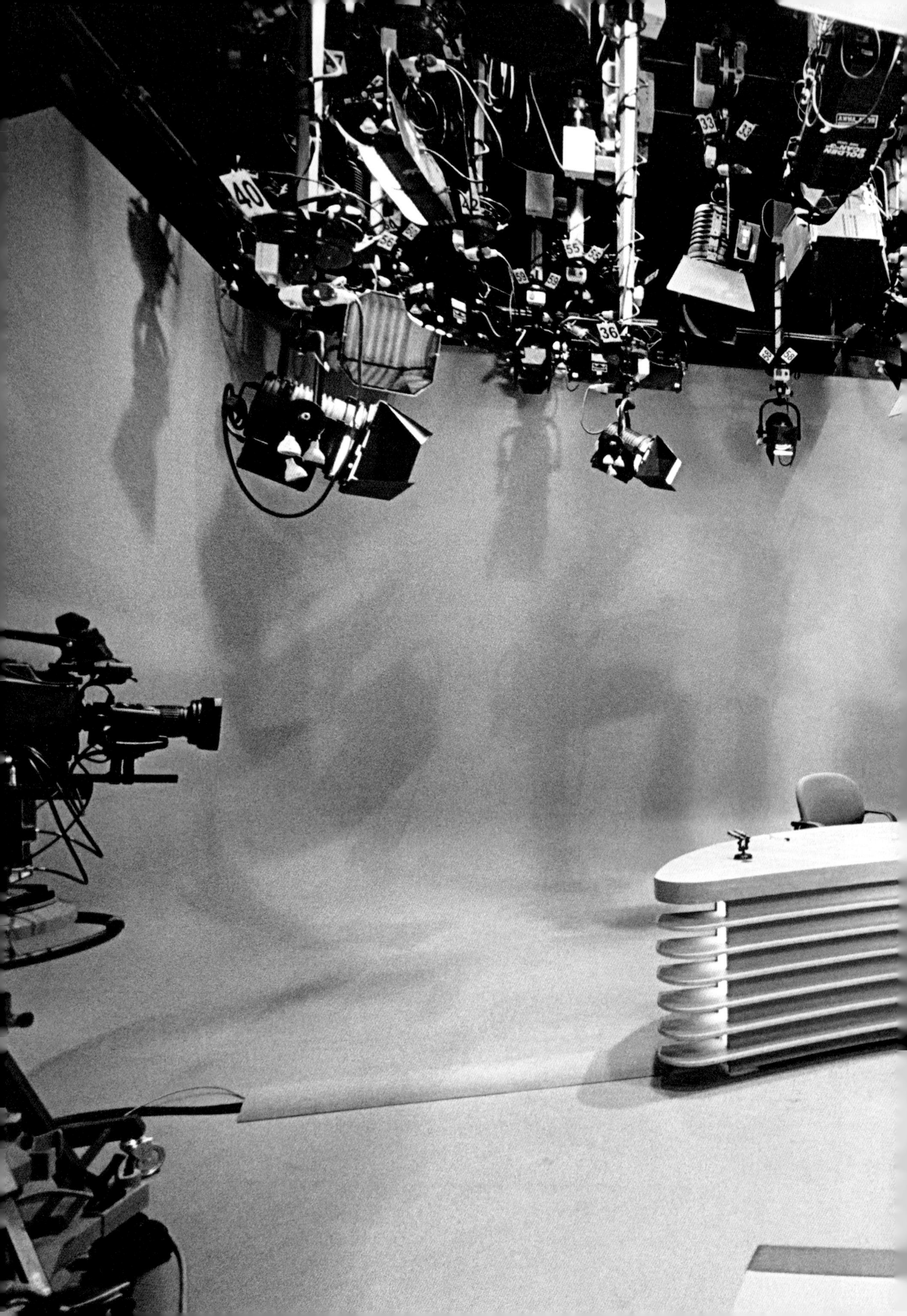
40
36

Dalajláma

V sobotu přicestoval do
Prahy už počtvrté
tibetský duchovní vůdce
Dalajláma. Prozatím

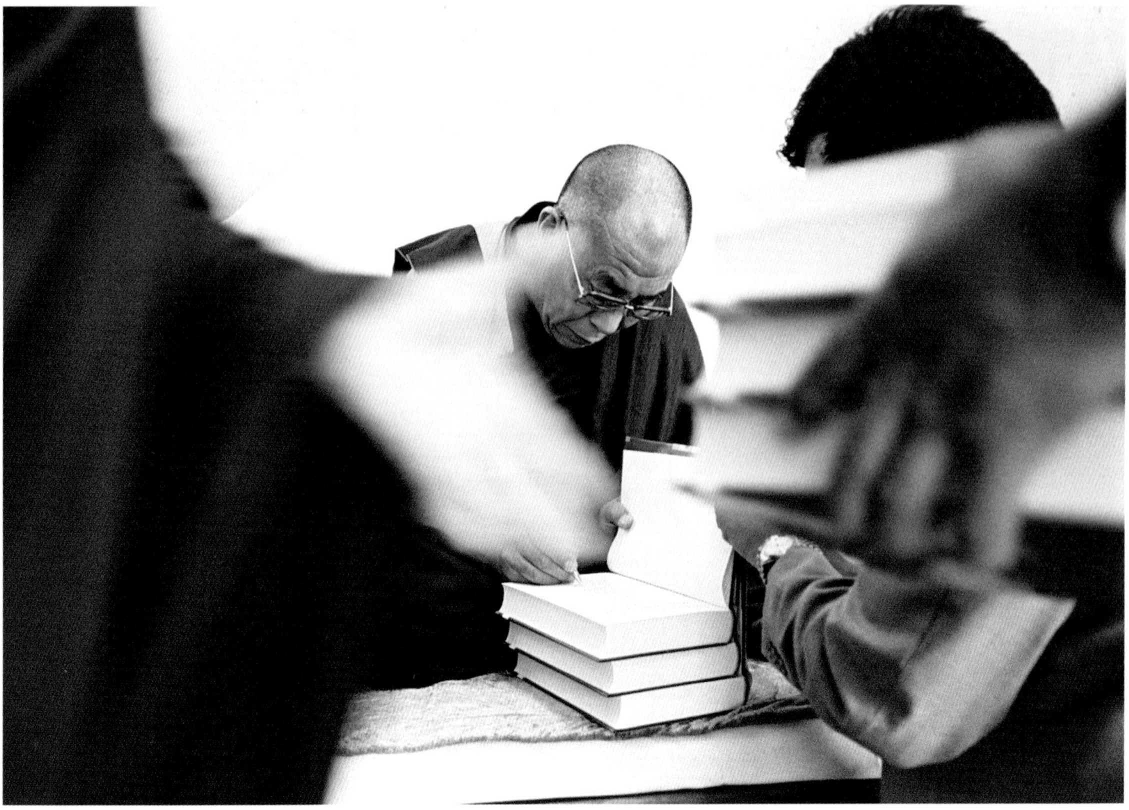

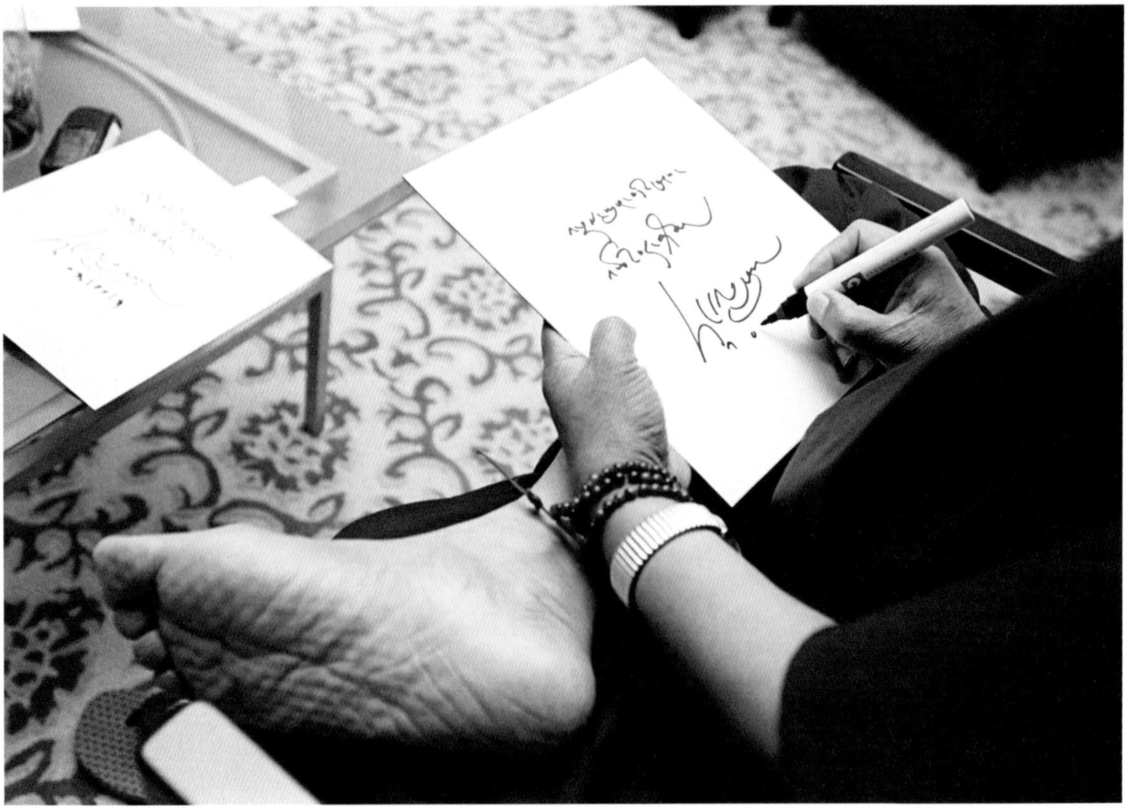

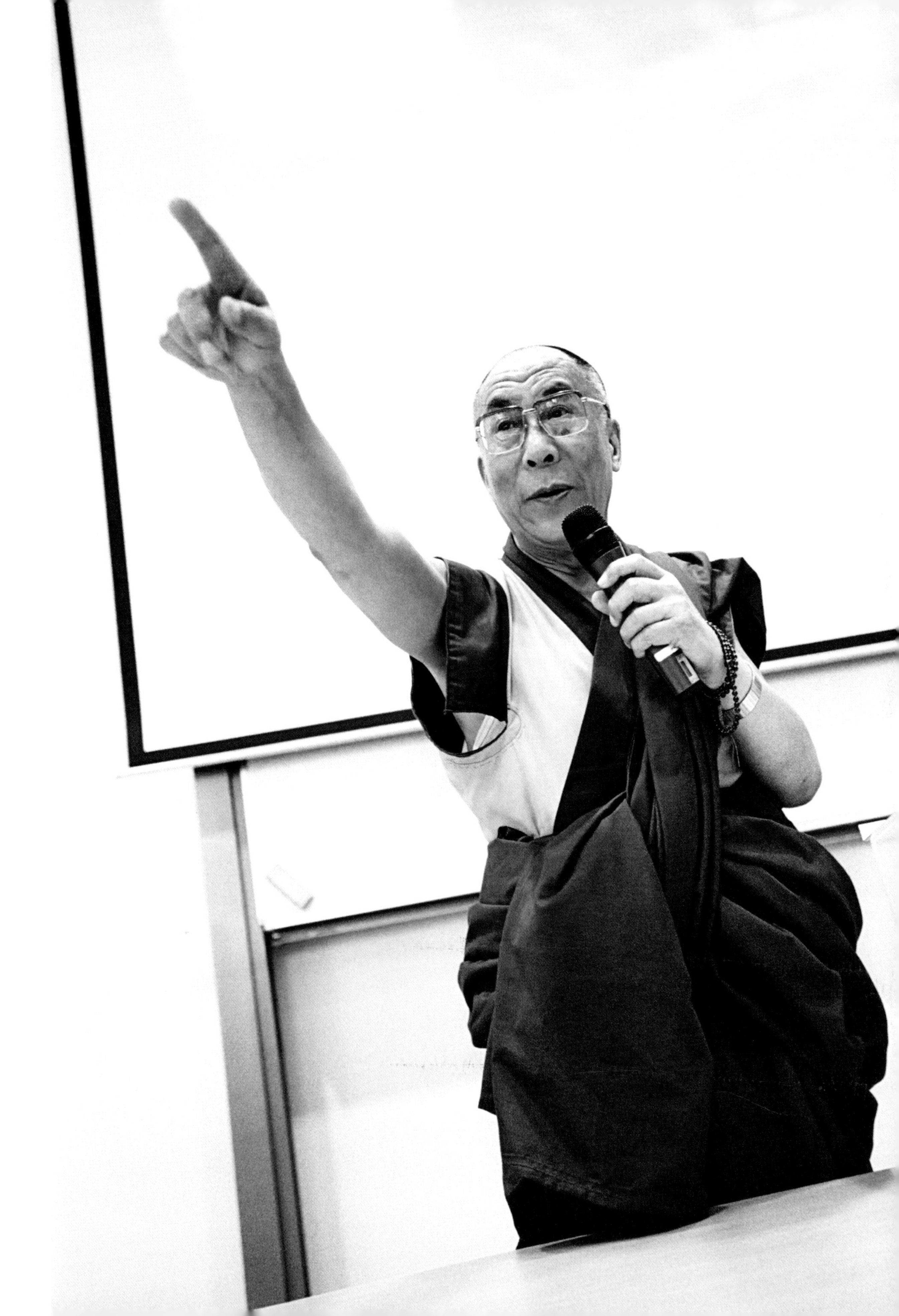

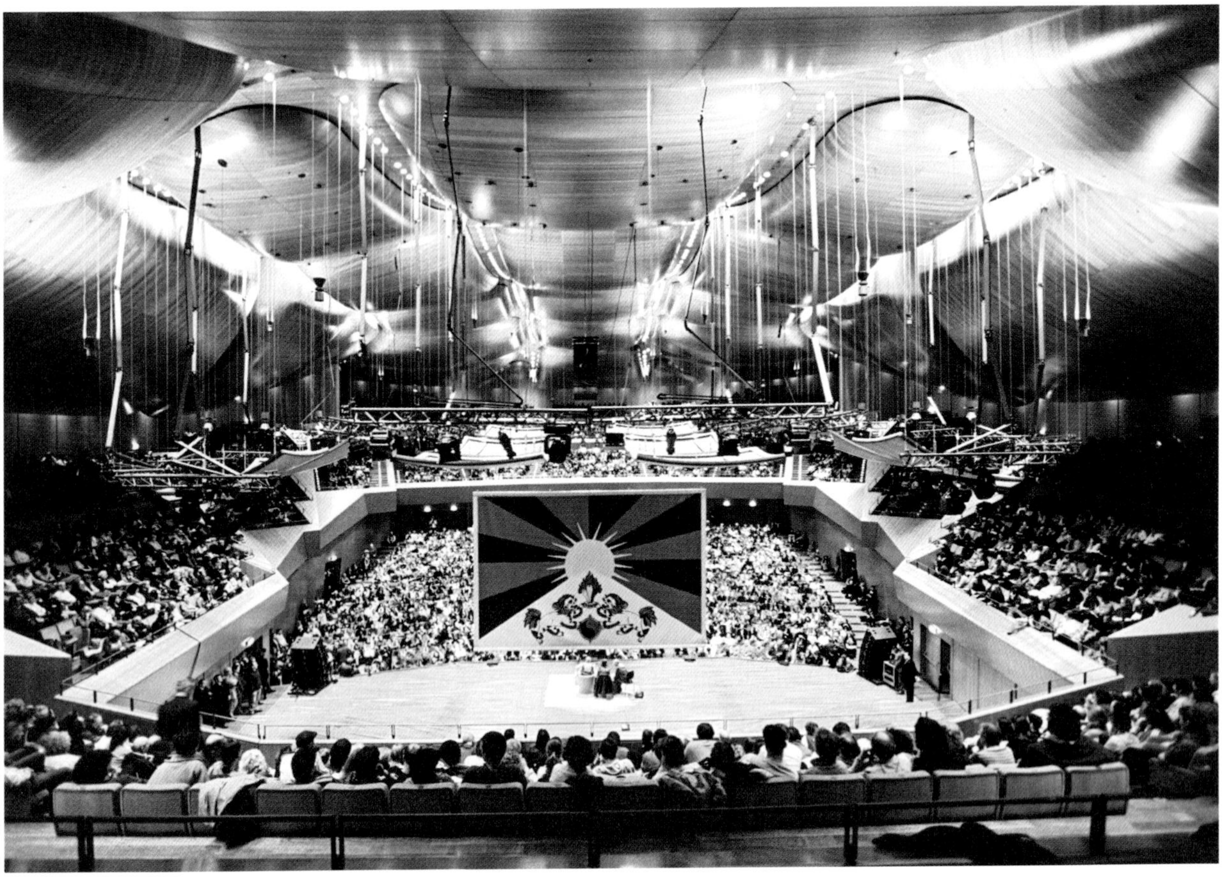

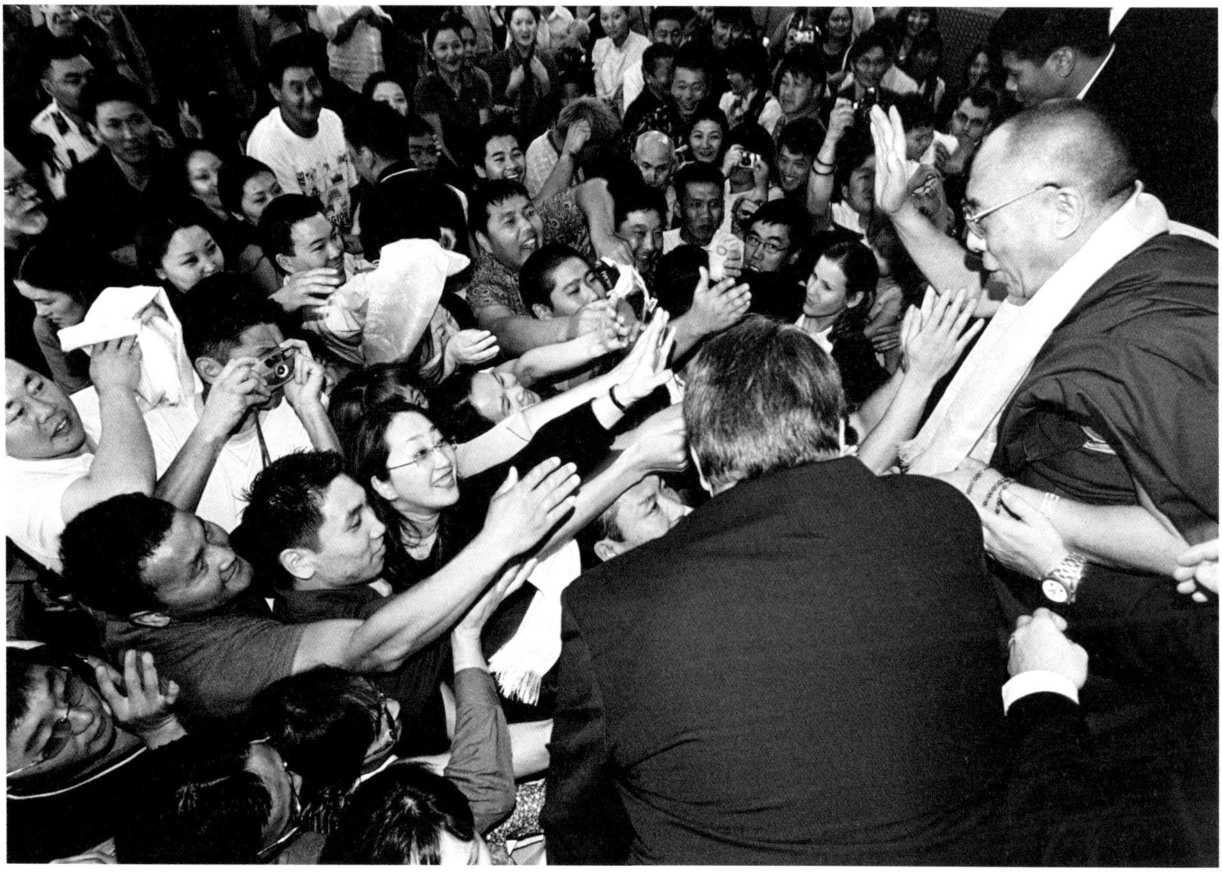

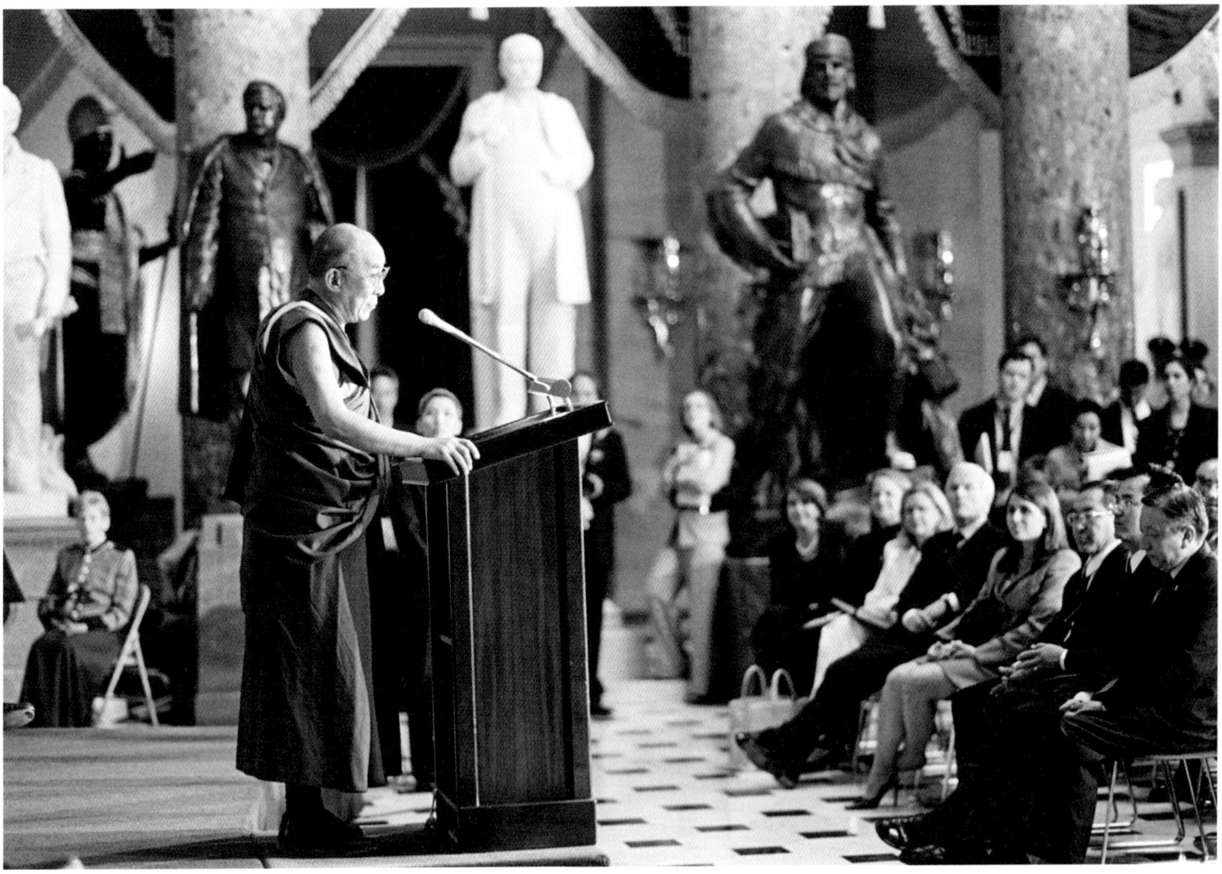

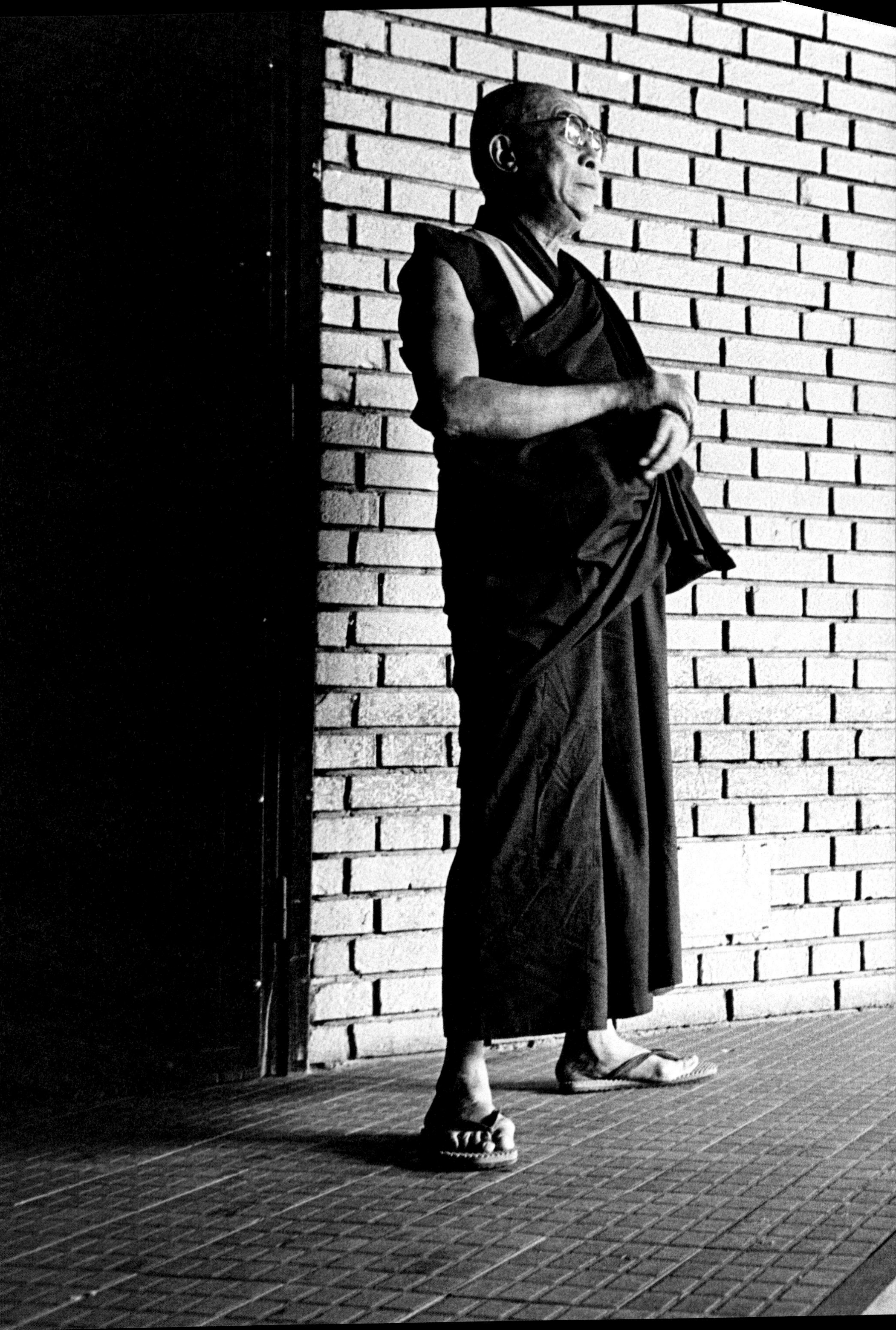

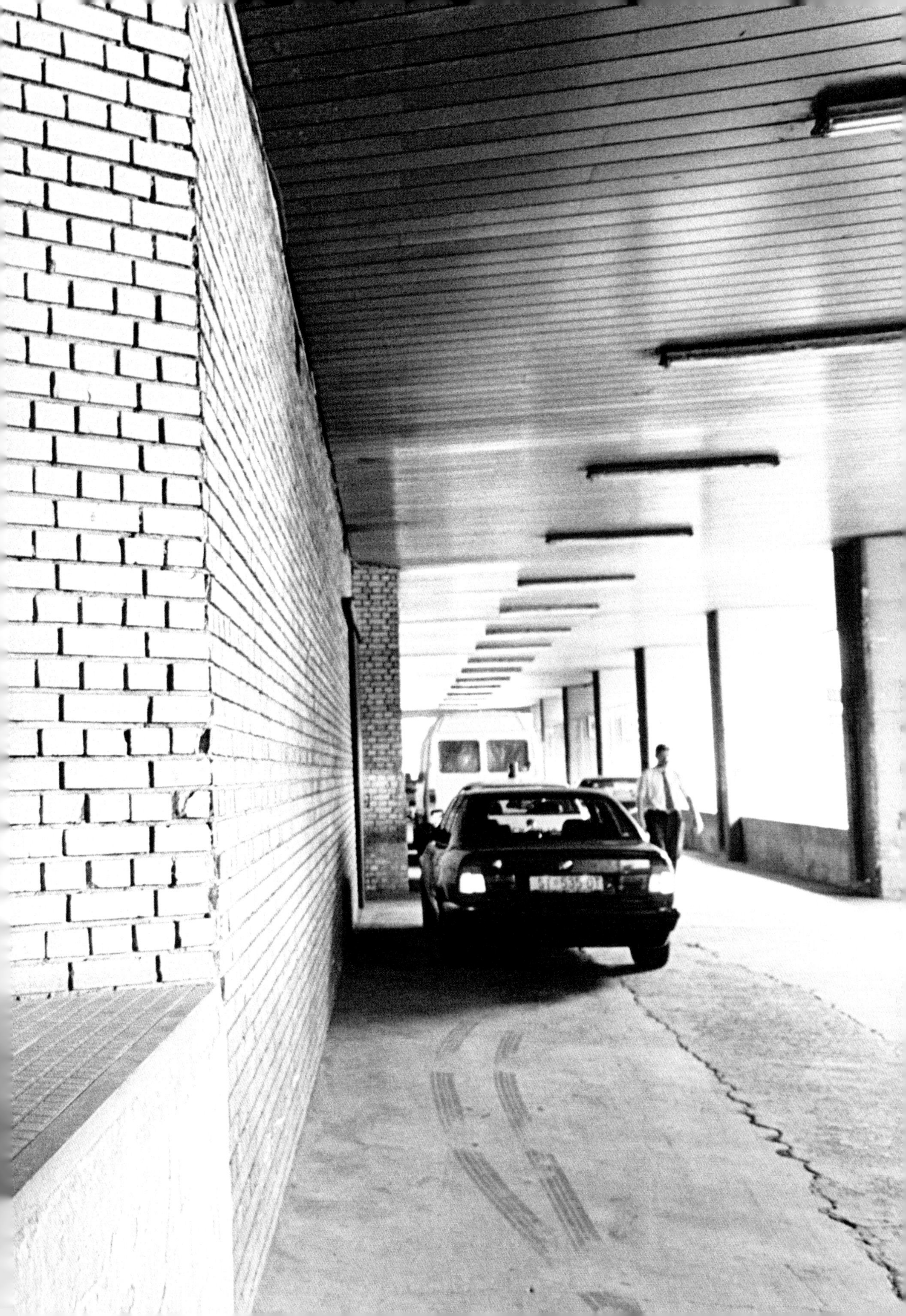

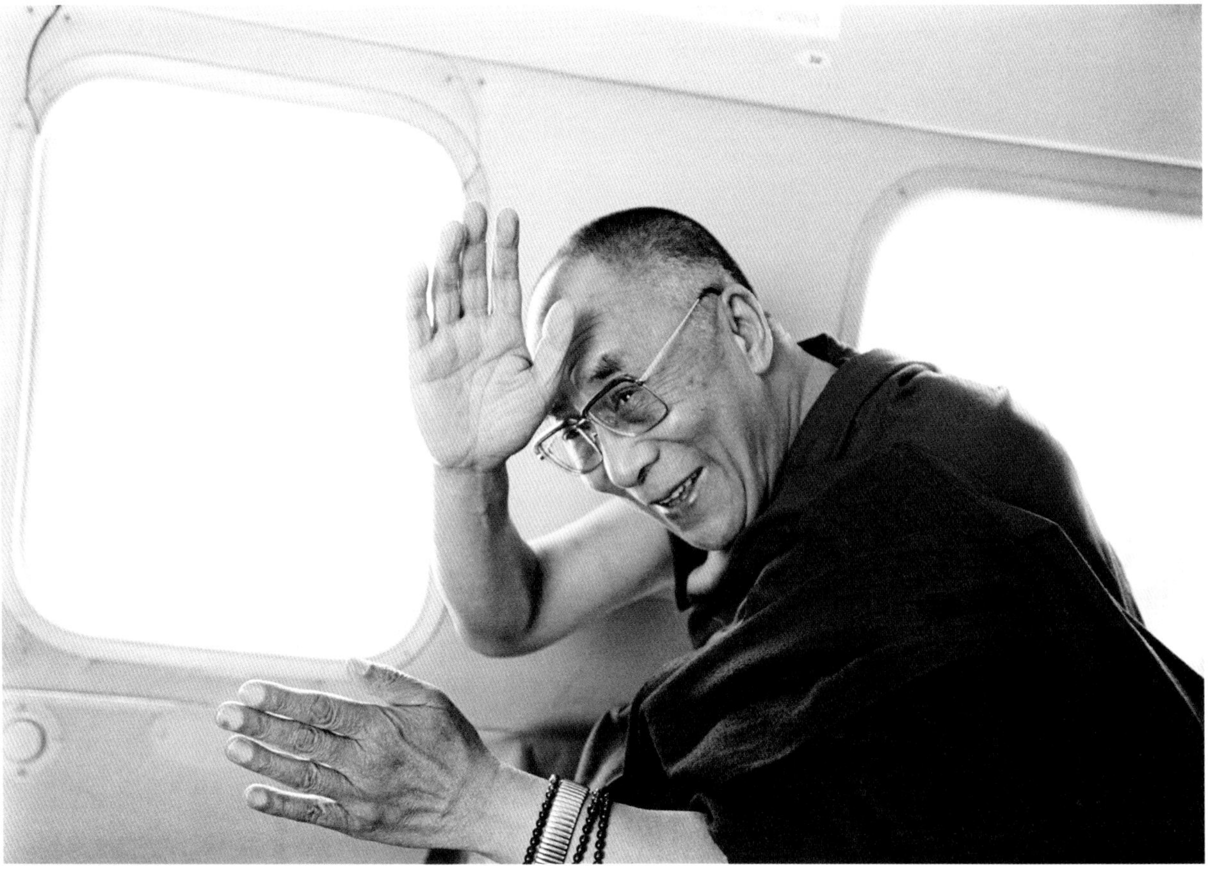

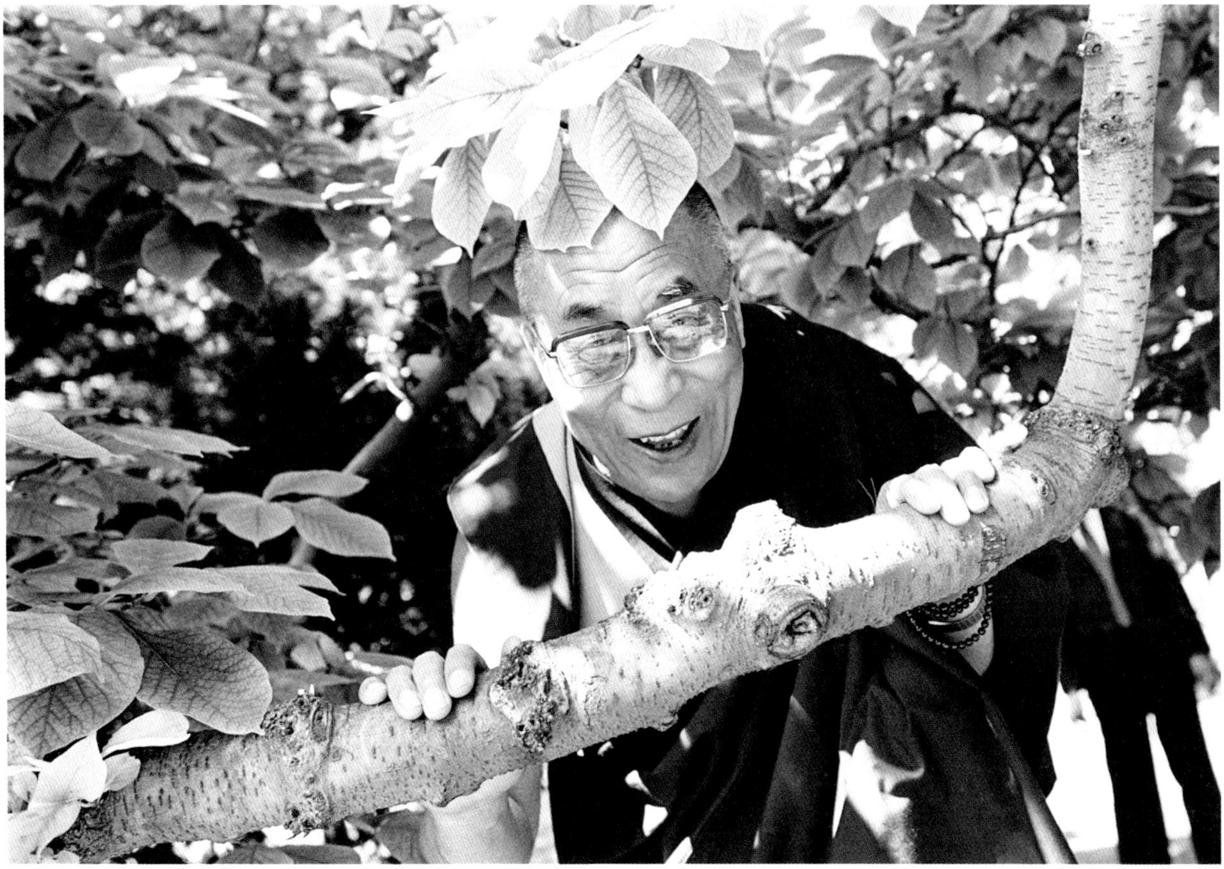

與科學對話

DIALOGUE
WITH SCIENCE

　　達賴喇嘛對科學的持續投入與深度參與，已經成為他迄今的作品最典型的特色之一。他從童年時期開始就醉心於科學，而啟發則來自他的前一任第十三世達賴喇嘛所留下的機械裝置：一個可折疊的望遠鏡，以及一只上頭有旋轉的地球顯示不同時區的手動機械錶。在探索這些工具的同時，年少的丹增嘉措對於創造出這些東西的知識產生了興趣。後來，達賴喇嘛將他的流亡經驗

Dalai Lama
Photographs by Manuel Bauer. 1990-2024

形容為一種「祝福」，讓他有機會與諸位科學家交流。多年來，他與幾位二十世紀傑出的科學人建立起友誼，包括：物理學家大衛·玻姆（David Bohm）與卡爾·馮·魏茨澤克（Carl Friedrich von Weizsäcker）；科學哲學家卡爾·波普（Karl Popper）；神經生物學家羅伯特·李文斯頓（Robert Livingston）、弗朗西斯科·瓦瑞拉（Francisco Varela）。

　　1987年，達賴喇嘛在達蘭薩拉的住所舉辦了一場為期五天的科學對話，那是他科學之旅的一個重要里程碑。這場座談由智利神經生物學家弗朗西斯科·瓦瑞拉主導，促成了「心智與生命研究院」（Mind and Life Institute）的成立，該機構由達賴喇嘛、瓦瑞拉與美國企業家亞當·英格（Adam Engle）共同創辦。自此以後，超過三十場「心智與生命的對話」為達賴喇嘛提供了一個平台，得以探究科學與人類興盛交會的重要議題。

　　達賴喇嘛熱中科學的目的有兩個層面：第一，他想要擴展科學探究的界限，將傳統上被認為屬於物質科學範疇之外的意識研究納入其中。第二，他想要讓科學為人類服務，而非帶來傷害。他表示，雖然科學本身是中立的，但是它依然必須受到攸關人類繁榮的倫理價值所指引。

　　達賴喇嘛數十年來對科學的關注，對於不論科學研究或是他自己的藏傳佛教傳統，都具有深遠的影響。他主張應該要系統性

研究心智的正向特質（如慈悲心），恰巧與神經科學的突破性進展相吻合，包括大腦成像技術的進步與神經可塑性的發現。這股發展也促成了「冥想科學」（contemplative science）的興起，其主要研究正念（mindfulness）與慈悲等心智工具所帶來的影響。達賴喇嘛鼓勵將佛法融入世俗框架，在整合教育、醫療與其他領域的正念與慈悲訓練上，扮演了重要的角色。

他也將科學正式納入其藏傳佛教的寺院教育課程。為了表彰他的貢獻，2005 年，達賴喇嘛受邀在華盛頓特區舉辦的國際神經科學大會（International Neuroscience Conference）上發表主題演講，並於 2012 年獲頒鄧普頓獎（Templeton Prize）[1]，以表彰他在促進科學與靈性對話上的努力。透過他不懈的倡導，達賴喇嘛不僅塑造了科學與佛學的當代對話，同時積極推動一種與人類共同的倫理價值深刻連結的科學觀。

---

[1] 譯按：該獎項主要表揚科學探索對人類的貢獻，有「宗教界諾貝爾獎」的美譽。

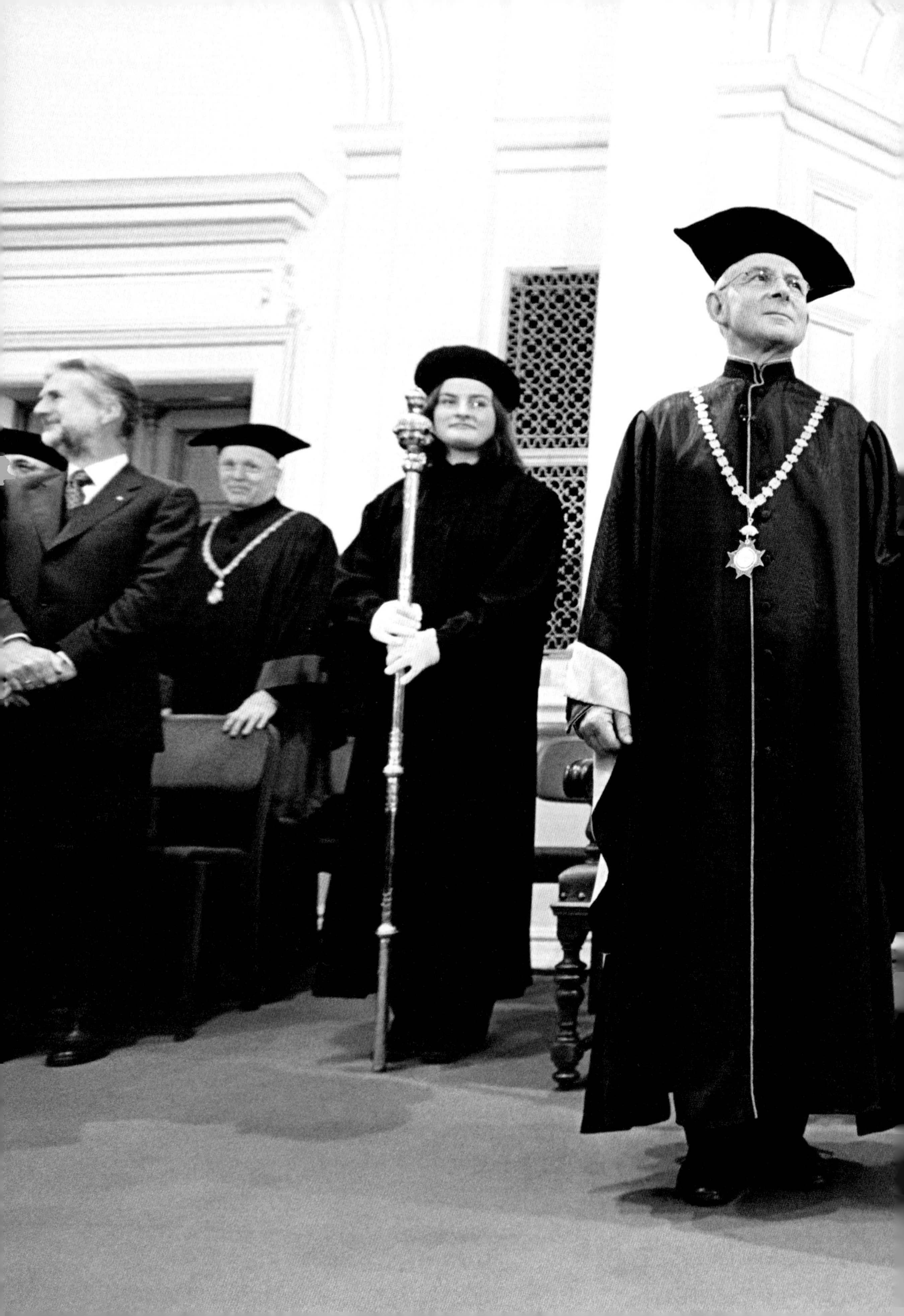

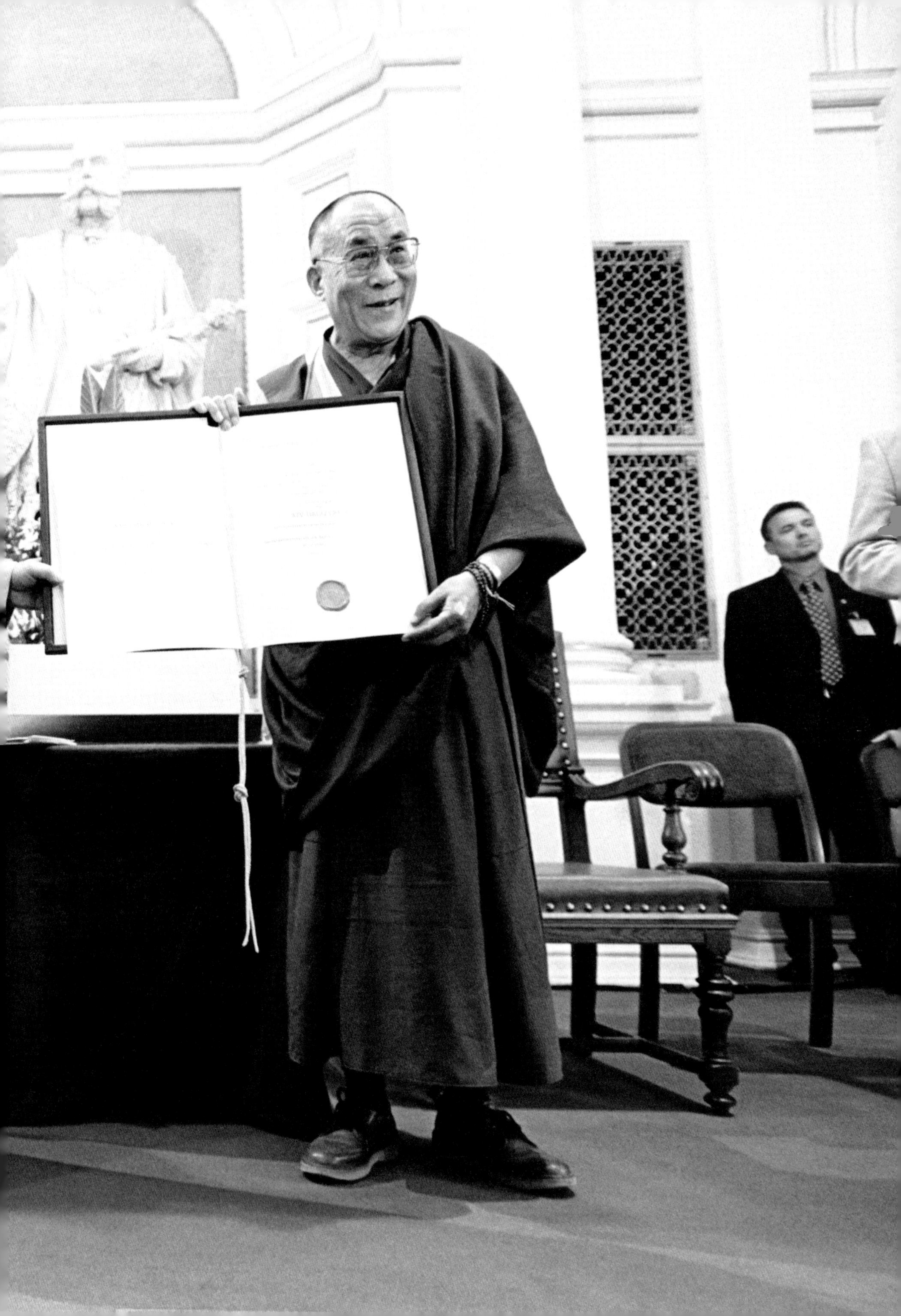

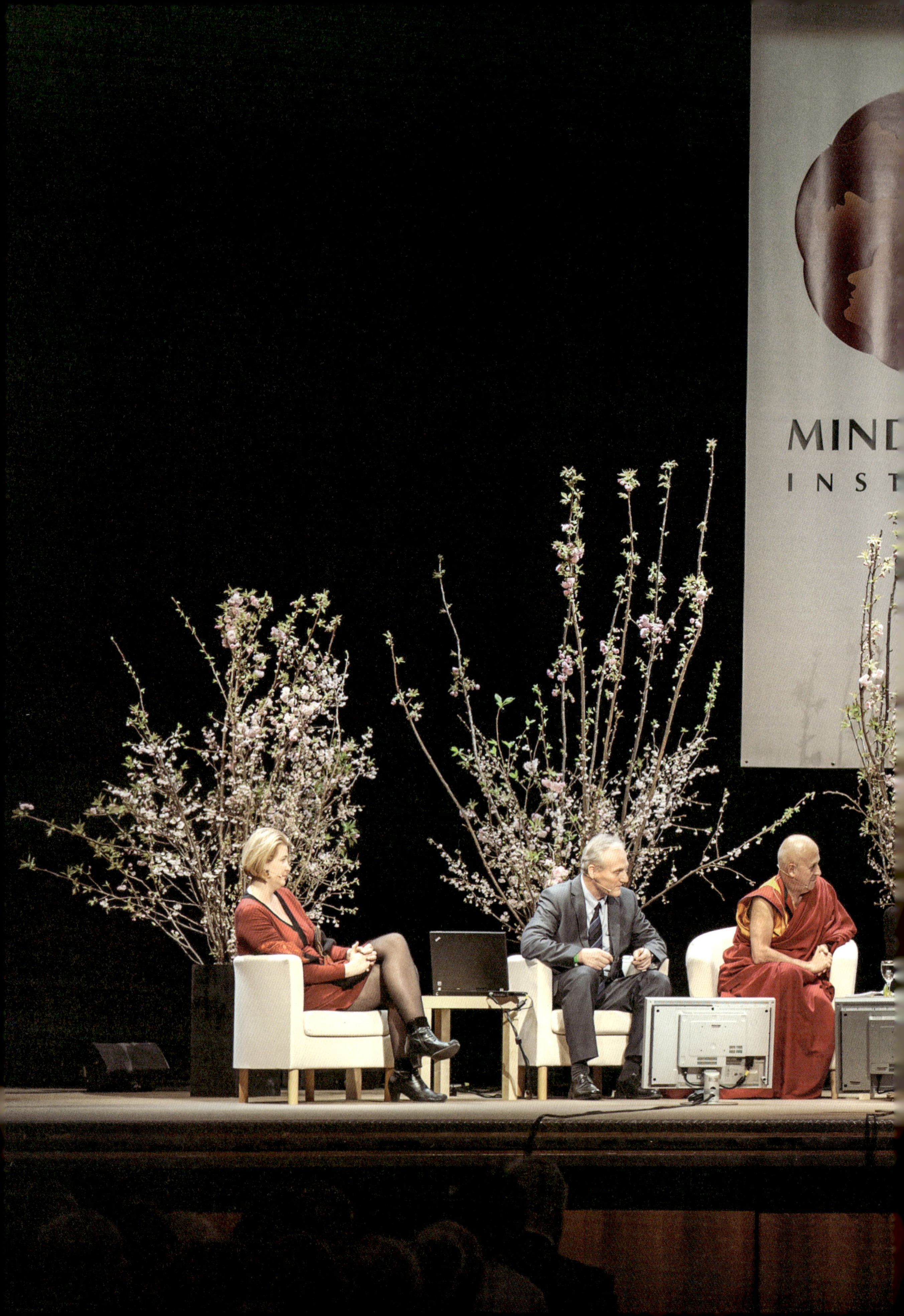
MIND
INST

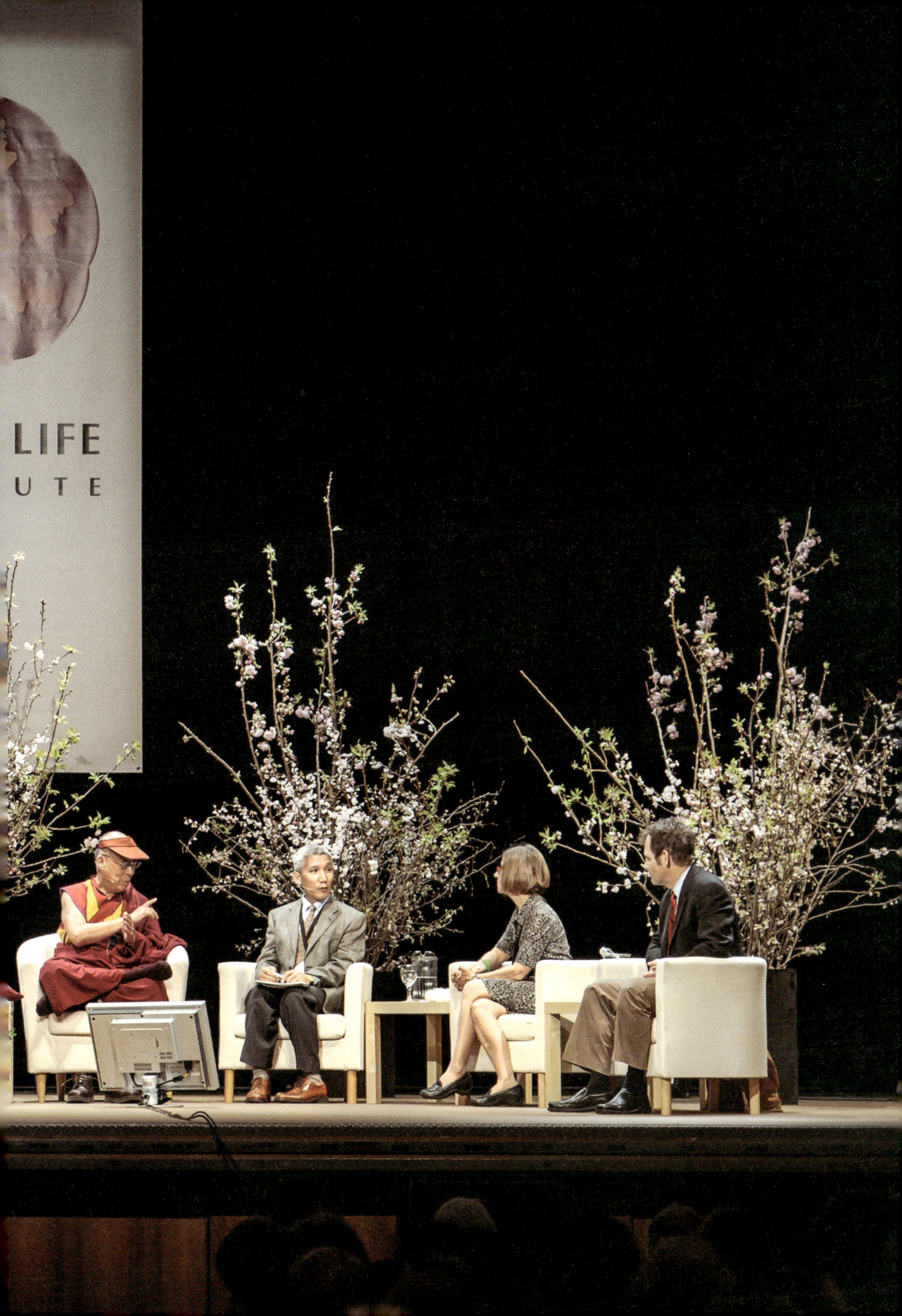
LIFE
U T E

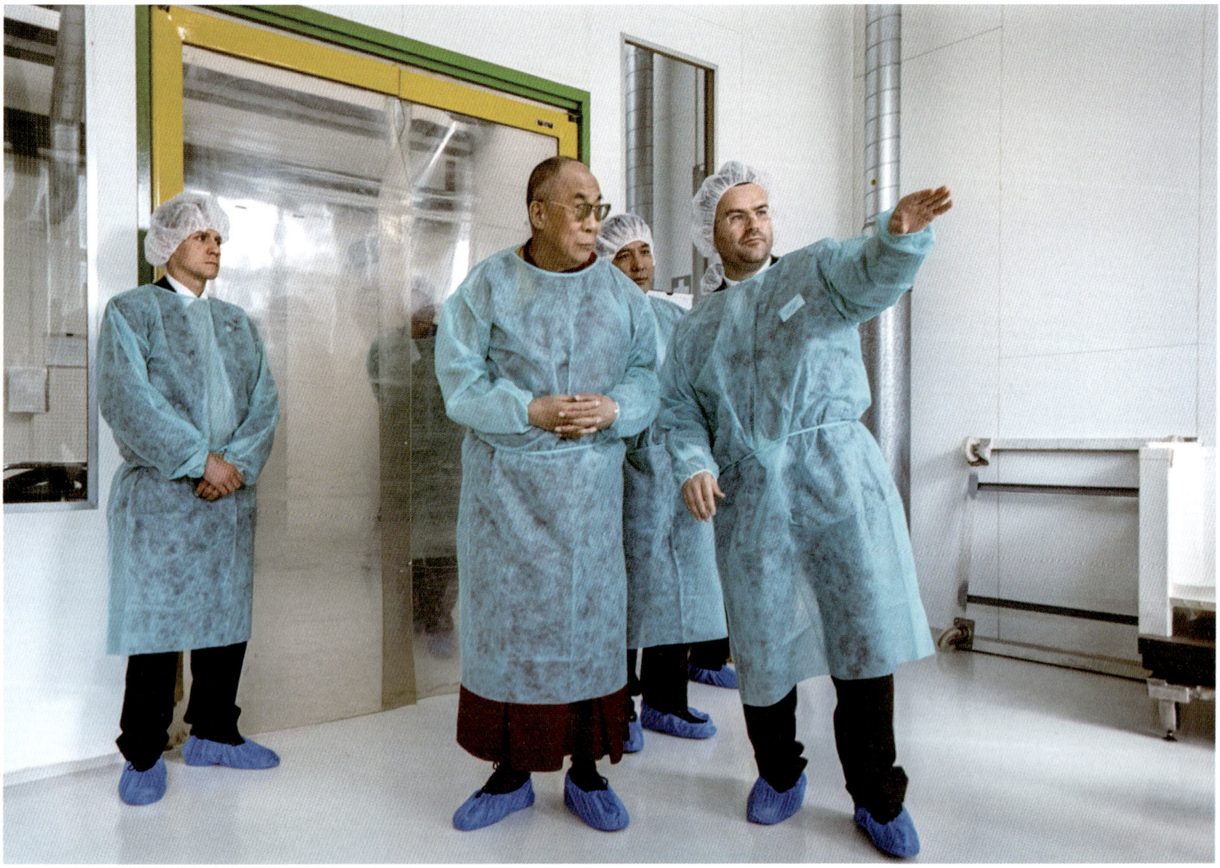

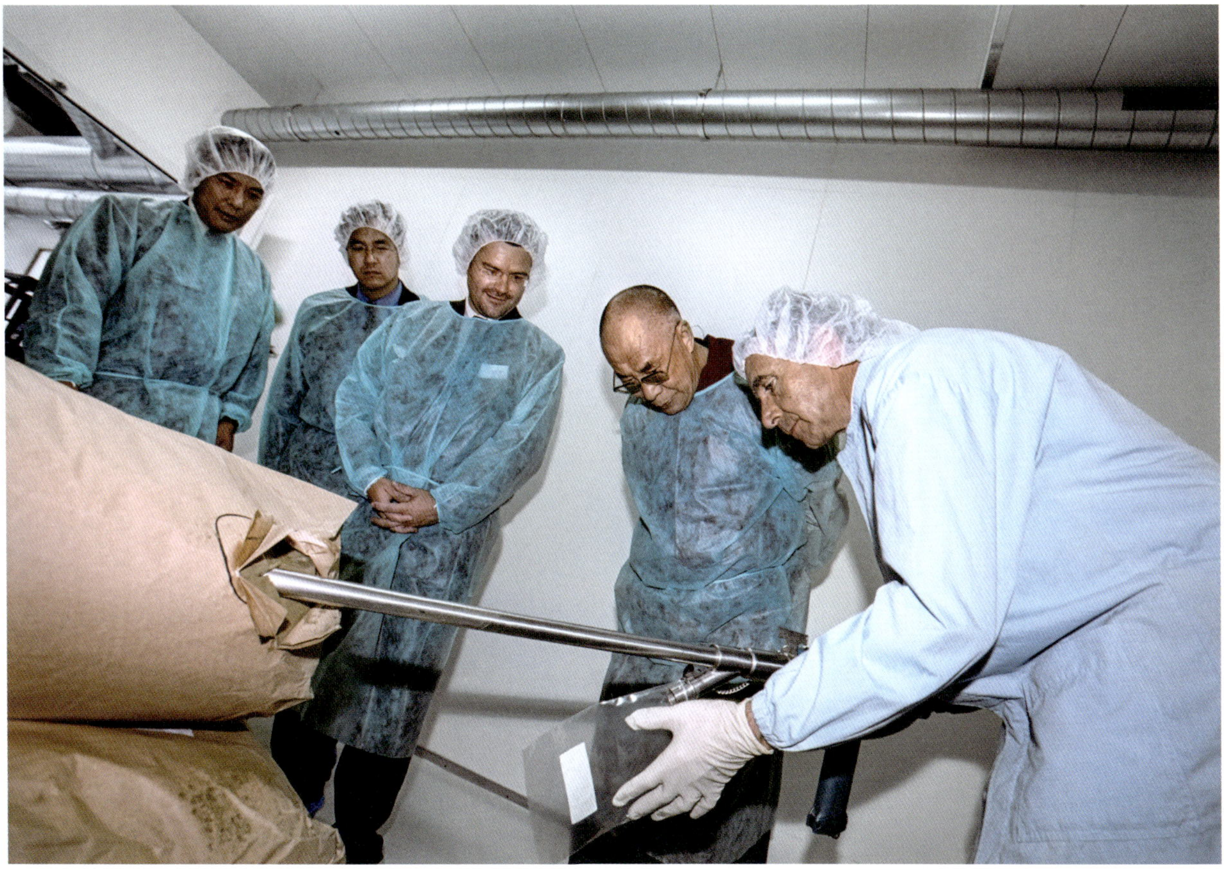

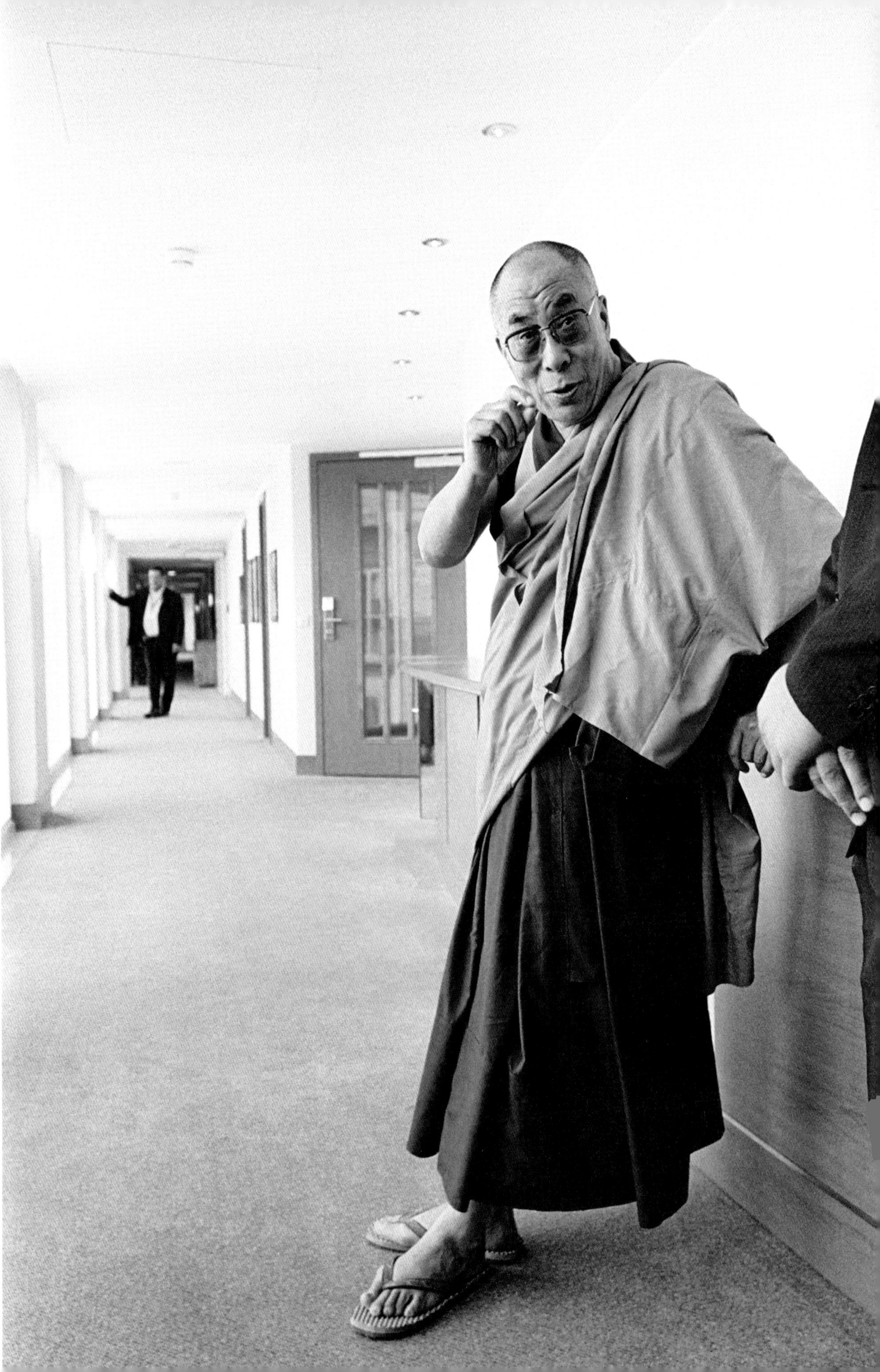

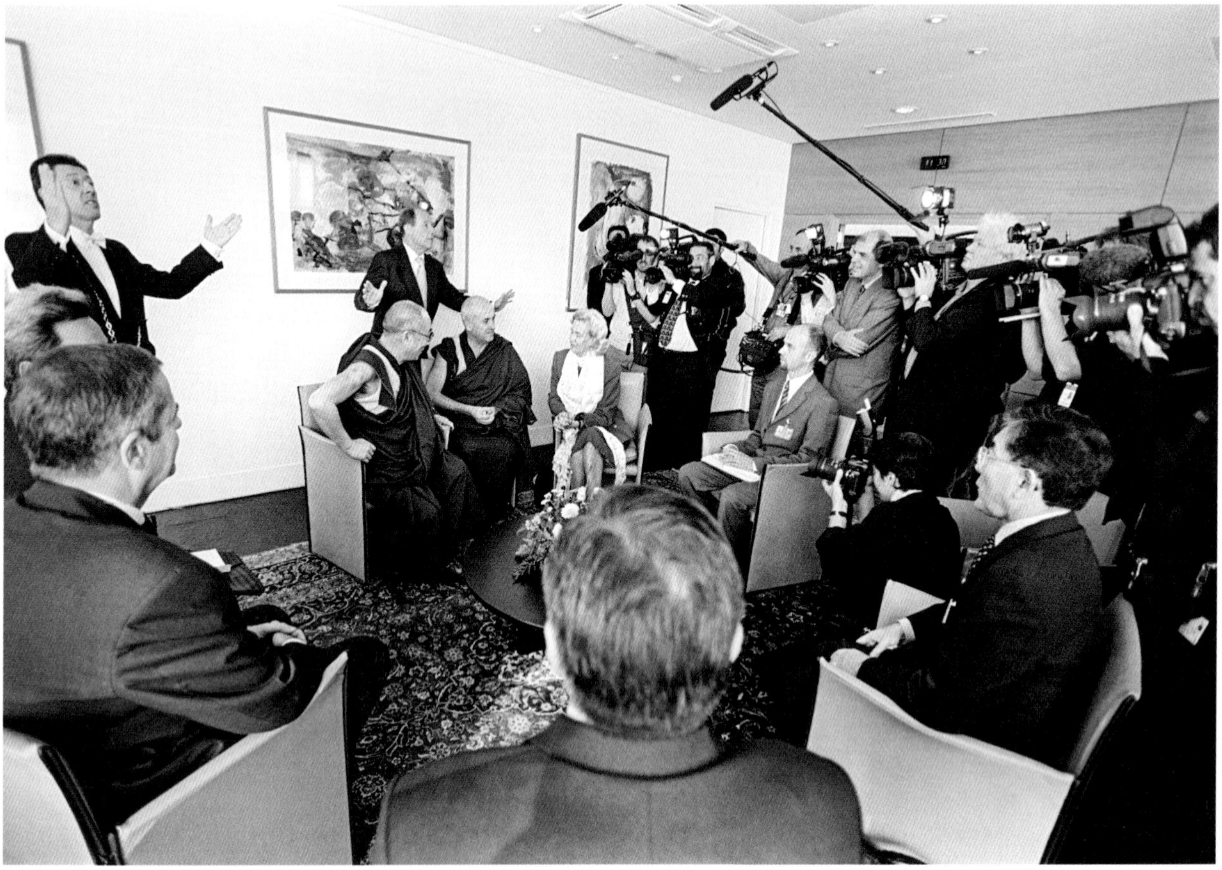

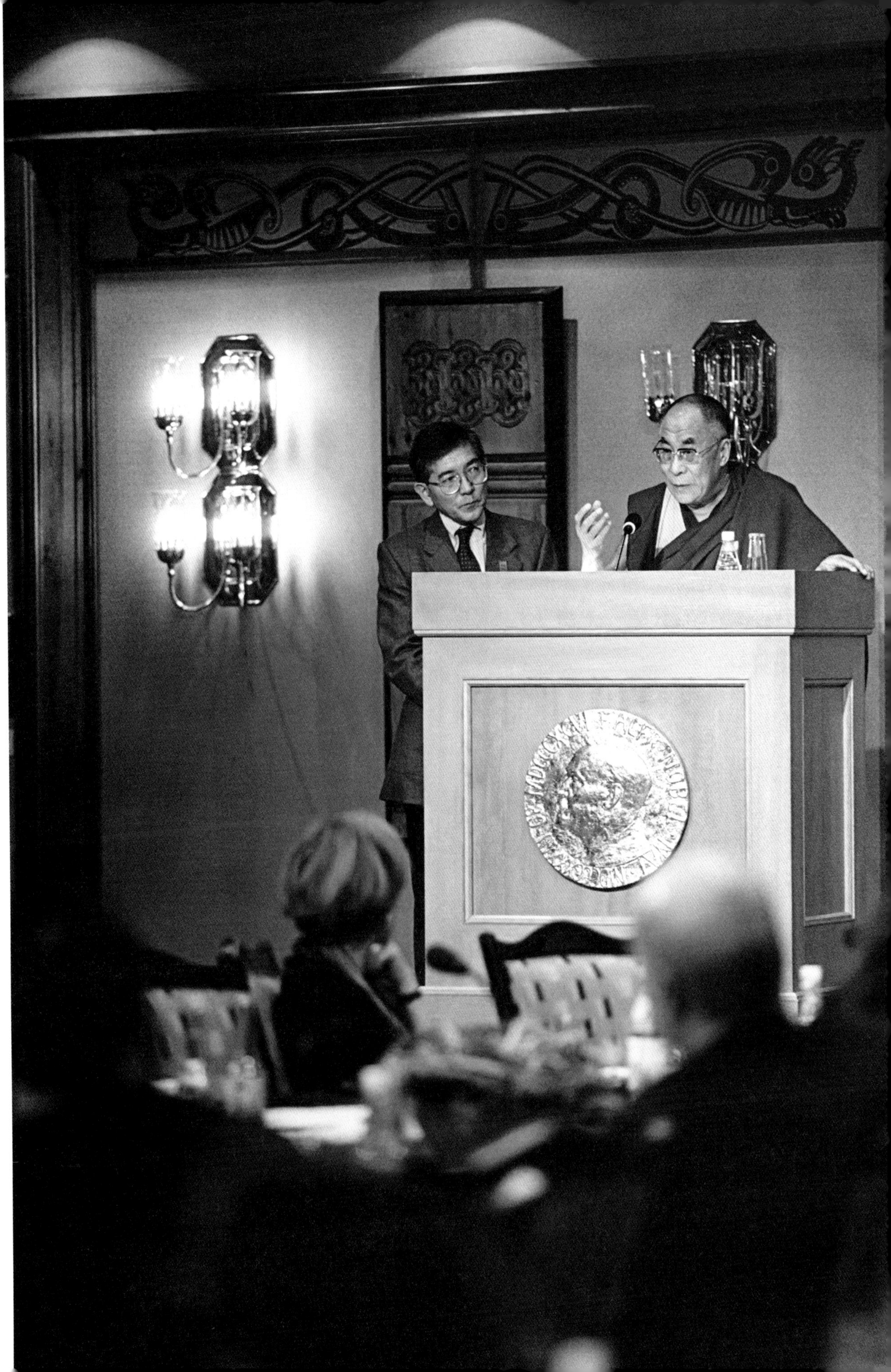

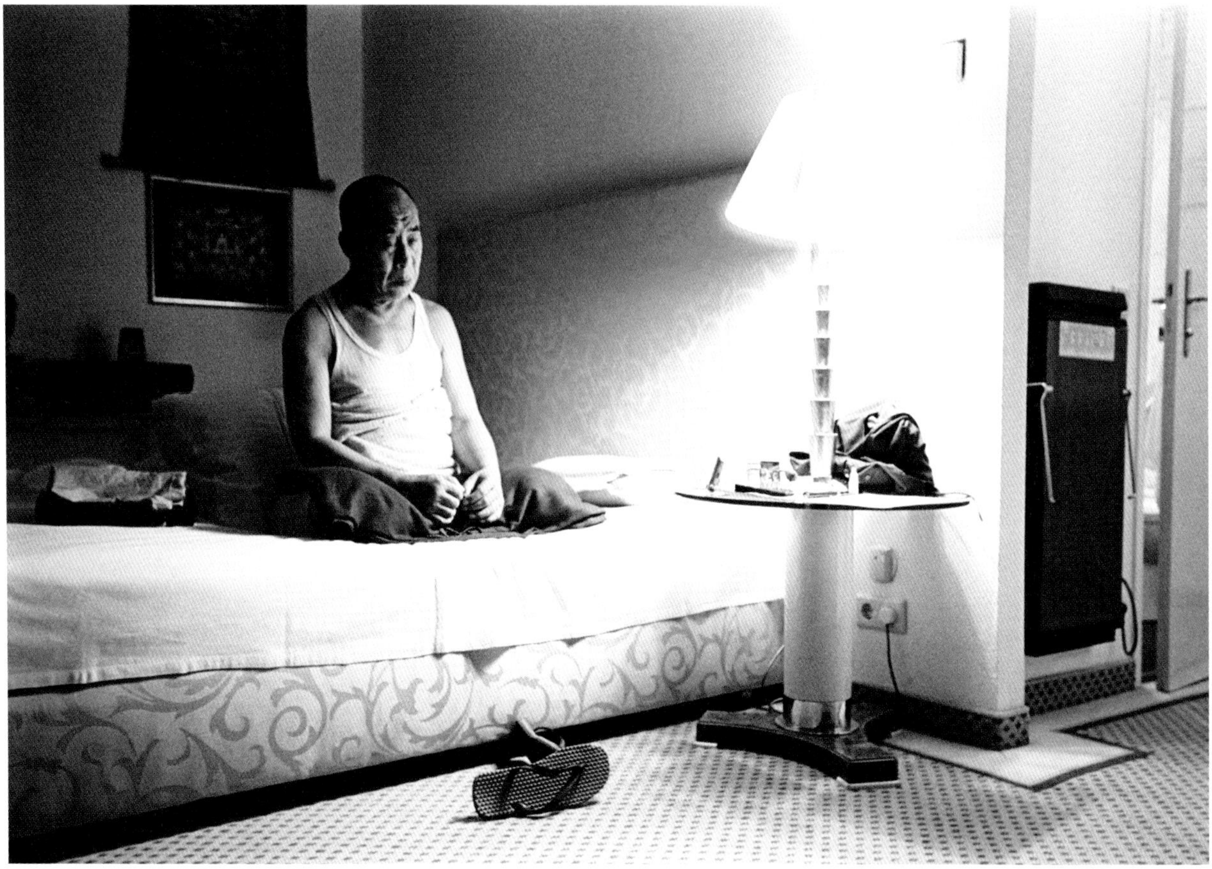

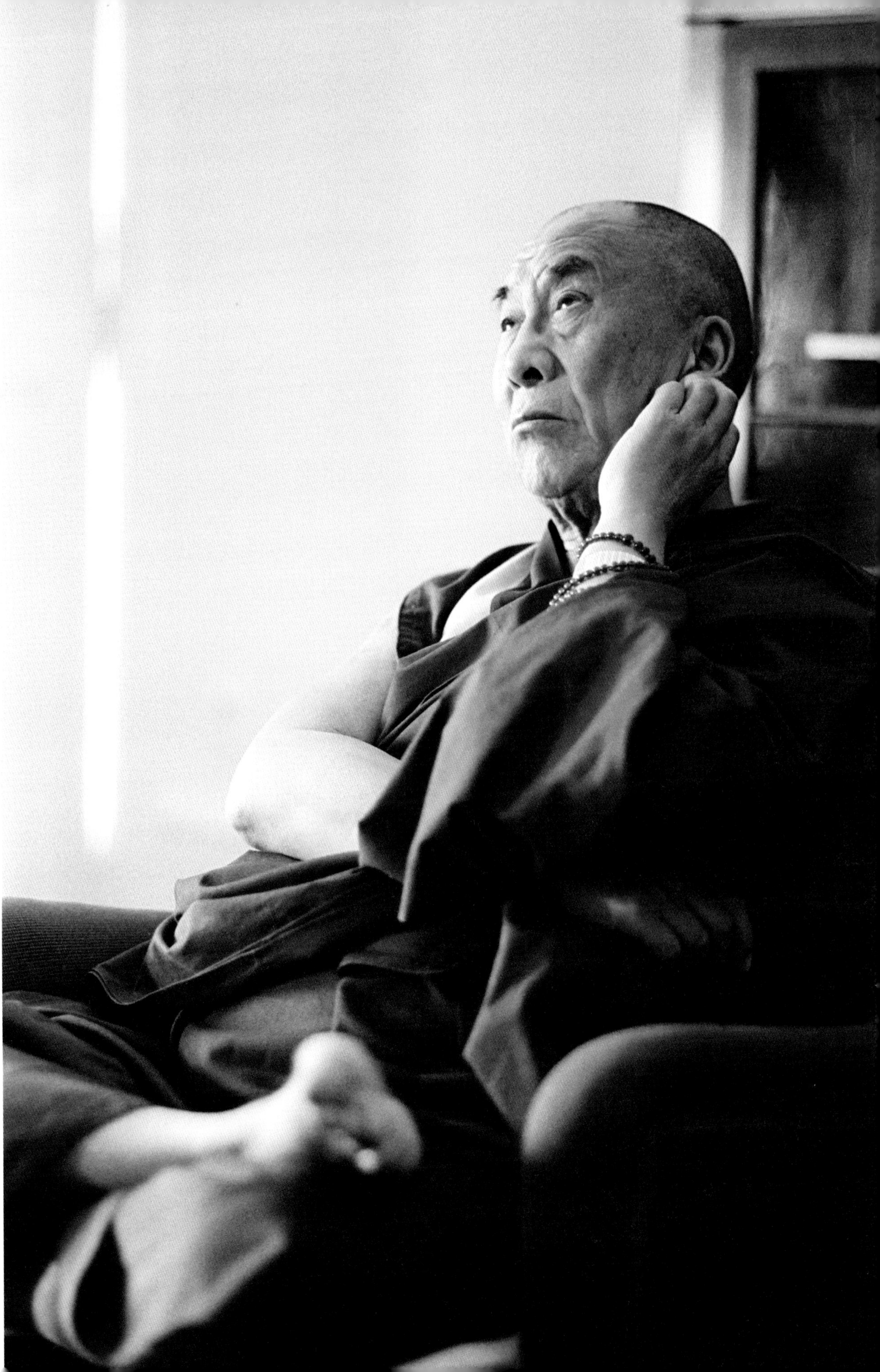

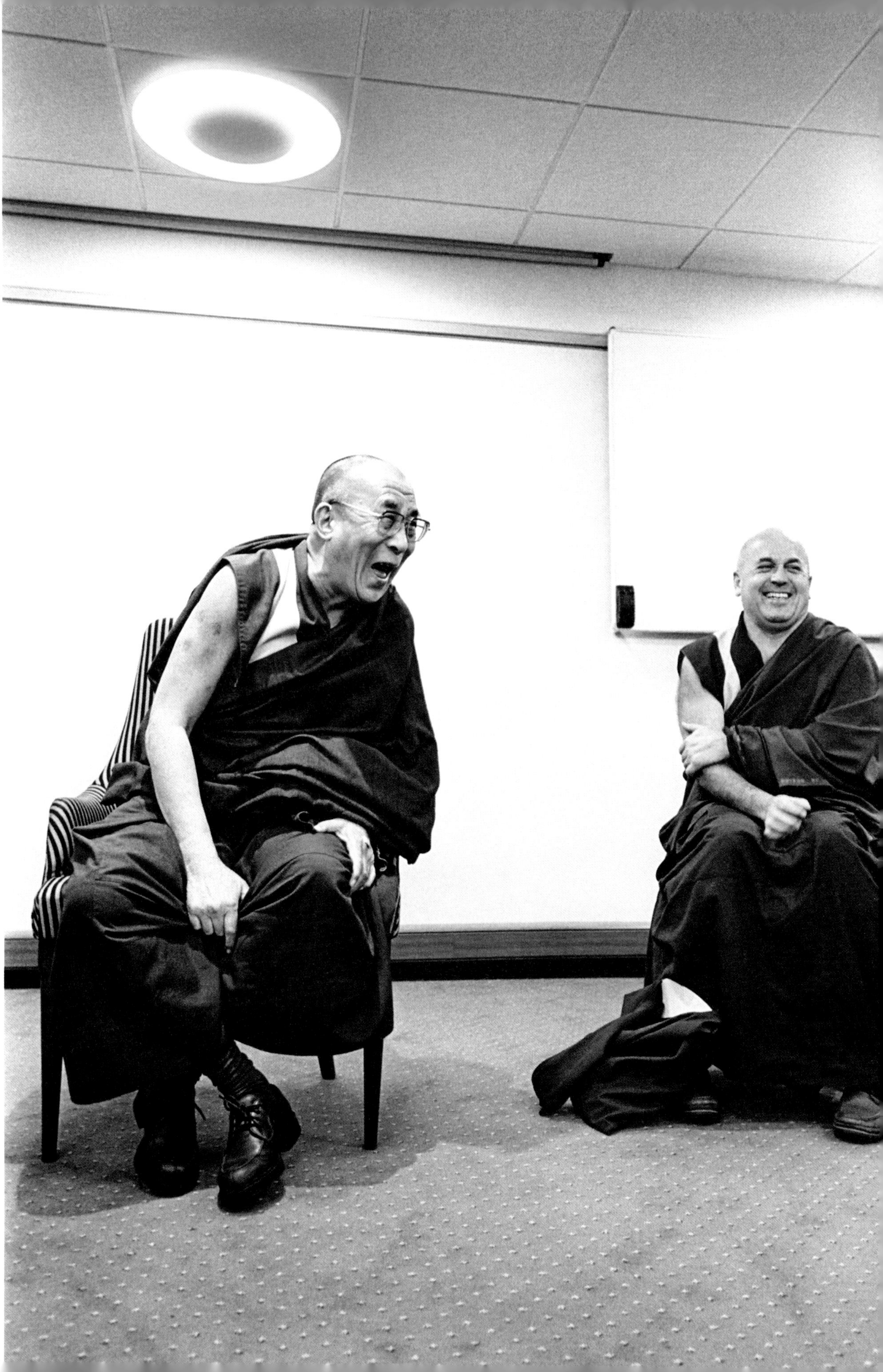

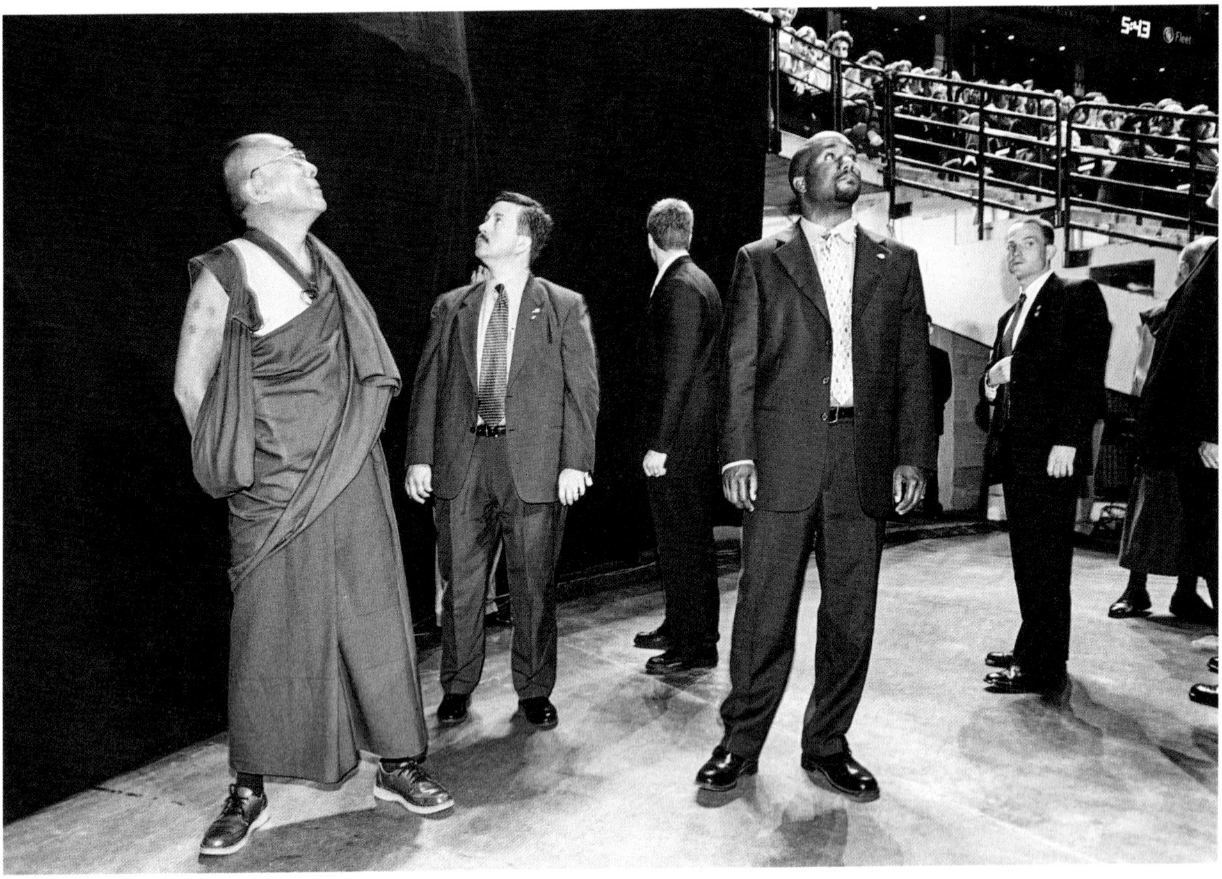
5:43
Fleet

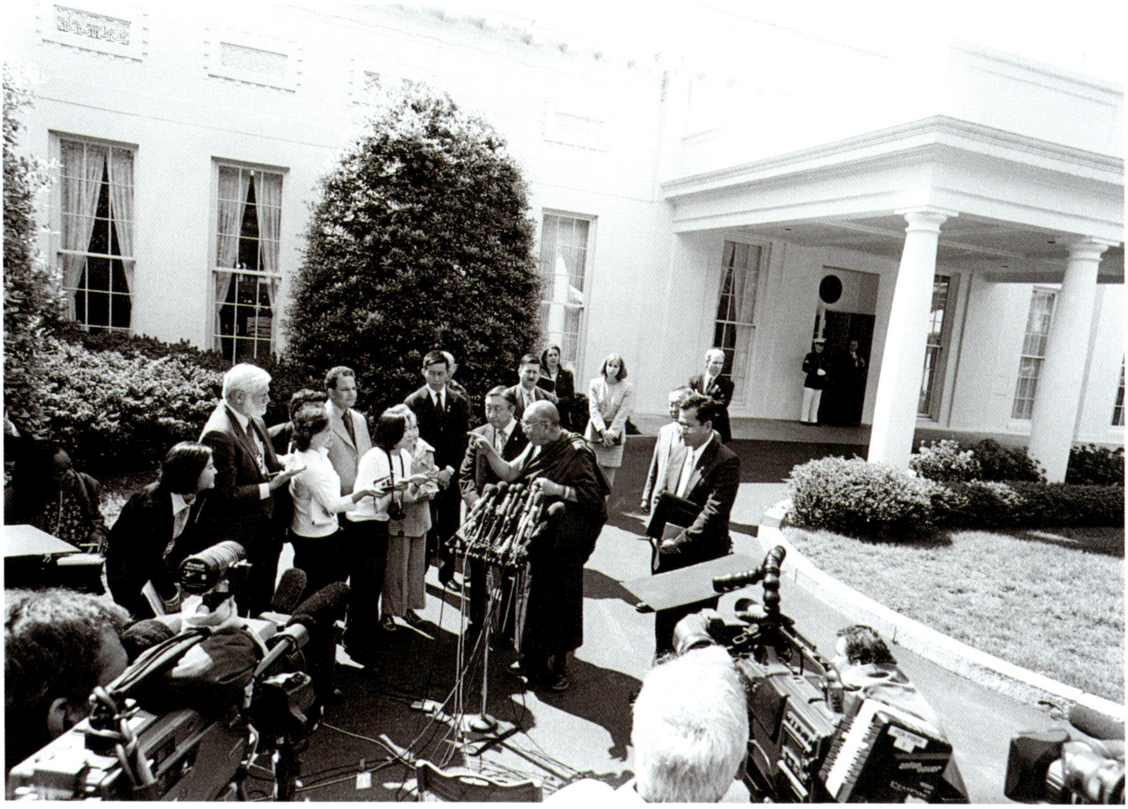

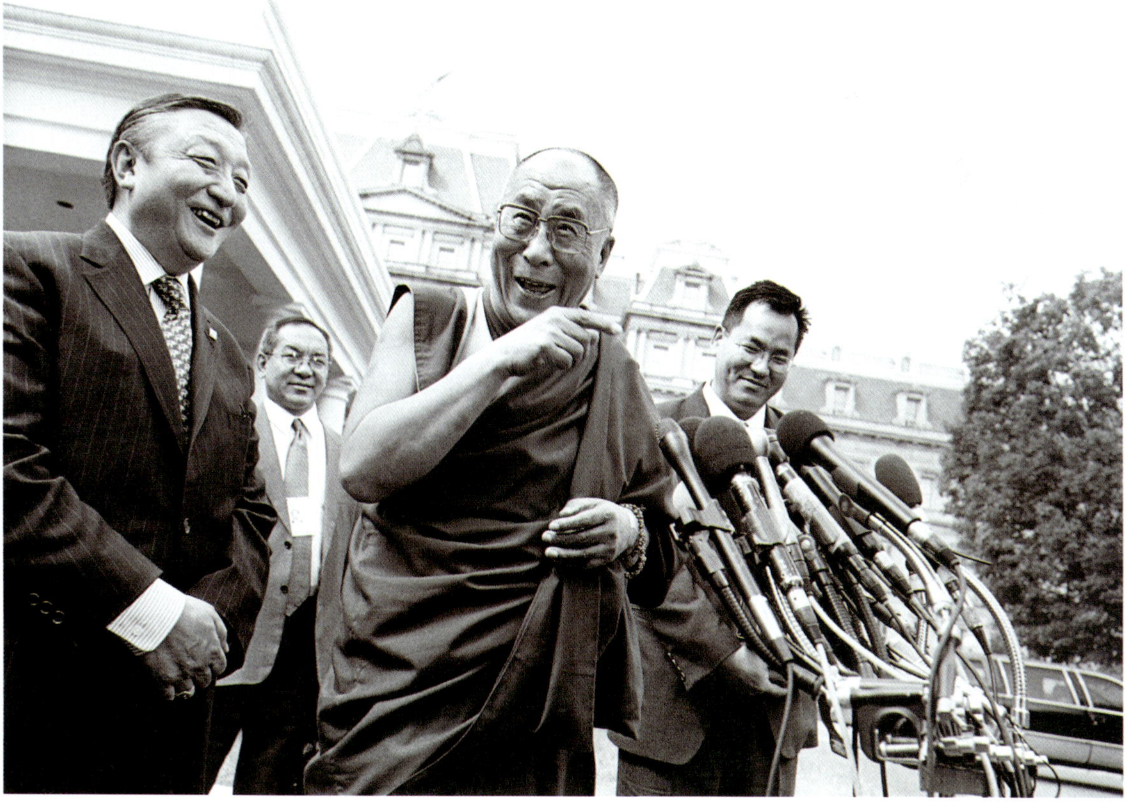

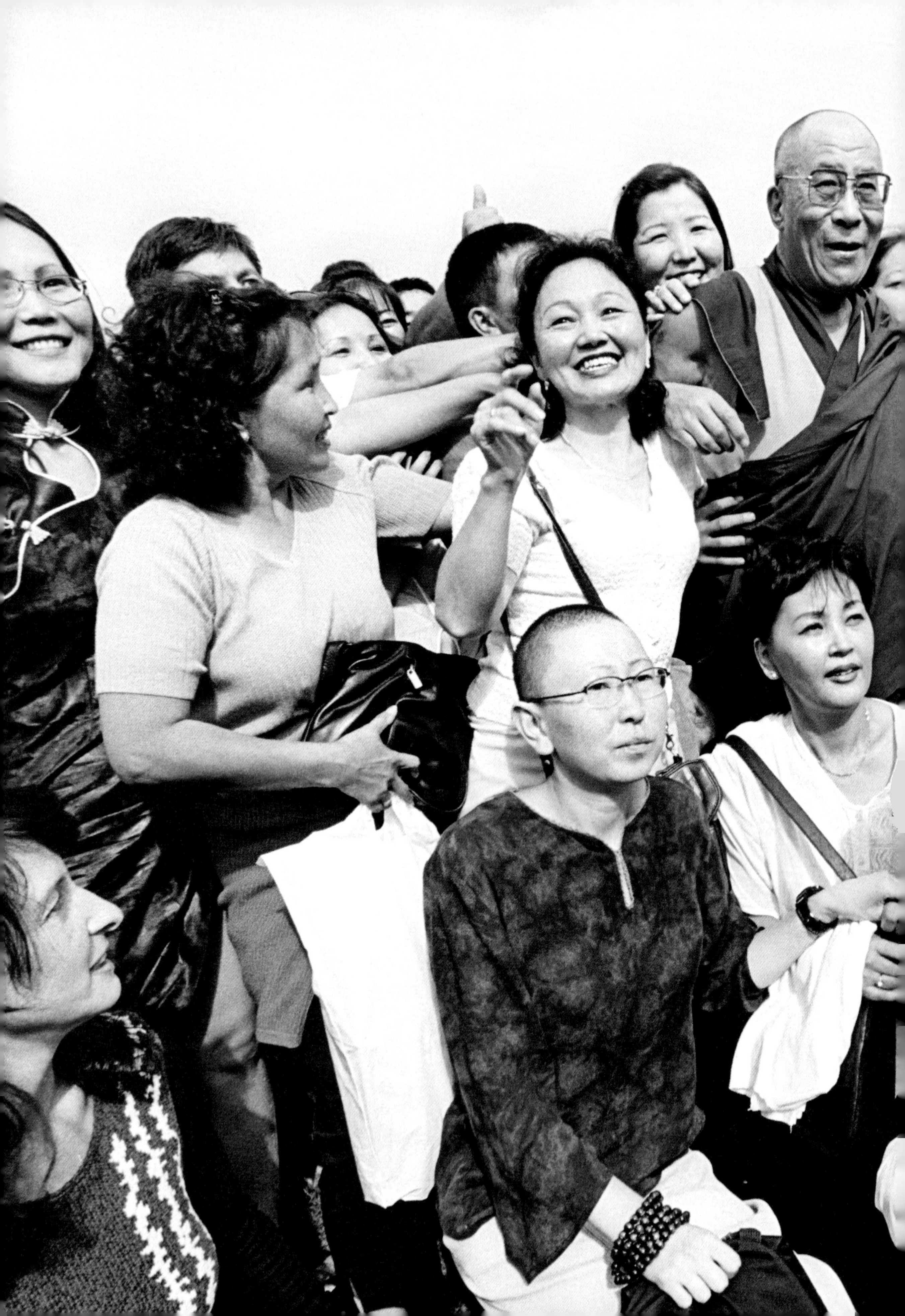

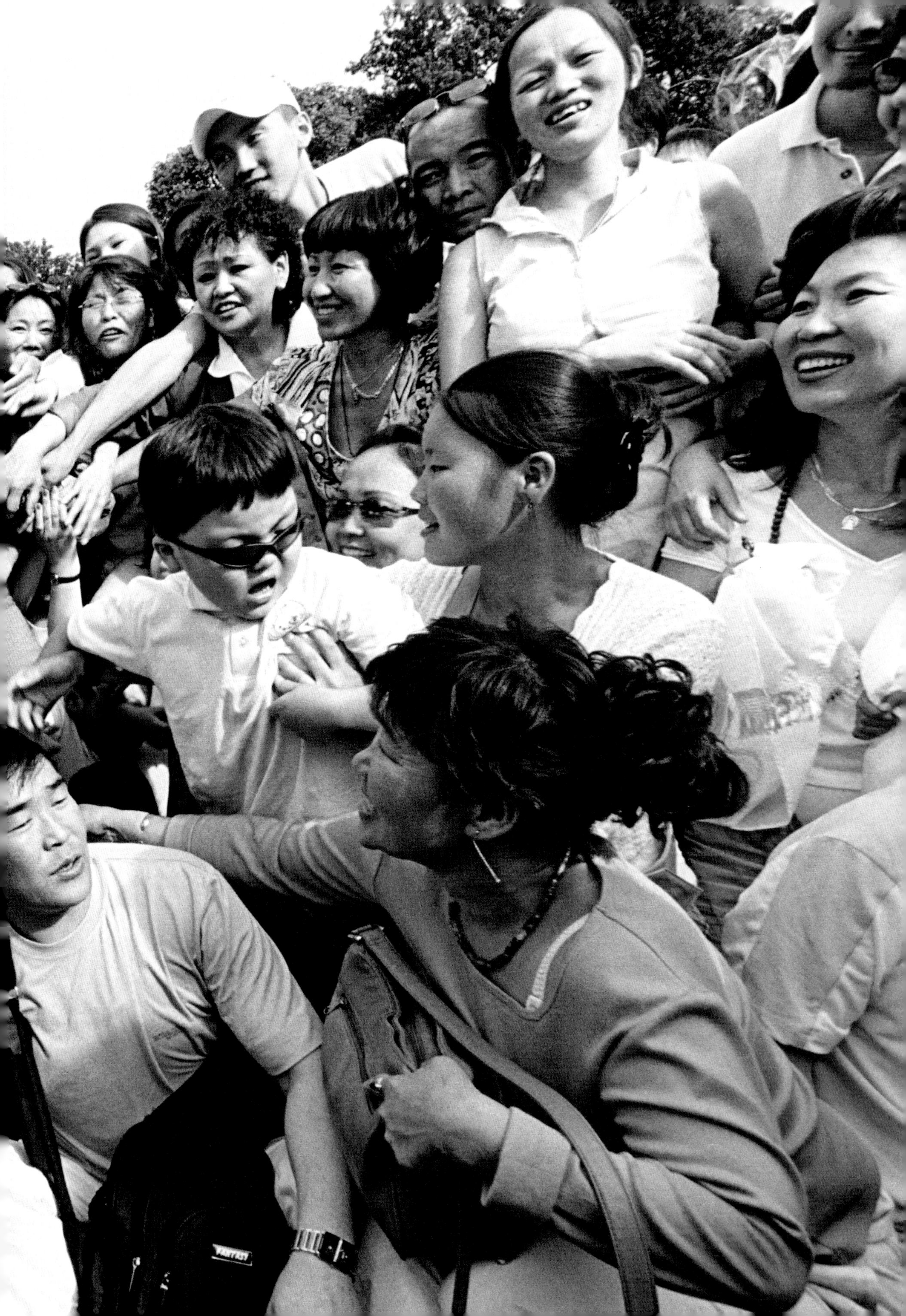

佛教大使

AMBASSADOR FOR BUDDHISM

　　自西元七世紀以來，佛教形塑了西藏的文明，將其從一個具有帝國野心的戰士文化，轉變為大乘佛教與金剛乘佛教的樞紐。在佛教於其印度發源地式微之後，西藏成為偉大的那爛陀傳統（Nalanda tradition）的守護者。確實，佛教的價值觀、智慧與修行法門，至今仍是西藏文化不可或缺的一部分。達賴喇嘛身穿具有代表性的藏紅色袍子袈裟，倡導非暴力、以慈悲為根基的人類

Dalai Lama
Photographs by Manuel Bauer. 1990-2024

一體性（oneness of humanity）作為一種普世人類價值，以及我們必須超越差異性，共同解決所面對的挑戰。藉由身體力行，他將佛教的核心教義轉化為具體行動。在流亡海外的六十多年裡，達賴喇嘛已經成為全球舞台上佛教諸面向最鮮明的象徵。

身為一位領袖，達賴喇嘛深深影響了佛教與現代性的關係。最值得注意的是，他鼓勵積極主動地參與科學，摒棄對科學的懷疑與防備。對藏傳佛教而言，這樣的取徑是一種變革，如今科學教育已經正式納入西藏僧侶學院的課程。達賴喇嘛也鼓勵藏傳佛教信眾要成為一個他所稱的「二十一世紀的佛教徒」，結合信仰與理性，以理性為基礎來信仰佛法。對於更廣泛的世界，達賴喇嘛與科學家的對話啟發了一種新的幸福觀：理解心智的重要性，強調正念、情緒調節、培養同理心與慈悲心等以心智為本的工具。

透過無數次的跨信仰對話以及多宗教的朝聖之旅，達賴喇嘛前往耶路撒冷、阿西西（Assisi）、瓦拉納西（Varanasi）、阿傑梅爾（Ajmer）等聖地，促進了世界各宗教之間更多的理解與尊重。在多元的現代社會中，各種不同信仰共生共存，這樣的交流對於相互尊重與和諧共處至關重要。此外，為了回應當代對性別平等的呼籲，達賴喇嘛致力改善藏傳佛教內部的性別差距。在他的領導下，藏傳佛教的比丘尼現在可以攻取僧院系統中的最高學

位「拉然巴格西」（Geshe Lharampa），許多比丘尼確實已經獲得「格西瑪」（Geshema）的頭銜。

在國際出訪中，達賴喇嘛不時強調，他的目的並非向信奉其他宗教傳統的地區宣揚佛教。更準確地說，他的任務是運用佛教徒的智慧，分享佛法工具，例如：專注、自我覺知、情緒調節、同理與慈悲等，以陶冶心智與心靈。這種方法與他闡釋佛教經典的創新架構一致，他將典籍的主題分為三個面向：科學（探索自然世界）、哲學（探尋究竟真理）、宗教（教義與儀軌）。其中的宗教面向是針對佛教徒，但達賴喇嘛認為科學與哲學的智慧則是全人類共同的遺產，應該讓所有人都可以獲取與理解。為了實現這個願景，達賴喇嘛監著了畫時代的四卷系列作品──《佛法科學總集》（上下冊）、《佛法哲學總集》（上下冊）（*Science and Philosophy in the Indian Buddhist Classics*），系統化整理佛學知識，以利更廣泛地傳播。換句話說，達賴喇嘛在許多方面都展現了遠見卓識，讓佛法得以在今日複雜多變的世界中成長興盛。

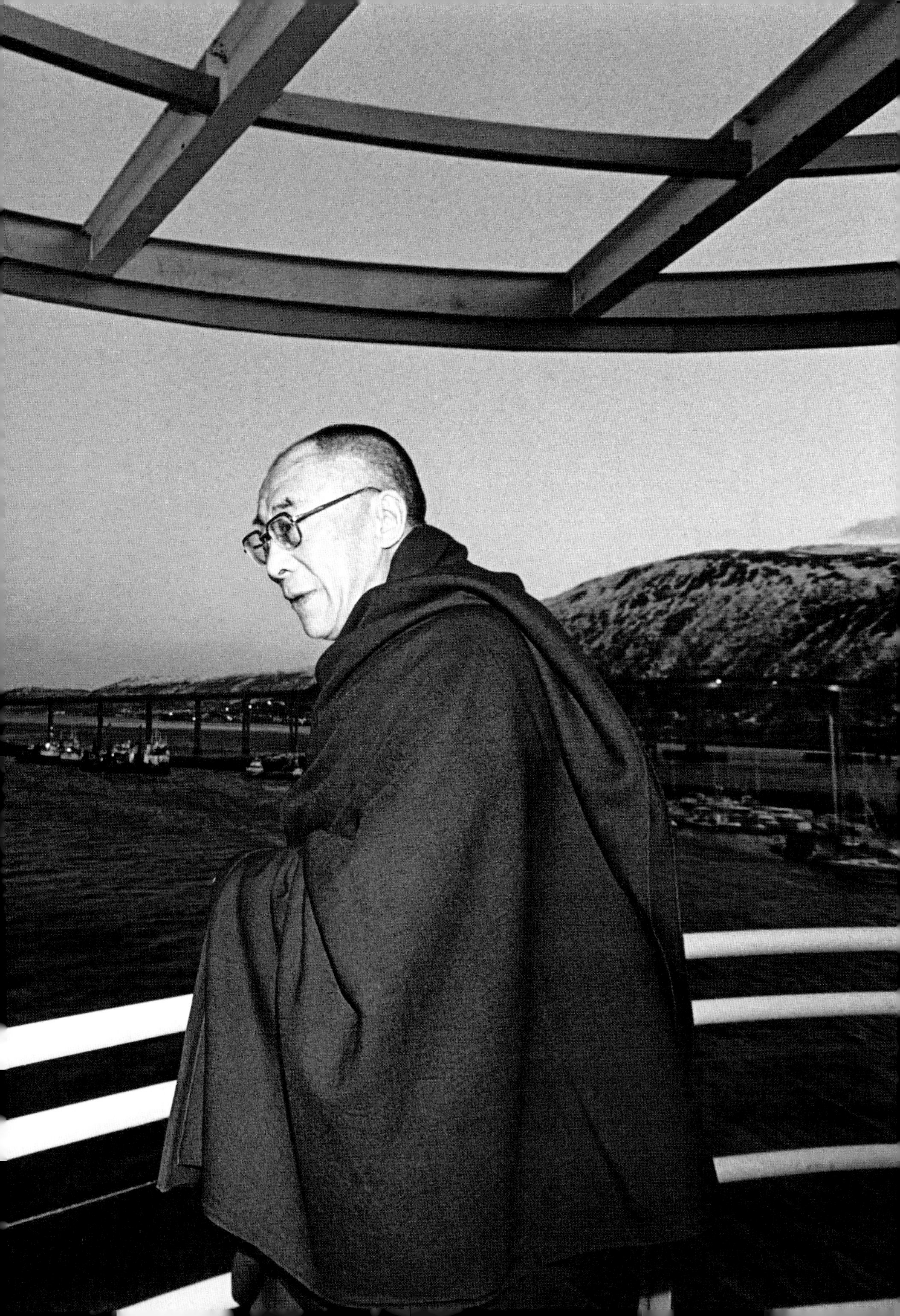

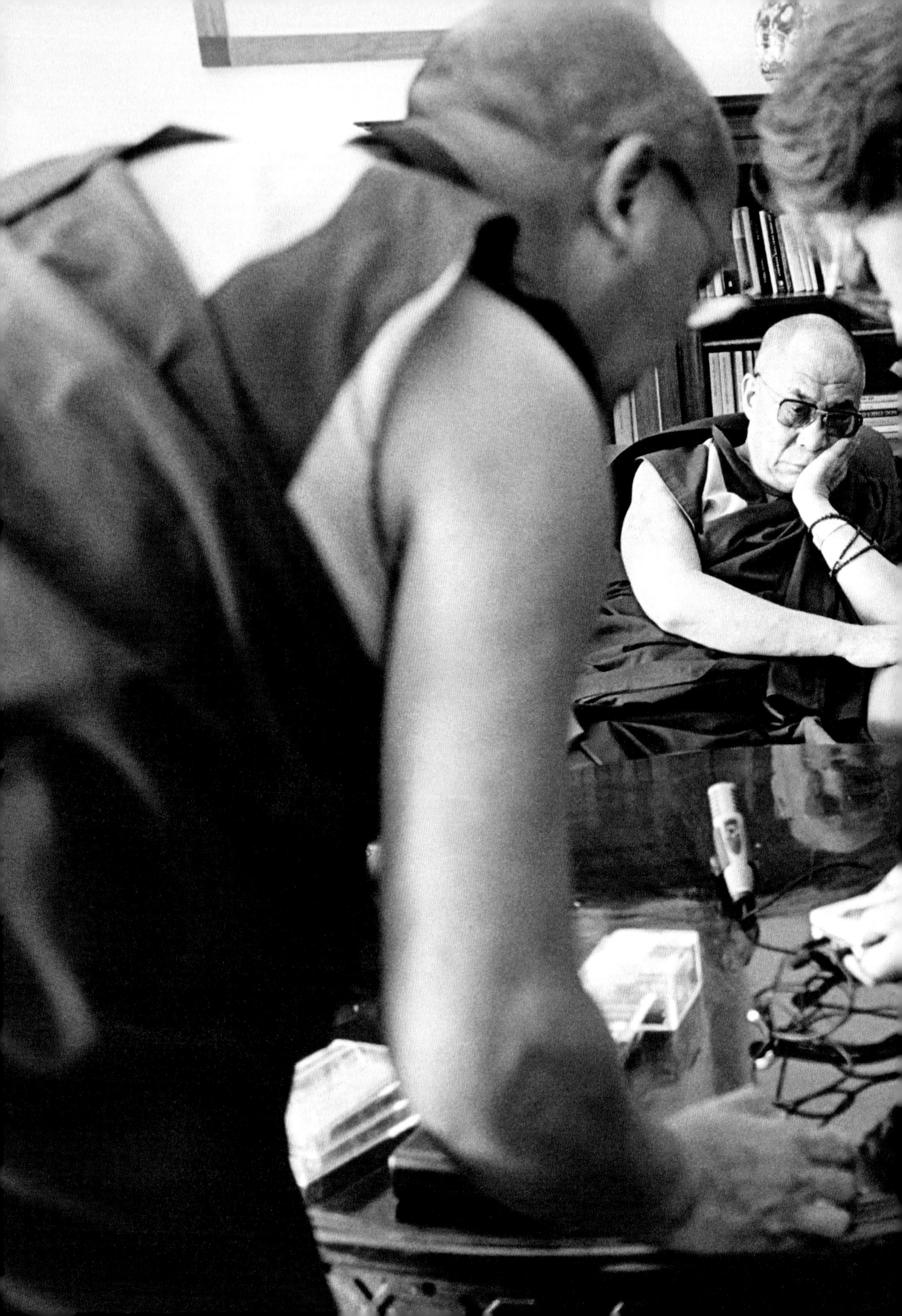

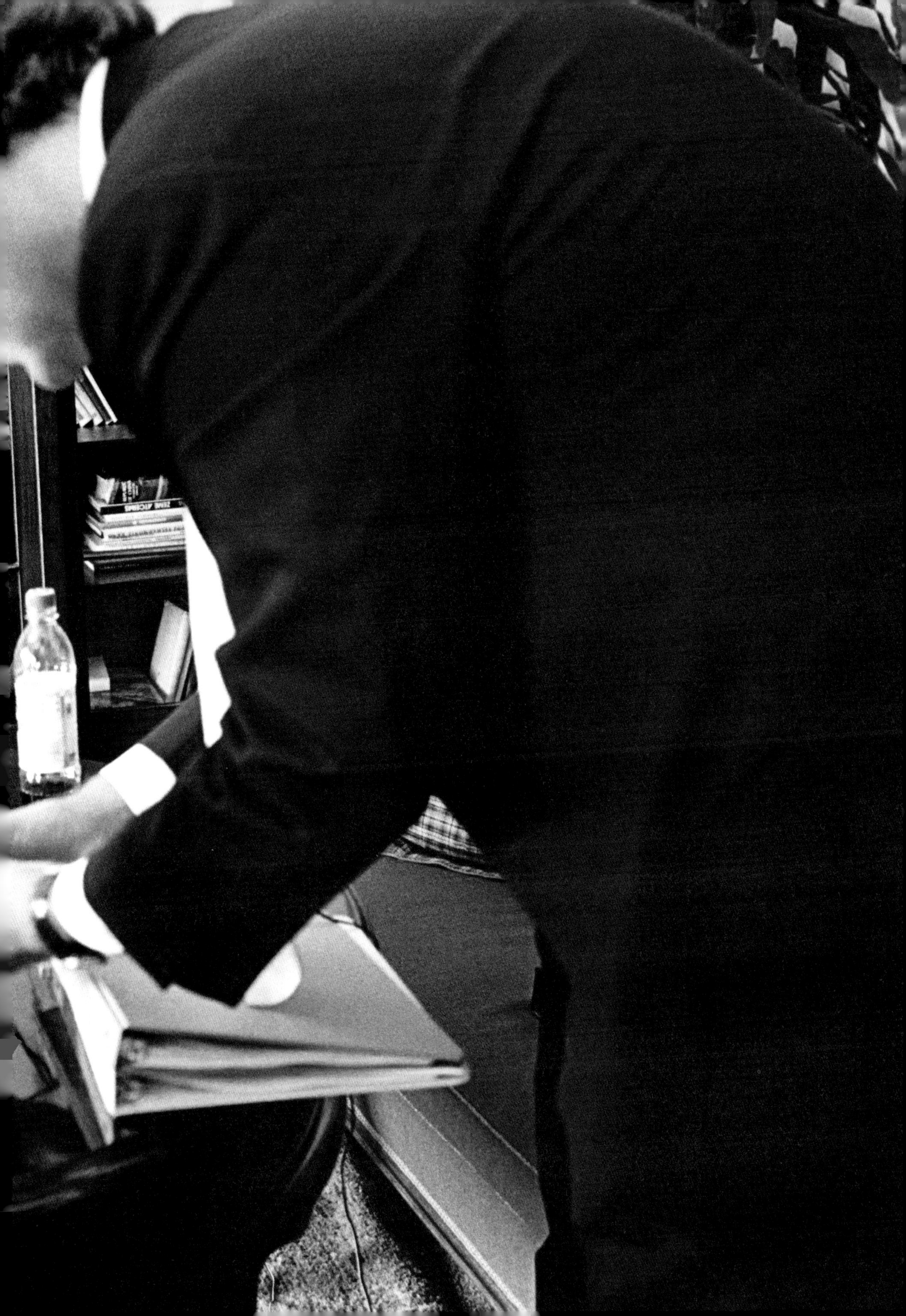

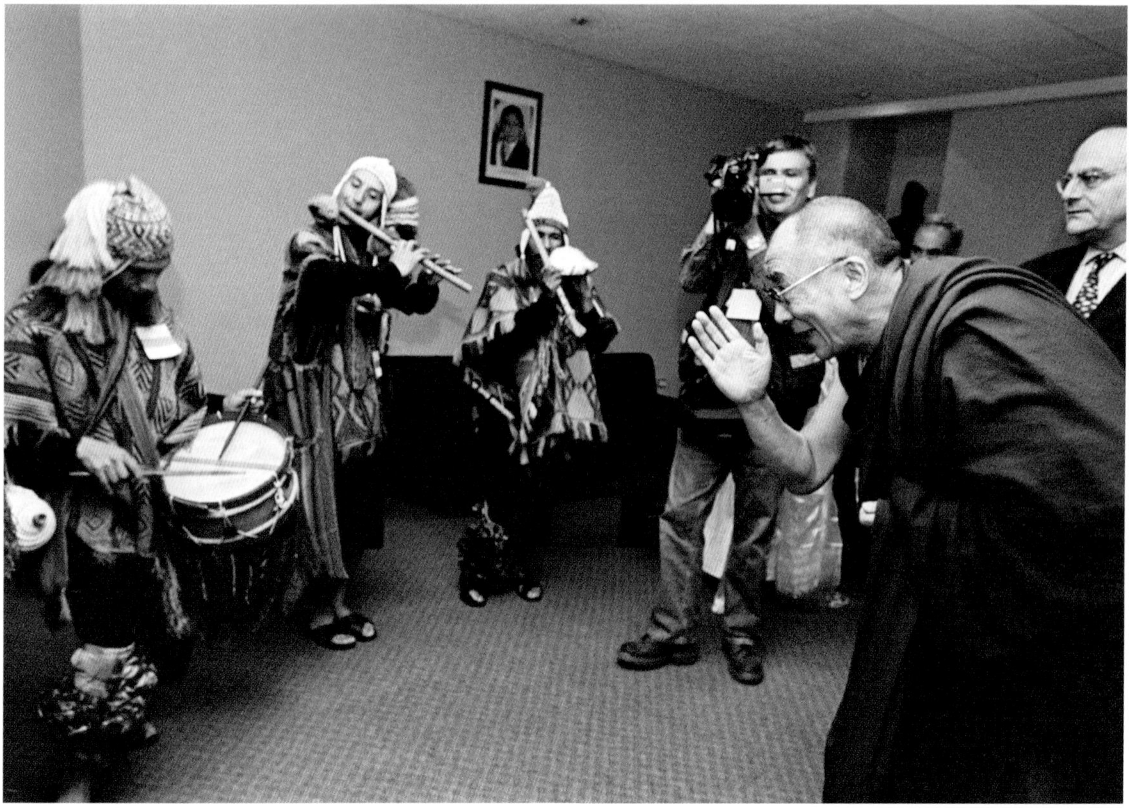

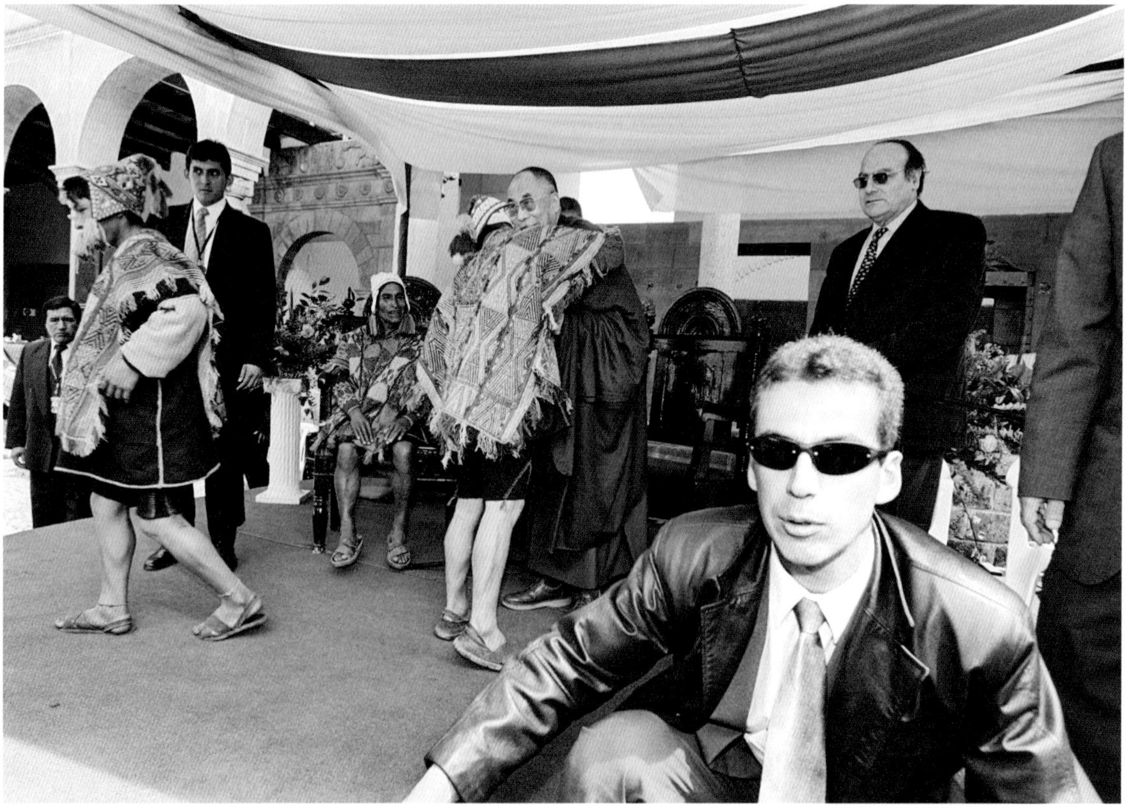

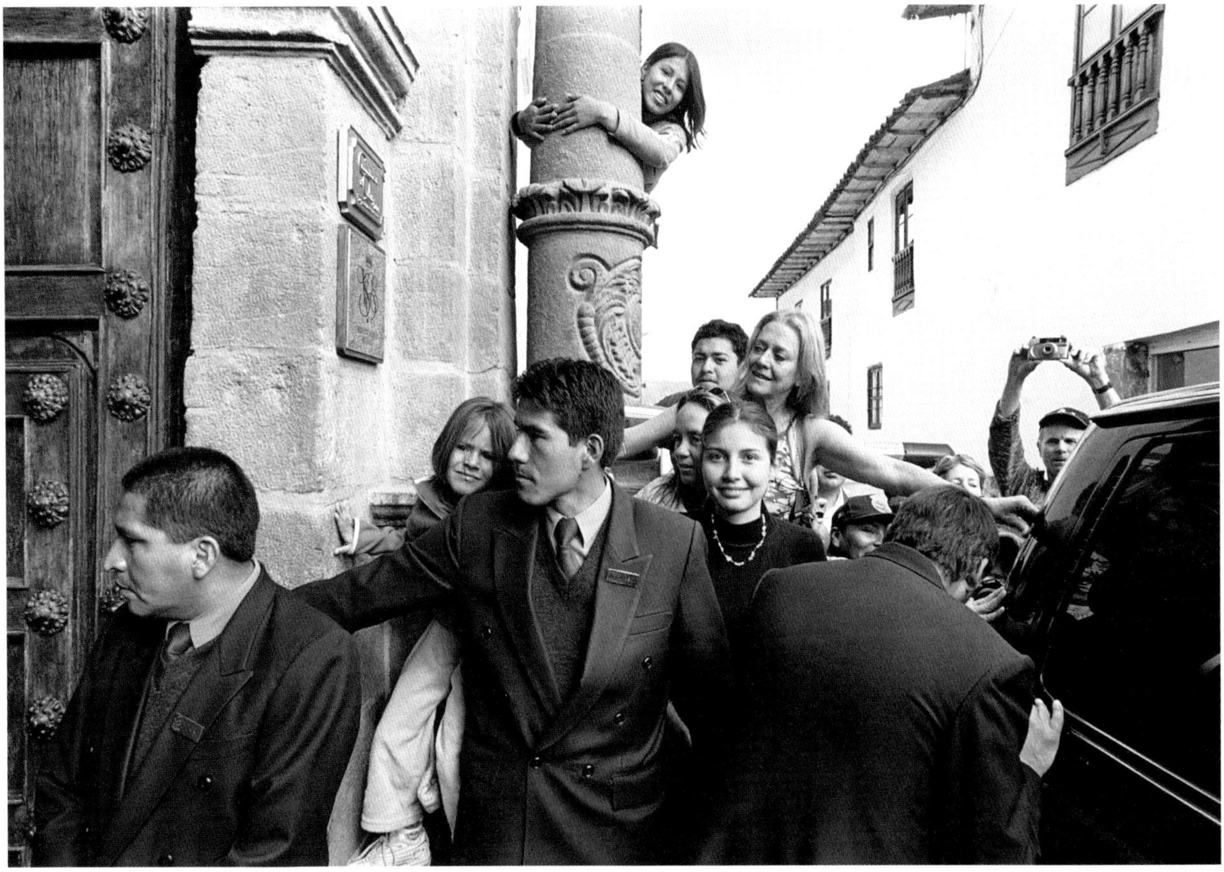

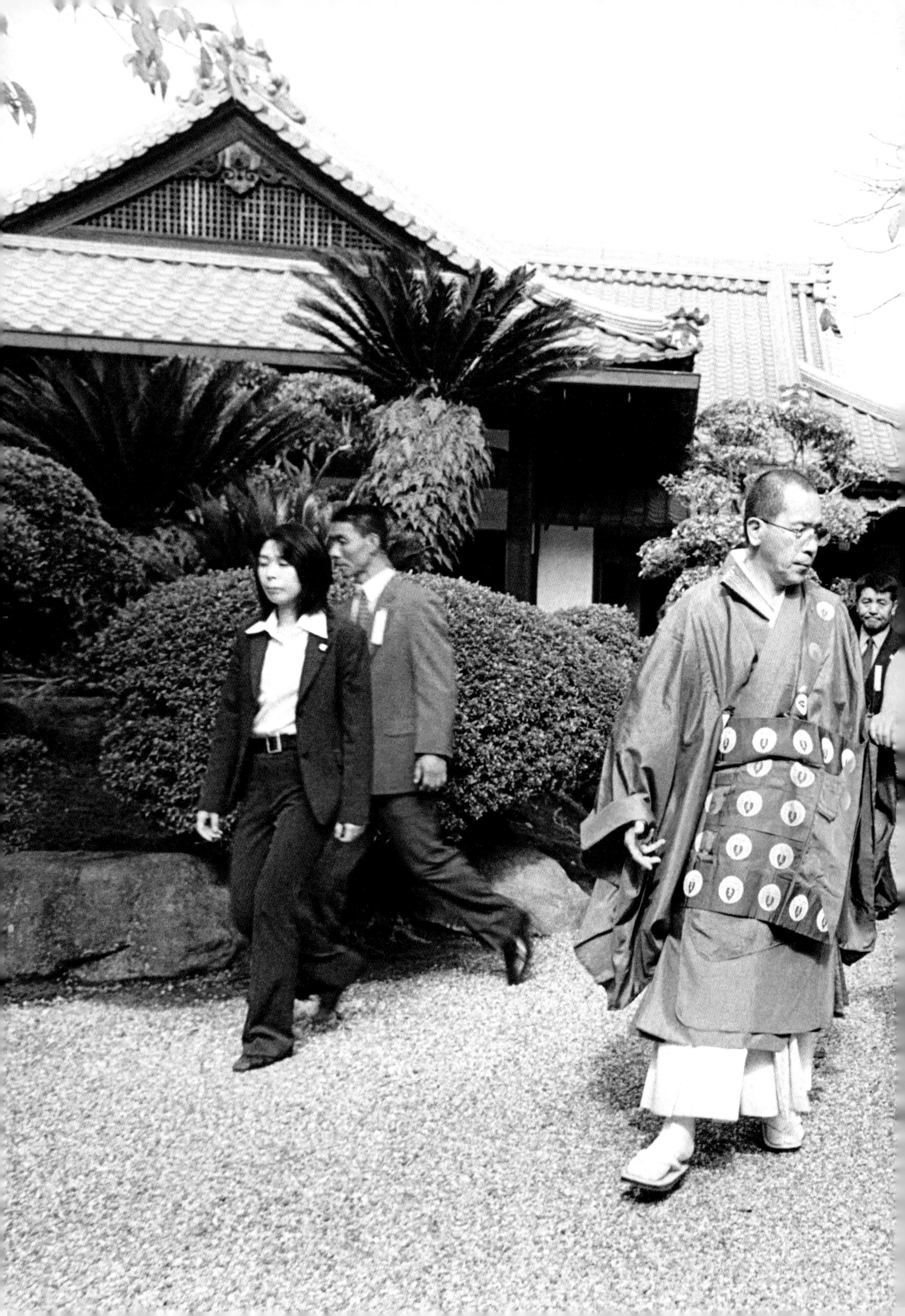

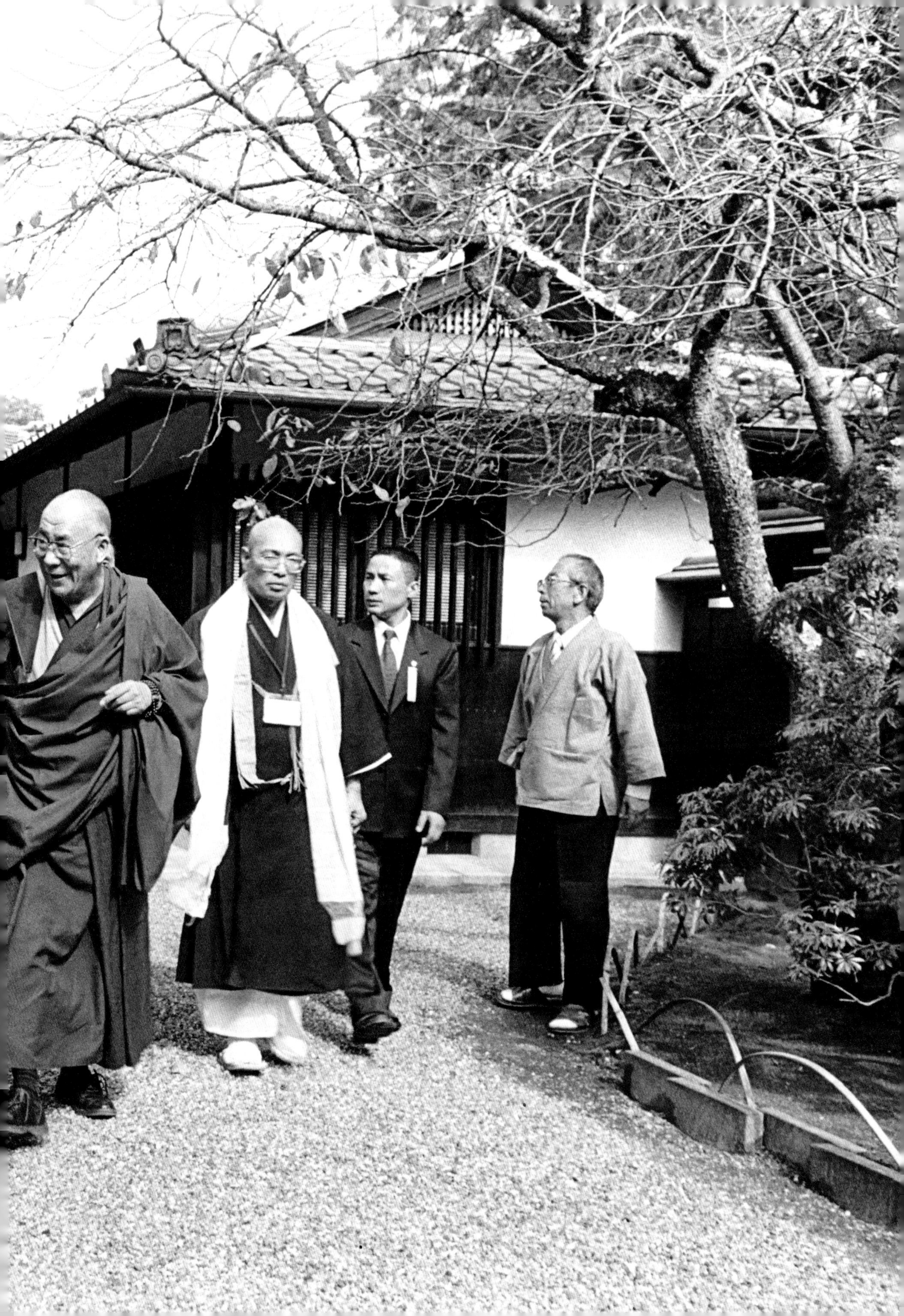

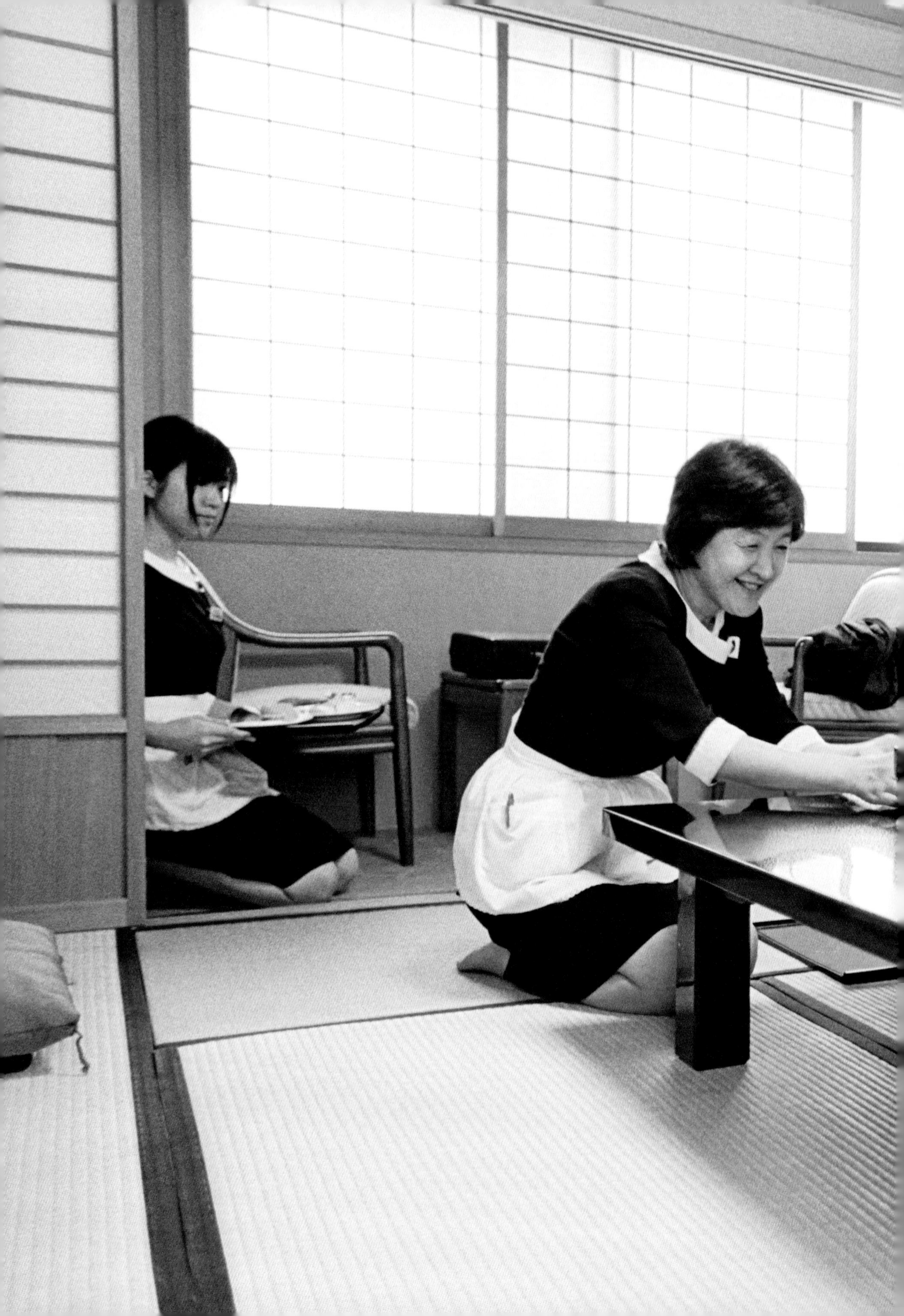

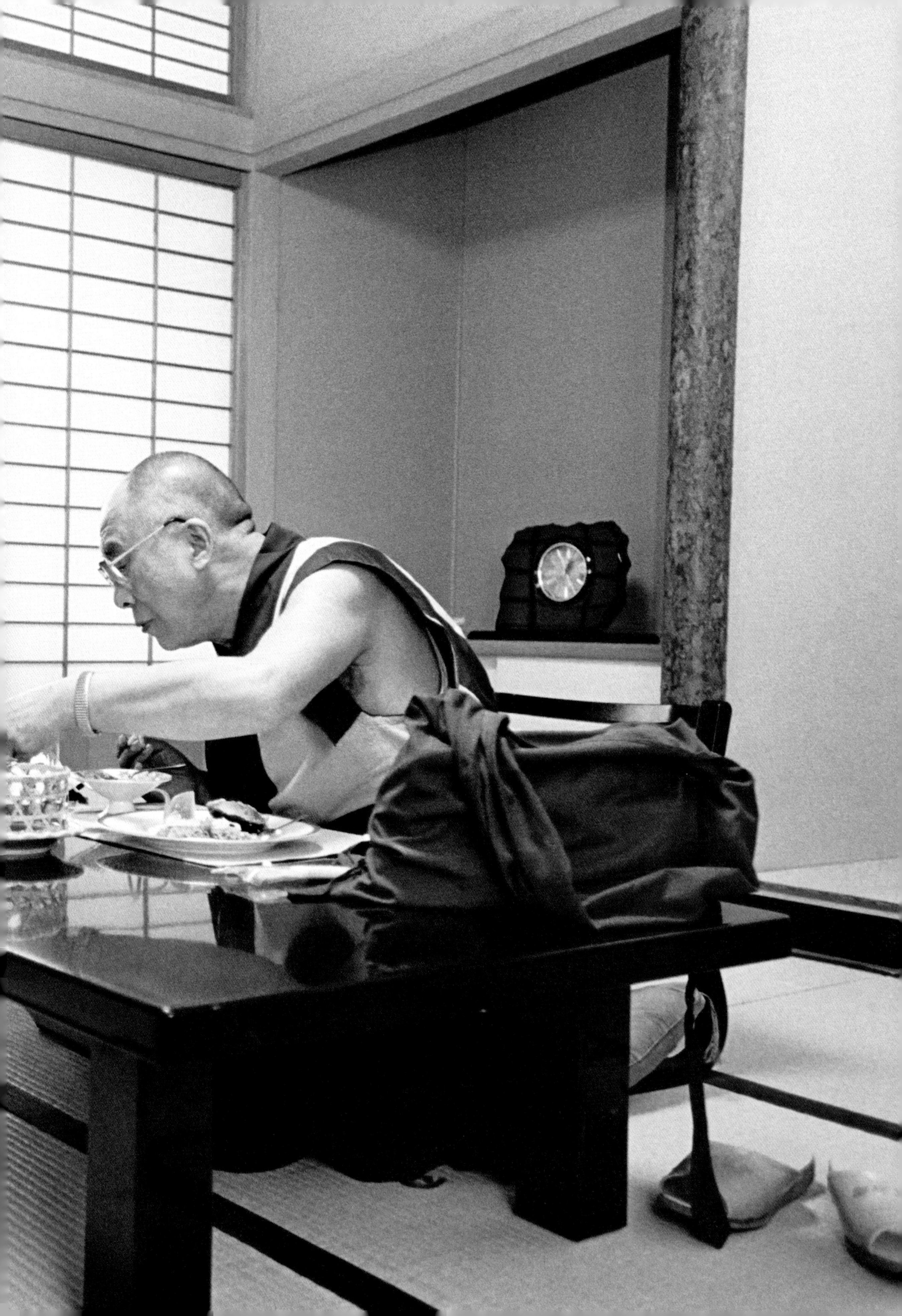

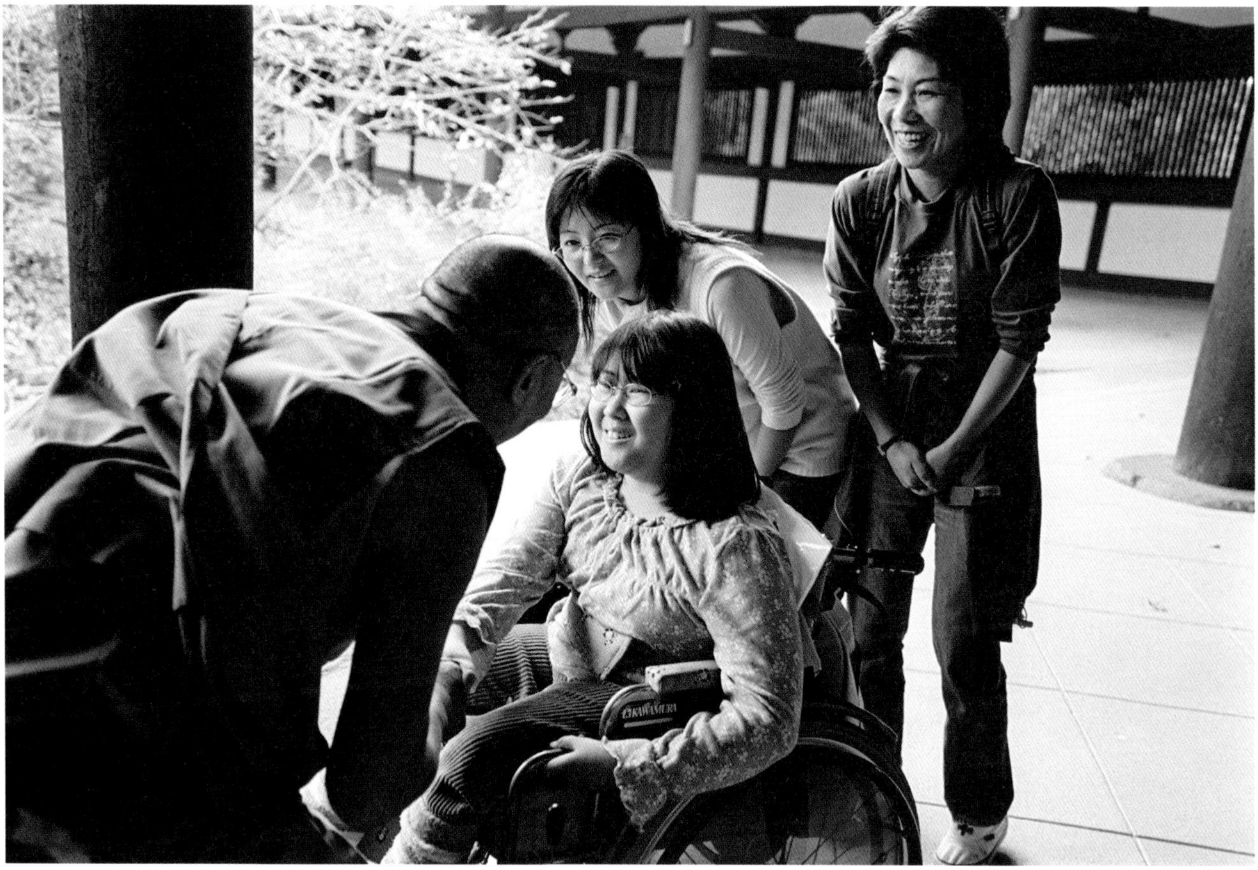
KAWAMURA

跨宗教理解與相互尊重

INTERRELIGIOUS UNDERSTANDING AND MUTUAL REVERENCE

在公開演講中，達賴喇嘛經常概述他人生的四個主要使命：透過世俗與普世的倫理觀提升基本的人類價值；促進宗教和諧；保護西藏文化、環境、藏族人民；以及近年來致力於復興古印度智慧，增進對古印度智慧的覺知，特別是心靈的科學。

達賴喇嘛的跨宗教之旅始於 1956 年，當時他參加在印度舉辦的佛陀涅槃兩千五百週年紀念活動。在那裡他初次與印度教和

耆那教的修行者進行交流，探索他們豐富的教義與修行方式。流亡海外後，他有更多機會參與跨宗教的對話。1968年有一段重要機遇，當時嚴規熙篤會（Trappist）隱修士多瑪斯・牟敦神父（Father Thomas Merton）到印度北部拜訪達賴喇嘛，就在牟敦神父逝世前不久。回憶起這次會面，達賴喇嘛在《有信仰者是一家人》（*Toward a True Kinship of Faiths*）一書中寫道：「第一個讓我對基督教有了顯明感受的人，就是已故的美國嚴規熙篤會修士多瑪斯・牟敦。」

在跨國之旅期間，達賴喇嘛始終將跨宗教交流視為優先事項，他經常在各大城市舉辦跨宗教的祈禱儀式或對話活動。對他而言，不同的宗教在同一個場所進行公眾集會，傳遞出一個強有力的訊息，促進了各種傳統之間的友誼與相互尊重。

達賴喇嘛「普世」（ecumenism）的宗教觀承認並尊重個別宗教獨特的信仰與教義，強調真正的理解來自對這些差異的認識與接受。儘管如此，他指出世界各宗教之間的一個共同要點：過著奠基於愛、慈悲與寬恕的良善生活的重要性。他鼓勵信眾們在堅守信仰的同時，培養對其他宗教傳統的尊敬。據其西藏文化傳承，達賴喇嘛區分「信仰」與「尊重」，主張人們可以對自己的宗教保持堅定的信念，也能夠欣賞其他信仰。他相信，如果大多數的宗教追隨者都能夠採取這樣的立場，不同宗教傳統的豐富資

源將可以真正裨益全人類,指引我們處理當前集體的挑戰,包括氣候危機。在《有信仰者是一家人》一書的結尾,達賴喇嘛提出呼籲:「今天就立下誓言,你永遠不會讓你的信仰被利用作為暴力的工具。今天就立下誓言,你可以成為和平的使者,依循你所屬宗教慈悲的倫理教義過生活。」

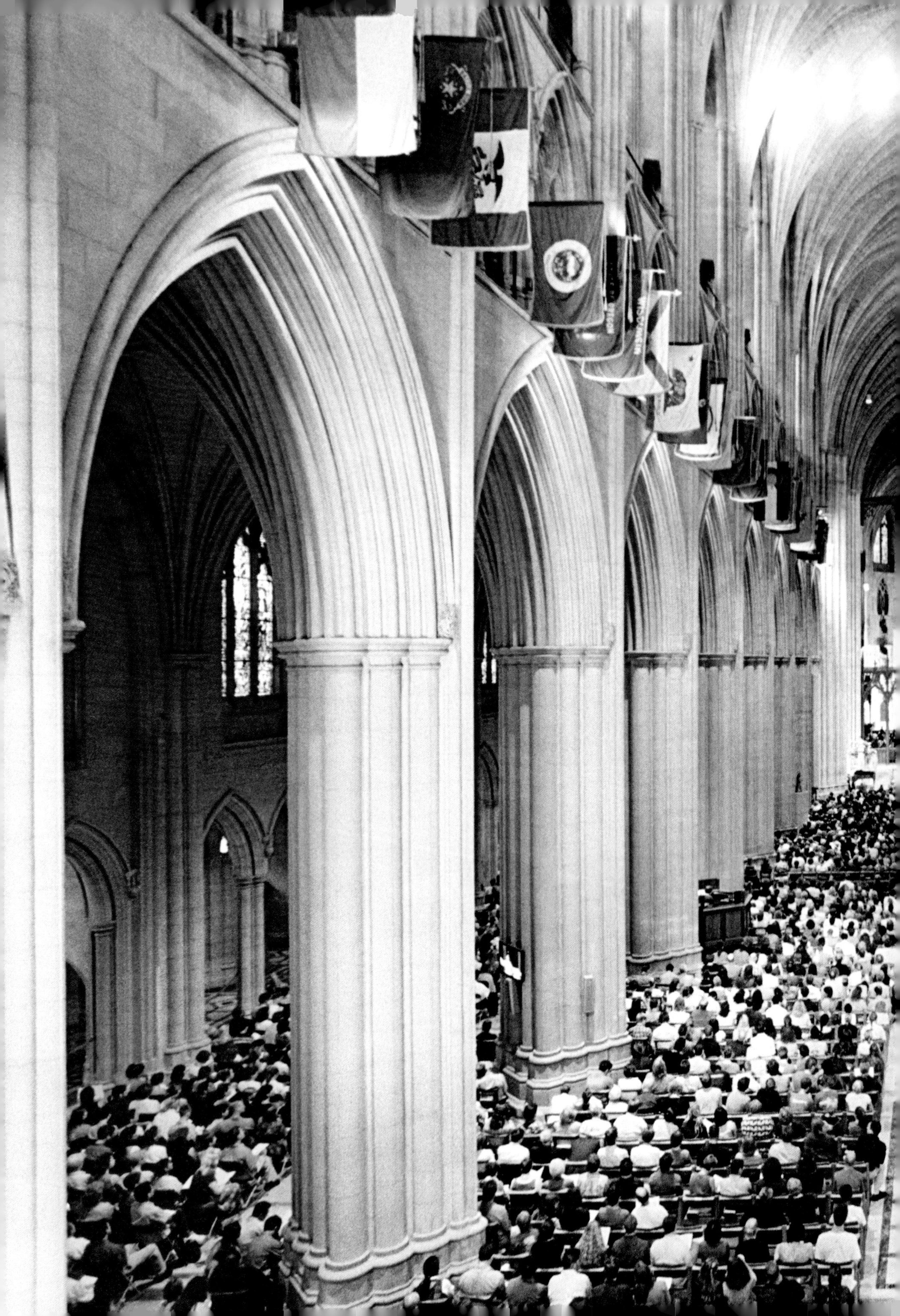

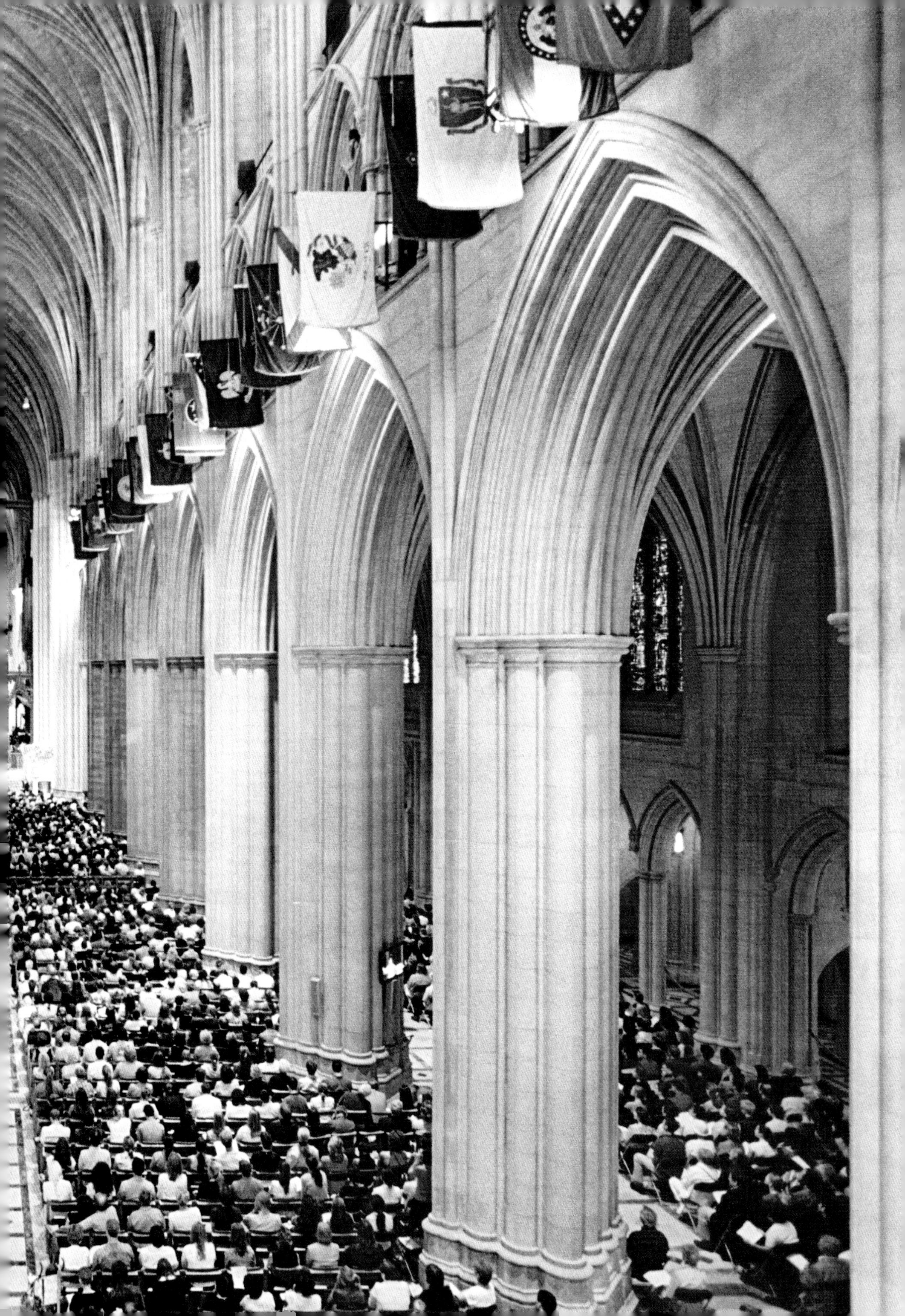

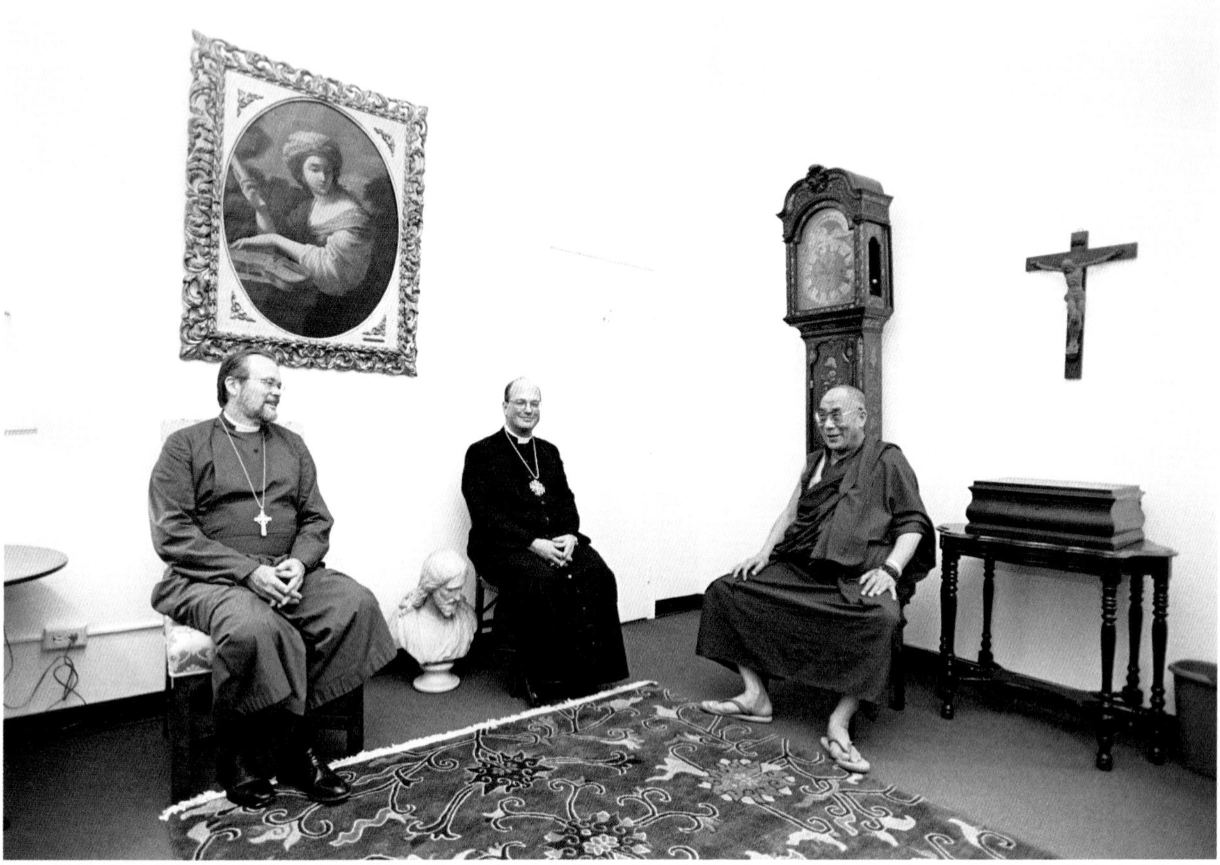

283

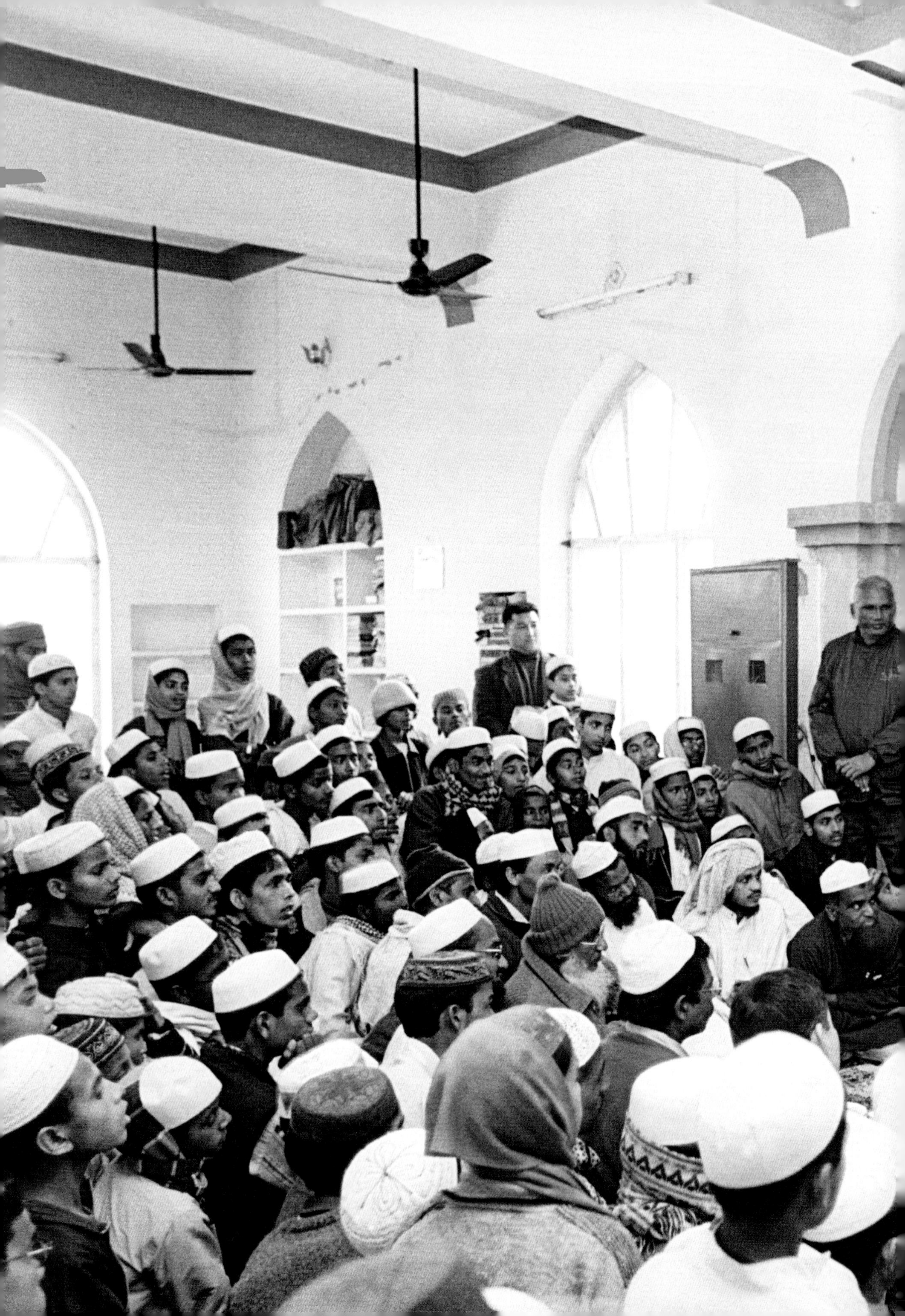

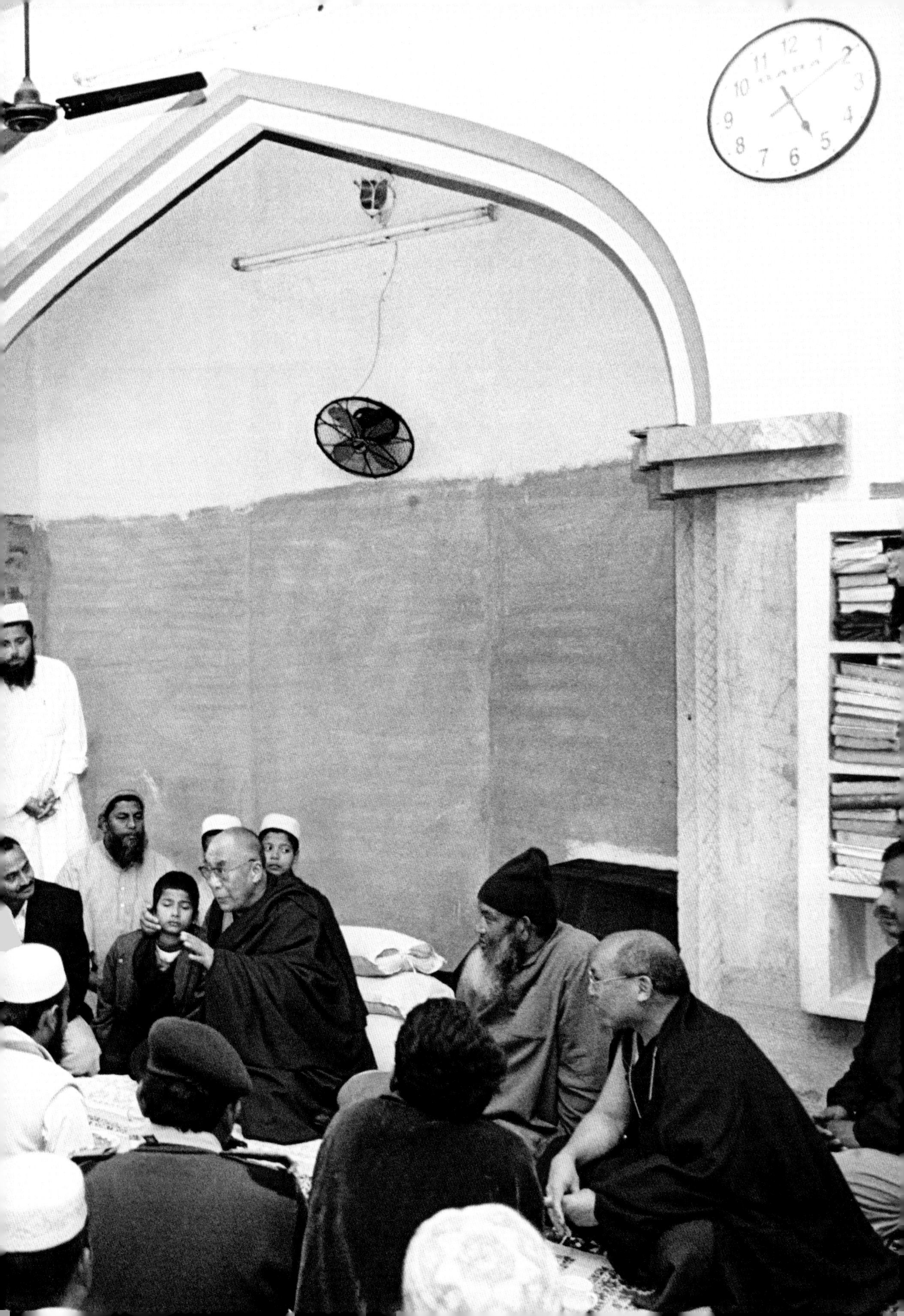

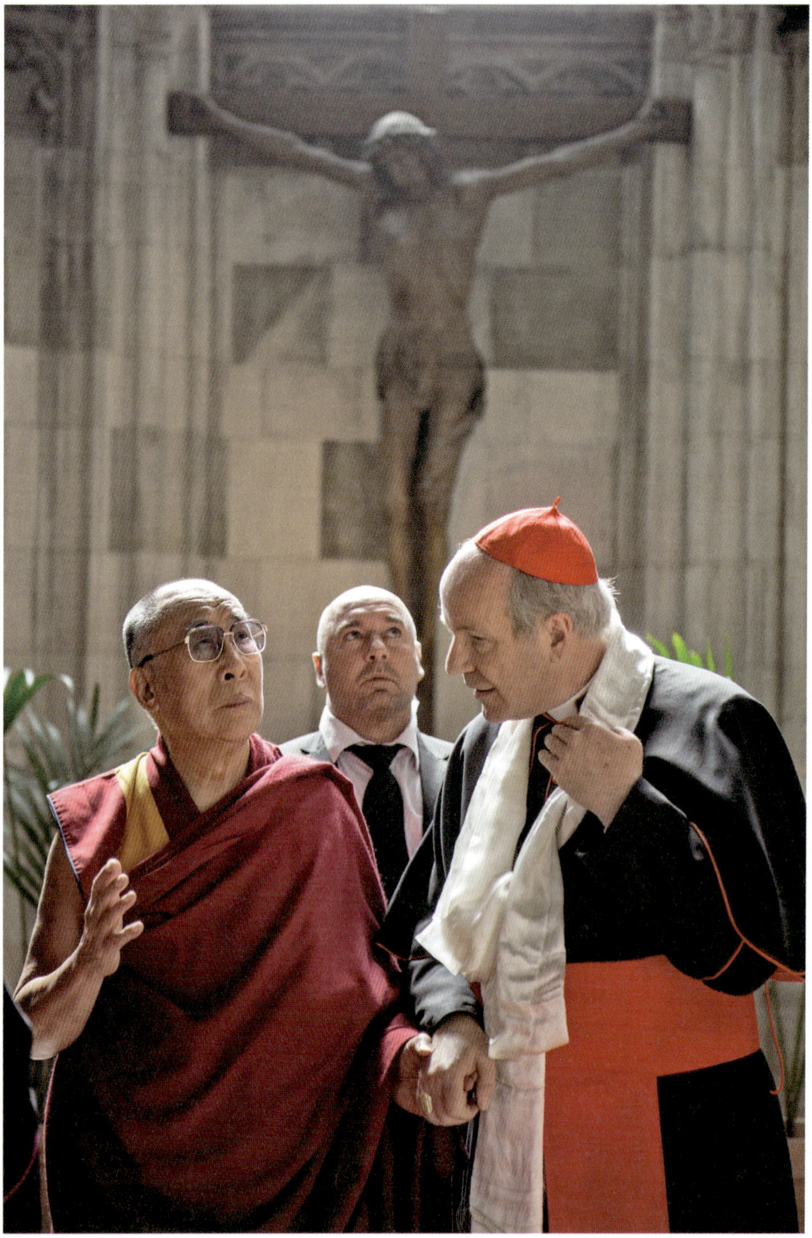

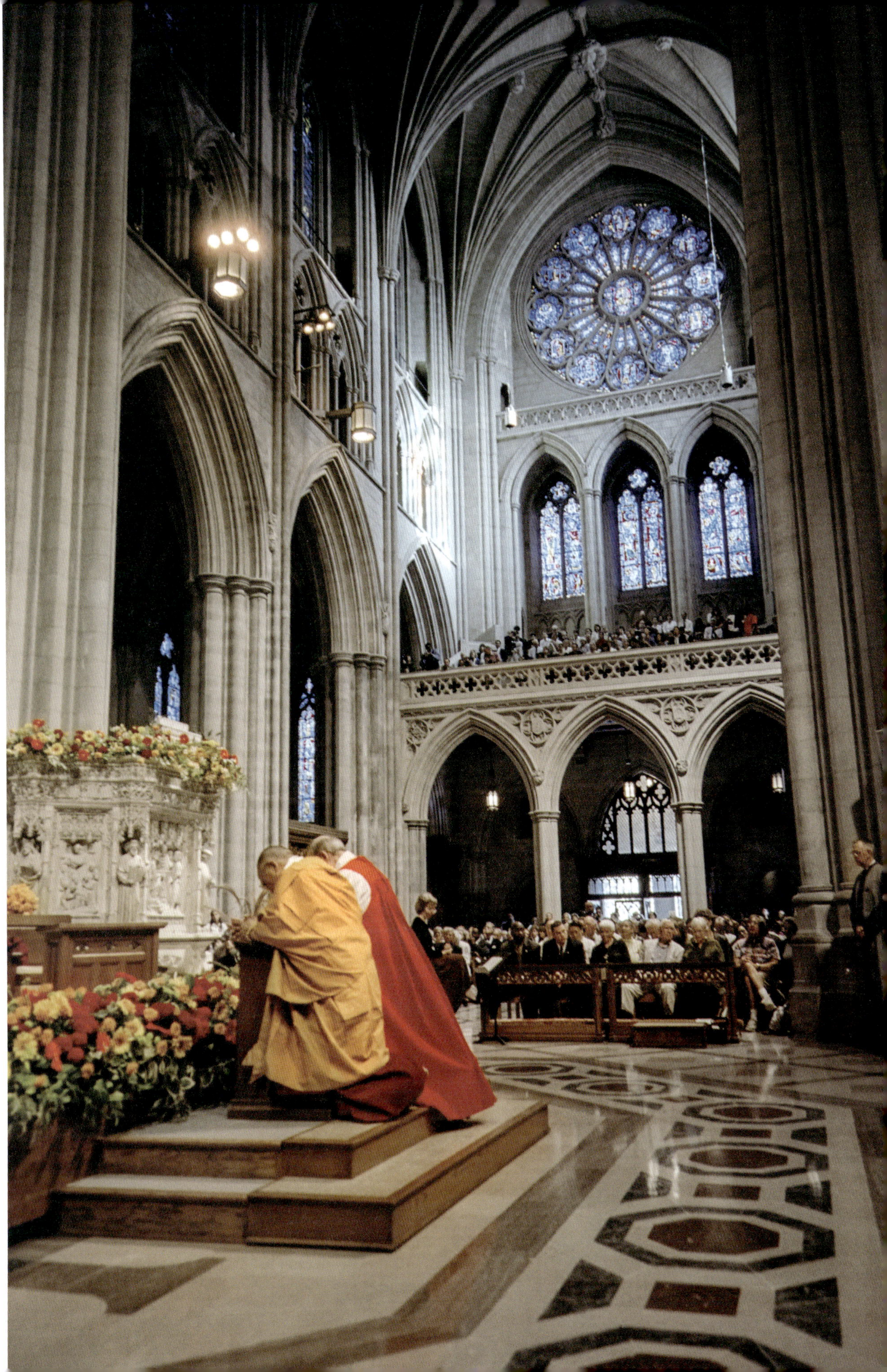

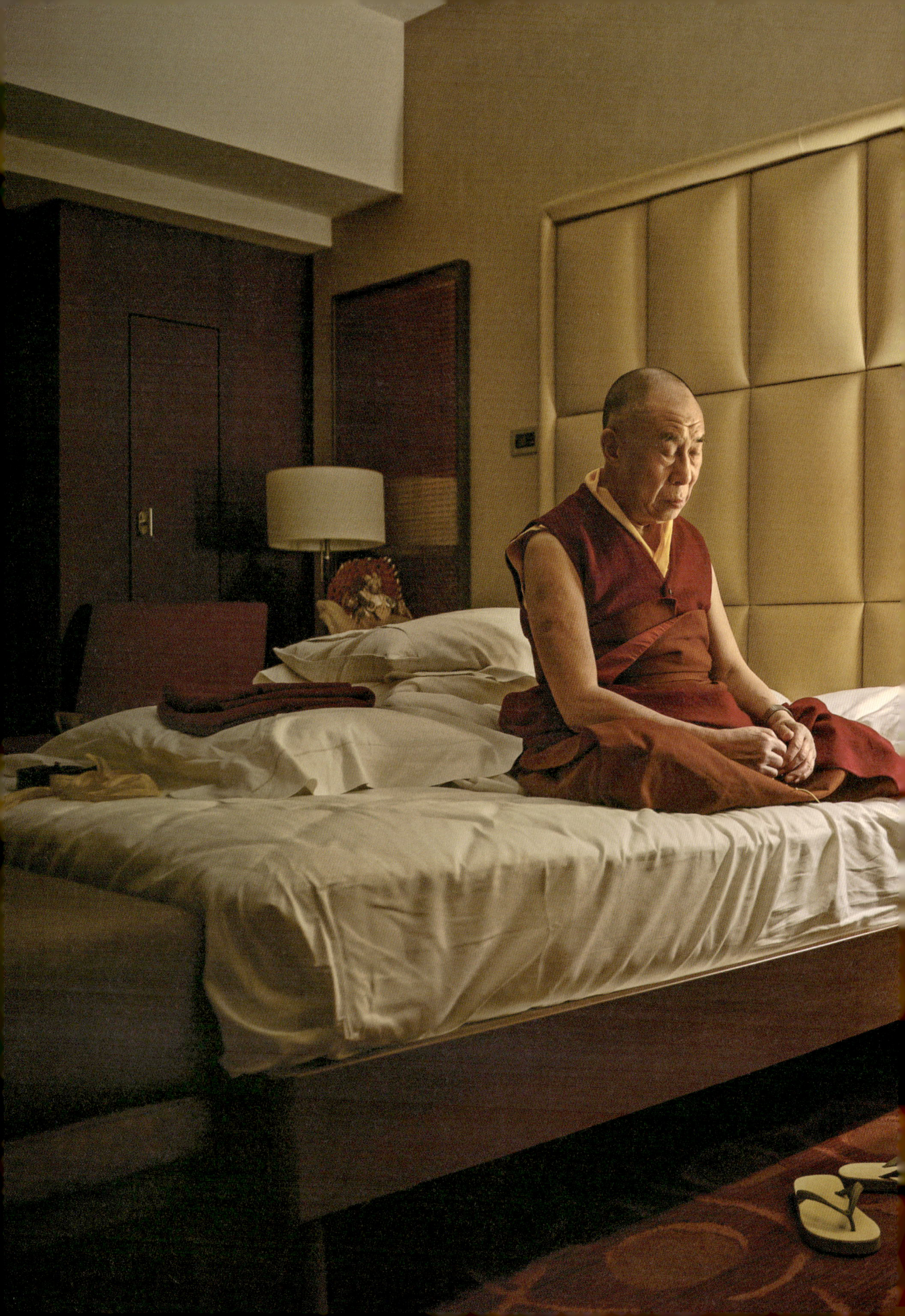

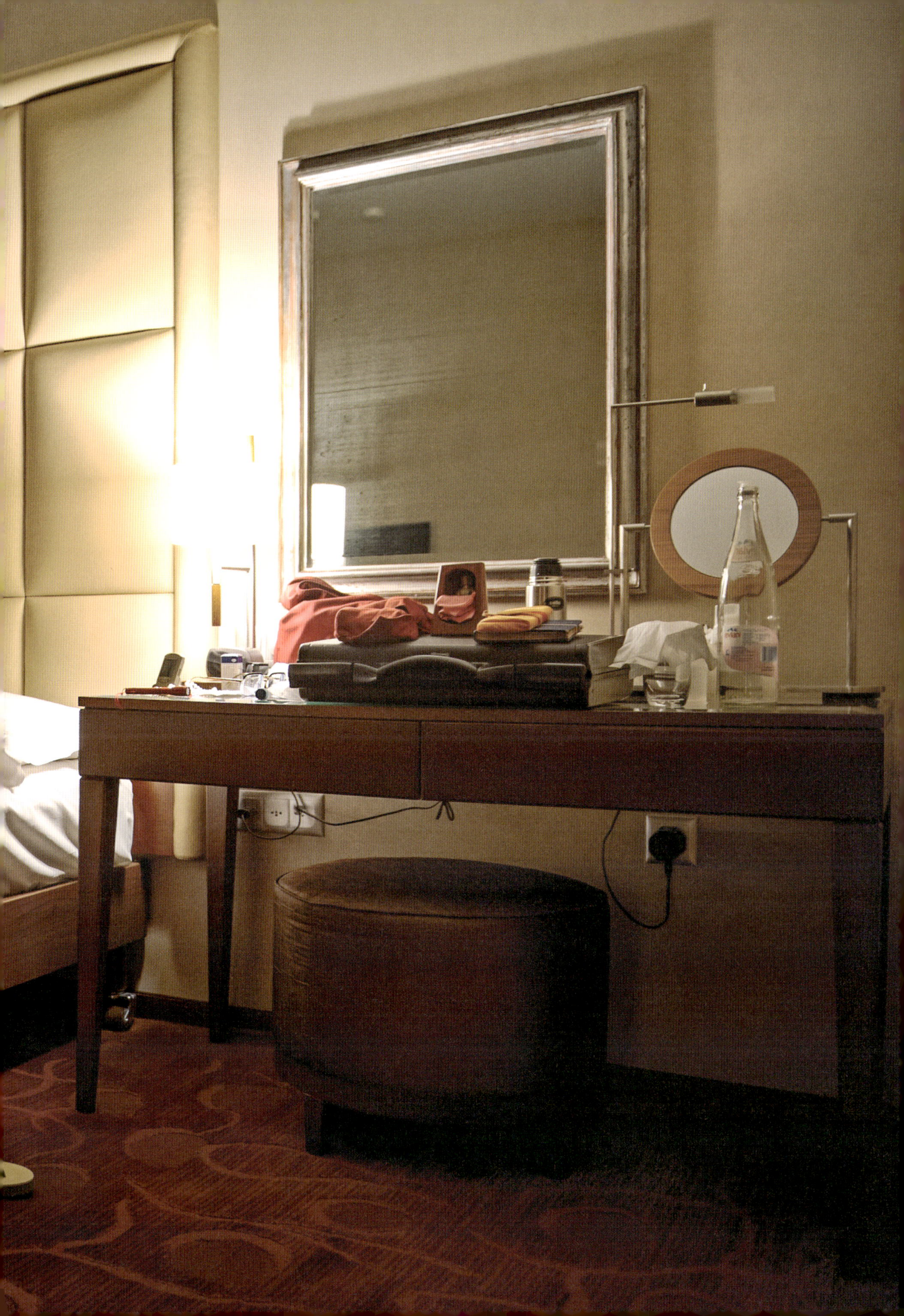

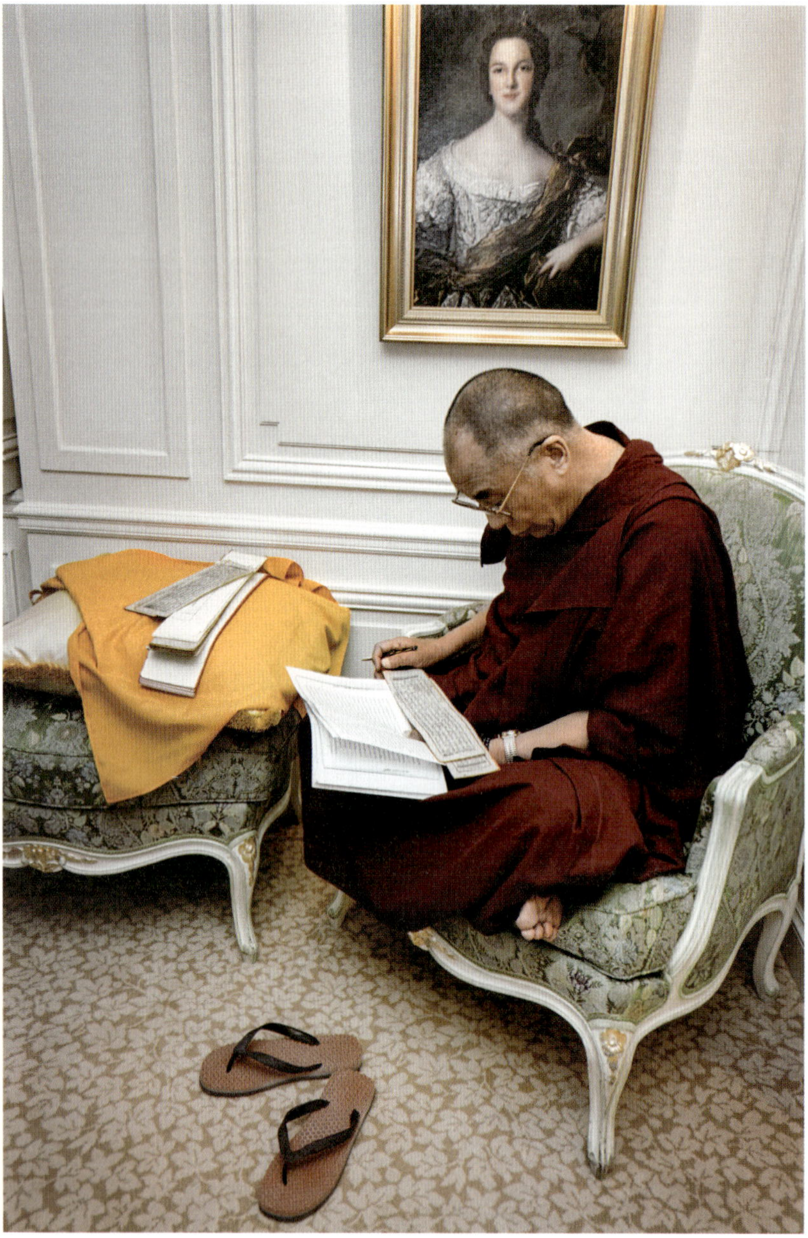

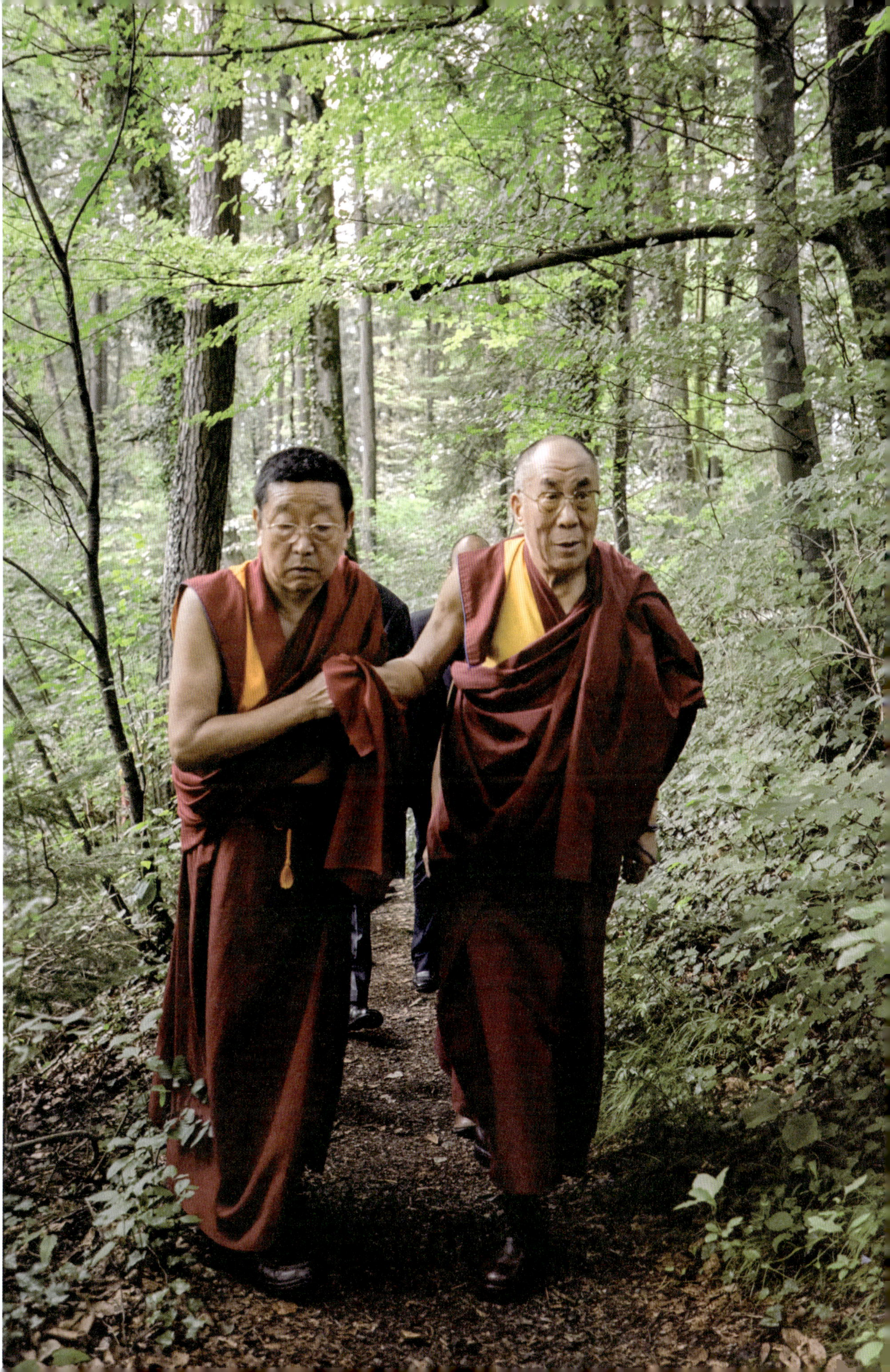

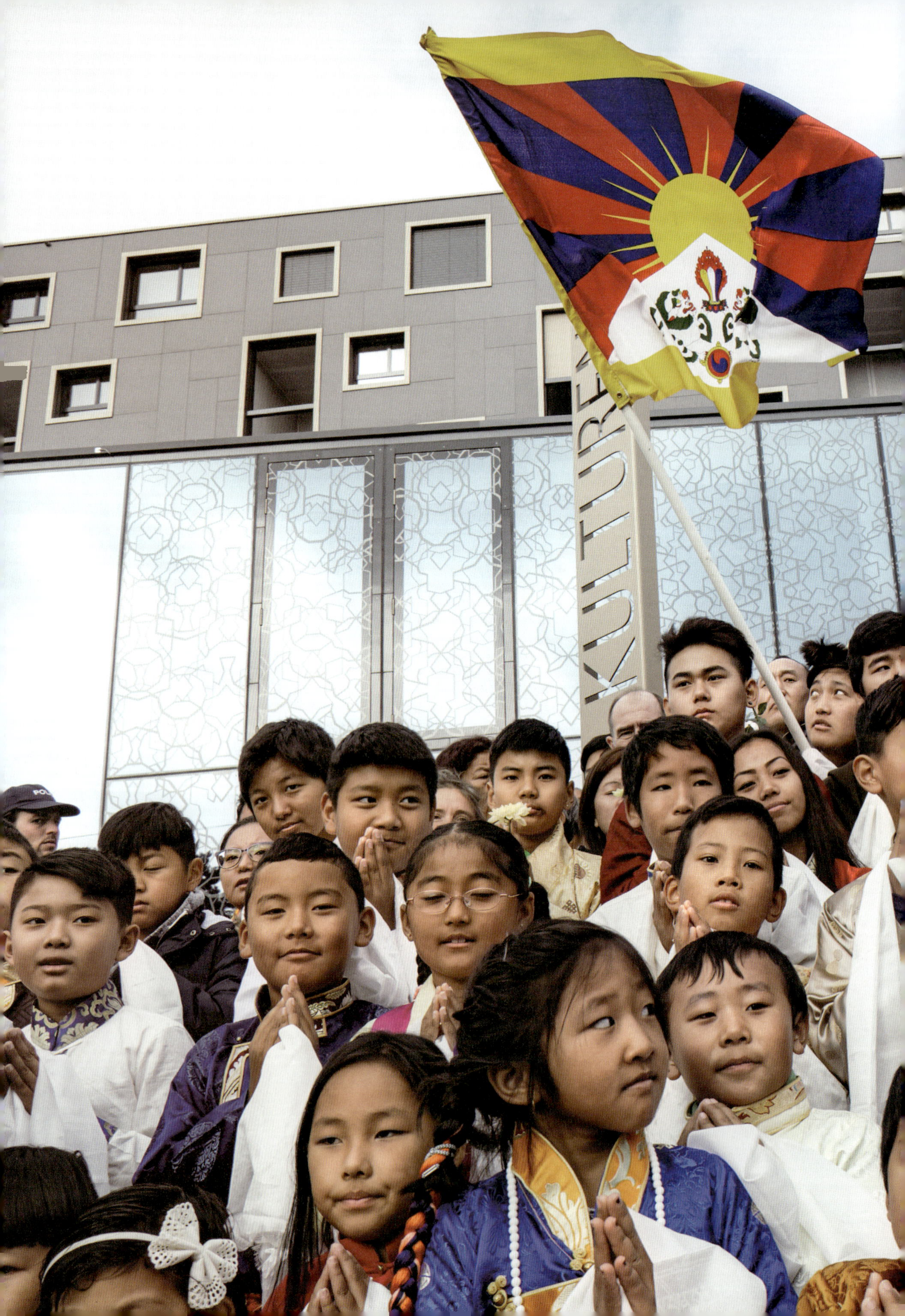
KULTUR

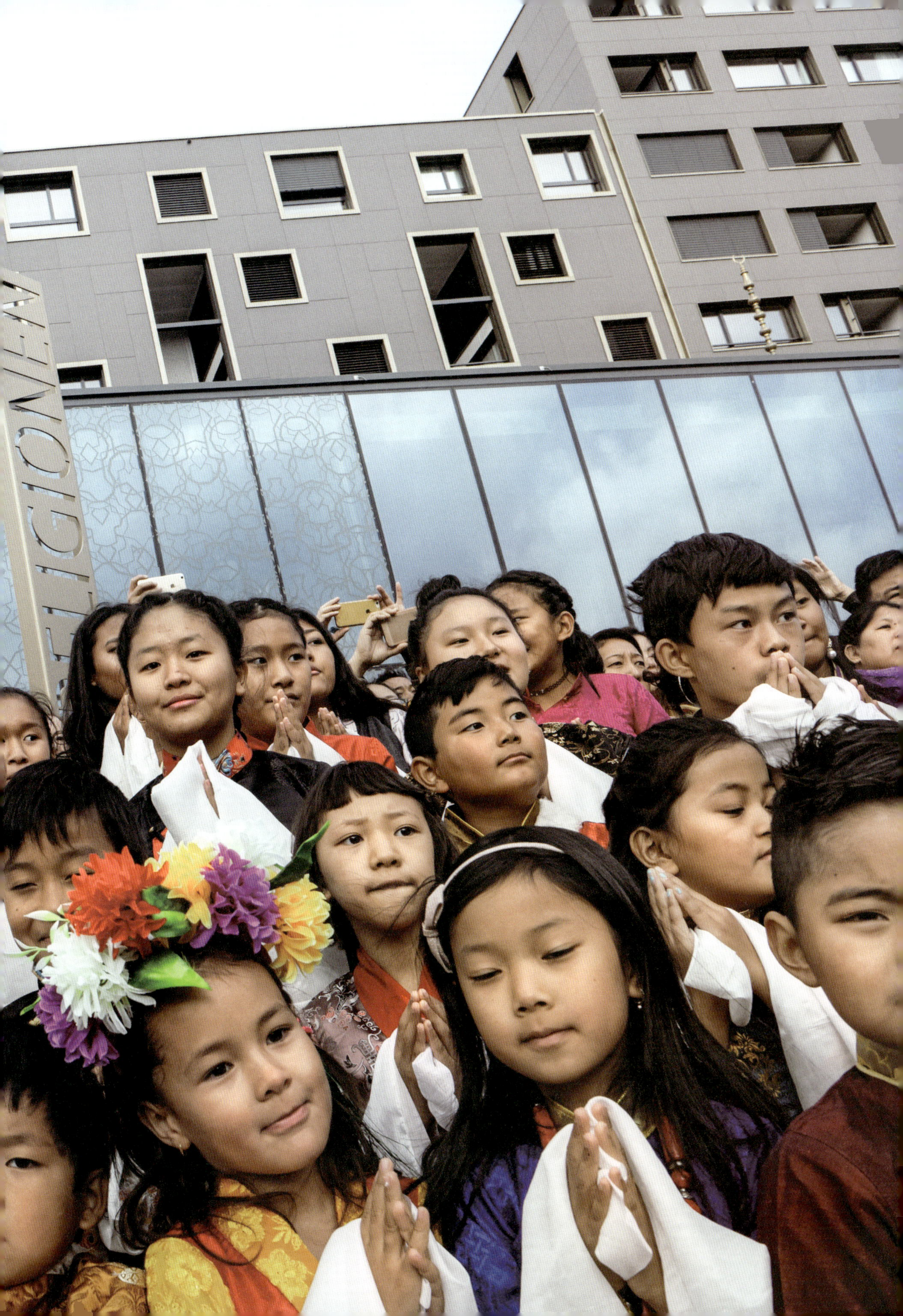

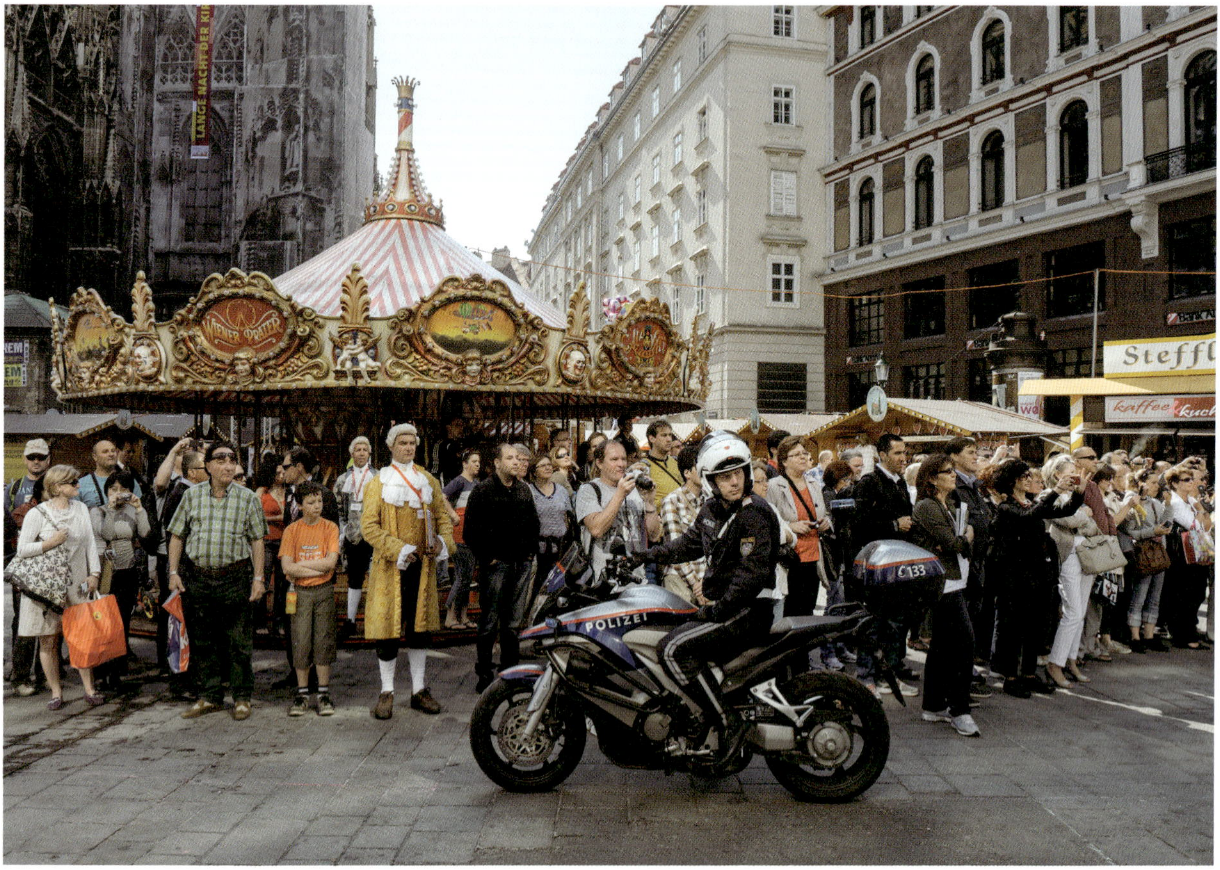

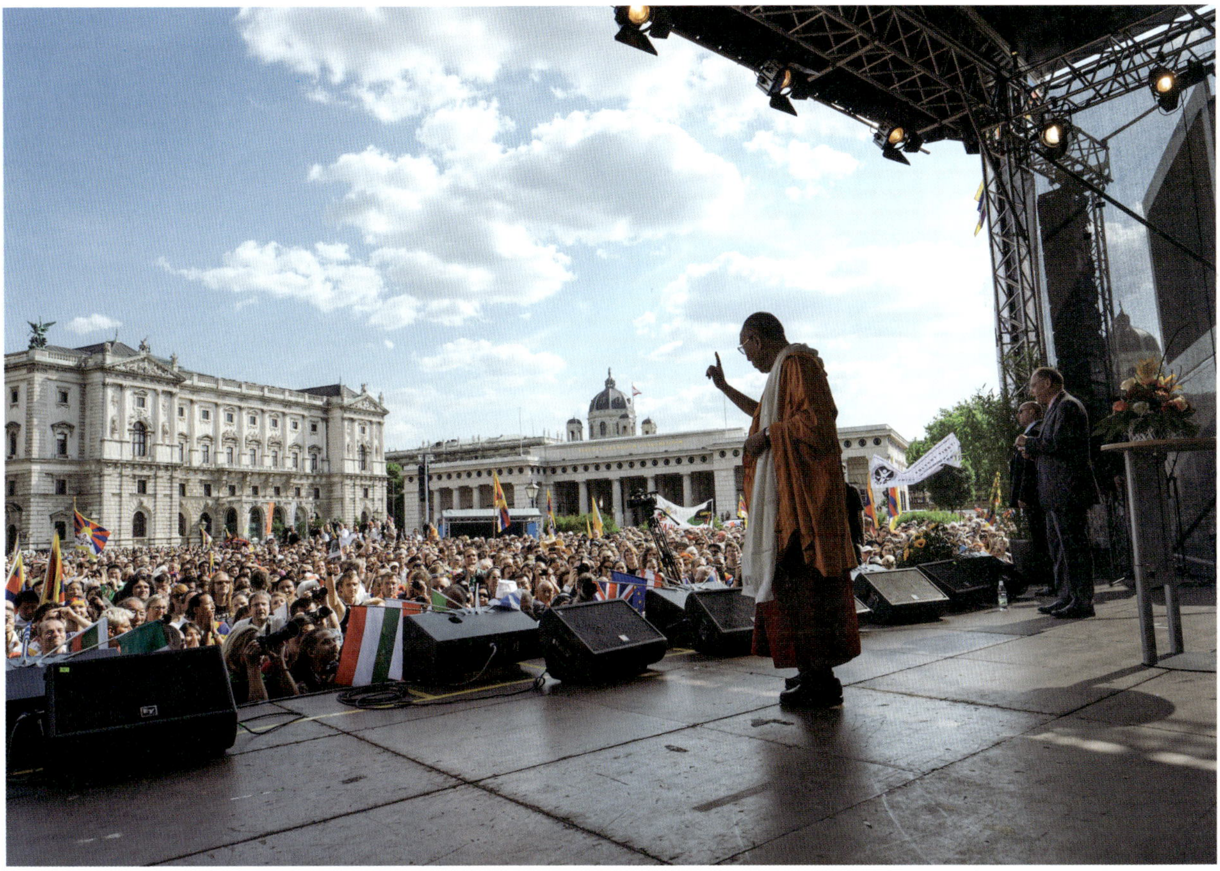

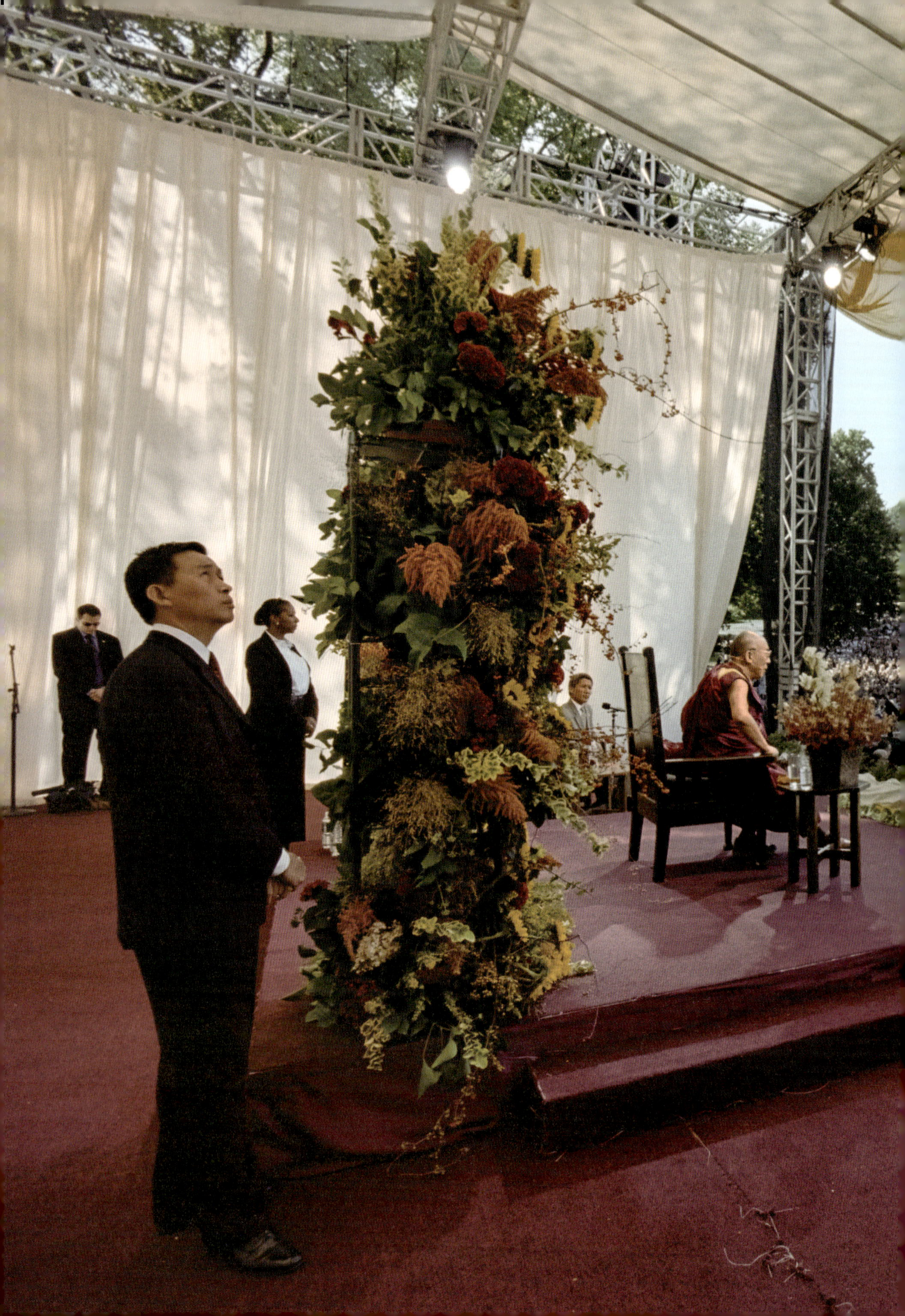

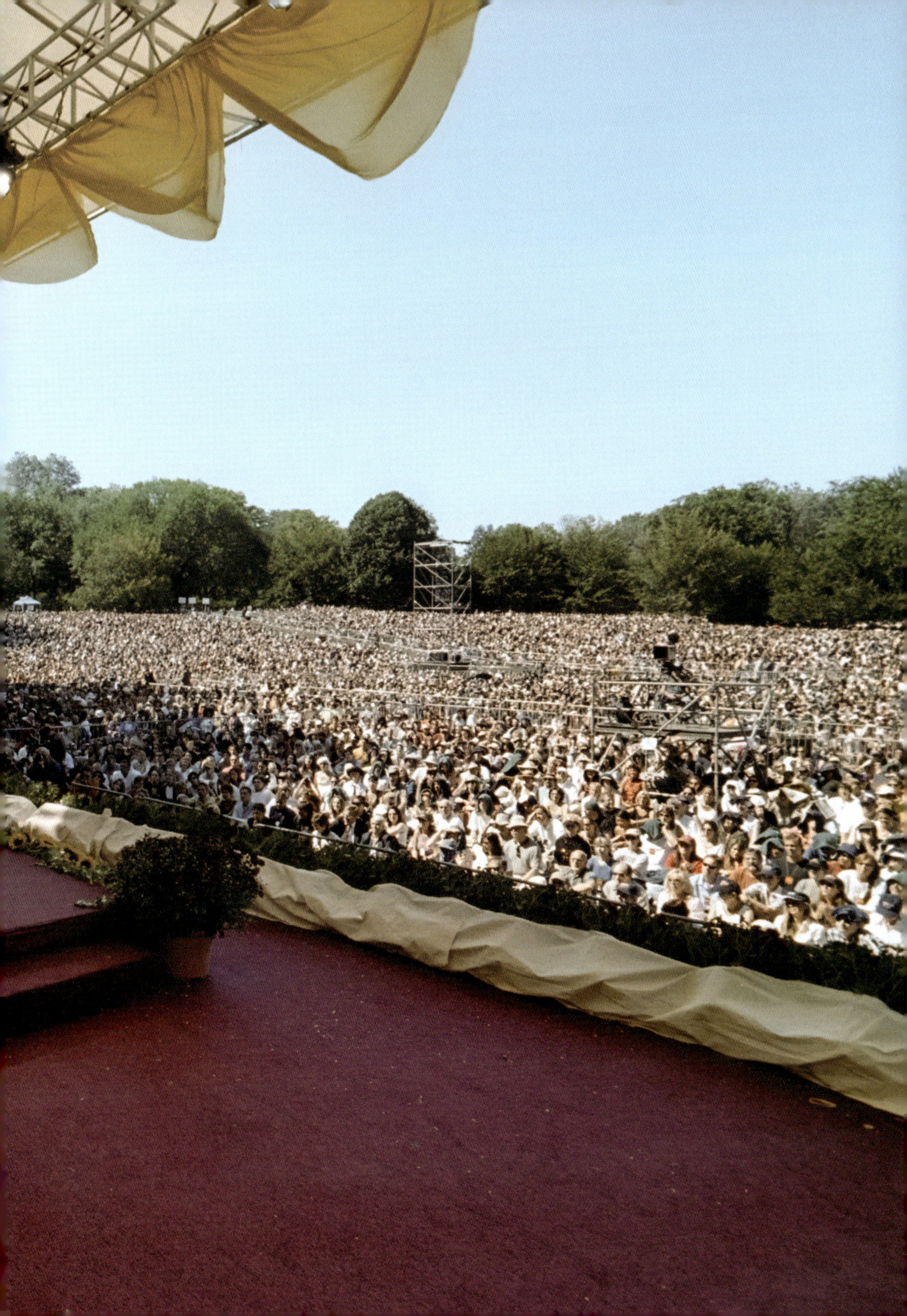

生態與人類責任

ECOLOGY AND HUMAN RESPONSIBILITY

少有人知,達賴喇嘛於 1989 年榮膺諾貝爾和平獎時,獲獎原因首度提及對提升環境意識的貢獻。他很早就開始倡議環境責任,尤其是在他自己的佛教社群內。他以佛陀的一生為本——誕生於樹下,在菩提樹下悟道,在娑羅雙樹下入涅槃——提出他所謂的「佛教徒的自然觀」。久而久之,對環境的關懷成為他國際出訪的一個核心主題,尤其是在歐洲與英國,他與科學家、社運

人士及綠黨領袖們交流互動。這些相遇的機緣加深他對人類行為如何造成生態惡化的理解，特別是消費主義的行為。

達賴喇嘛尤為關注西藏地勢高峻、氣候乾燥的脆弱生態環境。根據維基解密（Wikileaks）曝光的美國駐新德里大使館所發的外交電報，達賴喇嘛一度請求美國對西藏政策應優先保護其環境。包括一些中國研究者在內的環境科學家，向達賴喇嘛解釋了西藏高原對調節南亞季風的重要性，以及作為全球最大山嶽冰川所在地的關鍵角色。部分科學家甚至將西藏高原稱為地球的「第三個極地」（Third Pole），與北極和南極地區並列。

1990年，達賴喇嘛與德蕾莎修女等其他精神領袖共同參與全球首度舉行的環境峰會之一：「全球精神領袖與國會領袖人類存續會議」（Global Forum of Spirituality and Parliamentary Leaders on Human Survival）。兩年後，他在里約地球峰會（Rio Earth Summit）發表演說，強調環境問題不僅是倫理與精神層面的挑戰，更是攸關人類生存的迫切問題。他將保護「地球母親」比喻為維護個人的家園，並將環境破壞歸咎於無知、貪婪，以及對其他生命形態缺乏責任感。他回顧人類成功處理了臭氧層破裂的危機，呼籲採取集體行動對抗氣候危機，他認為這是當前我們面臨的最大挑戰。

在近期與氣候科學家及瑞典環保少女格蕾塔·桑柏格

（Greta Thunberg）的對話中，達賴喇嘛讚揚桑柏格激勵全球環保意識，尤其是對年輕世代。達賴喇嘛尊者在 1992 年里約地球峰會上的話語，時至今日依然發人深省：

「我們的先人們認為大地是富饒且慷慨的，而它確實如此。以前許多人也認為自然是取之不盡、用之不竭的，但現在我們知道，唯有當我們細心照料它才是如此。過去因為無知而導致的破壞尚能寬貸。然而，如今我們掌握了更多資訊。我們必須基於倫理重新檢視：我們承繼了什麼？我們該承擔什麼責任？以及我們要留給未來世代什麼？」

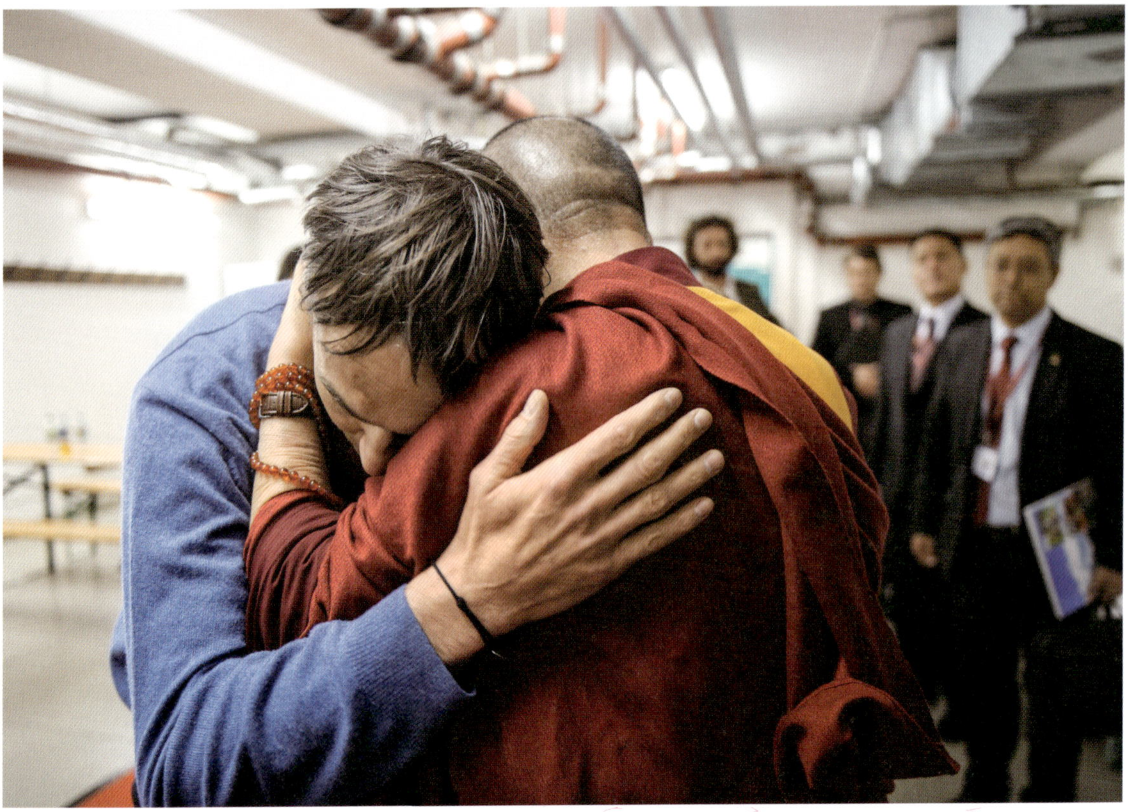

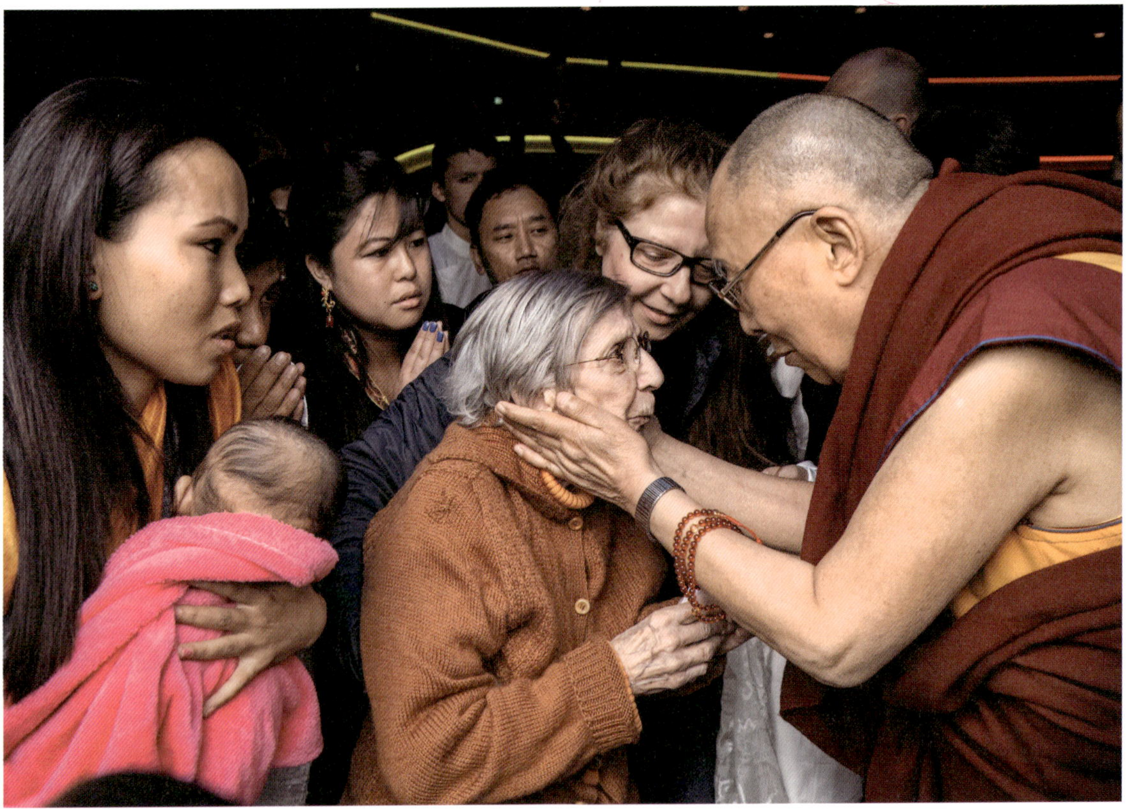

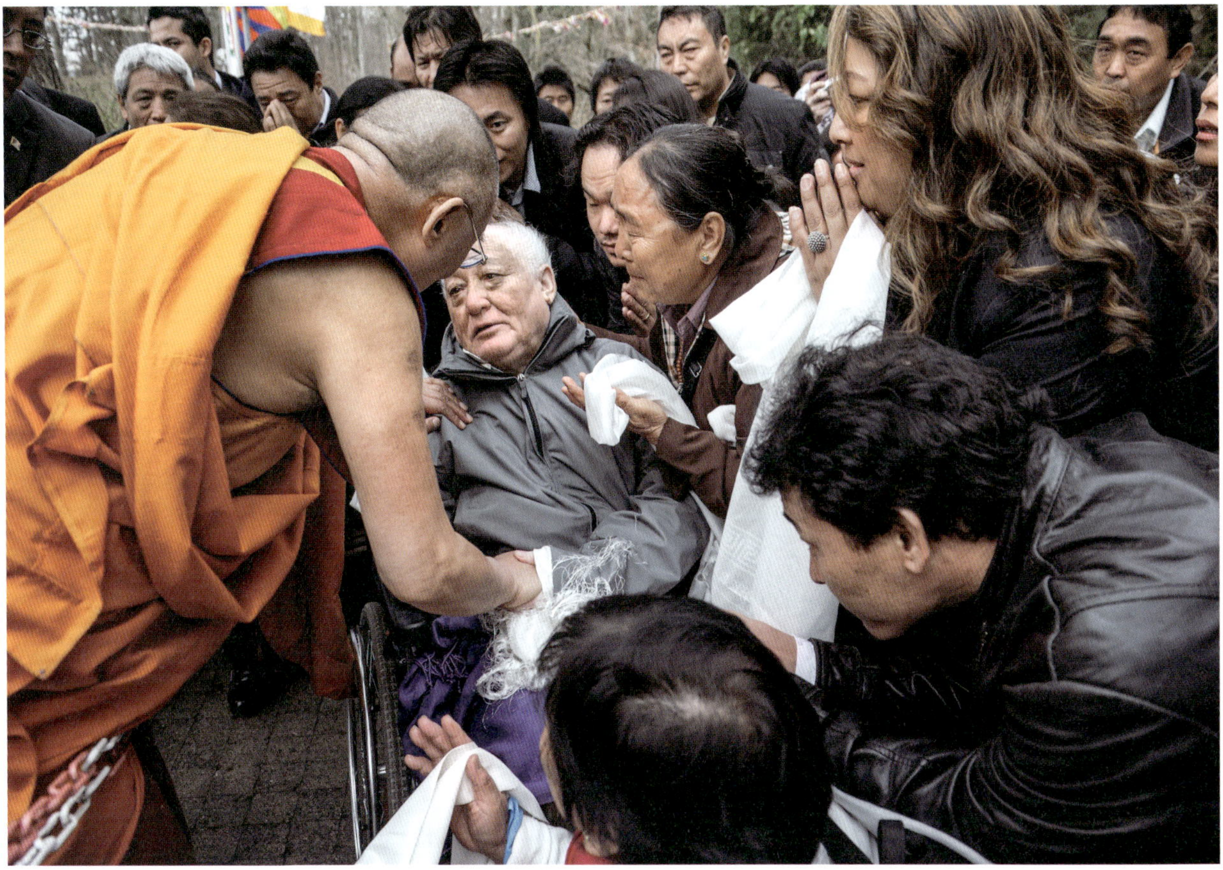

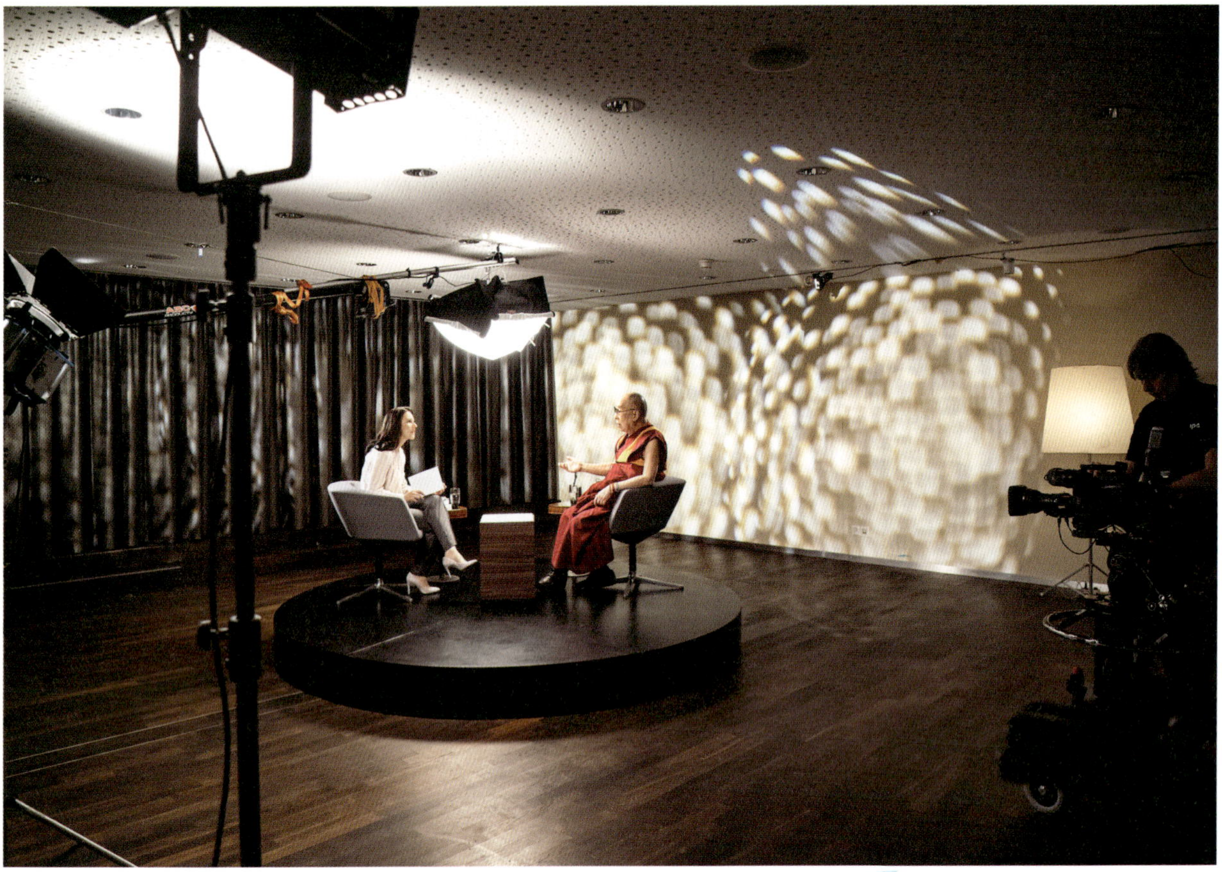

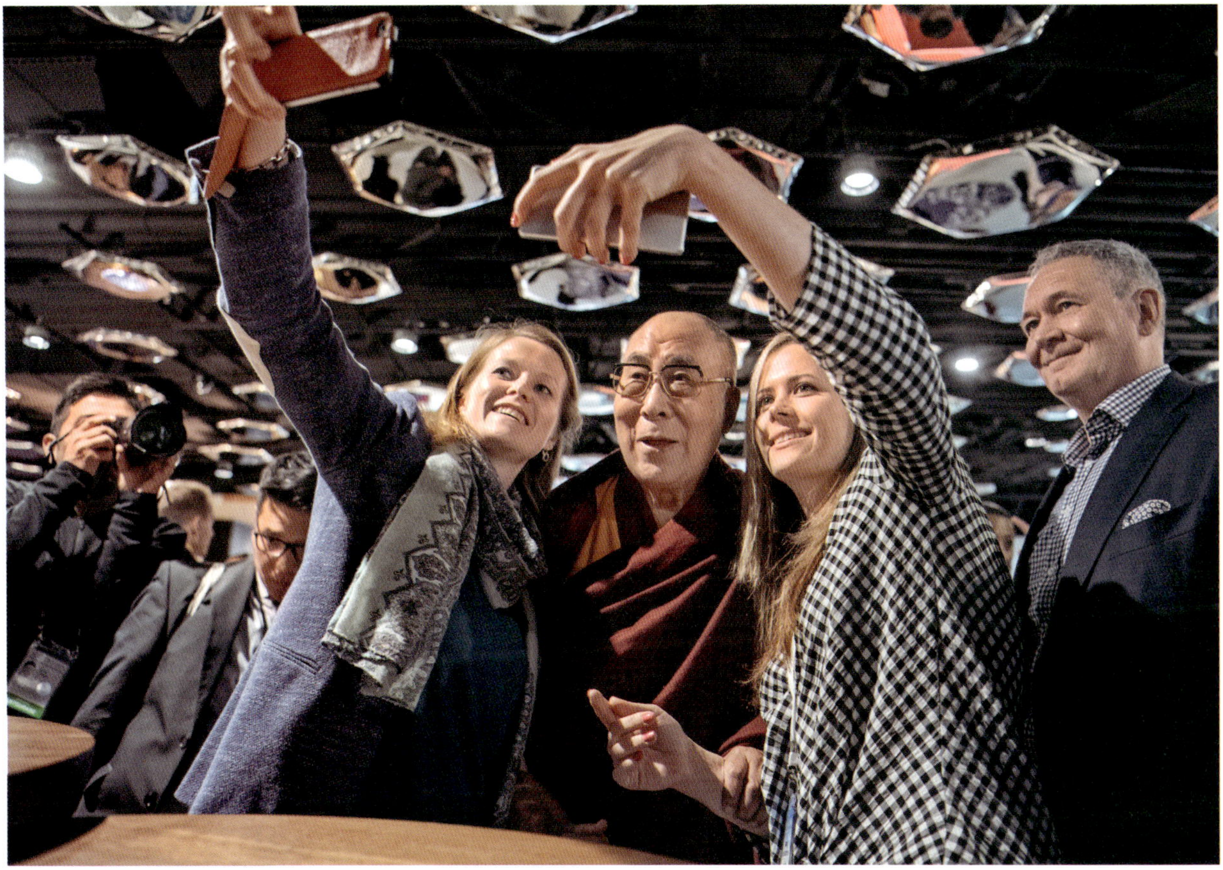

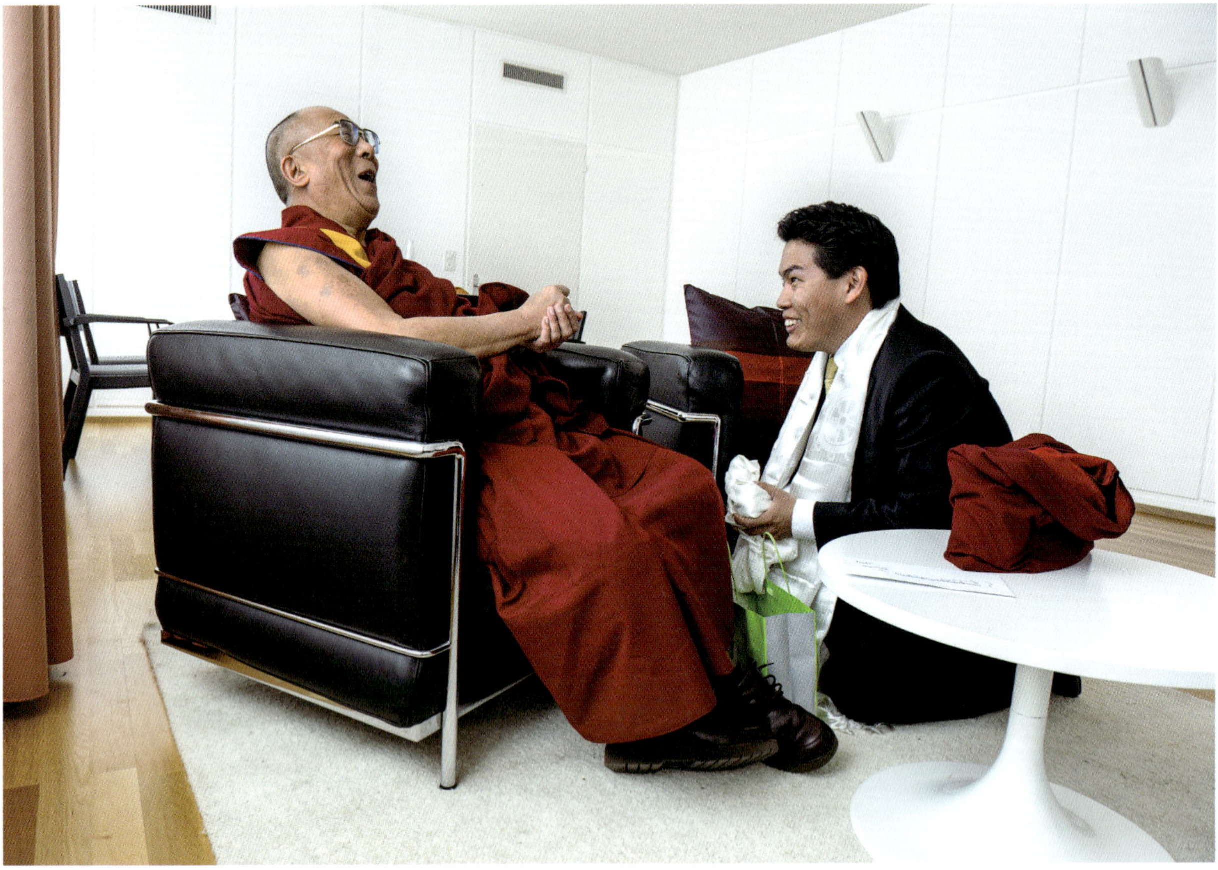

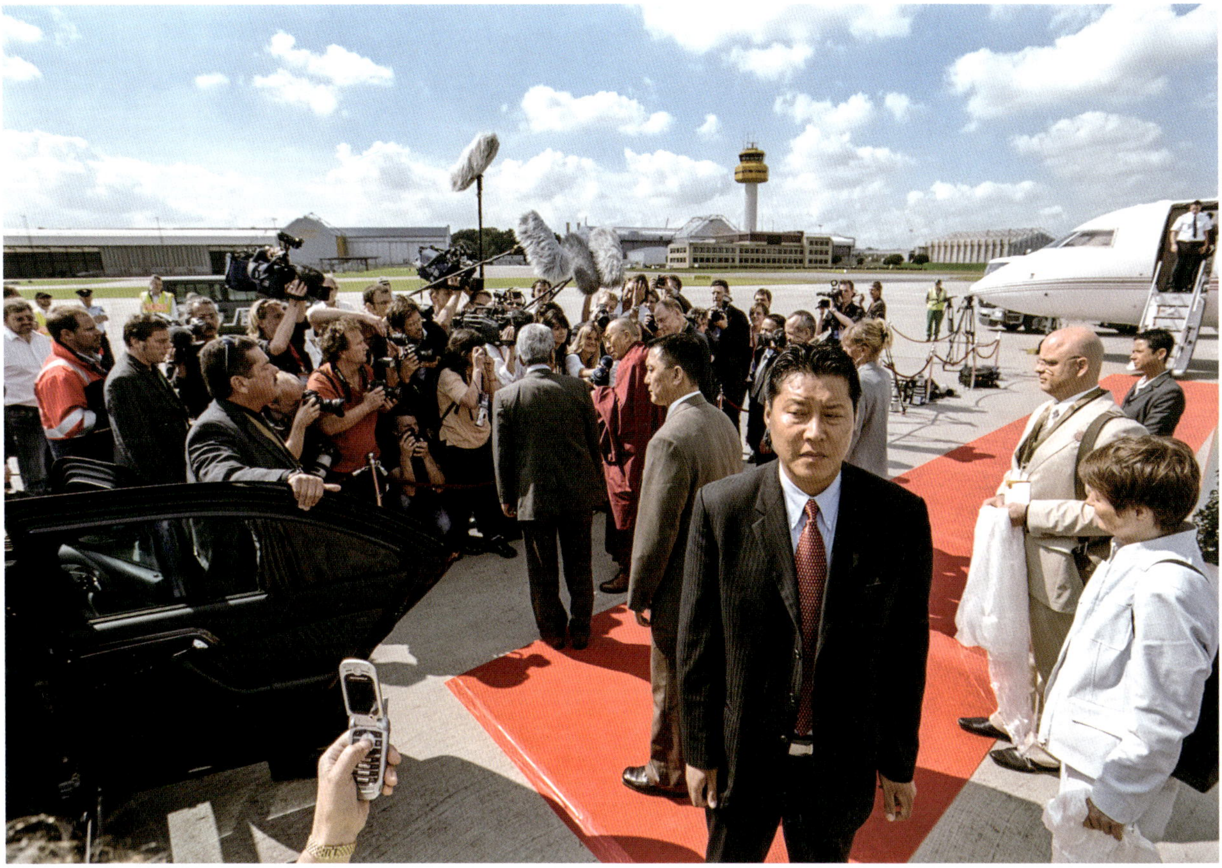

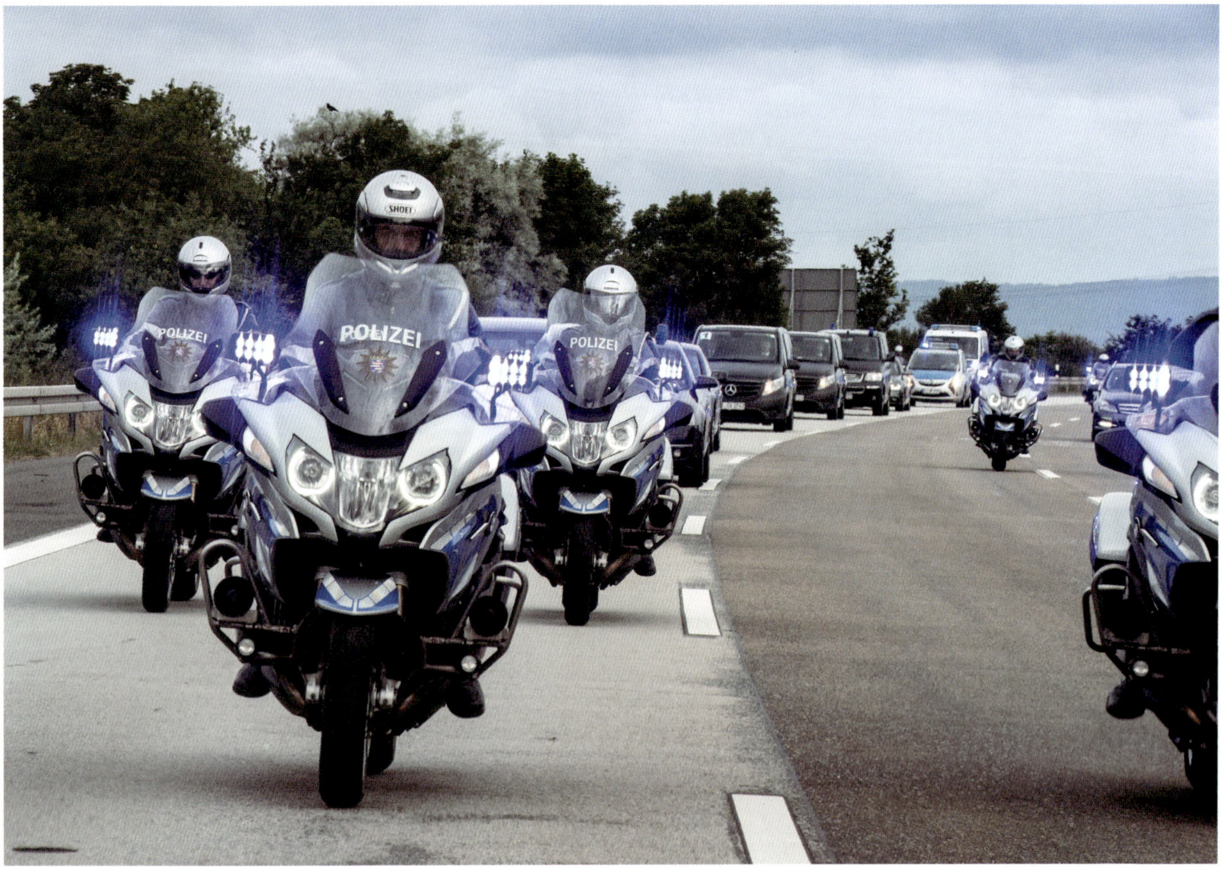
POLIZEI
POLIZEI
POLIZEI
SHOEI

309

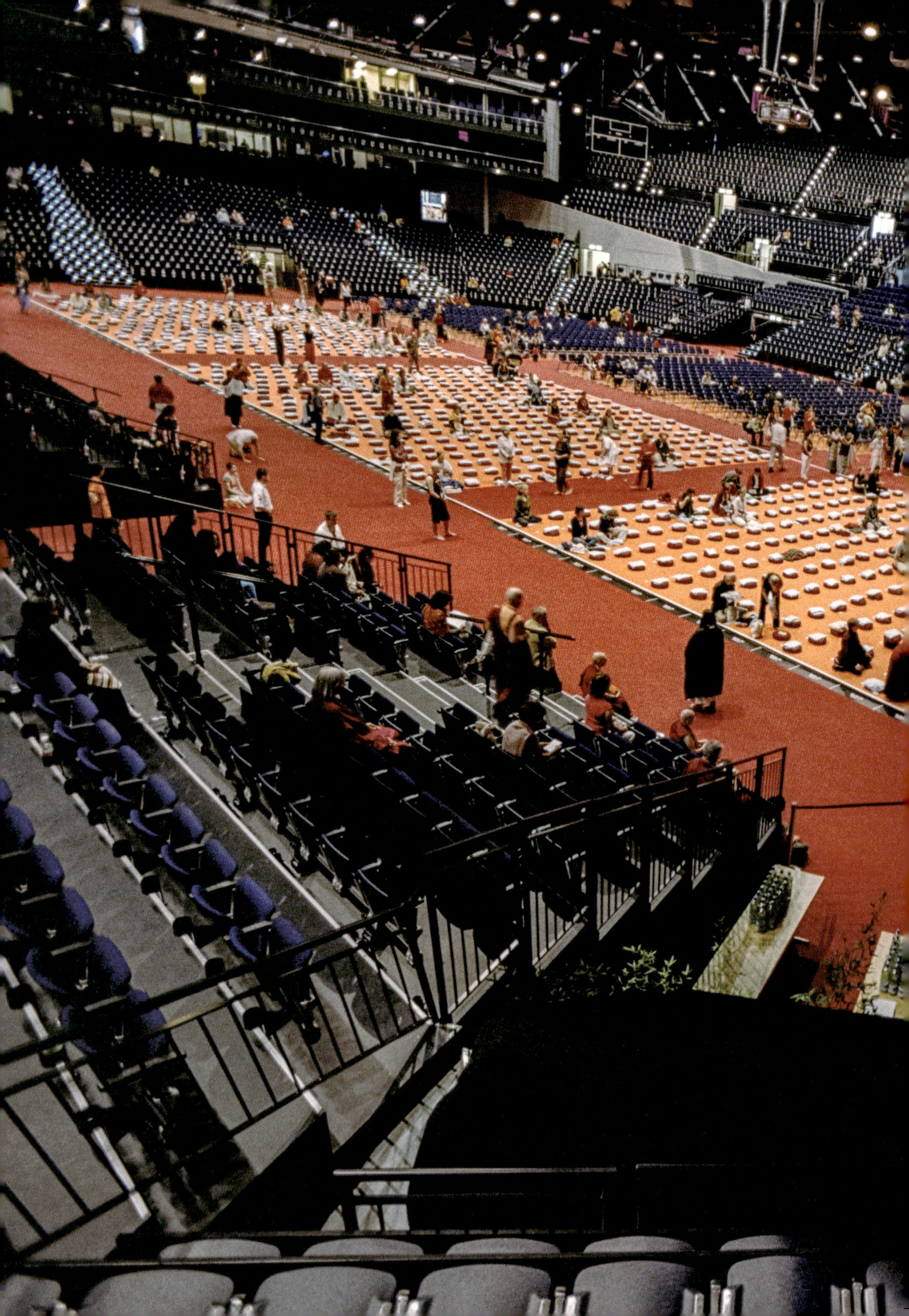

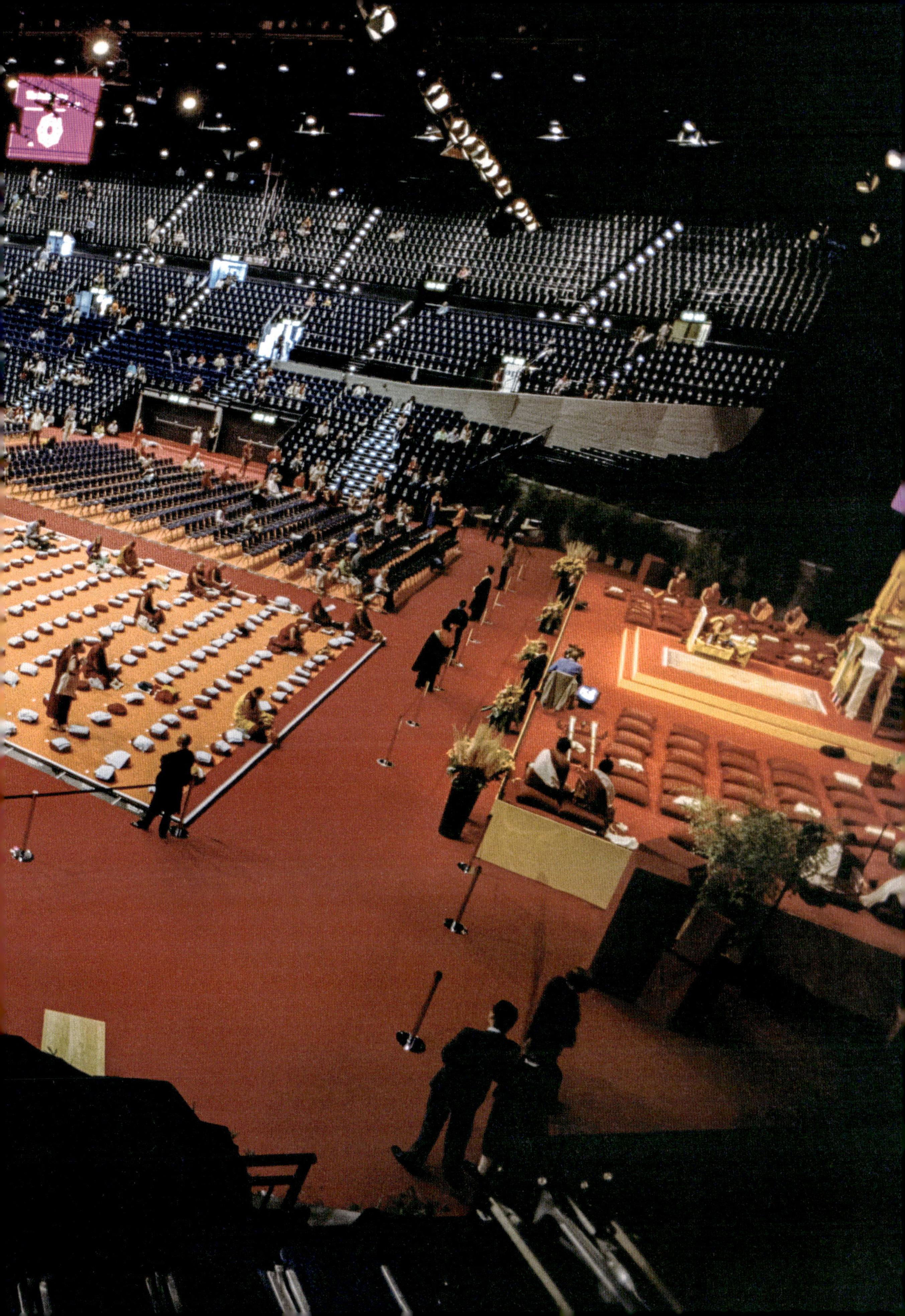

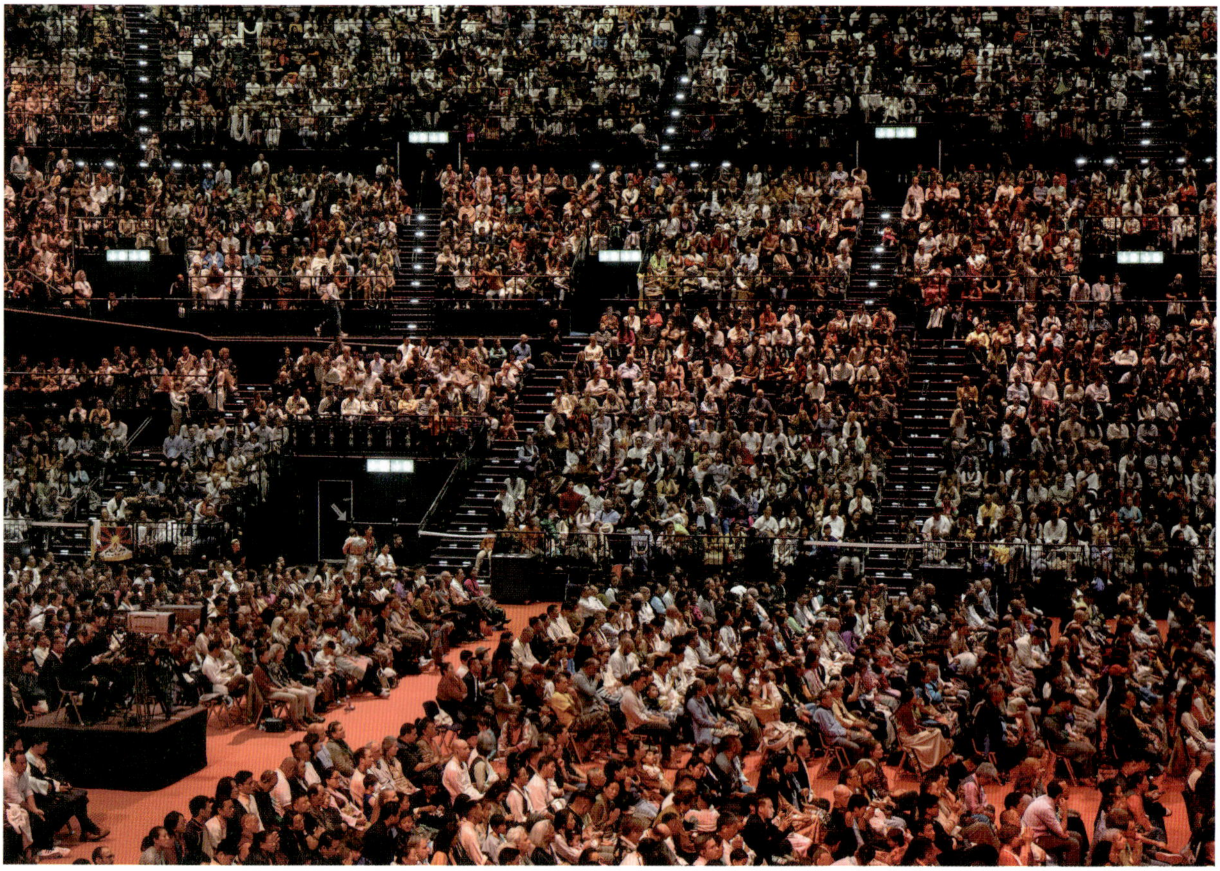

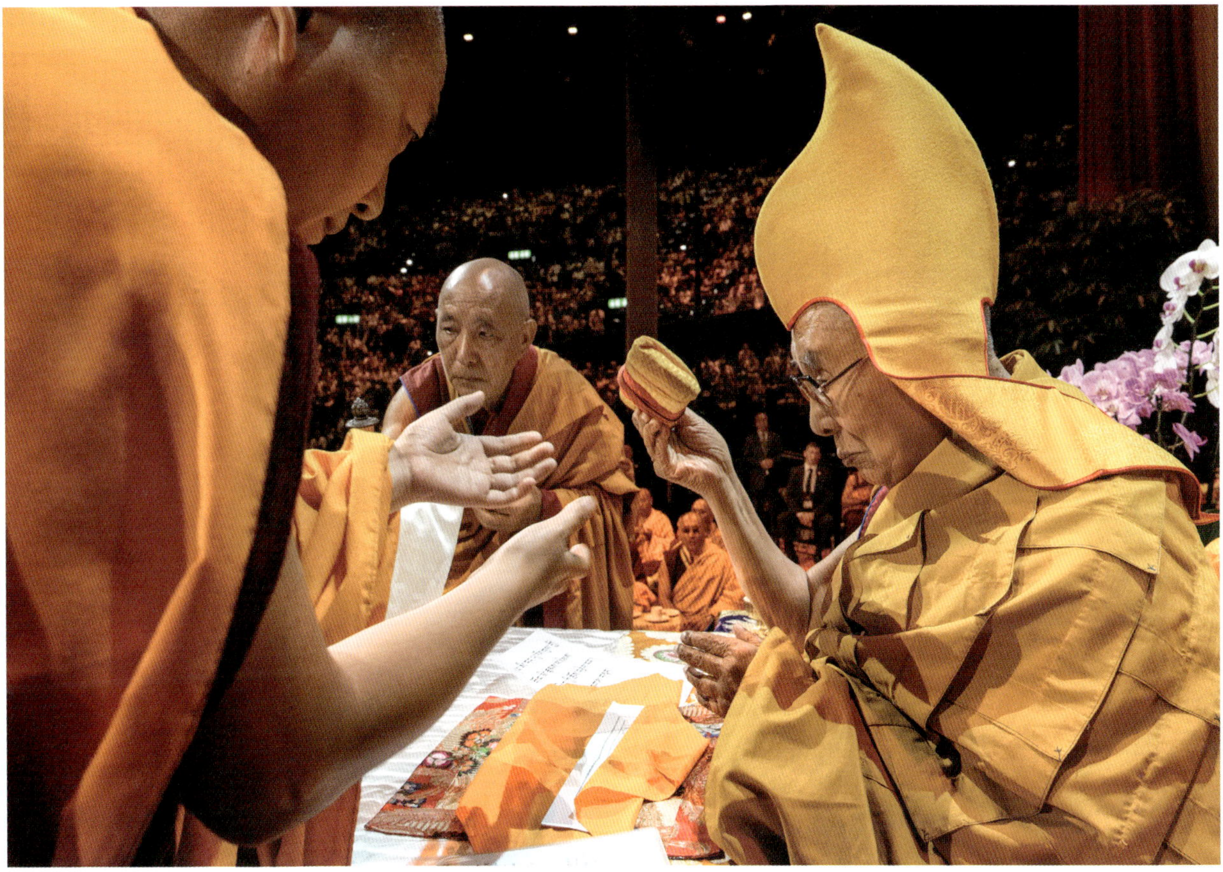

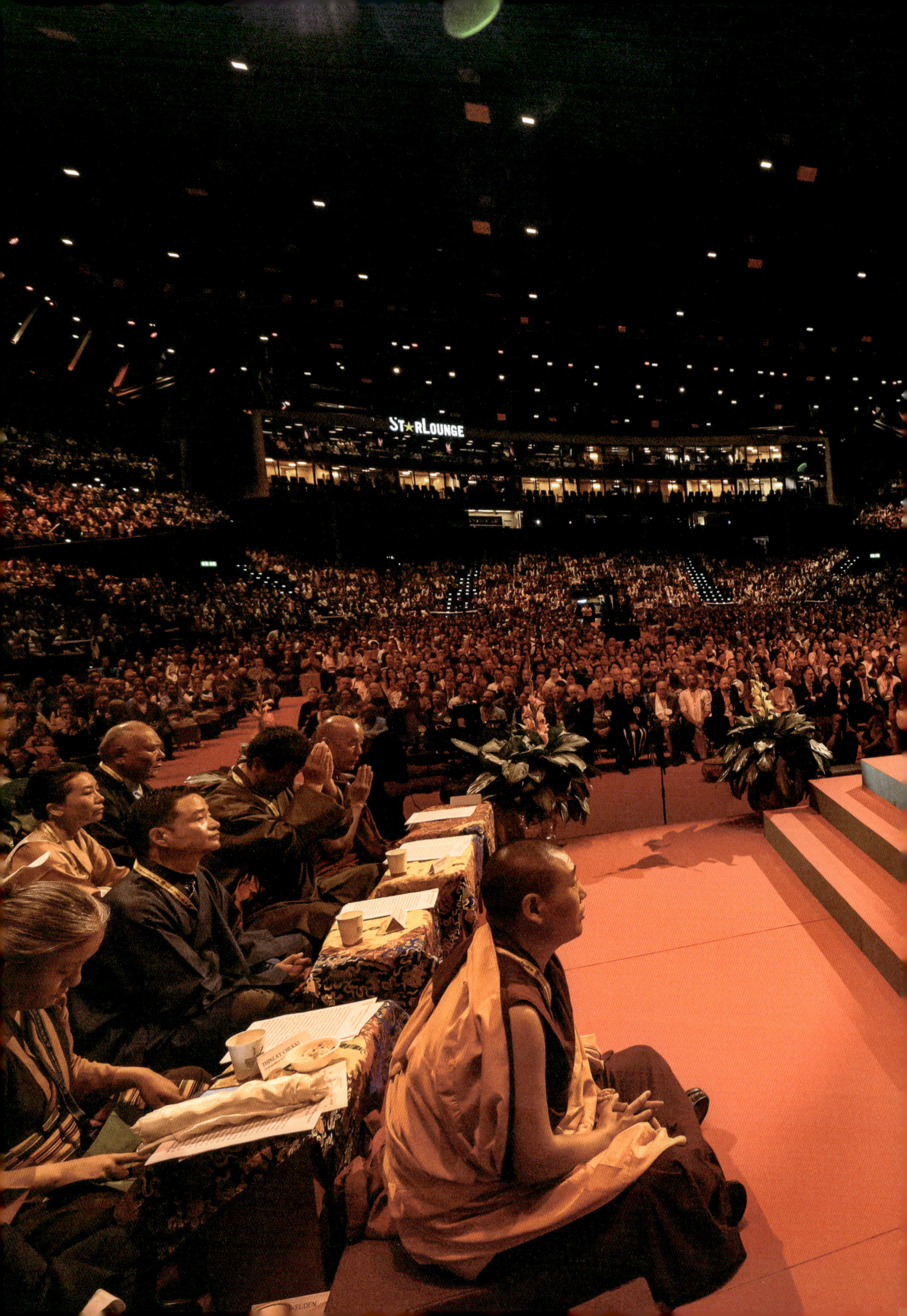

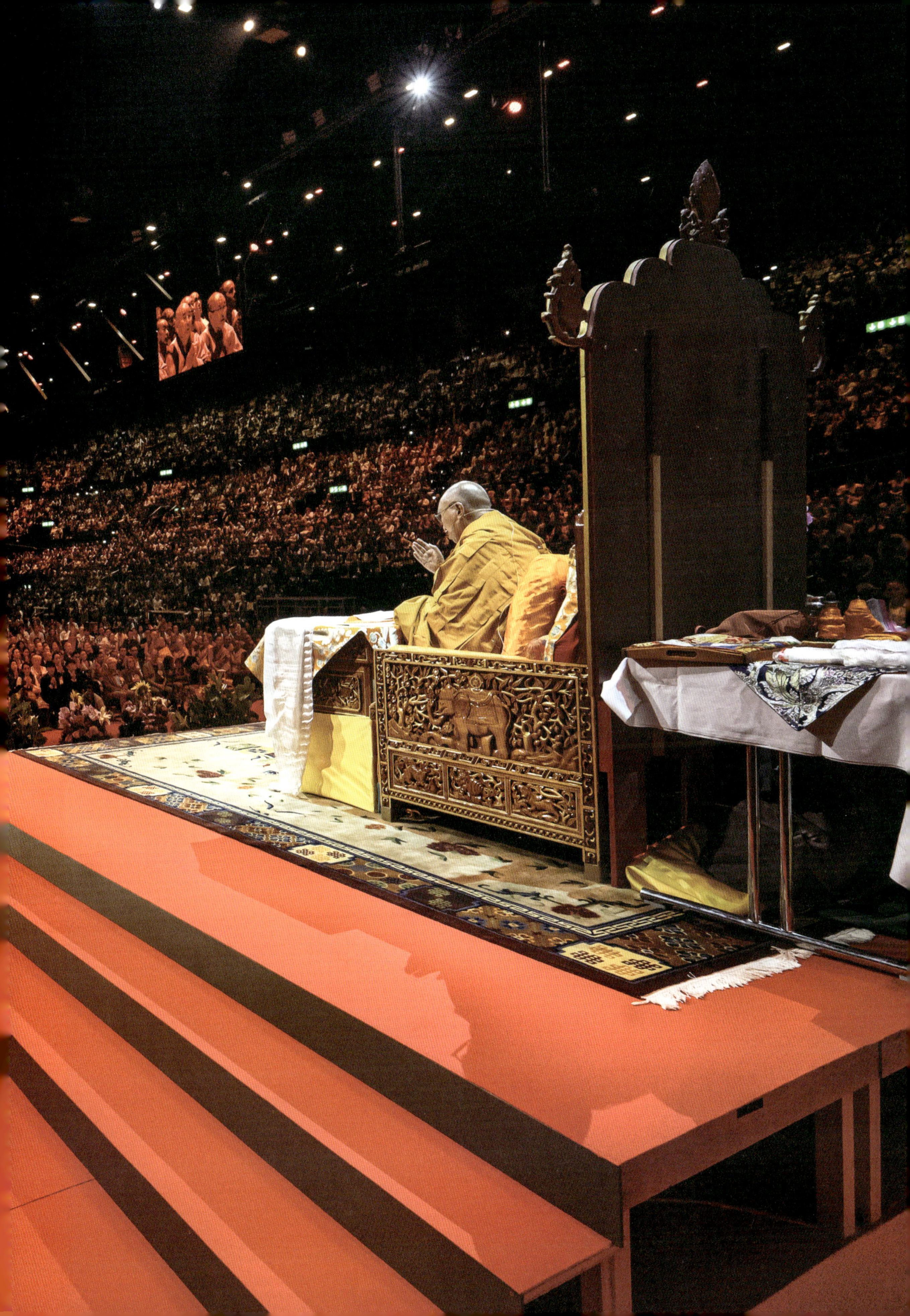

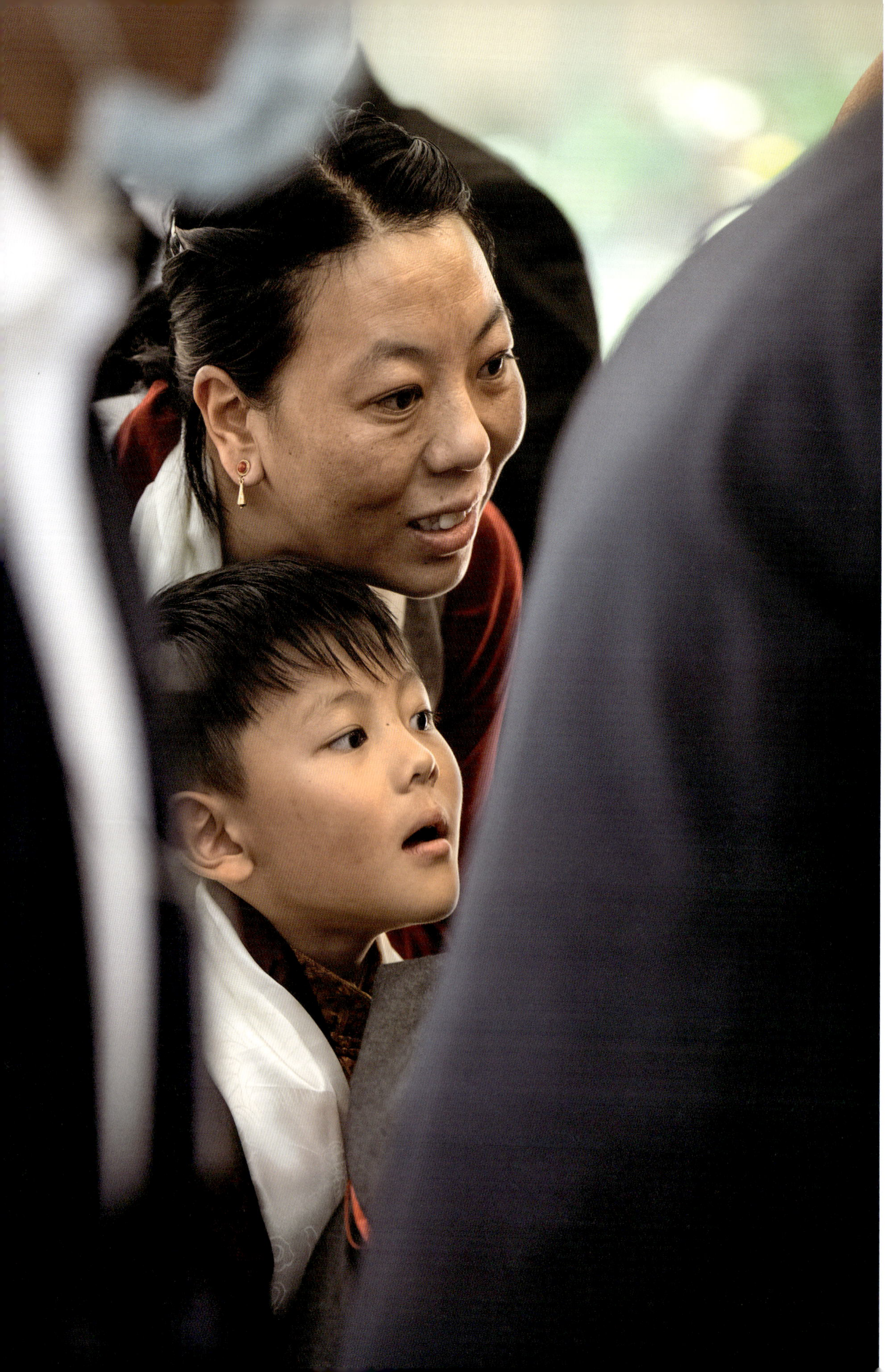

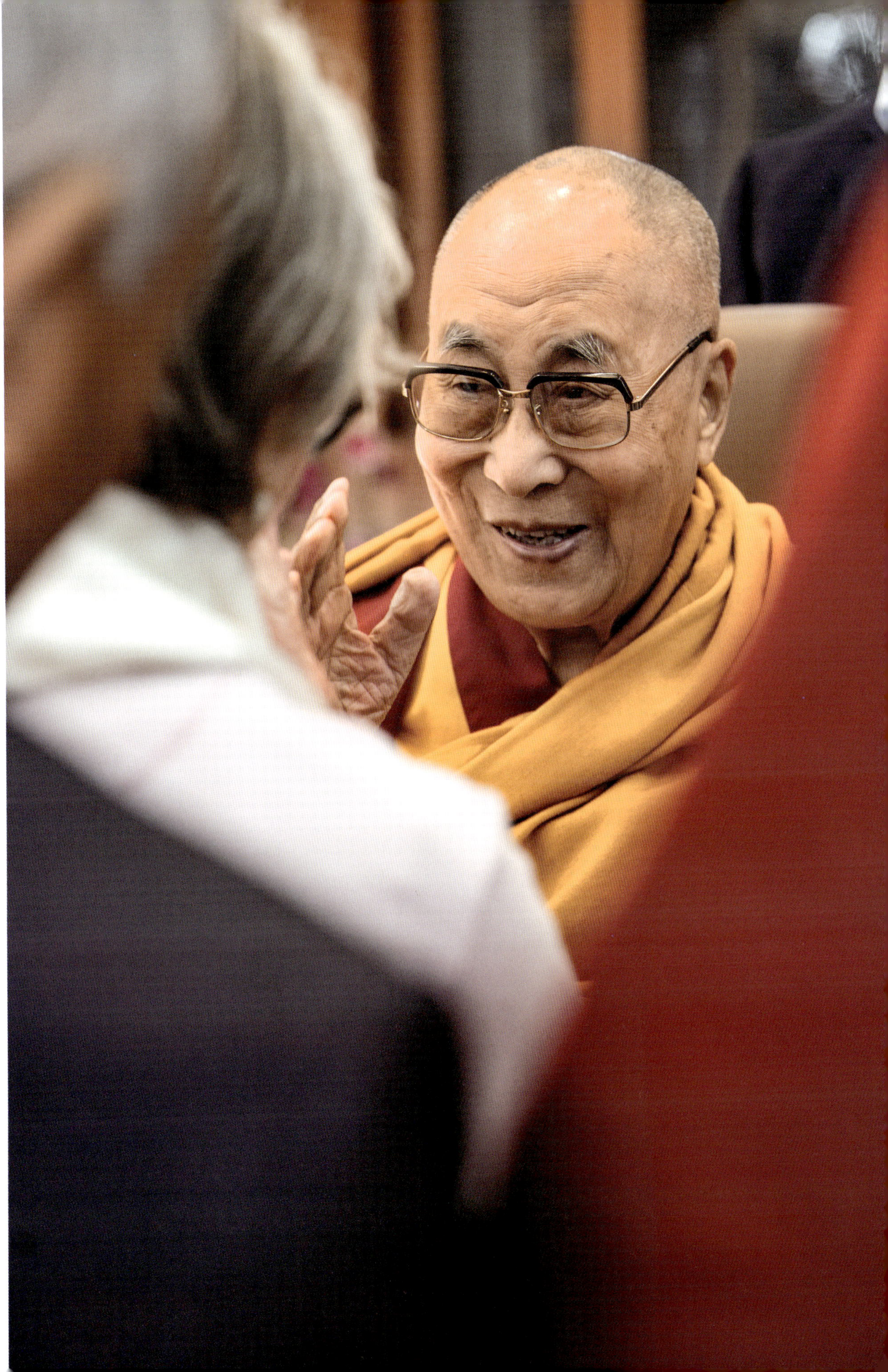

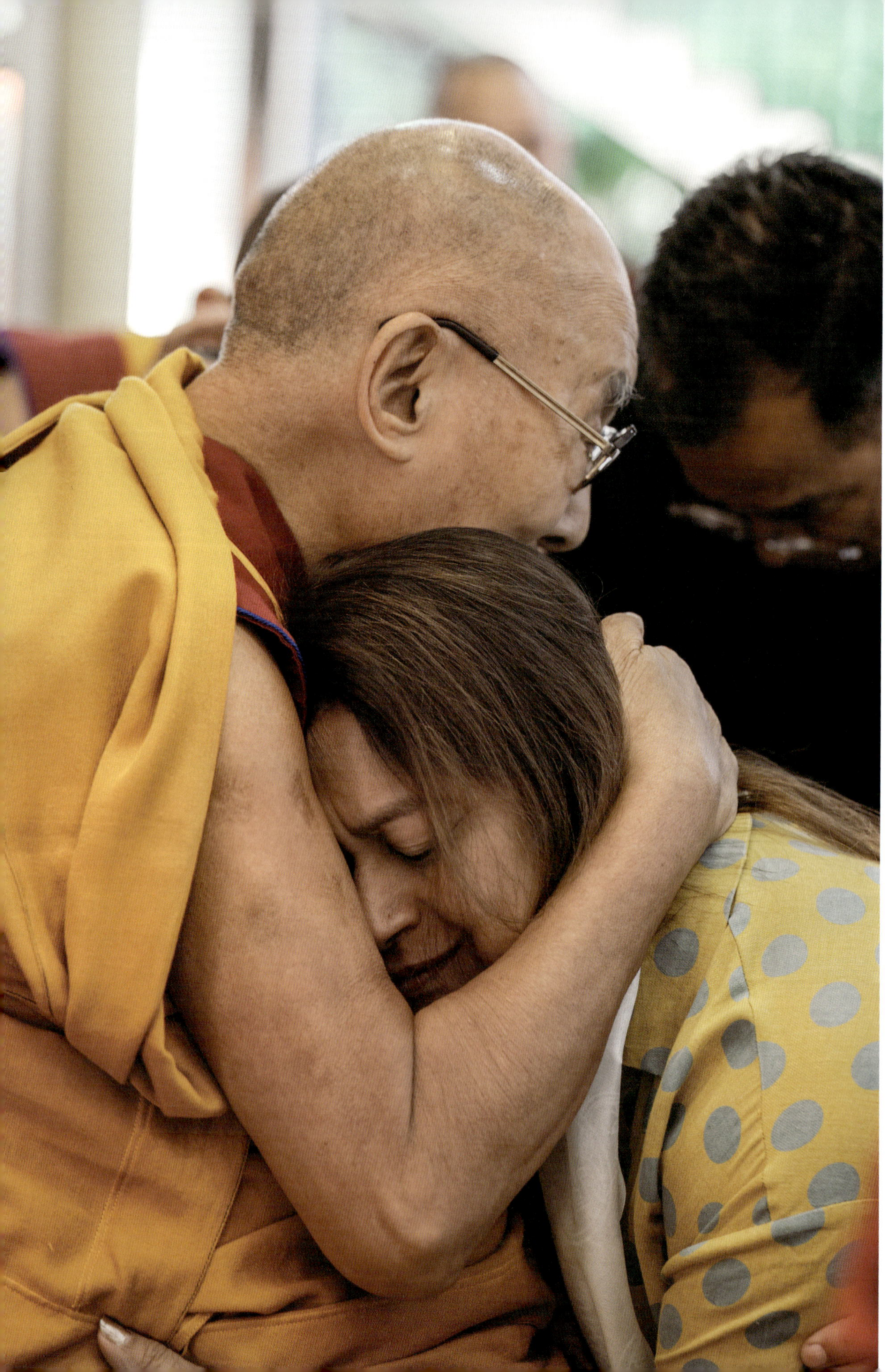

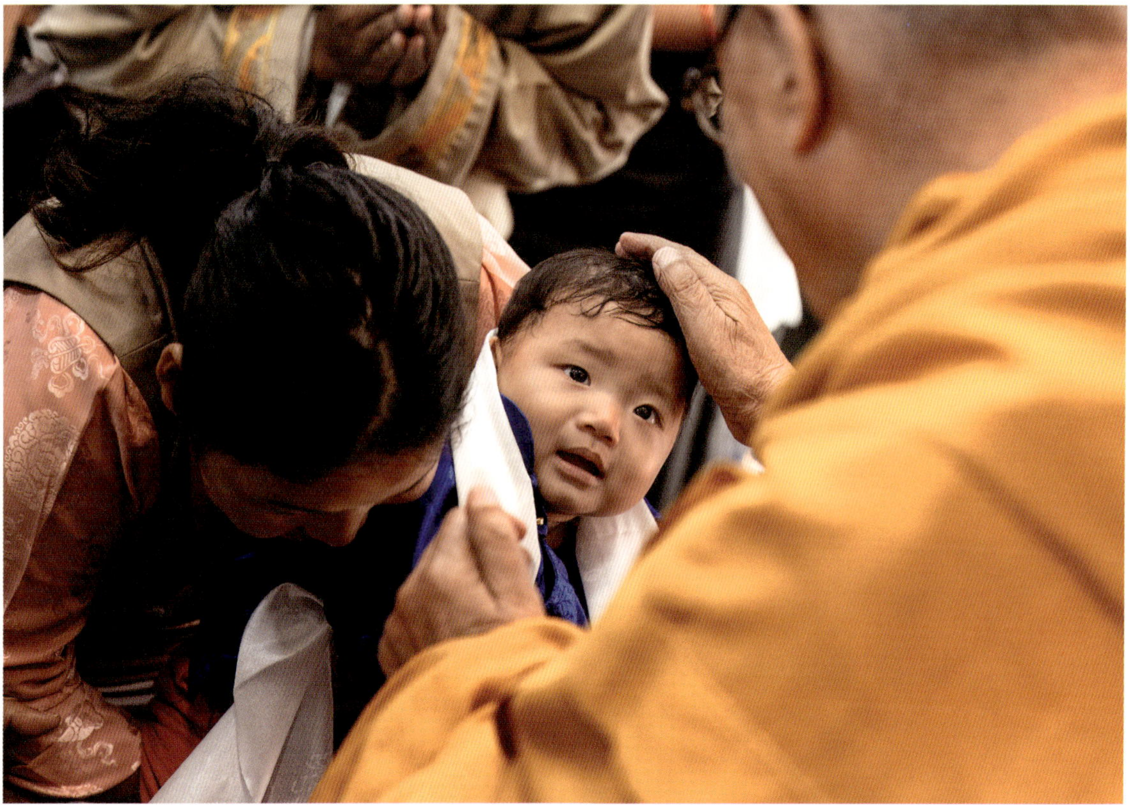

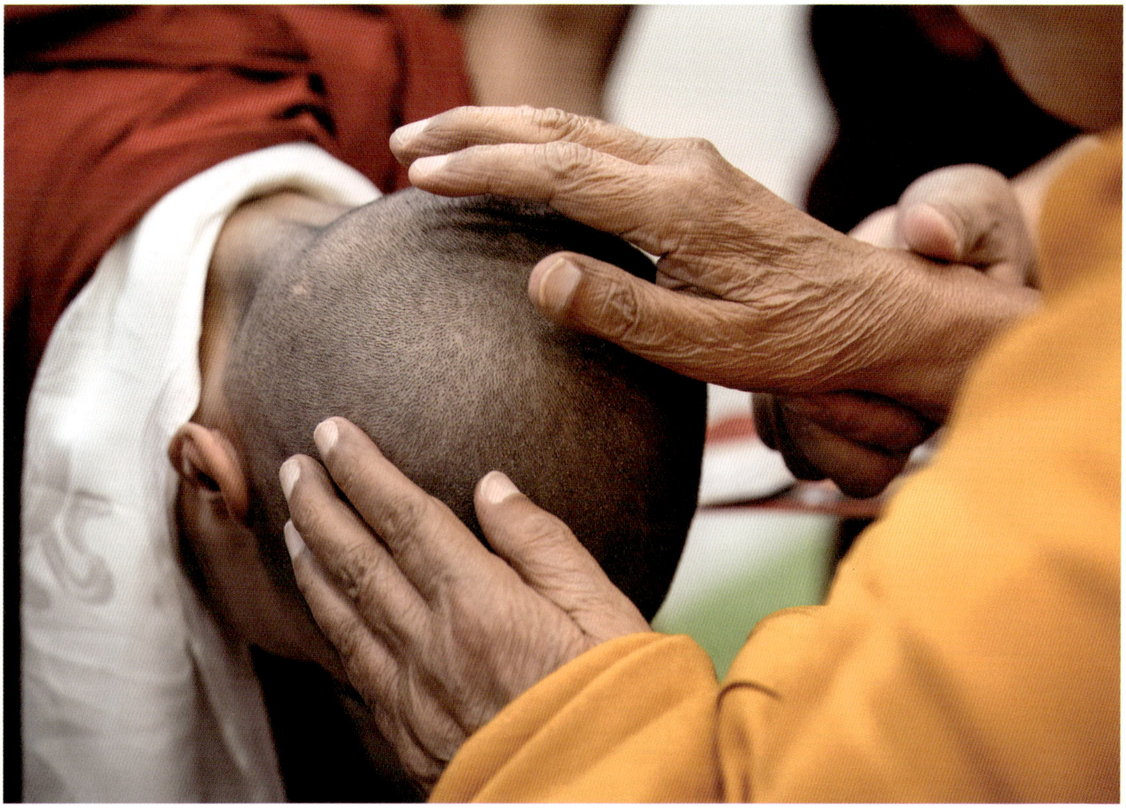

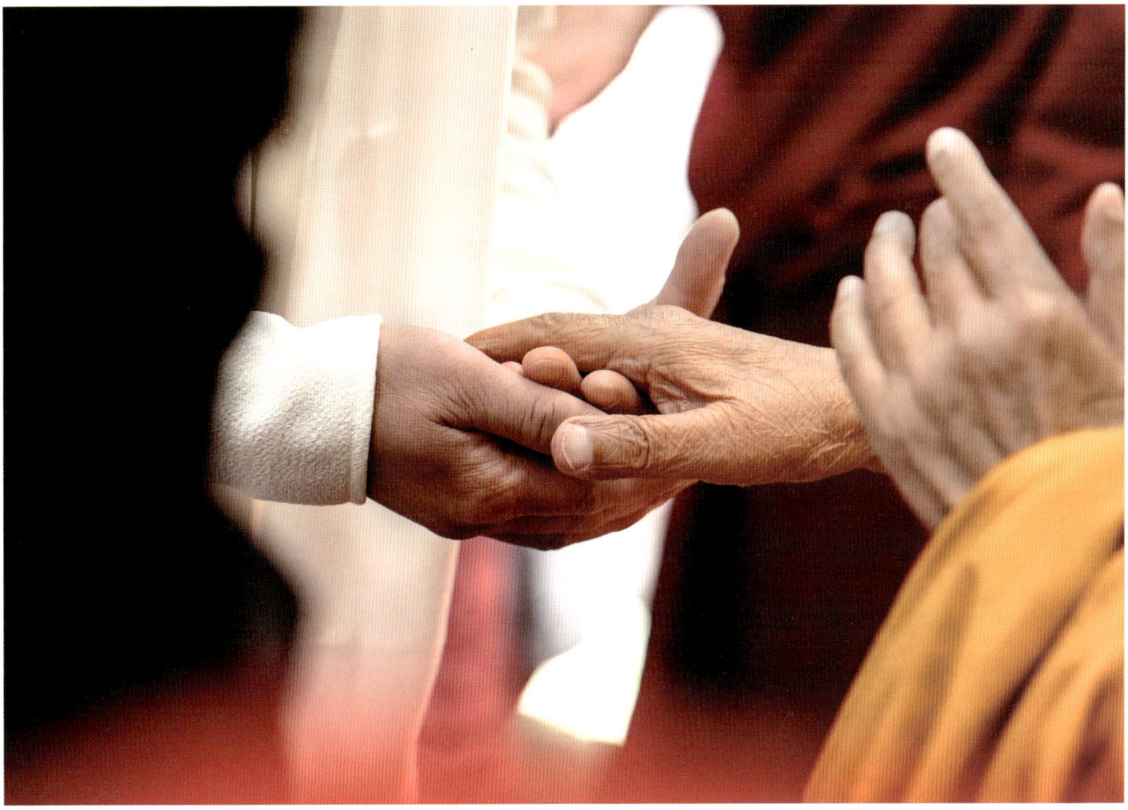

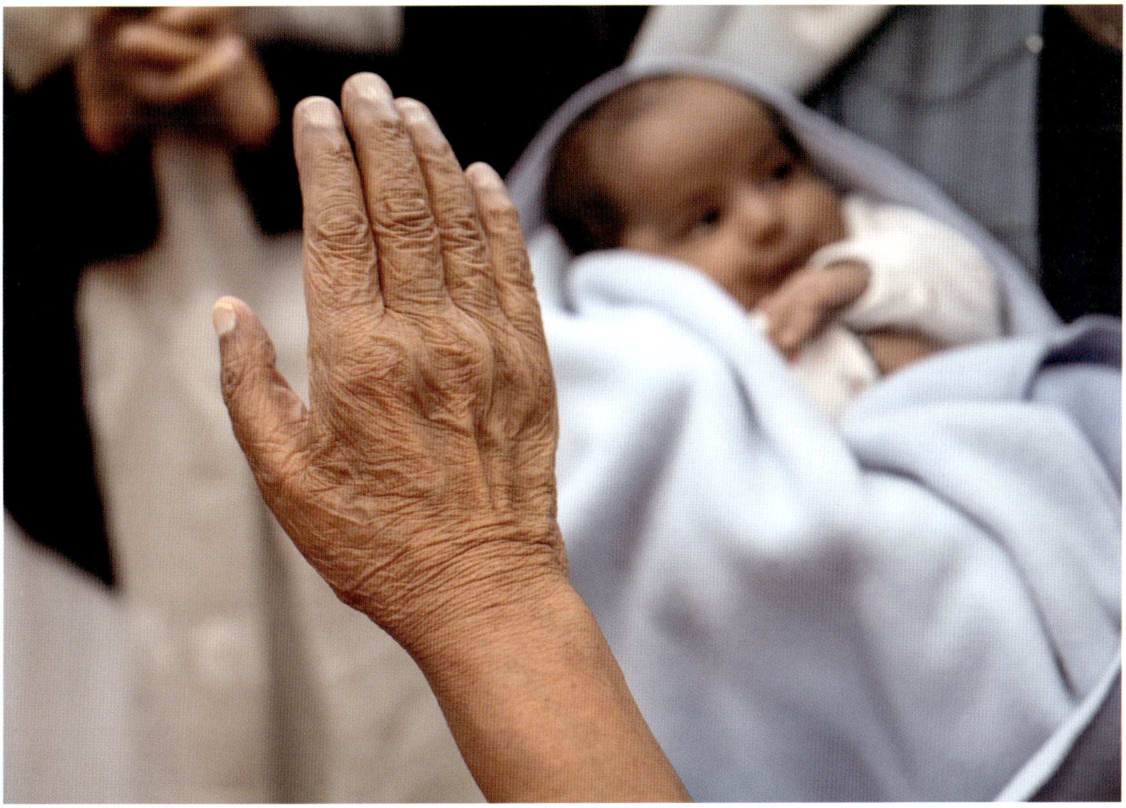

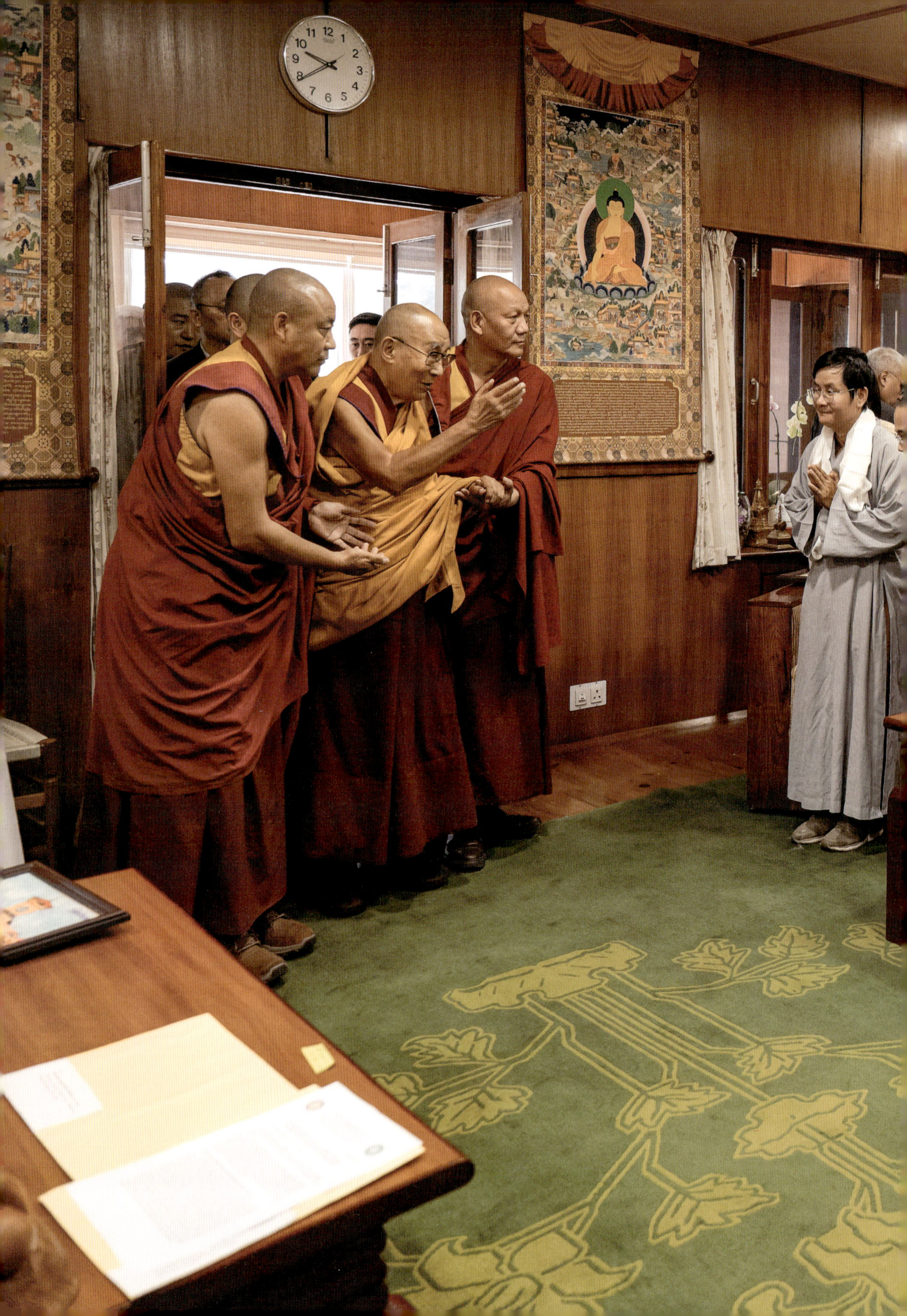

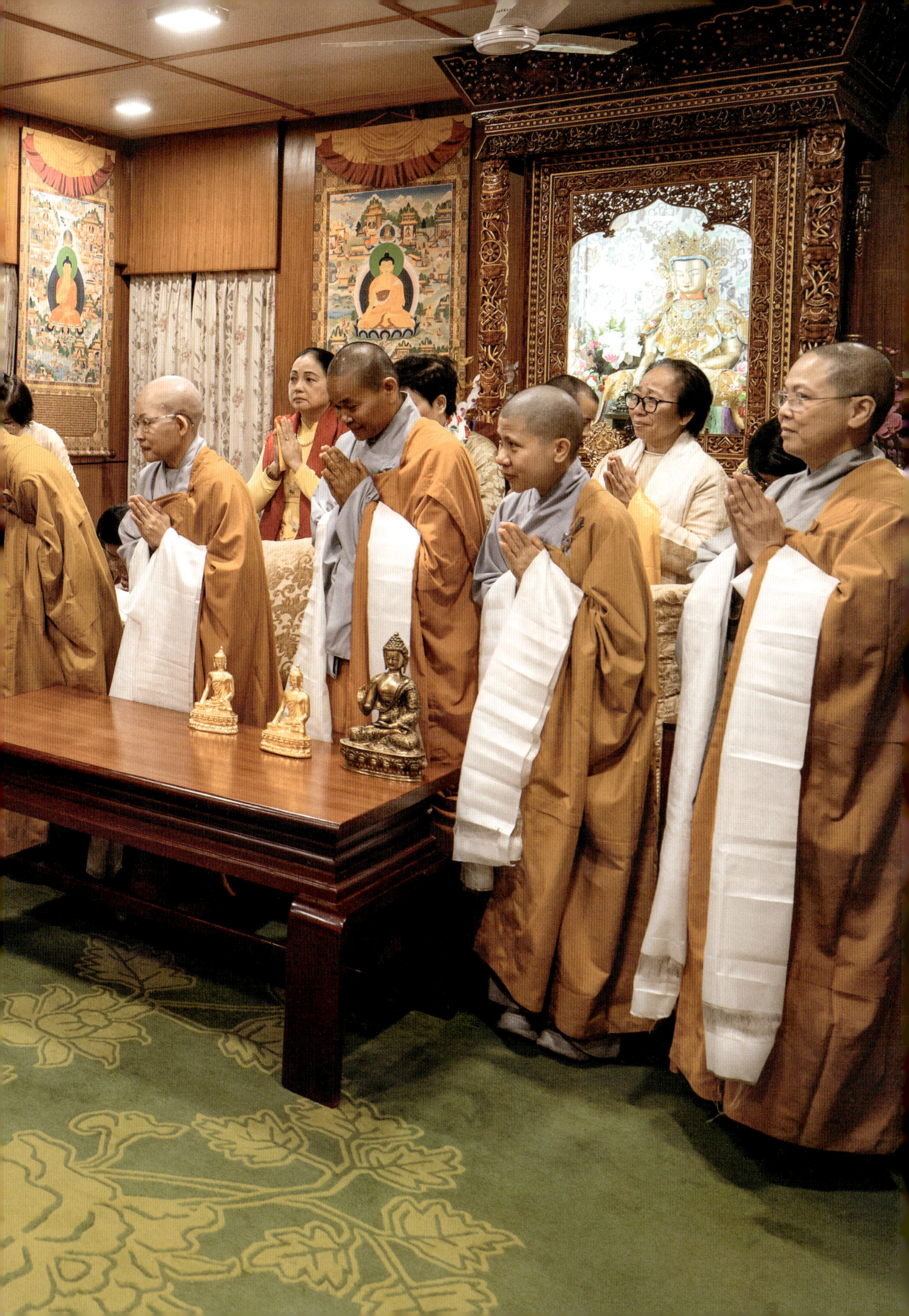

慈悲之聲與心靈教育

THE VOICE OF COMPASSION AND EDUCATION OF THE HEART

　　在達賴喇嘛透過普世倫理增進基本人類價值的使命中,很重要的一點是,他相信慈悲是一種根本的人類特質。他將慈悲視為人類與生俱來的本質,而非宗教或道德的價值。從1970年代開始,他便大聲疾呼重新檢視人性的科學概念,他認為應該納入同理和慈悲,同時主張僅僅以自利來解釋人類行為的任何觀點都必然是不足的。如今,鮮少有演化科學家會質疑同理和慈悲是我

們組成的一部分，也都認同它們對我們理解自己身為「社會性動物」是至關緊要的。

　　對達賴喇嘛而言，慈悲不僅是人類的天性，也是個人幸福的關鍵。慈悲關乎對他人苦難的關心，然而，矛盾的是，它也會為付出者帶來喜悅。研究已經證實了這樣的關連，慈悲增進了連結感與使命感，而這兩者都是幸福的核心要素。2016 年，達賴喇嘛與已故南非大主教戴斯蒙・屠圖（Desmond Tutu）進行了一場為期五天的對話，那場精湛對話的主題是「喜悅」（joy），兩位領袖將他們分享的智慧摘要為一則訊息：愛與慈悲是恆久喜悅的關鍵。這個深刻見解呼應了愈來愈多的科學研究，以及慈悲訓練的實踐應用；這樣的訓練提供個人強化「慈悲肌肉」的工具。

　　達賴喇嘛指出，問題在於，當我們逐漸長大，變得更加獨立自主時，往往會忘記慈悲對生命的重要性。我們出生時得完全依賴他人的照顧，這個事實自然而然會使我們能夠對他人報以關懷。達賴喇嘛認為，保持這部分的自我，會讓我們的生活充滿喜悅與意義。基於這個堅定的信念，他提出「心靈教育」（education of the heart），意指學校在教導傳統的「知識教育」（education of the brain）之外，也應該培養學生同理、慈悲及情緒調節的能力。

　　達賴喇嘛表示，人類本具「生物性慈悲」（biological compassion），那宛如我們內在的一顆種子，可以被培養與擴

展,將他人納入我們關懷的範圍內。他告訴我們,培養這種能力的關鍵在於能夠認識到我們共通的人性,也就是我想要幸福快樂、遠離苦難,而其他人也是如此。在今日這個緊密相連的世界裡,氣候變遷與社會失衡等集體挑戰需要協力解決,達賴喇嘛強調我們必須促進他所謂的「人類一體性」。他相信,當我們以慈悲與人際連結作為行動的基礎時,我們就可以滿足我們這個時代的需求。

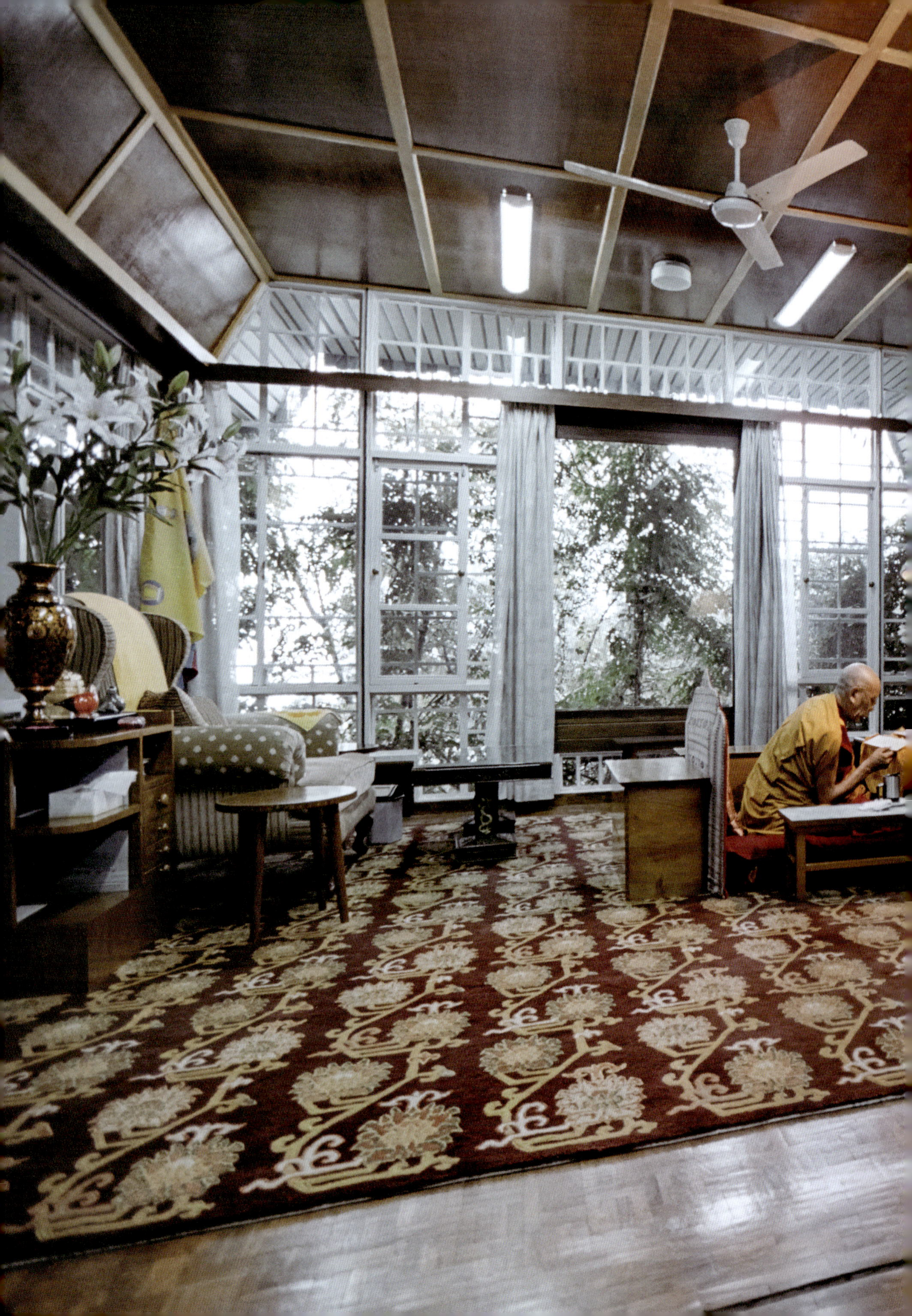

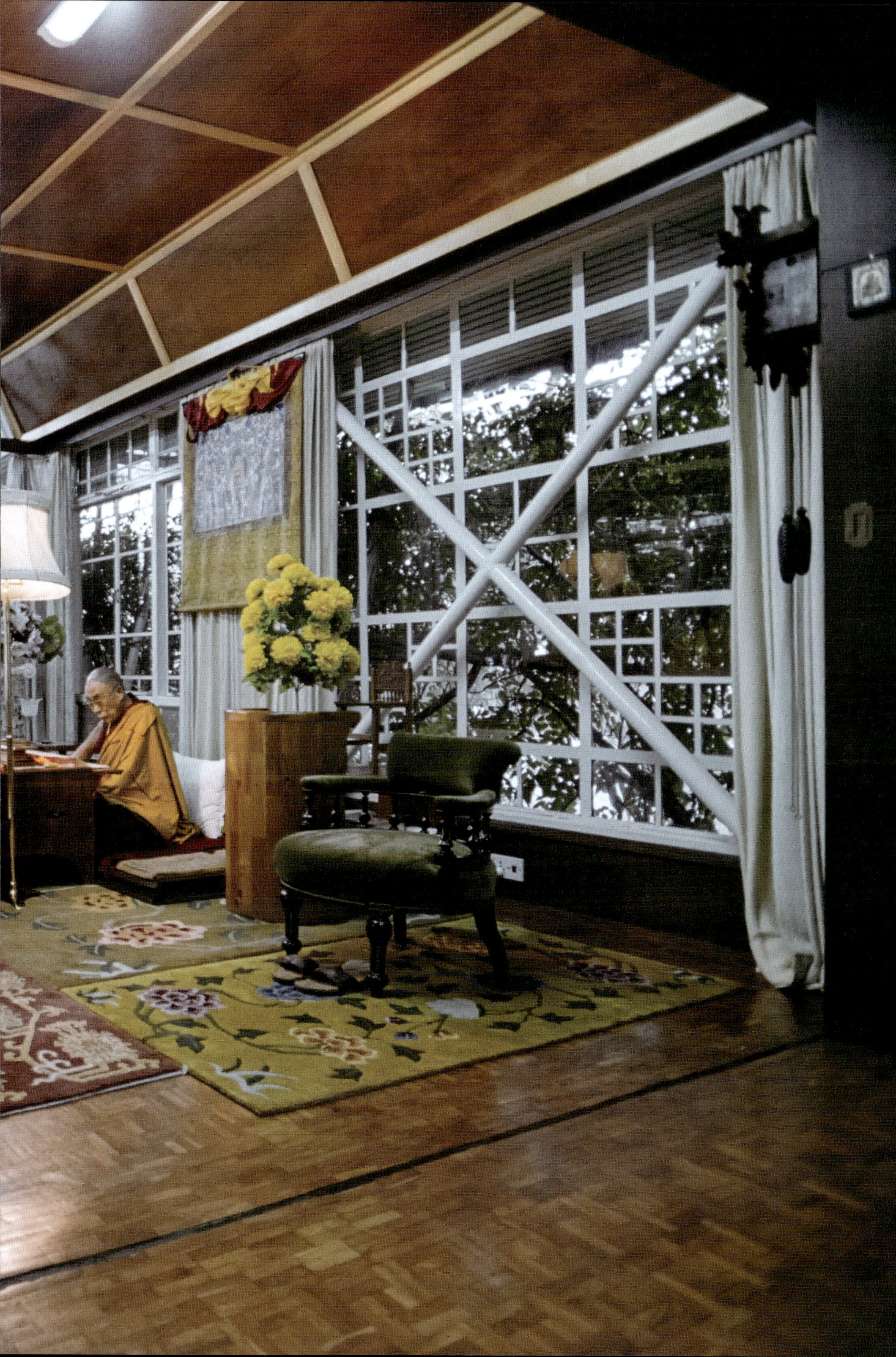

FAR EASTERN ECONOMIC
REVIEW
Newsweek
SARS
the Dangers
Ahead

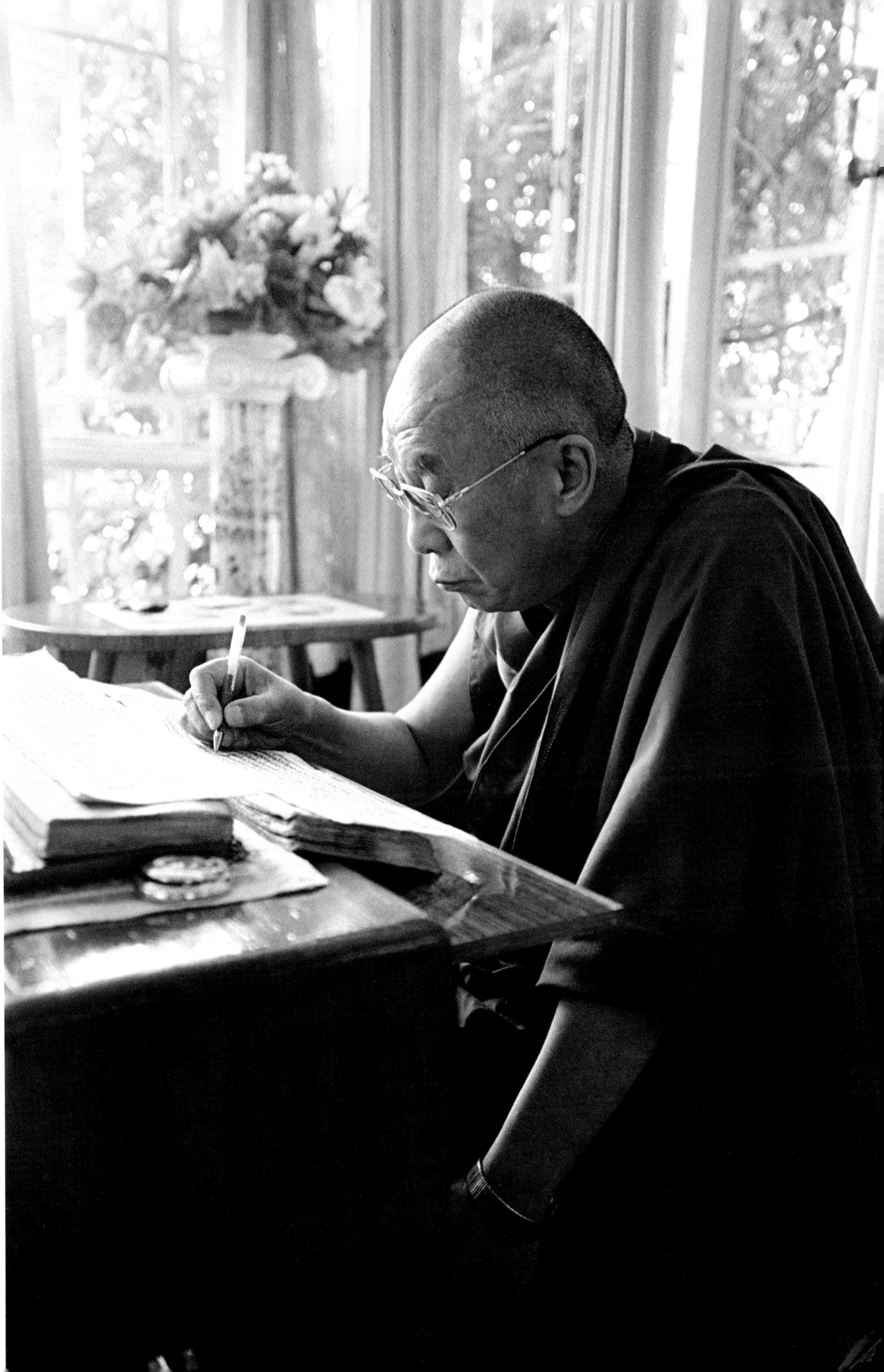

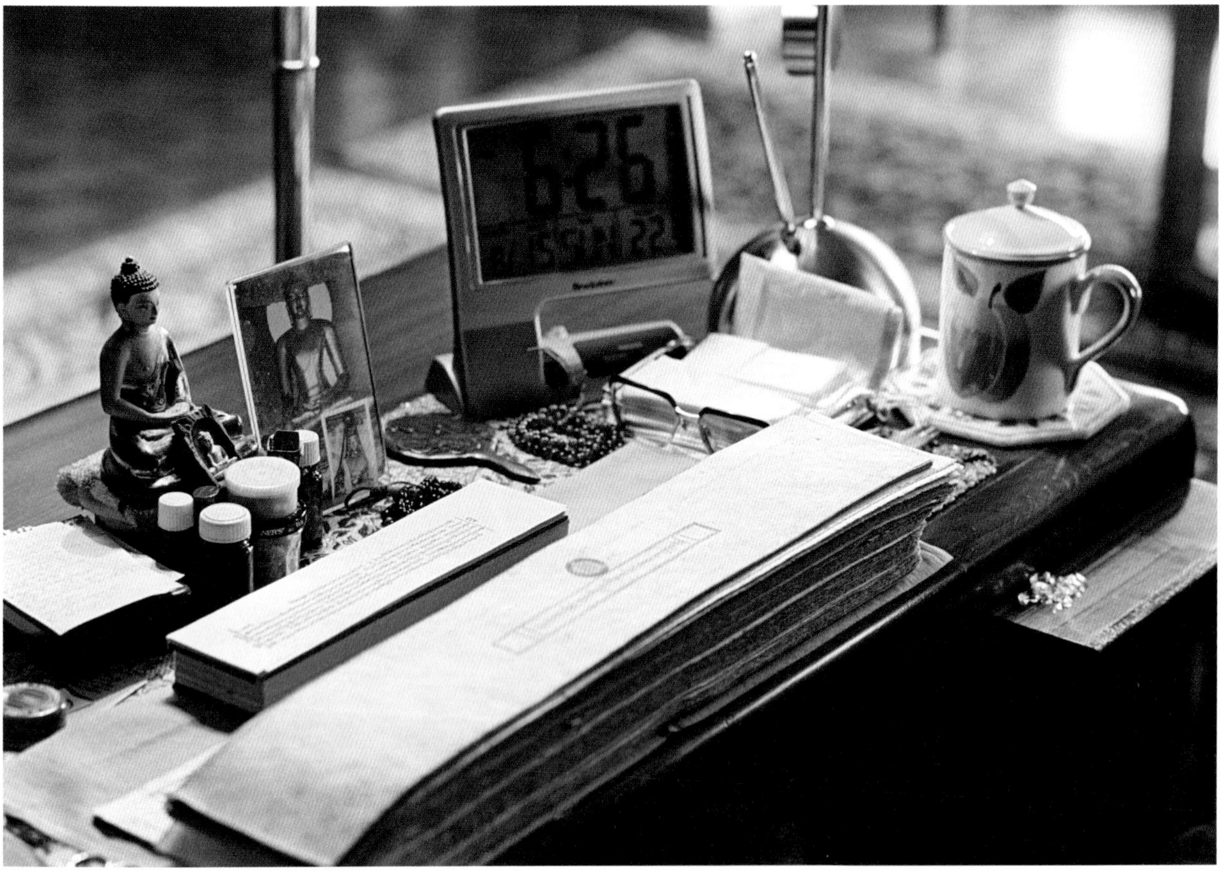

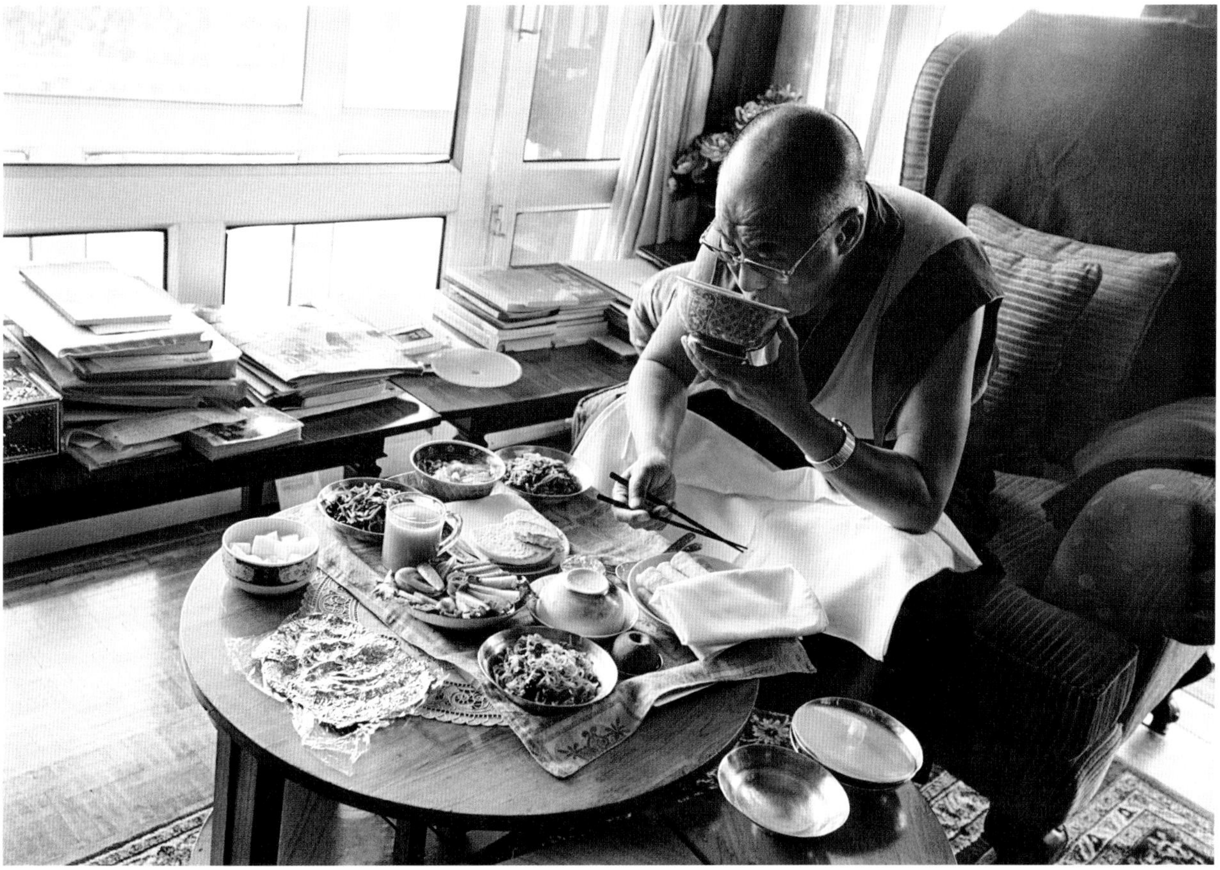

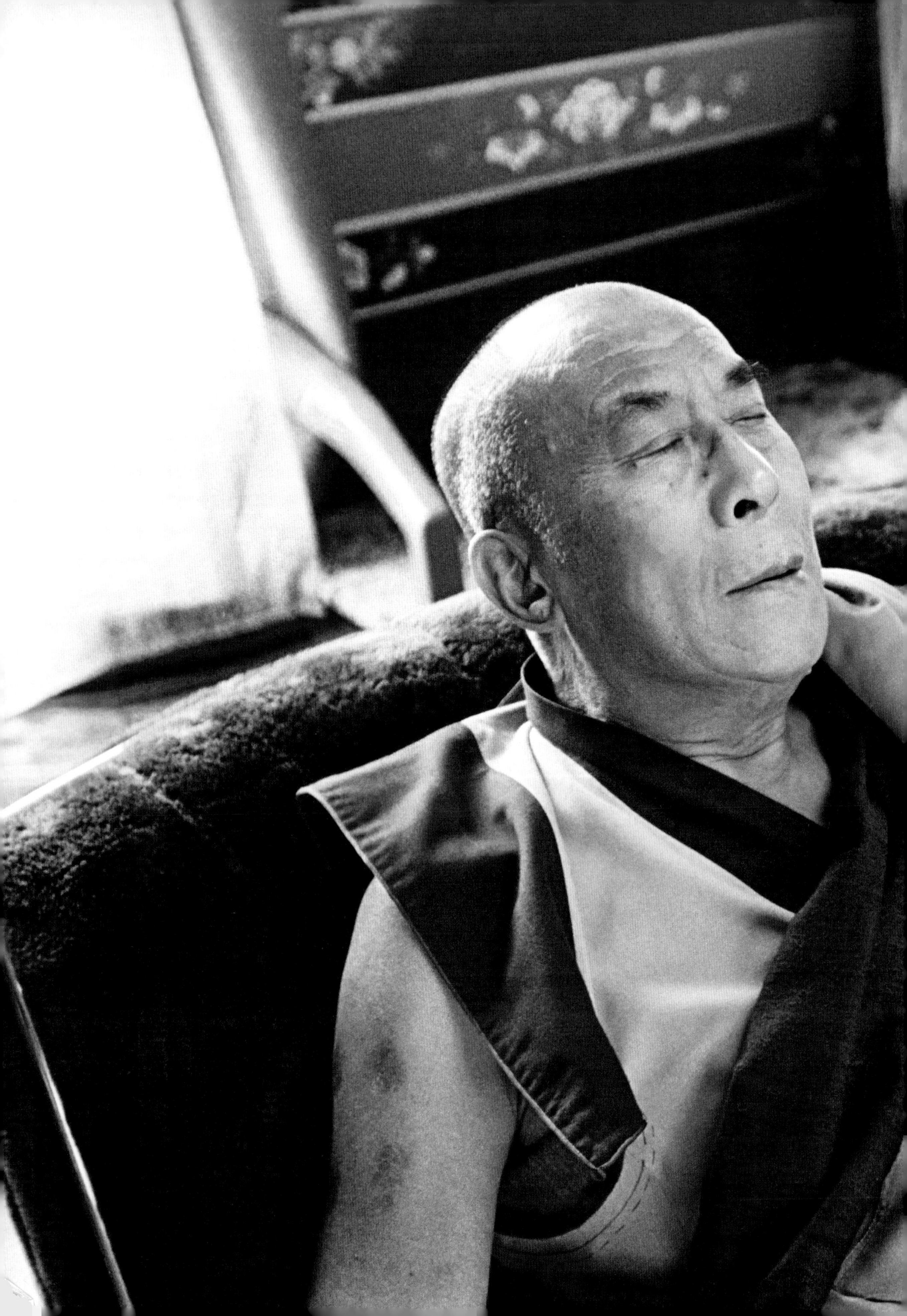

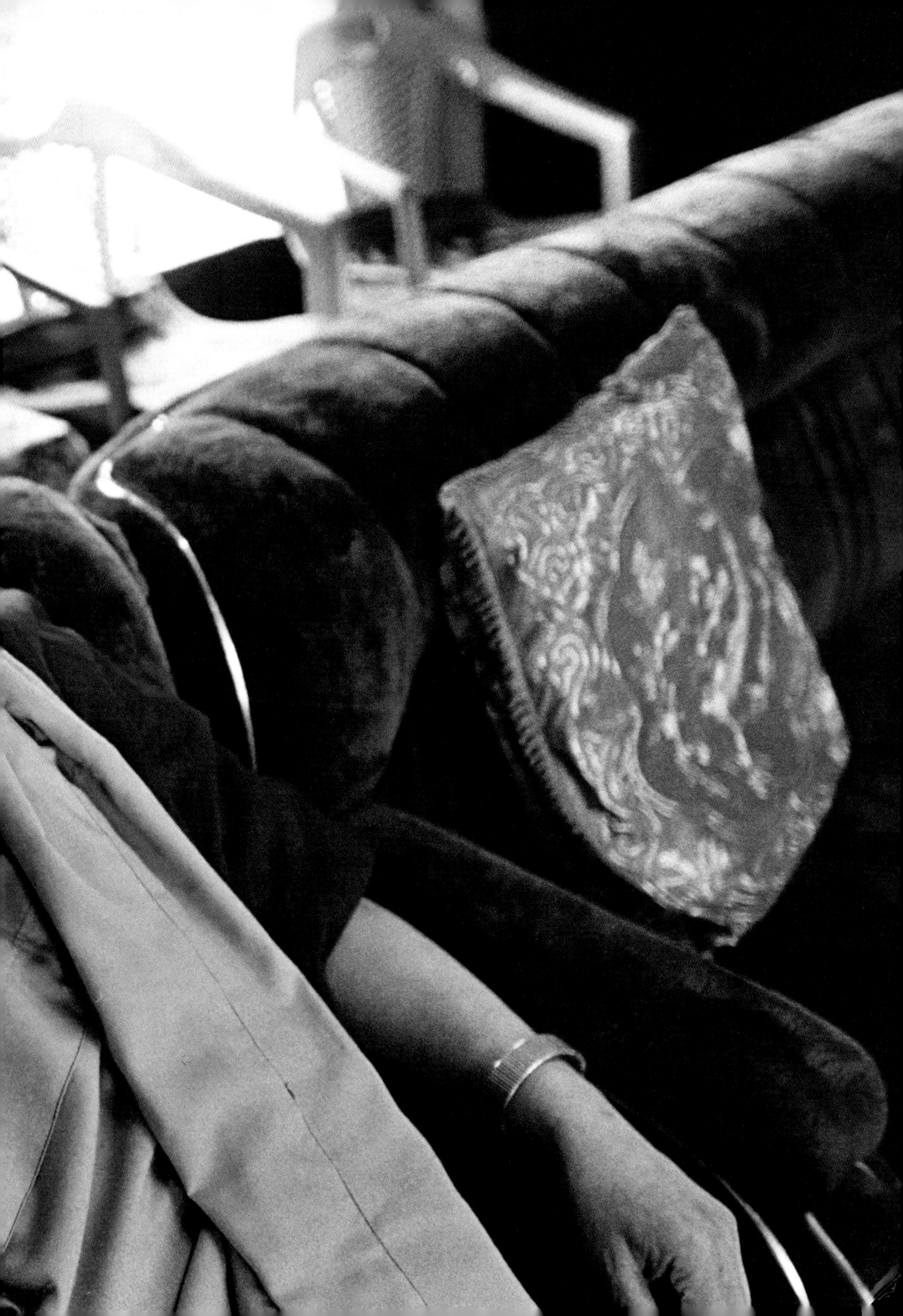

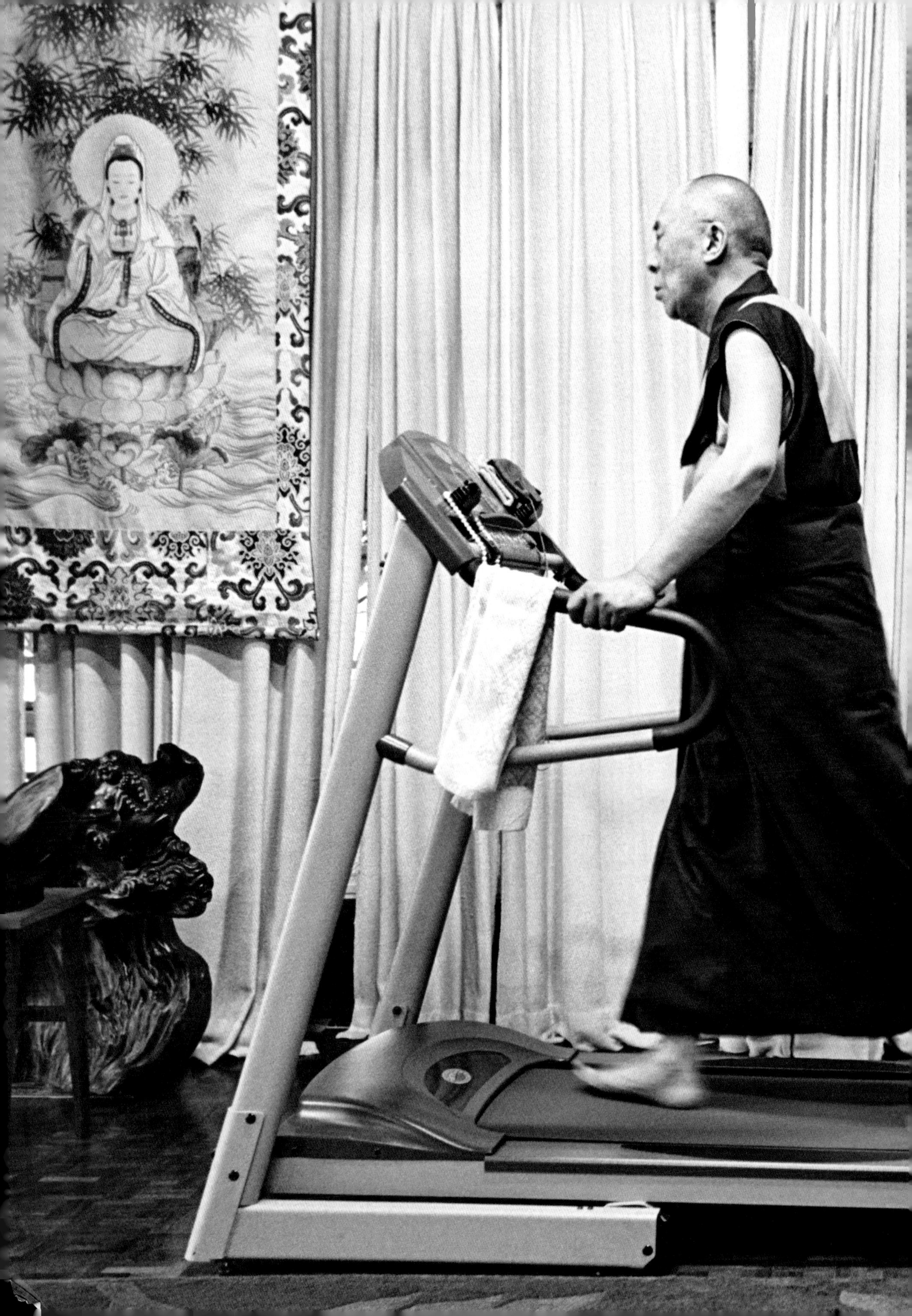

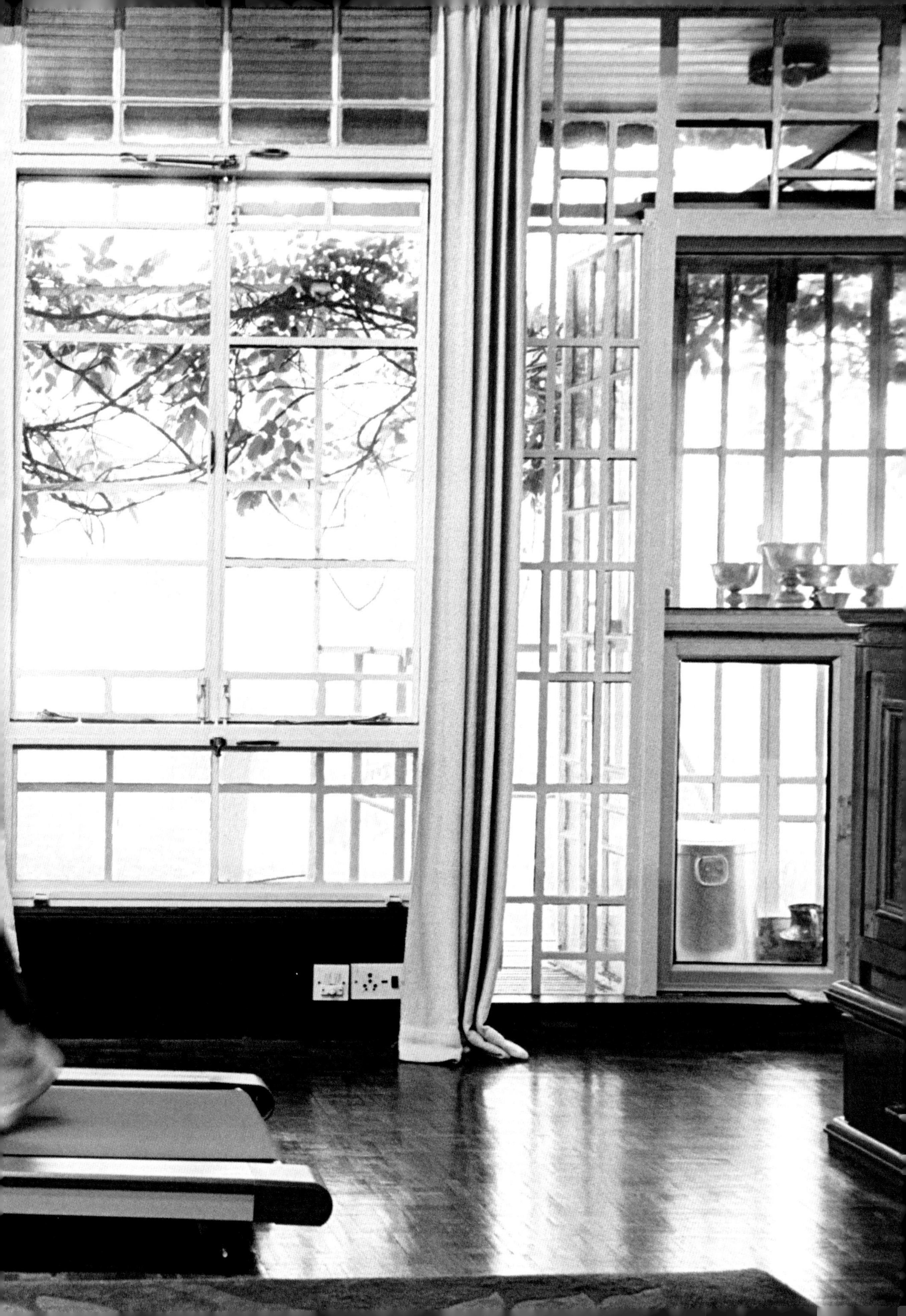

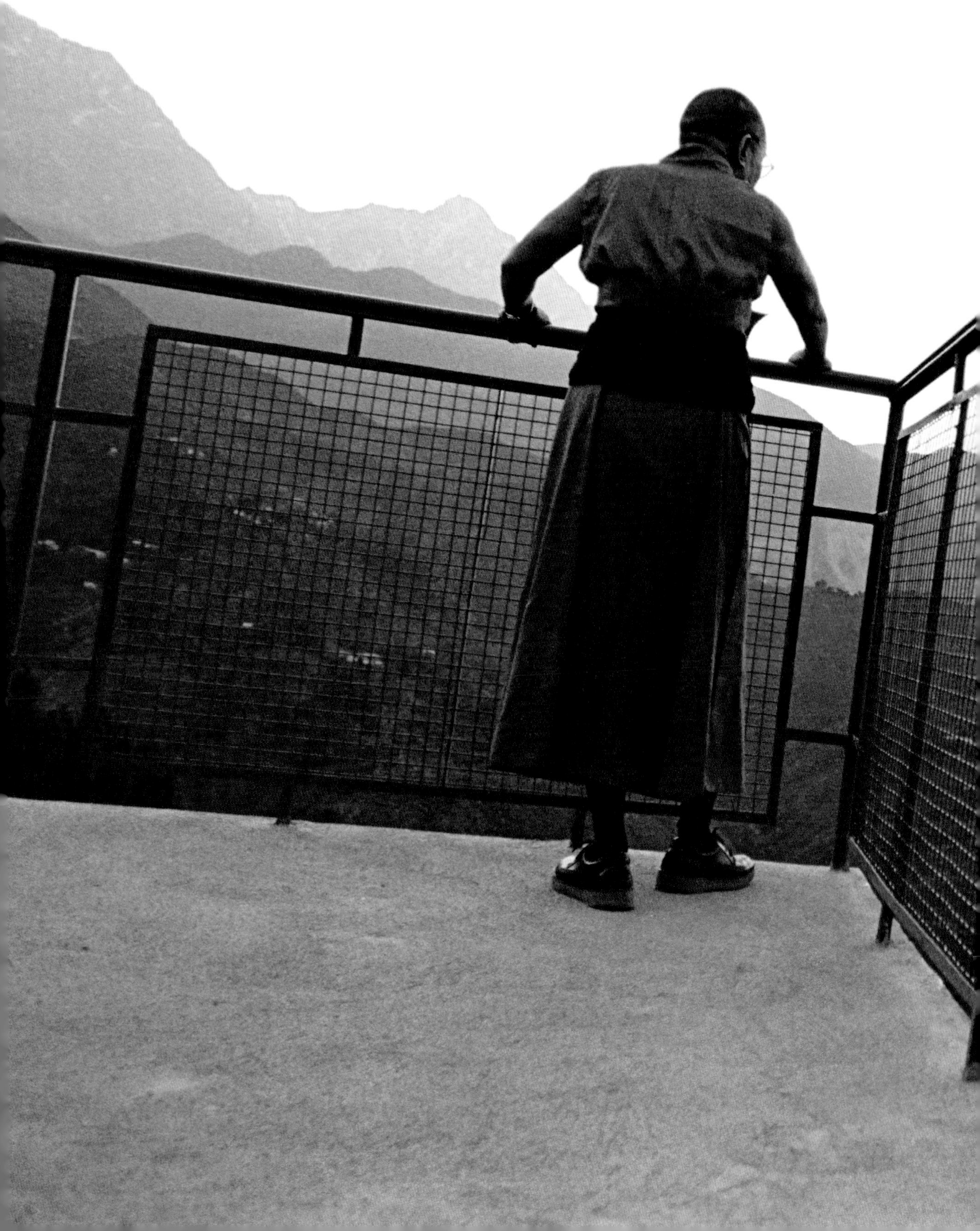

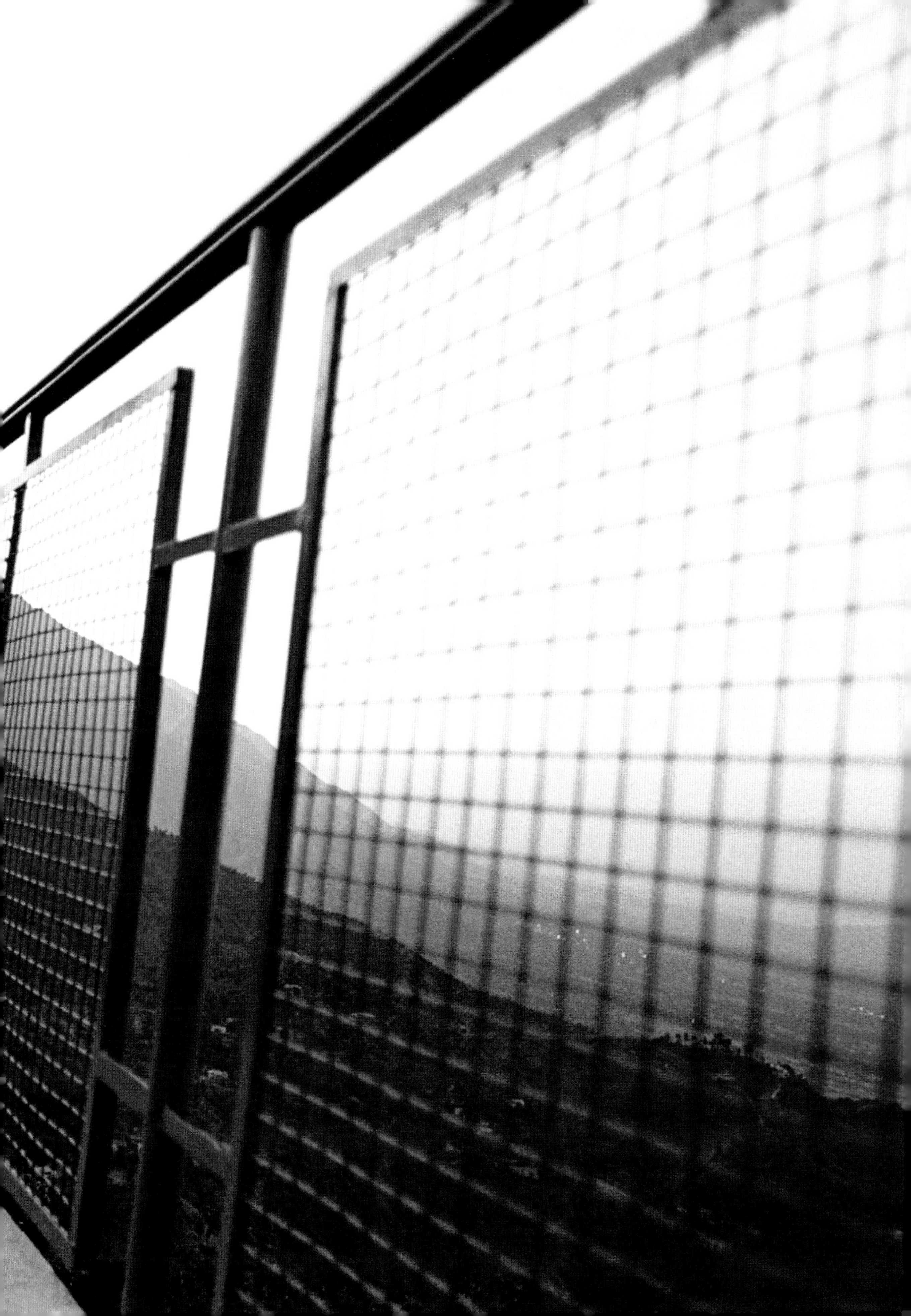

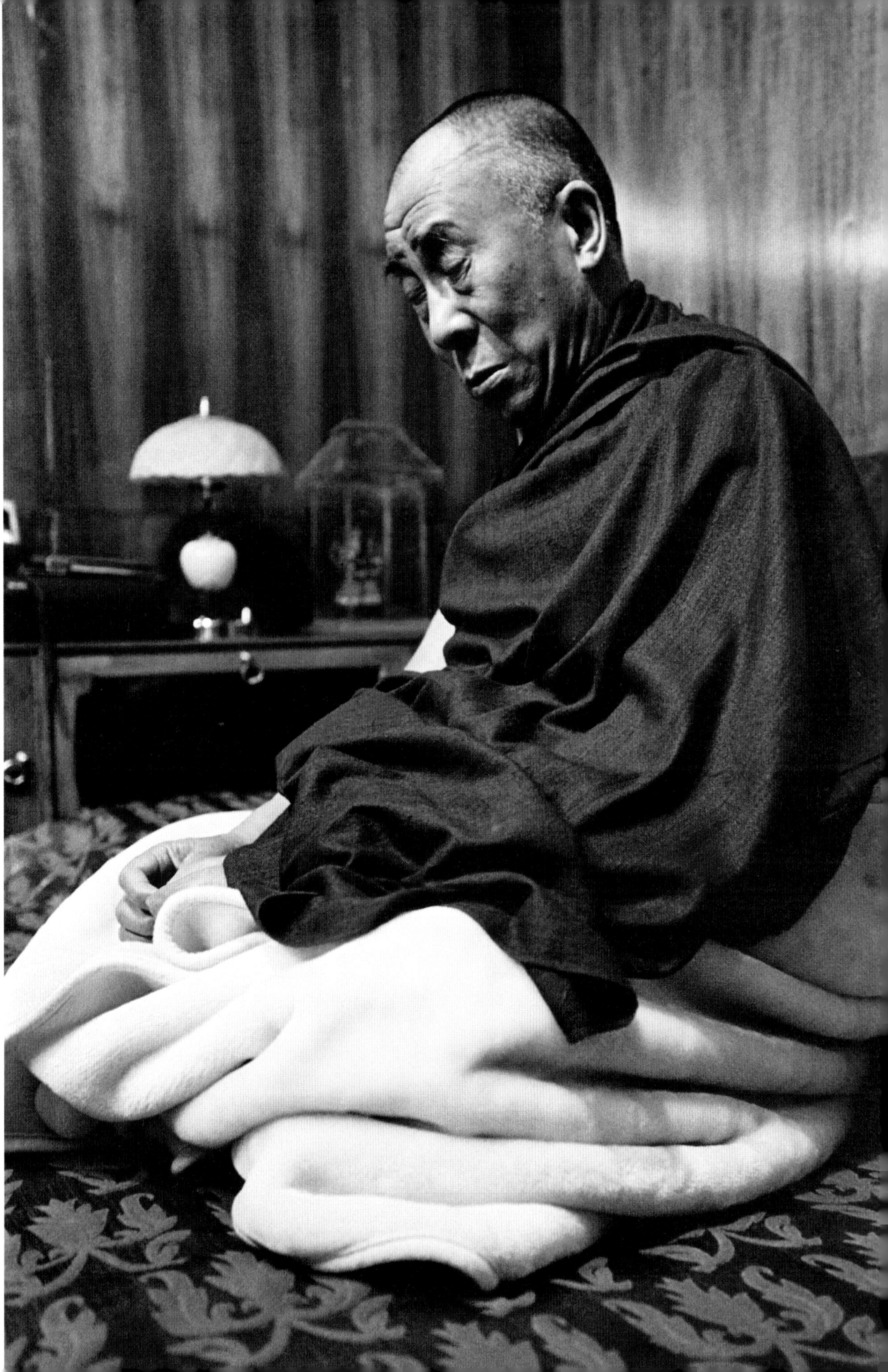

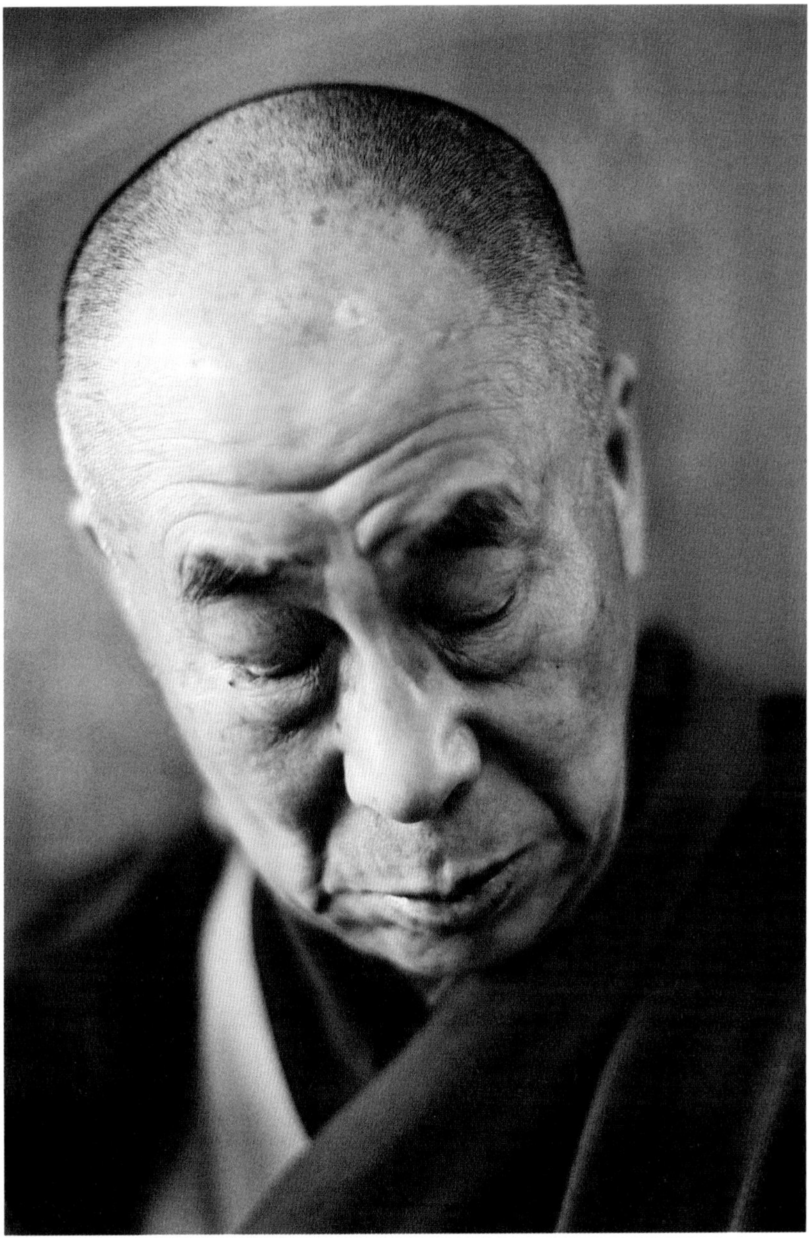

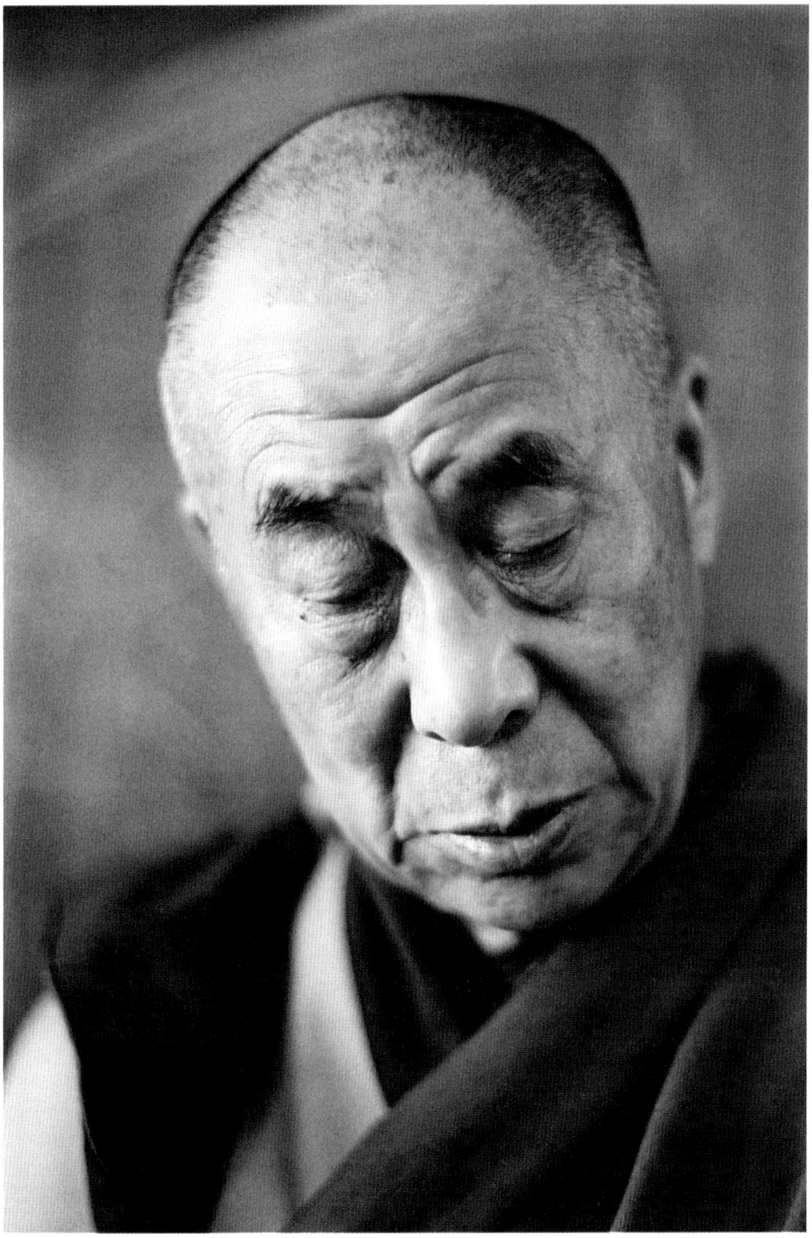

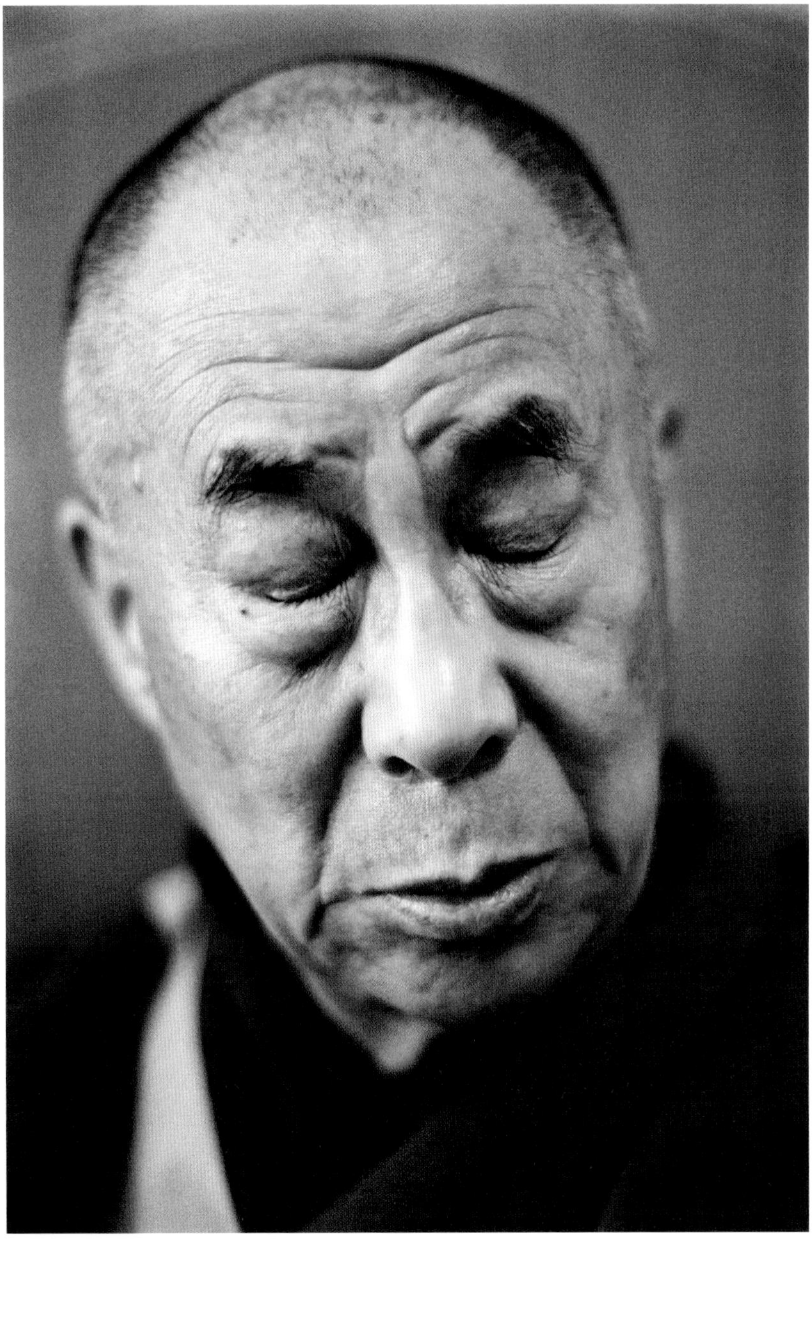

後記

這一切是怎麼開始的？1990 年初，記者漢斯‧瑞特曼（Hans Reutimann）與我前往印度，探訪歷經中國入侵與鎮壓西藏後，西藏流亡政府的駐地。我們想要了解，隨著第一代藏人難民逐漸凋零，西藏文化是否面臨存亡危機。漢斯‧瑞特曼從 1960 年代開始便撰寫有關西藏的報導。而當時我年僅二十三歲，出發前幾週才剛完成攝影師訓練。中國入侵西藏造成了一百二十萬藏人喪生，摧毀無數藏族文化，包括超過六千多座宗教建築。我們心中最主要的疑問是：出生於西藏的流亡藏人是否能夠將他們的所知所學傳承給在海外出生的下一代？

我們訪問了印度南部大片藏人安置區，以及遷移至此處的色拉寺（Sera Monastery）[2]，當時那裡甚至住了三千五百位僧侶。我們與曾遭受可怕酷刑的獲釋政治犯交談。我們聆聽冒著生命危險翻越喜馬拉雅山逃難的難民們的故事。我們訪問了一名曾與中國軍隊交戰的女性游擊隊員。中國併吞西藏對這些人所造成的苦難深深震撼了我，更重要的是，從那時候到現在，他們幾乎都被國際媒體給忽略了。因此，西藏成為我的拍攝主題，以及我作為攝影記者的使命。

在印度德拉敦（Dehradun），我們製作人物攝影，記錄工匠大師將他們的技藝傳承給年輕學徒。我們拍攝了藏族跳神儀式（Cham dance）、祈雨儀式（weather-makers）、降神儀式（oracle

---

2 譯按：1970 年，約三百名西藏僧侶在達賴喇嘛與印度政府的協助下，遷往印度南部拜拉庫比（Bylakuppe）的藏人社區，在林地上重建藏傳佛教格魯派重要傳承色拉寺。

of state），也拍攝了西藏知識分子、音樂家與詩人。我們與一般農民和政治人物交流對話。

這趟旅程最令人難忘的時刻之一，是前往被稱為上達蘭薩拉的小山城麥羅肯吉（McLeod Ganj），這裡正是西藏流亡政府的所在地。1959年，達賴喇嘛戲劇性逃離西藏後，便定居此處。我在達賴喇嘛幾場長時間的訪談以及新年祈禱法會上進行拍攝。我也在他的住所記錄影像，無論是在花園或者是私人角落。當時的我年輕又自負，視這一切為理所當然。畢竟我已經是一名攝影記者，而攝影記者們最喜歡捕捉重要名人與國家領袖。直到多年以後我才意識到，這樣的機會之於我是何等榮幸。

同年6月，我們將這段採訪拍攝的結果，呈現在於蘇黎世大學舉辦的一場文字攝影展中。這場展覽名為「異國土地上的西藏文化」（*Tibetische Kultur auf fremder Erde*），恰好由達賴喇嘛親自揭幕，他的到來吸引了大量報紙、廣播與電視媒體，對我剛起步的生涯來說是一個重要的里程碑。活動當天的大會堂被擠得水洩不通，人群蔓延到走廊與樓梯間，原本還計畫在其他幾個演講廳同步播放達賴喇嘛的演說。然而，就在達賴喇嘛剛走上講台時，大學校務長忽然衝上前，搶過麥克風，指示眾人立即撤離大樓。據說學校收到了針對達賴喇嘛的炸彈威脅。現場沒有恐慌。相反地，室內一片沉靜。人們很遺憾無法聽到達賴喇嘛的演說。

警方保安人員護送達賴喇嘛與大學校長走向緊急出口，我們其他人必須自己設法安全離開。於是我們沿著狹窄的樓梯往下走到昏暗又像迷宮一樣的地下室。接著，傳來令人震驚的消息：

緊急出口竟然被鎖上了！工作人員焦急地上上下下，透過對講機尋找鑰匙。情況的不確定性讓我們每個人都很緊張，情緒一觸即發。而此時達賴喇嘛已經被帶進一間辦公室，他坐在一張辦公椅上，開心地旋轉起來。他好奇地拉開抽屜，想看看教職員藏了什麼寶貝在裡頭。我開玩笑地對他說，這一切對他而言沒什麼吧。作為神的化身，他根本毋須擔心炸彈威脅，可以就這樣飛出窗外。「沒錯，就像一隻小鳥！」他笑著說，然後從椅子上站起來，開始在房間裡跳來跳去，像鳥兒展翅一樣上下揮動雙臂。

突然間，通往地下停車場的緊急出口打開了，一切發生得非常快速：警方匆匆地將達賴喇嘛送上一輛大車子——他離開了，留下我們還待在冰冷的地下室裡。

隔天，所有報紙、廣播、電視的焦點全都擺在炸彈威脅上，沒有人談論我的攝影作品。一開始我感到很失望，但等到這股情緒過後，我才真的理解這個事件的意義重大。一個隨時可能面臨生命危險的人，怎麼有辦法可以保持如此的自在與喜悅？一個人怎麼有辦法這樣掌控自己的情緒？這些是我最先問自己的問題——也驅使我透過更多視角去探索。

或許你會認為，長時間拍攝同一個人，會變成一種例行公事。然而，達賴喇嘛有一種超凡的能力，能夠持續帶給我們一次又一次的驚喜與感動。他的紀律、他的知識見聞、他的同胞情誼、他的溫暖，始終源源不絕。因此多年來，我對他的敬意只有愈來愈深。

曼努埃爾・鮑爾（Manuel Bauer），2025 年 1 月

圖片說明

克里斯蒂安·施密特（Christian Schmidt）

5, 7
在達蘭薩拉的住所。除非出訪，否則週日是達賴喇嘛尊者的僻靜時間。一如既往，他的一天從凌晨三點半打坐觀修開始；但是星期日不接見訪客，也不處理行政事務。打坐觀修之後，他會研讀佛典。——印度，喜馬偕爾邦（Himachal Pradesh），達蘭薩拉，2003/05/18

8/9
漫步於住所的花園中。——印度，喜馬偕爾邦，達蘭薩拉，1990/02/22

10/11
在辦公室裡的達賴喇嘛。——印度，喜馬偕爾邦，達蘭薩拉，1990/02/22

12/13
在住所的花園裡。自然是所有生命的源頭。所有生命形式都是相互連結的。「地球是我們的家園，我們唯一的家。」達賴喇嘛說道。「摧毀了它，我們還能去哪裡？」——印度，喜馬偕爾邦，達蘭薩拉，1990/02/22

14/15
他的人民受壓迫，他的國家被占領，自1959年起，達賴喇嘛就流亡於距離拉薩布達拉宮一千四百三十七公里之遙的地方。根據西藏流亡政府的資料，單單是在中國占領西藏最初的三十年內，就造成超過一百二十萬藏人喪生。——印度，喜馬偕爾邦，達蘭薩拉住所的陽台，1990/02/22

17
達賴喇嘛準備傳授「噶當十六明點」灌頂。這個修法儀軌的目的，是將觀想的焦點從浩瀚宇宙轉向最根本的內在自我，最終觀想自己是淨土中的佛，從而培養證悟的潛能。「十六明點」的每一點都代表這個修持過程的一個明確階段。最終階段則體現了證悟的本質——一片意識的黃金海，超越二元對立，充滿無盡的慈悲。——印度，拉達克（Ladakh），努布拉谷（Nubra-Tal），迪斯吉克（Diskit），2003/07/24

24/25, 26
達賴喇嘛接見剛逃亡到印度的藏人。——印度，喜馬偕爾邦，達蘭薩拉，1990/02/23

27
藏曆新年（又稱洛薩 losar）。「我的信仰

354

很簡單，」達賴喇嘛説，「我的信仰就是慈悲。」──印度，喜馬偕爾邦，達蘭薩拉，大昭寺（Tsuglagkhang Temple），1990/02/26

29

在吉斯帕（Jispa）舉行的時輪金剛灌頂大法會。「時輪」是一種修行法門，可以淨化自身的內在障礙，培養智慧與慈悲的心靈，究竟目標則是達到證悟並解脫所有生命形式的生死輪迴（Samsara）。──印度，喜馬偕爾邦，拉胡爾（Lahaul），吉斯帕，1994/07/16

30

在阿馬拉瓦蒂舉行的時輪金剛灌頂大法會。據説大約在西元前490年，佛陀於此地傳授了第一次的時輪金剛灌頂。──印度，安得拉邦（Andhra Pradesh），阿馬拉瓦蒂，2006/01/11

32

學僧們點燃香枝，準備迎接達賴喇嘛的到來。──印度，喜馬偕爾邦，桑加烏里（Sanjauli），覺囊達丹彭措秋林寺（Jonang Takten Phuntsok Choeling Monastery），2002/06/12

33

流亡藏僧在遷移至印度的色拉寺等待達賴喇嘛。印度政府不僅為流亡藏人提供庇護，也撥地讓他們重建家園和寺院。然而，這些在印度重建的寺院，難以取代西藏原有的六千多座被摧毀或自西藏被占領後他們便無法進入的聖殿。──印度，卡納塔克邦（Karnataka），拜拉庫比（Bylakuppe），2001/08/02

34

期待達賴喇嘛的到來。雖然沒有確切的數據，但據知自西藏被中國占領以來，至少有十三萬人逃離西藏故土。──印度，卡納塔克邦，胡恩蘇爾（Hunsur），下密院大學（Gyudmed Tantric Monastic University），1993/12/08

35

達賴喇嘛抵達南卓林寺（Namdroling Monastery）。──印度，卡納塔克邦，拜拉庫比，2001/08/03

36/37

藏傳佛教的延續遠遠超越一國的地理疆界，而且數百年來在印度喜馬拉雅山區亦廣為流傳。因此，達賴喇嘛甚至會前往這個次大陸最偏遠的地區探訪信眾，包括這座已有九百年歷史、距離他所在地十二小時車程的當喀寺（Dhankar Monastery）。──印度，喜馬偕爾邦，斯碧提（Spiti），2003/05/23

38/39

1682年，第六世達賴喇嘛出生於距離達旺寺（Tawang Monastery）不遠之地。他是唯一一位放棄修行生活，過著世俗生活模式的達賴喇嘛。而他的情詩至今仍深受西藏人民的喜愛。相較之下，其他歷代的達賴喇嘛皆以身為引領國家未來的政治領袖聞名。他們被稱為「偉大的」達賴喇嘛，其中包括現任的第十四世達賴喇嘛丹增嘉措。──印度，阿魯納恰爾邦（Arunachal Pradesh），達旺寺，2003/05/04

40/41

大昭寺的法會。多年來，每年約有三千名藏人逃往印度。後來這個數字就降到少於一百人。主要原因是中國政府加強壓迫與嚴格控管邊境，許多嘗試逃亡者最終都喪了命。──印度，喜馬偕爾邦，達蘭薩拉，大昭寺，2002/06/03

42/43

在新冠疫情爆發之前，達賴喇嘛每年有一半的時間在外進行訪問。作為西藏人民的精神領袖，他探訪流亡藏族的信眾，並向全球傳播和平與慈悲的信息，圖中是他停駐在貝瑪秋林寺（Pema Choeling Monastery）。──印度，阿魯納恰爾邦，魯帕（Rupa），2003/05/01

44/45

清晨五點半，達賴喇嘛正在為靠近西藏邊境的達旺寺所進行的一場開示做準備。他早餐吃麥片，寺院廚房特意找來一包「歐寶原味」（Alpen Original）的麥片。這款概念源自瑞士的早餐穀物，原本是由一家英國廠商生產，後來轉手中國企業，最後被美國公司買下。尊者認為全球化是一把雙面刃。儘管它肯定有助於人類的進步，但唯有同時增進慈悲、合作和責任等普世價值，這樣的進步才是有意義的。──印度，阿魯納恰爾邦，達旺寺，2003/05/08

46

達賴喇嘛與昂旺強巴斯丹增（Ngawang Chamba Stanzin），後者是提克西寺（Thiksay Monastery）的住持，也是強森喜饒桑波（Jangsem Sherab Zangpo）[3]的第九世轉世。尊者造訪已有六百年歷史的迪斯吉克寺（Diskit Gompa），該處是努布拉谷地區最古老的寺廟。──印度，拉達克，努布拉谷，2003/07/29

47

達賴喇嘛與被認為是第九世寂天菩薩（Shantideva）的希瓦拉仁波切·紐丹達香（Shiwalha Rinpoche Nueden Taksham）一起走向那爛陀大學遺址入口。那爛陀大學成立於古典時代晚期，一直到十三世紀都名列世界上規模最大的教育機構。西元八世紀，佛教學者寂天在此撰寫《入菩薩行論》（The Bodhicaryavatara），闡述從無明的沉睡中覺醒，度一切苦厄，激見實相。達賴喇嘛參與推動保存這個傳統的印度智慧。他堅信心靈探索與分析式觀修（analytical meditation），並結合現代科學的方法，有望將世界導向更和平的未來。──印度，比哈爾邦（Bihar Pradesh），那爛陀，2002/01/14

48/49

印度政府的反恐部隊「黑貓」（Black Cats）於那爛陀大學遺址中保護達賴喇嘛免於暗殺攻擊。──印度，比哈爾邦，那爛陀，2002/01/14

54/55

即使流亡印度，藏傳佛教寺院往往是數千名僧侶的家，就跟在西藏時一樣。打坐靜修是修行生活不可或缺的一部分。「許多人以為打坐就是安靜坐著，不做思考，」達賴喇嘛説。「但是你不可能一輩子都不思考。」──印度，卡納塔克邦，孟戈德（Mundgod），哲蚌洛色林寺（Drepung Loseling Monastery），2012/12/08

59

在2003年前往菩提伽耶的朝聖之旅中，達賴喇嘛參訪了佛陀證入涅槃的娑羅樹。尊者經常前來朝拜這棵聖樹。2022年造訪此地時，他向聚集現場的三十萬名朝聖者傳遞了一則盼望的信息：「我們與西藏的兄弟姊妹在實體上依然分隔兩地。但是在精神上，我們緊密相連。我為他們所有人祈禱。我相信真理終將獲勝。」──印度，比哈爾邦，菩提伽耶，2003/01/07

---

3 譯按：Jangsem Sherab Zangpo 是藏傳佛教格魯派創始人宗喀巴的六大弟子之一，被派至拉達克傳教，修建了拉達克第一座格魯派寺院提克西寺。

61

一位盲眼的西藏婦女請求達賴喇嘛對著她的眼睛吹氣。許多虔誠的佛教徒認為達賴喇嘛擁有治癒的能力，儘管他本人不相信這一點。他曾經開玩笑說，如果他真的具有這種能力，他早就把自己的膝蓋疼痛治好了！然而，每當有人請求他幫助，他總是樂於效勞，而有時候這麼做確實帶來緩解，甚或自然而然就康復了。不過他傾向將這些效果歸因於患者本身強大的信仰，而非自己的超自然力量。——印度，喜馬偕爾邦，西姆拉（Shimla），卡蘇姆提（Kasumpti），圖登多傑札寺（Thupten Dorje Drak Ewam Chogar Chökhor Namgyal Ling Monastery），2002/06/16

63

儘管達賴喇嘛對無數佛教經典倒背如流，但每次誦讀時他仍然深受觸動。這一刻，一段關於慈悲的經文讓他感動得流下淚水。——印度，喜馬偕爾邦，斯碧提，塔波寺（Tabo Monastery）講法，2003/05/24

64

達賴喇嘛在菩提伽耶的摩訶菩提寺（Mahabodhi Stupa）前。佛塔內供奉得道聖人的舍利、佛教經典文本和心咒。朝拜佛塔有助於消除信眾的不善行（罪業），幫助他們累積善行，增進靈性成長，解脫苦痛的輪迴（善業）。摩訶菩提寺西側生長著一株聖菩提樹的分枝，相傳佛陀正是在聖菩提樹下證悟。——印度，比哈爾邦，菩提伽耶，摩訶菩提寺，2003/01/07

65

參訪位於印度教聖城瓦拉那西不遠處的鹿野苑（Sarnath）達美克塔（Dhamekh Stupa）。相傳佛陀在此地從無明沉睡中覺醒，首次宣講佛法。宣講的主題是「四聖諦」（Four Noble Truths）。第一聖諦是苦諦：眾生在生死輪迴中，從苦生苦。第二聖諦是集諦：痛苦是有原因的，尤其是貪、瞋、癡。第三聖諦是滅諦：痛苦是可以止息的。第四聖諦是道諦：通往止息痛苦的道路是奠基於正道、正念與正見。這些智慧至今仍是所有佛教教義的核心。——印度，北方邦（Uttar Pradesh），鹿野苑，達美克塔，2003/01/21

67

流亡的僧尼們盡可能努力重建在西藏故土已被摧毀的宗教建築。他們與家人為此奉獻大量的金錢。儘管如此，達賴喇嘛懇求信眾們以德蕾莎修女為榜樣，將資源用於社會公益更甚於建築寺廟。——印度，卡納塔克邦，拜拉庫比，南卓林寺，2001/08/03

69

在覺囊達丹彭措秋林寺講法時，達賴喇嘛戴上了佛教學者帽。「達賴喇嘛」一詞的字面意思是「智慧如海的上師」。他被認為是世界上最睿智的人，也是國際公認的道德與精神領袖。他的權威來自畢生研習佛法經典、他的生活方式，以及超過十萬個小時的修行實踐。——印度，喜馬偕爾邦，桑加烏里，2002/06/14

70/71

藏曆新年（洛薩）過後，朝聖者沿著轉經路懸掛新的經幡。——印度，喜馬偕爾邦，達蘭薩拉，2004/02/23

72/73

一位來自拉達克的婦女正在等待達賴喇嘛到來參加時輪灌頂法會。她頭上佩戴的飾品展現了綠松石在藏族文化中的重要意涵。在藏語中，綠松石被稱為「天堂之石」，它象徵著生命、健康與活力，同時能夠驅邪避惡。——印度，拉達克，列城，2014/07/06

74/75

從龍樹孔達島（island of Nagarjunakonda）返回；該島以西元二世紀時曾居住此地的大乘高僧龍樹（Nagarjuna）命名。達賴喇嘛視龍樹為「第二位佛陀」，因為龍樹的思想使佛教走向大乘佛法之路。大乘佛教相當強調利他精神，不論是解脫個人苦難或幫助有情眾生悟道。——印度，安得拉邦（Andra Pradesh），2006/01/03

76

僧侶們前往聆聽達賴喇嘛在甘丹寺（Gaden Monastery）與哲蚌寺的開示。——印度，卡納塔克邦，孟戈德，2012/12/04

77

僧侶們在達賴喇嘛開示「菩提道次第」時，向聽眾奉上酥油茶。——印度，卡納塔克邦，孟戈德，哲蚌寺，2012/12/04

78/79

抵達哲蚌寺。——印度，卡納塔克邦，孟戈德，2012/12/6

80

達賴喇嘛迎接即將參加時輪灌頂法會的貴賓。時輪（「時間之輪」）是藏傳佛教最廣博的教義與修行法門之一；它也是一種哲學觀，將宇宙、物質與精神世界結合起來。時輪理論在外在事實（宏觀宇宙）與內在體驗（微觀宇宙）間架起一座橋。——印度，安得拉邦，阿馬拉瓦蒂，2006/11/16

81（上）

參訪甘丹寺北頂僧院（Gaden Jangtse Monastery）。達賴喇嘛被認為是西藏守護神觀世音菩薩的化身。菩薩是自願放棄成佛，轉世服務眾生的偉大存在，而那正是達賴喇嘛致力的使命。他傳遞慈悲與利他精神，以減輕世界的苦難；他教導人們和平始於內在平靜，並呼籲我們跳脫國家、宗教與文化範疇去思考，建立全球視野，達成全球和平。——印度，卡納塔克邦，孟戈德，甘丹寺北頂僧院，2012/12/05

81（下）

格魯派高僧日宗仁波切（Rizong Rinpoche）為達賴喇嘛舉行長壽法會。格魯派（「善規派」）是藏傳佛教四大教派之一；傳統上，達賴喇嘛皆出自此派。——印度，卡納塔克邦，孟戈德，甘丹寺北頂僧院，2012/12/05

82, 83, 84/85

時輪灌頂大法會持續約十天，往往吸引數十萬名信眾參與，因此也是一項重大的後勤挑戰。除了官方組織者和當地商家，許多僧侶與在家眾志工也加入其中。他們發放飲用水、酥油茶和麵包；他們也會搭建大型銀幕，確保所有參與者都能清楚看到儀式的進行。——印度，安得拉邦，阿馬拉瓦蒂，時輪灌頂法會場地，2006/01/08-13

86/87

「噶當十六明點」灌頂法會結束之後，前往迪斯吉克頗章（Diskit Phodrang）的路上，那裡是達賴喇嘛在當地的住所。許多寺院都設有專門的房間，以便達賴喇嘛造訪時能夠住宿。——印度，拉達克，努布拉谷，迪斯吉克，2003/07/24

圖片說明

88/89
對許多藏人來說，能夠親眼見到達賴喇嘛，是生命中非常重要的一件事。——印度，阿魯納恰爾邦，達旺，2003/05/06

90/91
達賴喇嘛的開示透過無線電以多種語言廣播出去。在佛陀證道之地菩提伽耶，一位印度高級警官戴著耳機聆聽時輪灌頂轉播。事後他表示，儘管他是一位印度教徒，但他從未聽過像達賴喇嘛如此博學睿智的導師。——印度，比哈爾邦，菩提伽耶，2003/01/16

92/93
在拉達克首府列城的外面，學童們等待著達賴喇嘛的到來。拉達克已經感受得到氣候變遷的影響，而這正是達賴喇嘛經常談論的議題。他在 2018 年曾說過：「我們所有人都受到氣候變遷與全球暖化的影響。因此我們必須建立人類一體性的意識。如果只想到自己，不會有好結果。然而，謹記人類一體性的重要性，共同努力，我們就能避免氣候變遷帶來的最嚴重後果。」——印度，拉達克，列城，2012/07/18

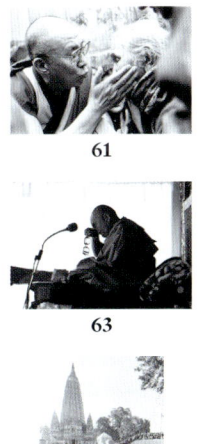

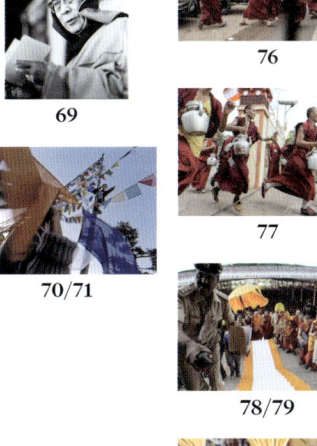

357

94
為達賴喇嘛到訪達旺的一所學校做準備。儘管達賴喇嘛被迫流亡海外超過半個世紀，身為藏人精神領袖的他依然備受崇敬，即便是在那些從未見過西藏故土的新一代藏人之中也是如此。「孩子們具有慈悲心，所以我們必須想辦法培養這樣的性格特質。」達賴喇嘛說道。「學校教育應該包括促進內在寧靜的方法。」——印度，阿魯納恰爾邦，達旺，喬佩林公學（Choepheling Public School），2003/05/04

95
達賴喇嘛在其靜修室內的個人佛壇。尊者深信打坐靜修會影響大腦的神經可塑性，有助調節焦慮與憤怒等情緒。他表示：「所有人都本能地渴望離苦得樂。打坐靜修可以訓練心智以不同的方式思考，是避免痛苦、獲得快樂的重要方法。」——印度，喜馬偕爾邦，達蘭薩拉，2004/08/16

101
達賴喇嘛搭乘直昇機離開達旺。達旺位於印度靠近西藏邊境之地，讓他想起1959年那段時光，當時他為了逃離中國占領軍而身心俱疲，曾在達旺稍作停留。——印度，阿魯納恰爾邦，達旺上空，2003/05/05

103（上下）
在庫魯（Kullu）短暫停留。地方首長在機場迎接達賴喇嘛，並致贈一頂當地傳統帽子。——印度，喜馬偕爾邦，從庫魯前往塔波途中，2003/05/21

104/105
熱情的群眾看著達賴喇嘛車隊前往扎西秋林寺（Tashi Choeling Monastery）。蘇聯獨裁統治時期，蒙古的藏傳佛教受到打壓，直到蘇聯解體後，藏傳佛教在此才得以復興。——蒙古，烏蘭巴托，2006/08/24

106/107
參訪強巴林中心（Jampaling Center）。——蒙古，烏蘭巴托，2006/08/23

108/109
在蒙古國家體育場講法後。達賴喇嘛的演講主題是「緣起性空」的概念，闡明一切現象皆相互依存，並無自立的本質。達賴喇嘛還傳授了白度母灌頂（White Tara Empowerment）。白度

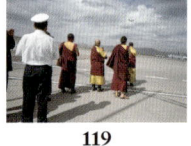

358

母是佛陀的女性化身，被視為長壽之本尊。──蒙古，烏蘭巴托，國家體育場，2006/08/23

110（上）
參訪甘丹寺（Gandan Tegchenling Monastery），蒙古最重要的佛教寺院。1904 年，英軍入侵西藏時，第十三世達賴喇嘛曾逃亡此地。當時英國試圖阻止西藏與沙皇俄國結盟，因為這將會使俄國的勢力範圍遠擴展至英屬印度的邊界。第十三世達賴喇嘛最終於 1908 年回到拉薩。四十一年後，當中國軍隊入侵西藏時，達賴喇嘛再次被迫離開祖國。──蒙古，烏蘭巴托，2006/08/22

110（下）
在甘丹寺的大型蒙古包內共進午餐。──蒙古，烏蘭巴托，2006/08/22

111（上）
達賴喇嘛在甘丹寺的強萊瑟殿（Janraisig Temple）準備進行灌頂儀式，僧人們為他遮擋寒風。──蒙古，烏蘭巴托，2006/08/27

111（下）
在甘丹寺。──蒙古，烏蘭巴托，2006/08/27

113, 115
在甘丹寺強萊瑟殿內舉行灌頂儀式。──蒙古，烏蘭巴托，2006/08/28

116/117
「宗教唯一的目標，是增長愛、慈悲、耐心、寬容、謙遜與寬恕。」達賴喇嘛在白度母灌頂前傳授緣起性空原則時所說的話。──蒙古，烏蘭巴托，國家體育場，2006/08/24

118, 119
達賴喇嘛於 2006 年 8 月再次離開蒙古。蒙古政府不顧中國的威脅，邀請尊者訪問，導致中國短暫關閉了邊界和領空。雖然蒙古政府立場堅定，但此後達賴喇嘛便受阻進入烏蘭巴托。2016 年，達賴喇嘛再次訪問蒙古後，中國恫嚇蒙古若繼續接待他，將中斷雙方正在談判、蒙古亟需的一筆巨額貸款；這一次，蒙古政府屈服於壓力。──蒙古，烏蘭巴托，成吉思汗國際機場，2006/08/28

120, 121, 122/123, 124/125
達賴喇嘛以繞行（khora）他在達蘭薩拉的寺院──繞寺儀寺──開啟他的週日。返回達蘭薩拉住所的靜修室後，他會做禮拜表達對佛教三寶的尊敬與感恩：佛寶（Buddha）、法寶（dharma，諸佛教法）與僧寶（sangha，出家眾和已達一定修行階段的在家眾）。禮拜與祈禱是達賴喇嘛每日修行的核心。晚上淋浴後，他會閱讀時事。──印度，喜馬偕爾邦，達蘭薩拉，2003/05/18

127
自 1959 年被迫流亡以來，達賴喇嘛被認為是世界上最具領袖魅力的領導者之一。他孜孜矻矻地倡導以和平方式解決西藏問題，同時宣揚他對全球和平的願景。儘管如此，在北京領導人眼中，他還是一個「危險的分裂分子」，他想要讓西藏獨立，牴觸了中國憲法。然而，達賴喇嘛多次重申他堅守「中間道路」，在中國憲法以及民族區域自治法的框架下，尋求西藏自治與宗教自由。──印度，拉達克，努布拉谷，迪斯吉克，2003/07/24

128
2004 年，達賴喇嘛退出公開活動，靜修了幾週的時間。圖中他手持兩件常見的法器──金剛鈴（ghanta）與金剛杵（vajra）。金剛鈴象徵智慧、陰性原則與空性的究竟真理；而金剛杵則代表由無限慈悲所驅動的行動、陽性原則與世俗真理。金剛杵的兩端象徵相對真理與絕對真理。──印度，喜馬偕爾邦，達蘭薩拉，達賴喇嘛住所，2004/08/16

129
達賴喇嘛手持佛珠唸誦咒語，例如：「唵嘛呢叭咪吽」。六字大明咒有助於大悲心生起，使他能夠原諒自己與他人有意或無意加諸彼此的痛苦。一百零八顆佛珠，象徵佛法一百零八卷，或是需要克服的一百零八種世俗欲望。佛珠上較大的「上師珠」，標誌著開始與結束的位置。──印度，喜馬偕爾邦，達蘭薩拉，達賴喇嘛住所，2004/08/16

130
達賴喇嘛在閉關期間，象徵性供養「降伏閻魔尊」（Yamantaka，即大威德金剛）。供品包含數碗珍貴的寶石。──印度，喜馬偕爾邦，達蘭薩拉，達賴喇嘛住所，2004/08/15

131
達賴喇嘛在個人靜修室內閉關。他閱讀印在手切木板上的經文。這些長條形的頁面可以追溯至造紙術發明前的年代，當時人們書寫在棕櫚葉上。──印度，喜馬偕爾邦，達蘭薩拉，達賴喇嘛住所，2004/08/15

時輪金剛灌頂大法會
圖說／圖登錦巴（Thupten Jinpa）

以下所有照片皆拍攝於 2014 年 7 月，達賴喇嘛尊者在拉達克列城主持的時輪金剛灌頂大法會。這場為期數天的盛事吸引來自世界各地超過十五萬名信眾，包括來自西藏的參與者。

138/139
酥油燈、香、淨水碗、朵瑪（torma，用酥油雕塑的麵糰）等供品被擺放在壇城上，是法會的前行儀式之一。

140/141
加持完成的法器普巴金剛杵（phurba）象徵曼陀羅（mandala）[4]的十方（四個基本方位、四個中間方位，以及上方與下方）。代表「上方」的金剛杵被放置在東方，而代表「下方」的金剛杵則放置於西方。這些金剛杵可阻擋壇城外的干擾力量，防止它們擾亂灌頂儀式。

142/143
作為金剛上師（主持灌頂法會的喇嘛），達賴喇嘛尊者帶領僧眾跳金剛舞、造沙壇城，以這樣的儀式祝聖場地。法會由尊聖寺的僧人協助，歷來皆由他們擔任達賴喇嘛重要法會的儀軌助手。

144/145
一開始的加持儀式，達賴喇嘛與侍僧們順時針繞行升起的平台，祈福壇城。

146（上）
為壇城諸尊獻上儀式舞是加持儀式的重要一環，祈請諸佛降臨壇城加持。

146（下），147（上與下）
身穿傳統儀式服飾的僧侶們在壇城四周誦咒並演繹基地舞。節奏分明的動作與悅耳的誦吟聲，是淨化壇城的重要儀式。

148（上）
一位僧侶結特殊的手印（mudra），這是準備建造壇城的儀式進行之必要步驟。

148（下）
一名僧侶在時輪金剛灌頂儀式中協助達賴喇嘛。長誦梵咒是必要的準備工作。

[4] 譯按：壇城、聚集與圓輪具足之意，為「曼陀」（manda）與「羅」（la）梵語音節合成。可解釋為「悟法的場域」或「十方諸佛聚集之處」。

149（上）
達賴喇嘛尊者右手持金剛杵，左手持鈴，象徵佛法修行的核心要義：善巧方便與智慧結合無二。在他面前的桌上擺放各種法器：一面手鼓、一個裝米與花瓣的容器，以及一個裝有聖水（通常是紅茶）的護法杯。

149（下）
僧侶吹響低沉悠遠的筒欽（dungchen，西藏長號），聲音迴盪在整個法會現場。

150
達賴喇嘛小心翼翼畫下界定壇城基本架構的輪廓線。這是繪製精緻壇城的第一步。

151（上與下）
尊者與僧侶們在藍色表層上標示特定點，稍後將開始繪製沙壇城。達賴喇嘛本人參與描繪壇城輪廓細節的過程。

152/153
壇城的草圖完成後，將作為接下來灑繪彩沙的基礎，使壇城栩栩如生。

154/155
要標示出立壇城諸尊的位置。時輪金剛壇城共有七百二十二本尊。僧侶們會持誦聖號，祈請他們入座壇城。每一顆淨化過的大麥籽代表一位本尊。

156/157
仔細標記諸尊所在位置是壇城準備工作的重要步驟。

158（上與下），159（上與下）
準備象徵「智慧線」的彩虹色細繩，懸架在壇城的基礎結構上。觀想這些充滿象徵意義的想像線條與壇城的設置融合為一。

160（上）
達賴喇嘛尊者透過漏斗鋪下壇城第一道彩沙。用鋸齒漏斗輕輕摩擦裝彩沙的漏斗，彩沙落下形成細緻的線條。

160（下）
一位手藝靈巧的僧侶正為壇城中央的八瓣蓮花灑繪彩沙。

161（上）
僧侶們持續進行建構壇城的複雜過程，身為金剛上師的達賴喇嘛則定坐沉思與誦禱。

161（下），162, 163, 164/165
僧侶們輪班數日，持續創作沙壇城的漫長過程。

166/167
小心翼翼又滿心喜悅，僧侶們為壇城進行最後修飾，確保每個圖樣都完美對齊。

168/169
創作精細複雜的沙壇城這個神聖過程終於大功告成。眼前是一幅融合神聖幾何學與鮮豔色彩的傑作，可以被視為是一座立體寺廟的平面圖，擁有四個入口大門。它像是一張地圖，讓參與者可以想像進入壇城，並在途中遇見諸尊。

170（上與下），171（上與下）
近距離特寫沙壇城的部分圖式與形象裝飾。

172
壇城完成後，平台四周的帷幕層層拉起，維持其神聖性。十個象徵時輪金剛十大主尊的儀式寶瓶被擺放在壇城周圍，瓶上覆蓋著綠葉枝條，象徵儀式進入下一個階段——時輪金剛灌頂。

173（上）
達賴喇嘛以彩虹線連結心與瓶，淨化瓶中水，這些淨水在時輪金剛灌頂儀式中具有神聖的作用。

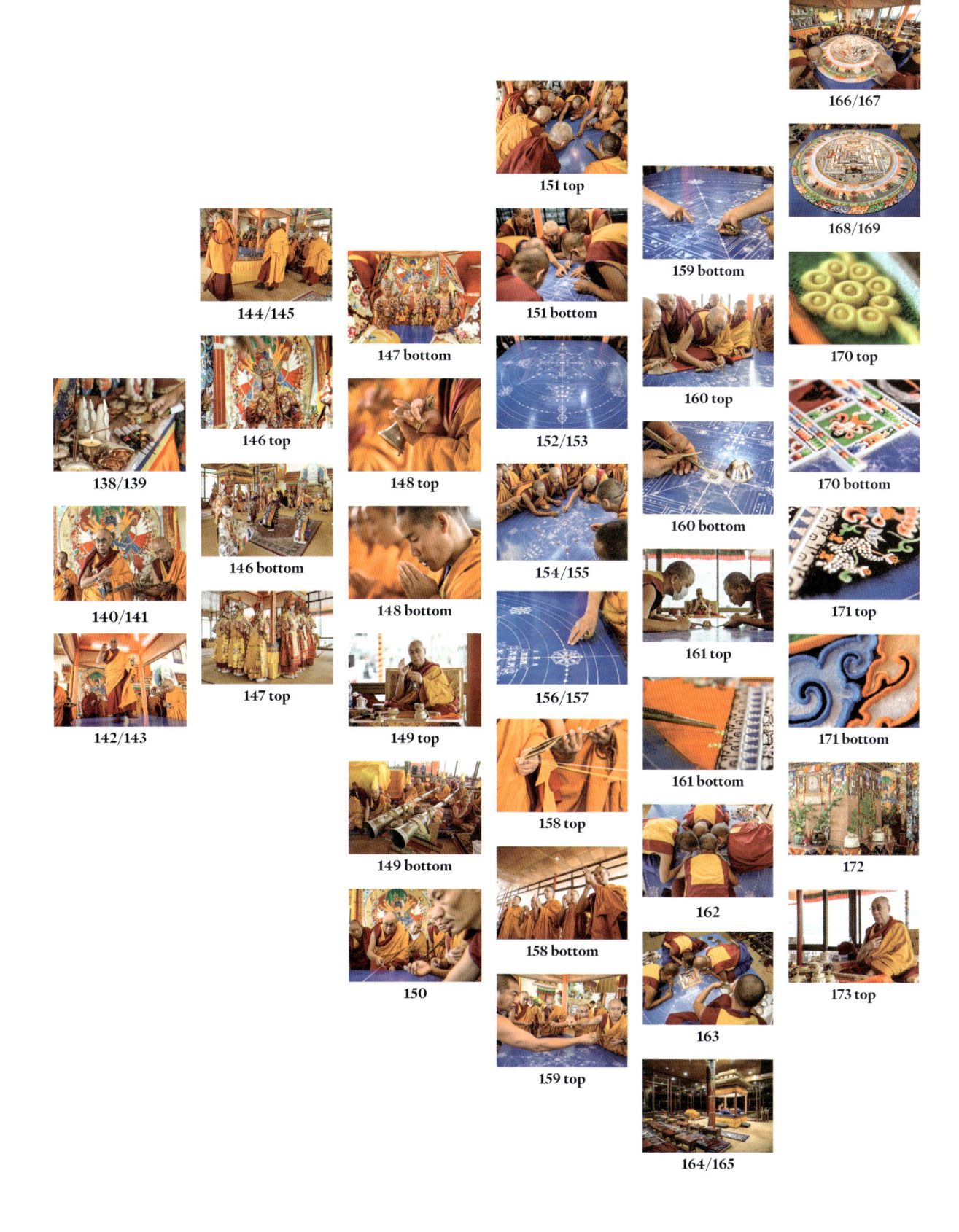

圖片說明

138/139
140/141
142/143
144/145
146 top
146 bottom
147 top
147 bottom
148 top
148 bottom
149 top
149 bottom
150
151 top
151 bottom
152/153
154/155
156/157
158 top
158 bottom
159 top
159 bottom
160 top
160 bottom
161 top
161 bottom
162
163
164/165
166/167
168/169
170 top
170 bottom
171 top
171 bottom
172
173 top

361

173 bottom

174/175

176 top

176 bottom

177

178/179

180

181

182

183

184/185

186 top

186 bottom

187 top

187 bottom

188

189 top

189 bottom

190/191

192 top

192 bottom

193 top

193 center

193 bottom

195

196/197

198/199

204/205

206/207

208/209

210/211

362

173（下）
達賴喇嘛高舉五佛冠，這是灌頂儀式的一個重要象徵。它代表時輪金剛本尊的冠冕，從而象徵達賴喇嘛轉化為時輪金剛。經過長修行，達賴喇嘛即將引導信眾進入時輪金剛壇城，幫助他們觀想七百二十二尊諸佛菩薩。

174/175
達賴喇嘛向齊聚一堂參加時輪金剛灌頂法會的廣大人群開示。在列城舉行的法會有超過十五萬名信眾參與。

176（上）
一位接待者分發吉祥草（Kusha grass）給與會者。這種聖草象徵淨化，通常放置在床下，在歷時數日的儀式中，可消除厄障，平緩精神。

176（下）
一名僧侶與他的吉祥草。

177
達賴喇嘛進行時輪金剛灌頂儀式；他的右側高台上是已經完成的沙壇城。

178/179
年輕僧侶參與灌頂儀式；紅帶象徵蒙眼，用於儀式開始階段，表示與會者還未準備好「看見」壇城與諸尊。

180
來自西藏東邊康區（Kham）的信眾，身穿傳統服飾、佩戴珠寶，在灌頂法會數日的前行儀式中虔誠祈禱。

181
信眾在灌頂儀式期間專心祈求。

182
接待義工在法會現場協助分發麵餅。

183
信眾遮蔽拉達克高原強烈的陽光，形成一片色彩繽紛的傘海。

184/185
時輪金剛灌頂法會的壯觀場景：成千上萬的信眾聚集在巨大的綠色天篷下，而站在篷外的人則必須撐傘以遮擋強烈的陽光。

186（上）
西藏表演藝術學院（TIPA）的一位成員為達賴喇嘛獻唱致意，象徵時輪金剛灌頂大法會圓滿結束。

186（下）
西藏表演藝術學院的藝術家們共同表演，慶祝法會順利落幕。

187（上）
拉達克婦女穿著華麗的傳統服飾，佩戴鑲嵌綠松石的頭飾，一同歌唱慶祝法會完成。

187（下）
一位拉達克婦女身穿傳統服飾與珠寶，站在時輪金剛灌頂大法會的人群中。

188
時輪金剛灌頂大法會圓滿結束後，信眾們排隊瞻仰沙壇城，接受加持賜福。

189（上）
信眾井然有序地排隊前行，瞻仰台上已經完整揭開的壇城。

189（下）
信眾虔敬地注視著壇城，祈求賜福。

190/191, 192（上）
沙壇城完成了它的任務，讓人們在灌頂儀式中可以觀想諸尊菩薩，達賴喇嘛開始拆除壇城，小心翼翼從中央取出一撮彩沙。拆除壇城象徵諸行無常。

192（下）
達賴喇嘛由外向內掃拂彩沙。

193（上、中）
沙壇城的彩沙被收集起來，裝進玻璃瓶。

193（下）
達賴喇嘛給周圍信眾些許壇城彩沙作為祝福。

195
大部分彩沙被裝入瓶身上飾有五佛冠的儀式寶瓶。

196/197
達賴喇嘛領著僧侶們的儀式隊伍，將壇城彩沙帶往最終目的地。

198/199
壇城的聖沙被投入流動的河流，象徵將福報迴向給自然世界與一切有情眾生，包括所有水中生物。這些取自大自然、用來繪製壇城的沙，現在回歸於自然。

204/205
達賴喇嘛與前南非開普敦大主教戴斯蒙·屠圖（Desmond Tutu,1931-2021）是好友，兩人在奧斯陸舉行的諾貝爾和平獎百年紀念中顯然是熱情重逢。兩位都將他們的一生奉獻於世界和平。達賴喇嘛於1989年獲得諾貝爾和平獎，屠圖大主教則是在1984年。當時他們站在戶外聆聽挪威外交部長的百年紀念演說，由於天氣寒冷，屠圖大主教不禁顫抖。看到這一幕，達賴喇嘛握住好友的雙手，放進自己的僧袍中取暖。——挪威，奧斯陸，2002/12/07

206/207
時輪金剛灌頂法會期間，達賴喇嘛在安保人員的防護下前往休息午餐。這些護衛的目的是保護尊者免於暗殺攻擊。他們的公事包裡面裝的不是文件，而是防彈墊。——奧地利，格拉茨，2002/10/19

208/209
2003年，達賴喇嘛訪問紐約，在燈塔劇院（Beacon Theatre）進行佛法開示。他親切地問候站在戲院前期待已久的信眾。兩天後，他在中央公園演講時，自嘲地聲明說：「我沒有什麼可以說的，毫無特別之處，只是說廢話罷了。」不過身為和平大使的他，很快提及他的重要訊息：「戰爭的概念已經過去。毀滅你的鄰人，基本上就是毀滅你自己。」——美國，紐約市，燈塔劇院，2003/09/20

210/211
達賴喇嘛在歐洲議會發表演講。「世界上許多問題與衝突的發生，在於我們遺忘了將我們連結成為一個人類家族的基本人性。我們往往忘記了，無論什麼樣的種族、宗教、文化、語言、意識形態，諸如此類，我們人類基本上都是一樣的，我們都渴望和平與幸福：我們都想要幸福快樂，我們不想要受苦受難。」——法國，斯特拉斯堡，歐洲議會，2001/10/24

212/213
諾貝爾和平獎的得主們聚集在挪威國會前，要求釋放同為獎項得主的翁山蘇姬，當時她被囚禁於緬甸。達賴喇嘛很高興有機會與埃利‧維瑟爾（Elie Wiesel）[5]和里戈韋塔‧曼楚‧圖姆（Rigoberta Menchú Tum）[6]見面。──挪威，奧斯陸，2001/12/08

214（上）
在美國國務卿克林‧鮑威爾（Colin Powell）的辦公室內。達賴喇嘛在訪客簿上簽名，身旁是他的祕書丹增塔拉（Tenzin Taklha）。──美國，華盛頓特區，2003/09/09

214（中）
捷克總統瓦茨拉夫‧哈維爾（Václav Havel）是最早正式接待達賴喇嘛的非亞洲國家元首之一；哈維爾曾是政治犯和人權運動家。他於1989年邀請達賴喇嘛訪問捷克，強化了西藏在國際舞台上的地位，卻也引來中國的不滿。哈維爾與達賴喇嘛之間建立起深厚的友誼。──捷克，布拉格，總統官邸，2002/07/02

214（下）
達賴喇嘛會見西藏教師達那晉美桑波（Takna Jigme Sangpo），他被中國政府指控「以反動思想毒害兒童心靈」，將其監禁了三十七年。他的「罪行」是用藏語教授學童，並在歷史課上講述西藏的真實歷史，而非中國的官方宣傳。每當他拒絕放棄佛教信仰以及對達賴喇嘛的尊崇時，刑期便再度延長。2002年，他因為健康問題獲釋，後來移居瑞士，直到2020年去世。──奧地利，格拉茲，2002/10/11

215（上）
應戈巴契夫（Mikhail Gorbachev）的邀請，2003年多位諾貝爾和平獎得主齊聚羅馬，其中包括前以色列總統西蒙‧佩雷斯（Shimon Peres）和達賴喇嘛。──義大利，羅馬，2003/11/28

---

[5] 譯按：猶太大屠殺的倖存者，也是作家、教師、社運人士，1986年諾貝爾和平獎得主。
[6] 譯按：致力宣傳瓜地馬拉內戰期間和之後瓜地馬拉土著的困境與權利，1992年諾貝爾和平獎得主。

215（下）
達賴喇嘛在漢堡市長奧勒‧馮‧博斯特（Ole von Beust）的陪同下，於漢堡市的黃金書（Golden Book）上寫下：「我祝願這座知名的城市及其市民一切平安幸福。」達賴喇嘛在漢堡受到了國賓級待遇。博斯特向媒體表示，他不會讓中國指示他可以接待誰、不能接待誰。──德國，漢堡市政廳，2007/07/19

216/217
達賴喇嘛與維吾爾人權倡議者、前世界維吾爾代表大會主席熱比婭‧卡德爾（Rebyia Kadeer）對談。與西藏人民一樣，新疆省維吾爾族也受到中國的壓迫，許多人被送往「再教育營」，中國政府並刻意將漢族人口遷移至當地。1999年，熱比婭‧卡德爾因試圖向美國國會議員傳送有關祖國人權狀況的報告，被判刑八年。中國政府認為這種情況等同「洩漏國家機密」。──德國，漢堡，2007/07/24

218
達賴喇嘛與斯特拉斯堡市長法比恩‧凱勒（Fabienne Keller）談話，身旁是他的翻譯馬修‧里卡德（Matthieu Ricard）。──法國，斯特拉斯堡，2001/10/23

219
達賴喇嘛的隨行人員等待他與捷克國會議員的會議結束。──捷克，布拉格市政廳，2002/07/03

220
前蘇聯總統戈巴契夫與達賴喇嘛在羅馬市政廳開玩笑談論彼此光禿的頭。──義大利，羅馬，2003/11/28

221
西藏問題經常在訪談中被提及，像是接受葡萄牙廣播電台的採訪時。達賴喇嘛始終倡議他所謂的「中間道路」，意指在中國的架構範圍內尋求西藏自治。這個訴求是立基於西元二世紀高僧龍樹所提出的一個常見佛學概念，並結合尊者對全球政治的務實理解。他尋求的不僅是妥協讓步，而是能夠減少所有受影響者痛苦的解決方案。在西藏的問題上，他的「中間道路」是非暴力與對話的典範。運用至全球範圍，它呼籲人們合作、運用智慧，以追求和平與穩定。──法國，斯特拉斯堡，2001/10/23

222/223
準備接受捷克國家電台電視節目《21》的訪問。──捷克，布拉格，2002/07/02

224（上）
在格拉茲舉行的時輪金剛灌頂法會午休期間，達賴喇嘛抽空為組織團隊和義工們簽書。──奧地利，格拉茲，2002/10/20

224（下）
簽名留念。──日本，東京，2003/01/03

225
達賴喇嘛在盧比安納大學（University of Ljubljana）演講後接受聽眾提問。和學生對談時，他總是強調，將西方的科學知識與佛法和傳統印度智慧相結合，對他而言是非常重要的。──斯洛維尼亞，盧比安納大學法學院，2002/07/05

226
在帕爾科‧德拉音樂廳（Parco della Musica auditorium）發表「通往自在之道」（The Path to Freedom）的演講。──義大利，羅馬，2003/11/26

227
每當達賴喇嘛向蒙古佛教徒講法時，隨行保鑣都必須高度警戒。不同於其他國家的信徒，蒙古信眾想要與達賴喇嘛直接接觸，因此保鑣們必須緊緊護住他以確保安全。──美國，華盛頓特區，國家研究大學，2003/09/11

228
達賴喇嘛在美國國會大廈發表演講，紀念國會人權小組（CHRC）成立二十週年。這是一個由美國眾議院跨黨派組成的非正式小組，致力於維護世界各地受壓迫和被邊緣化群體的權利。小組共同創辦人湯姆‧蘭托斯（Tom Lantos）於2008年去世後，該組織更名為「湯姆‧蘭托斯人權委員會」。──美國，華盛頓特區，國會雕像大廳，2003/09/09

230/231
達賴喇嘛在旅途中幾乎沒有任何個人休息時間，但在這裡，他意外獲得了片刻寧靜。由於要親眼目睹達賴喇嘛的人潮過於眾多，安檢程序所花的時間比預期來得長。──克羅埃西亞，斯普利特（Split）體育館，2002/07/07

圖片說明

233
準備出發。──印度，阿魯納恰爾邦，達旺，2003/05/09

235
「公元兩千論壇」(Forum 2000)的「消弭全球鴻溝」會議期間，在布拉格城堡內。該會議集結商界領袖、政治家與其他重要人物，旨在為世界的未來找出解方。達賴喇嘛也是出席者之一。他這樣概述自己的看法：「知而不行，是為不知。」──捷克，布拉格城堡，2002/07/03

240/241
達賴喇嘛獲頒許多榮譽與獎項，包括榮譽博士、榮譽市民，以及表彰其成就的和平大使。在這裡，格拉茲大學頒發最高榮譽給他：人權獎。──奧地利，格拉茲大學，2002/10/14

242/243
2010年「心智與生命研討會」(Mind & Life Conference)。這個研討會為神經科學、心理學、哲學及其他科學領域的研究者提供了一個平台，交流有關心智在我們個人與集體福祉中所扮演的角色。達賴喇嘛認為，西方過於崇尚將心智視為大腦神經活動的產物。相較於這樣機械性的思考，他認為心智是一種更深的實相，與意識和感知共同構成精神的本質，而修行與正念可以改變這種精神狀態。──瑞士，蘇黎世，2010/04/09

244, 245
參訪瑞士一家生產西藏藥品的公司。達賴喇嘛本身使用藏醫與西醫來治療身體疾病；他也致力促進這兩種醫學體系之間的對話。──瑞士，韋齊孔（Wetzikon），2005/08/13

215 top
215 bottom
212
216/217
213
214 top
214 center
214 bottom
218
219
220
221
222/223
224 top
224 bottom
225
226
227
228
230/231
233
235
240/241
242/243
244
245

365

247
在漢堡大學。——德國，2007/07/20

248
在歐洲議會。——法國，斯特拉斯堡，2001/10/24

249
在諾貝爾和平獎百年紀念上發表演講。陪在達賴喇嘛身旁的是他多年的祕書哲通·丹增格傑（Tenzin Geyche Tethong）。——挪威，奧斯陸，2001/12/07

251
晨間靜坐。達賴喇嘛總是為所有有情眾生祈禱，包括中國的人民，他稱他們是「我的兄弟姊妹」。這一點反映了他對人類一體性的信念，以及他對增進慈悲的承諾。——奧地利，格拉茲，2002/10/20

253
在捷克總統的夏宮拉尼城堡（Lány Castle）接受作家霍華德·卡特勒（Howard C. Cutler）的訪談，討論他們合作的《快樂：達賴喇嘛的人生智慧》系列書籍。在書中，卡特勒表示達賴喇嘛對快樂的理解比單純的正向思考更細膩且更深遠。尊者認為快樂是一種可以透過陶冶心智、展現慈悲與實踐道德來獲得的能力，從而達致內在平靜。——捷克，拉尼城堡，2002/06/30

255
達賴喇嘛和他的翻譯馬修·里卡德與歐洲議會西藏小組的成員對話。——法國，斯特拉斯堡，2001/10/23

256
「艦隊中心」（Fleet Center）體育場的後台，該場館可容納一萬九千六百人。——美國，麻州，波士頓，2003/09/14

257（上與下）
與美國總統喬治·布希（George W. Bush）會面後，達賴喇嘛舉行了記者會，由他的特使兼「國際聲援西藏運動」（International Campaign for Tibet）執行主席洛迪嘉日（Kasur Lodi Gyaltsen Gyari）陪同。為了強化地位，西藏流亡政府派遣常駐代表至世界各大權力中心。——美國，華盛頓特區，白宮，2003/09/10

258/259
達賴喇嘛接見蒙古裔信徒。他堅信每個人顯然都有能力改變世界的進程：「如果你覺得自己太渺小而無法做出改變，那就試試和蚊子睡在同一個房間。」——捷克，拉尼城堡，2002/07/01

264/265
北極圈以北的挪威城鎮特羅姆瑟（Tromsø），達賴喇嘛在昏暗的天色中沉思。——挪威，特羅姆瑟，2001/12/05

266/267
在作家霍華德·卡特勒為《快樂之道》系列準備下一個訪談時，達賴喇嘛享受著片刻的寧靜。——捷克，拉尼城堡，2002/06/30

268（上）
機場迎接儀式。——祕魯，庫斯科（Cusco），2006/05/08

268（下）
據說是印加後裔的原住民基洛族（Q'ero）代表，在庫斯科古城的太陽神廟（Qoricancha）歡迎達賴喇嘛。達賴喇嘛一如往常地詼諧自嘲問道：據說祕魯還是會以羊駝（llama）獻祭，這是真的嗎？那麼他身為一名喇嘛（Lama），應該擔心嗎？——祕魯，庫斯科，2006/05/08

269
達賴喇嘛與庫斯科市長會面後離開市政廳。——祕魯，庫斯科，2006/05/08

270/271
在興福寺。——日本，奈良，2003/11/05

272/273
午餐時間。——日本，伊勢，2003/11/04

275
在東大寺的相遇。——日本，奈良，2003/11/05

280/281
在國家大教堂舉行的紀念儀式，悼念2001年9月11日恐怖襲擊事件兩週年。達賴喇嘛也在場。當天教堂擠滿了人，許多人靜靜坐在教堂前表達他們的同情。——美國，華盛頓特區，2003/09/11

282
在聖約翰大教堂的一間接待室內，該教堂是一處萬民敬拜禱告的會所。跨宗教的對話是達賴喇嘛心之所繫。他表示，人們不應該因為信仰而彼此對抗。「我們並非生來就屬於某個特定的宗教。」他曾對作家法蘭茲·阿爾特（Franz Alt）這麼說。對他來說，所有宗教都是平等的，儘管路徑不同，但最終都通往相同的目的地。因此，所有宗教的共同核心都是愛。增長並珍惜這份愛，懷抱慈悲，是我們共同的願望。——美國，紐約市，2003/09/20

283（上）
在錫克教寺廟進行「達顯」（Darshan）。這種與神性相遇，看見與被看見的相互體驗，是印度教、佛教和錫克教的一種實踐方式。出於對錫克教經典的尊重，達賴喇嘛用布包裹頭部。——印度，喜馬偕爾邦，雷瓦薩（Rewalsar），錫克寺廟，2004/03/01

283（下）
現今西藏城市裡的漢族人口已經多過藏族人口。這也是為什麼達賴喇嘛特別關心其他少數民族的命運。照片裡是薩米族（Sámi），尊者在雪國挪威會見了薩米族代表。他尤其想了解薩米族自治的現況。他呼籲中國應該給予西藏「名副其實的自治」，這樣他的人民才能夠珍惜並保存自己的文化、宗教與社會認同。——挪威，特羅姆瑟，2001/12/05

284/285
前往菩提伽耶的朝聖之旅，達賴喇嘛也拜訪了當地的穆斯林，他們的清真寺就坐落在佛塔旁。換句話說，在菩提伽耶，兩種宗教和平共存。——印度，比哈爾邦，菩提伽耶，Zeya-Oloomul 清真寺與伊斯蘭學校，2003/01/16

286
樞機主教克里斯托夫·順博恩（Christoph Schönborn）帶領達賴喇嘛參觀維也納聖斯蒂芬大教堂（St. Stephen's Cathedral）。尊者認為，追求內在的平靜比成為任何特定宗教的成員更重要。他表示，不分宗教或哲學背景，皆可以發展慈悲、良善和普世責任感。——奧地利，維也納，2012/05/27

287
在國家大教堂舉行的911恐攻兩週年紀念儀式。達賴喇嘛與主教約翰·布賴森·查恩（John Bryson Chane）共同祈禱。——美國，華盛頓特區，2003/09/11

288/289
無論身在何處，達賴喇嘛的一天總是從打坐觀修開始。「一年中只有兩天，你什麼都做不了，」他說。「一個是昨天，另一個是明天。」——瑞士，蘇黎世，2010/04/10

290
在巴黎貝西綜合體育館（Palais Omnisports de Paris-Bercy）準備講授佛法。——法國，巴黎，2003/10/16

291
繞行瑞士里肯西藏研究所（Tibet-Institut Rikon），與德高望重的喇嘛丹增吉達祥（Tenzin Jottotshang）同行。——瑞士，里肯（Rikon），2005/08/13

292/293
群眾在「宗教之家」前期待達賴喇嘛的到來。——瑞士，伯恩（Bern），2016/10/12

294
在聖斯蒂芬大教堂前。——奧地利，維也納，2012/05/26

295
在英雄廣場（Heldenplatz）向群眾發表演說。「為他人付出不應該自滿或期待回報。重要的不是獎賞，而僅僅是他人的幸福。」達賴喇嘛如是說。——奧地利，維也納，2012/05/25

296/297
達賴喇嘛向六萬五千名群眾發表關於和平與內在幸福的演說。十二年前他首次在中央公園演講時，只吸引了五千人到場。——美國，紐約市，中央公園，2003/09/21

302（上）
「吾應除他苦，他苦如自苦。」達賴喇嘛喜歡引用這句出自寂天大師《入菩薩行

論》的名言，並以此作為行動依據。──德國，法蘭克福，2014/05/14

302（下）
──瑞士，伯恩，庫薩爾（Kursaal），2016/10/13

303
──瑞士，里肯，里肯西藏研究所，2010/04/08

304
接受阿米拉・哈夫納・阿爾賈巴吉（Amira Hafner-Al Jabaji）的訪問，此訪談屬於瑞士公共廣播電台 SRF1 的「宗教時刻」（Sternstunde Religion）系列的一部分。──瑞士，伯恩，庫薩爾，2016/10/12

305
訪問瑞士。──瑞士，蘇黎世，2016/10/13

306
出生於瑞士的第九世希瓦拉仁波切・紐丹達香，在印度流亡的寺院接受教育後，近日脫下僧袍，離開寺院。他請求尊者理解他的決定，達賴喇嘛回答說：「你穿什麼衣服並不重要。重要的是你過著有意義的生活。」──瑞士，蘇黎世，國會大廈，2010/04/09

307
抵達德國漢堡。──德國，漢堡，2007/07/19

308
德國黑森州授予達賴喇嘛最高榮譽。──德國，法蘭克福，2015/07/13

309（上）
有八千名藏人居住在瑞士。圖中，代表團為達賴喇嘛表演舞蹈與傳統藏族音樂。──瑞士，蘇黎世，2024/06/22

309（下）
達賴喇嘛繼續旅程。清晨時分，藏人聚集在飯店前送別尊者。──瑞士，蘇黎世，2024/08/26

310/311
館場還沒有人，但是達賴喇嘛已經開始準備持明成義（Rigzin Dungrup）的灌頂儀式。這個儀式的目的在加強弟子與上師的連結，培養「持明者」的能力，使他或她能夠護助他人走向成佛之道。──瑞士，蘇黎世，2005/08/11

312
一萬五千名群眾聚集聆聽達賴喇嘛的開示，並參加長壽法會。──瑞士，蘇黎世，哈倫體育館（Hallenstadion），2024/08/25

313
長壽法會。──瑞士，蘇黎世，哈倫體育館，2024/08/25

314/315
達賴喇嘛宣揚佛法。──瑞士，蘇黎世，哈倫體育館，2024/08/25

316, 320（下）
與達賴喇嘛的會晤。──印度，喜馬偕爾邦，達蘭薩拉，2024/05/15

317, 318, 320（上），321（上和下）
與達賴喇嘛的會晤。──印度，喜馬偕爾邦，達蘭薩拉，2024/11/08

322/323
達賴喇嘛接見來自越南的佛教僧尼代表團。──印度，喜馬偕爾邦，達蘭薩拉，2024/11/08

328/329
日宗仁波切與達賴喇嘛閱讀並討論由印度偉大的佛教思想家無著菩薩（Arya Asanga）於五世紀所撰寫的經典。達賴喇嘛對此經典十分熟悉，但依照傳統，由日宗仁波切向他誦讀。──印度，喜馬偕爾邦，達蘭薩拉，達賴喇嘛住所，學習時光，2004/08/15

331
午餐前閱讀。儘管發生許多戰爭與災難，達賴喇嘛基本上依然保持樂觀，不會將 SARS 或 COVID 這樣的疫情視為疾病總體呈上升趨勢的徵兆：「儘管某些古老的西藏經典認為流行病爆發象徵著時代衰退，」他說，「但我不相信這樣的預言，也不會過於迷信它們。」──印度，喜馬偕爾邦，達蘭薩拉，達賴喇嘛住所，2003/05/18

333
儘管年事已高，達賴喇嘛仍舊稱自己是「學生」。他從未疲於增加自己的知識，而且享受研讀他已熟悉的經文，從中發掘新的智慧。──印度，喜馬偕爾邦，達蘭薩拉，達賴喇嘛住所，2003/05/18

334
誦經。──印度，喜馬偕爾邦，達蘭薩拉，達賴喇嘛住所，2004/08/15

335
週日午餐。──印度，喜馬偕爾邦，達蘭薩拉，達賴喇嘛住所，2003/05/18

336/337
訪問圖登多傑札寺。達賴喇嘛在休息時間享受片刻寧靜。──印度，喜馬偕爾邦，西姆拉，卡蘇姆提，2002/06/16

338/339
達賴喇嘛表示，他的醫生要求他，在長達幾個小時的靜坐後，用跑步機來運動平衡身體。一開始，他認為每天十五分鐘的運動是浪費時間，但不久後他就發現可以好好利用這段時間，為所有眾生祈禱。──印度，喜馬偕爾邦，達蘭薩拉，達賴喇嘛住所，2004/08/15

340/341
黎明時分，住所的陽台上。──印度，喜馬偕爾邦，達蘭薩拉，2003/05/18

343
清晨五點半，達旺寺。達賴喇嘛稱他自己的修行方式叫作「分析式觀修」。他的目標是檢視自己發慈悲心的動機，將負面情緒轉化為正面。「每天清晨醒來，我都提醒自己，我與他人無異：我們都想要快樂。所以我用自己的生命確保其他人是快樂的。為我們帶來和平的，不是憤怒與仇恨，而是慈悲。」──印度，阿魯納恰爾邦，2003/05/08

345, 347, 349
達賴喇嘛被認為是觀世音菩薩的化身，慈悲的菩薩。菩薩已經得道，卻選擇再度輪迴以度眾生。唯有世間所有苦難盡皆消除，菩薩才會證入涅槃。對於那些仍在修行道路上的人，達賴喇嘛給了以下的訊息：「每天醒來時，提醒你自己：今天我很幸運能活著。我擁有珍貴的人身，我不會浪費它。我會致力提升自己，打開心胸，為利益眾生而成就佛道。」──印度，喜馬偕爾邦，達蘭薩拉，達賴喇嘛住所，2004/08/16

圖片說明

336/337

314/315

338/339

308 316 321 bottom

340/341

309 top 322/323

302 top 317

309 bottom 328/329 343

304 318 331 345

302 bottom

310/311

305 333 347

303 320 top

306 312

320 bottom 334

307 313

321 top

335

349

369

༈ ཇི་སྲིད་ནམ་མཁའ་གནས་པ་དང་། །
འགྲོ་བ་ཇི་སྲིད་གནས་གྱུར་པ། །
དེ་སྲིད་བདག་ནི་གནས་གྱུར་ནས། །
འགྲོ་བའི་སྡུག་བསྔལ་སེལ་བར་ཤོག །

書法由希瓦拉仁波切・紐丹達香所寫，第九世寂天菩薩。

第十四世達賴喇嘛經常引證作為其論述基礎的佛法原則，取自佛教學者寂天（Shantideva, 685-763）的作品：

「乃至有虛空，
　以及眾生住，
　願吾住世間，
　盡除眾生苦。」

——《入菩薩行論》第十品，第五十五偈，寂天

達賴喇嘛甘丹頗章基金會

（Gaden Phodrang Foundation of the Dalai Lama）

結合曼努埃爾・鮑爾出色的拍攝與圖登錦巴耐人尋味的深刻文字，這本攝影集呈現了達賴喇嘛尊者作為全球和平大使、西藏人民的希望來源，以及其私人片刻的各種面向。通過本書的出版，達賴喇嘛甘丹頗章基金會邀請讀者一起探索尊者畢生致力的使命：促進基本人類價值與跨宗教和諧，以及維護西藏文化與環境──這些也是基金會積極支持的目標。這部作品旨在提醒我們共享的人性，鼓勵我們在日常生活中培養慈悲與溫暖。

基金會官網：www.dalailamafoundation.org

圖登錦巴（Thupten Jinpa），國際知名的佛教學者與前藏傳佛教僧侶。自 1985 年起就擔任達賴喇嘛尊者的首席英文翻譯，陪同尊者出訪各地，並協助尊者完成多部書籍，包括《紐約時報》暢銷書《新千禧年的心靈革命》（*Ethics for the New Millennium*）和《快樂：達賴喇嘛的人生智慧》（*The Art of Happiness*）。圖登錦巴的作品涵蓋藏文著作與重要西藏經典的英譯，包括：《無畏的心》（*A Fearless Heart: How the Courage to be Compassionate Can Transform Our Lives*）以及《宗喀巴大師：雪域佛陀》（*Tsongkhapa: A Buddha in the Land of Snows*）。他是佛法與科學對話、觀修的世俗應用及慈悲練習的著名講師。他也是大悲佛學院（Compassion Institute）共同創辦人及校長、心智與生命研究院（Mind and Life Institute）主席、西藏古典文獻研究院（Institute of Tibetan Classics）創辦人，以及麥吉爾大學（McGill University）宗教學學院兼任教授。目前已婚並有兩個女兒，居住在加拿大蒙特婁。

曼努埃爾・鮑爾（Manuel Bauer）是瑞士攝影師、書籍作者、攝影記者，以及新聞攝影講師。他長期報導關於社會正義與環境議題，並榮獲多項國際獎項，如世界新聞攝影獎（World Press Photo）和年度影像獎（Picture of the Year）。他自 1990 年以來便持續記錄第十四世達賴喇嘛的生活。他是迄今唯一一位於 1995 年陪伴藏人冒險穿越喜馬拉雅山逃亡的攝影師。他花了十年時間關心尼泊爾木斯塘（Mustang）南部村莊 Sam Dzong；當該村落因為氣候變遷而被遺棄時，鮑爾協助環境難民建造一個新聚落。他是紀錄片《幸福智慧：與達賴喇嘛的心靈對話》（*Wisdom of Happiness － A Heart-to-Heart with the Dalai Lama*）共同作者與攝影師。他也是攝影記者人才發展計畫 TruePicture 的創辦人。

克里斯蒂安・施密特（Christian Schmidt）是一位自由作家與記者，現居瑞士蘇黎世。他為 *Reportagen*、*Das Magazin*、*Geo*、*Greenpeace* 等媒體撰稿。施密特曾兩度榮獲「漢薩・米特新聞獎」（Hansel-Mieth-Preis），並於 2007 年獲得「蘇黎世新聞獎」（Zürcher Journalistenpreis）。2019 年入圍「瑞士記者獎」（Schweizer Reporterpreis）和「蘇黎世新聞獎」，2020 年入圍「瑞士記者論壇獎」（Reporter-Forum Schweiz）。他與曼努埃爾・鮑爾的合作足跡遍布世界各地。2004 年，施密特為曼努埃爾・鮑爾的攝影書《和平之旅》（*Journey for Peace*）進行了一系列與達賴喇嘛的訪談。他 2009 年的作品《流亡瑞士：流亡藏人的十二個生命故事》（*Exil Schweiz. Tibeter auf der Flucht-12 Lebensgeschichten*）同樣是與曼努埃爾・鮑爾合作。

陳玳妮，文字工作者。

致謝

在此向達賴喇嘛尊者的祕書哲通·丹增格傑（Tenzin Geyche Tethong）、丹增南達克·塔拉（Tenzin Namdhak Taklha）、次丹桑珠（Tseten Samdup Chhoekyapa）表達誠摯謝意，謝謝他們為我開啟許多機會。同樣要感謝格桑堅參（Kelsang Gyaltsen）、丹巴次仁（Tempa Tsering）、額珠忠群（Ngodup Dongchung）、丹增色瓦（Tenzin Sewo）的坦闊心胸與寶貴支持。

一路上與丹增曲傑（Tendzin Choegyal）共度的歡笑，我銘感在心。丹增清覺（Tenzin Choejor）與唐·艾森伯格（Don Eisenberg）的專業知識惠我良多，與他們共事是一大樂事。我也要謝謝達賴喇嘛的侍從們友善與溫暖的接待，以及尊者的護衛們允許我如此近距離接觸他。

向多年來持續支持我的工作的安德烈亞斯·萊因哈特（Andreas Reinhart）與福爾卡特基金會（Volkart Stiftung）致上感激。

瑞圖·薩仁（Ritu Sarin）與丹增索南（Tenzin Sonam）：衷心感謝最初可以在你們的羽翼下成長。

塔希·阿爾貝蒂尼·凱薩（Tashi Albertini-Kaiser）：謝謝你所做的一切善舉。

希瓦拉仁波切·紐丹達香：我珍視你的友誼與睿智的忠告。

最重要的是，感謝第十四世達賴喇嘛丹增嘉措給予我如此的榮耀與恩賜，能夠拍下這些照片，作為歷史開展的見證與紀錄。

贊助者

曼努埃爾・鮑爾、達賴喇嘛甘丹頗章基金會，以及 Scheidegger & Spiess 出版社由衷感謝以下個人與機構給予的慷慨資助：

Monlam & Hanspeter Maurer-Adotsang

Dr. h. c. Kaspar M. Fleischmann, Rüschlikon

Hamasil Stiftung

GIUSEPPE KAISER STIFTUNG

Sabine Sauter

FPC-Tibet

Foundation for the Preservation of the Culture of Tibet and for the Promotion of Intercultural Exchange

國家圖書館出版品預行編目資料

達賴喇嘛：1990-2024 攝影記事 / 曼努埃爾・鮑爾（Manuel Bauer）攝影；達賴喇嘛甘丹頗章基金會編輯；圖登錦巴（Thupten Jinpa）文字；陳玳妮翻譯. -- 初版. -- 臺北市：商周出版、城邦文化事業股份有限公司出版：英屬蓋曼群島商家庭傳媒股份有限公司城邦分公司發行, 2025.07
376 面； 19*26 公分.
譯自：Dalai Lama: Photographs by Manuel Bauer. 1990-2024
ISBN 978-626-390-566-5 （精裝）

1.CST: 藏傳佛教 2.CST: 佛教說法 3.CST: 照片集
226.965　　　　　　　　　　　　　　　　114006936

達賴喇嘛：1990-2024 攝影記事

原著書名	Dalai Lama: Photographs by Manuel Bauer. 1990-2024
攝　　影	曼努埃爾・鮑爾（Manuel Bauer）
編　　輯	達賴喇嘛甘丹頗章基金會（Gaden Phodrang Foundation of the Dalai Lama）
文　　字	圖登錦巴（Thupten Jinpa）
圖　　說	克里斯蒂安・施密特（Christian Schmidt）
翻　　譯	陳玳妮
責任編輯	楊如玉、林宏濤

版　　權	游晨瑋
行銷業務	周丹蘋、林詩富、吳淑華
總 編 輯	楊如玉
總 經 理	賈俊國
事業群總經理	黃淑貞
發 行 人	何飛鵬
法律顧問	元禾法律事務所　王子文律師
出　　版	商周出版 115台北市南港區昆陽街16號4樓 電話：(02) 25007008　傳真：(02)25007759 E-mail: bwp.service@cite.com.tw
發　　行	英屬蓋曼群島商家庭傳媒股份有限公司 城邦分公司 115台北市南港區昆陽街16號8樓 書蟲客服服務專線：02-25007718；25007719 服務時間：週一至週五上午09:30-12:00；下午13:30-17 00 24小時傳真專線：02-25001990；25001991 劃撥帳號：19863813；戶名：書蟲股份有限公司 讀者服務信箱：service@readingclub.com.tw 城邦讀書花園：www.cite.com.tw
香港發行所	城邦（香港）出版集團有限公司 香港九龍土瓜灣土瓜灣道86號順聯工業大廈6樓A室；E-mail：hkcite@biznetvigator.com 電話：(852) 25086231　　傳真：(852) 25789337
馬新發行所	城邦（馬新）出版集團 Cite (M) Sdn. Bhd. 41, Jalan Radin Anum, Bandar Baru Sri Petaling, 57000 Kuala Lumpur, Malaysia. Tel: (603) 90563833　Fax: (603) 90576622　Email: service@cite.my

封面設計	克萊門斯・威德默（Clemens Widmer）、周家瑤
內頁設計	克萊門斯・威德默（Clemens Widmer）
排　　版	芯澤有限公司
印　　刷	高典印刷有限公司
經 銷 商	聯合發行股份有限公司 電話：(02)2917-8022　傳真：(02)2911-0053 地址：新北市231新店區寶橋路235巷6弄6號2樓

■2025年7月初版　　　　　　　　　　　　　　　　Printed in Taiwan
定價1200元

© 2025 Manuel Bauer, Winterthur, and Verlag Scheidegger & Spiess AG, Zurich
© for the photographs: Manuel Bauer / Agentur Focus / Fotostiftung Schweiz
© for the texts: Thupten Jinpa
© for the captions: Christian Schmidt
All rights reserved; no part of this publication may be reproduced, stored in a retrieval system or transmitted in any form or by any means, electronic, mechanical, photocopying, recording, or otherwise, without the prior written consent of the publisher.
First published in English, German, and French by Verlag Scheidegger & Spiess, Zurich, Switzerland in 2025.
本書首次由瑞士蘇黎世Verlag Scheidegger & Spiess於2025年以英語、德語和法語出版。

版權所有，翻印必究 ISBN 978-626-390-566-5 （精裝）